competition

modify

5. simplize

扣分 30%

信毅教材大系

金融企业会计学

Accounting of Financial Institutions

彭玉镏　陈春霞　吴艳艳　编著

复旦大学出版社

内容提要

本书在会计学的基础上，针对金融企业的特殊的经营特点，系统地讲述了金融企业的各类业务的核算，以及金融企业资产、负债、收入、支出和所有者权益等方面具体的会计处理和核算，并对金融企业的会计报表进行系统的分析。本教材分为四篇十六章:第一篇基本理论与方法（包括金融企业会计基础）；第二篇商业银行会计（包括存款业务的核算，贷款业务的核算，支付结算业务的核算，金融机构往来的核算，中国现代化支付系统的核算，外汇业务的核算）；第三篇非银行金融企业会计（包括证券公司会计核算，保险公司会计核算，信托投资公司会计核算，期货公司会计核算，证券投资基金公司会计核算，金融租赁公司会计核算）；第四篇损益及财务报告（包括所有者权益的核算，收入、费用及利润的核算，财务报告及其编制）。

本书主要面向金融企业从业人员及高校在校本科学生。希望通过学习本教材，可以使金融从业人员提高会计处理技能，并能为在校学生深入了解金融企业会计核算方法提供帮助。

总序

世界高等教育的起源可以追溯到 1088 年意大利建立的博洛尼亚大学,它运用社会化组织成批量培养社会所需要的人才,改变了知识、技能主要在师徒间、个体间传授的教育方式,满足了大家获取知识的需要,史称"博洛尼亚传统"。

19 世纪初期,德国教育家洪堡提出"教学与研究相统一"和"学术自由"的原则,并指出大学的主要职能是追求真理,学术研究在大学应当具有第一位的重要性,即"洪堡理念",强调大学对学术研究人才的培养。

在洪堡理念广为传播和接受之际,英国教育家纽曼发表了《大学的理想》的著名演说,旗帜鲜明地指出"从本质上讲,大学是教育的场所","我们不能借口履行大学的使命职责,而把它引向不属于它本身的目标"。强调培养人才是大学的唯一职能。纽曼关于"大学的理想"的演说让人们重新审视和思考大学为何而设、为谁而设的问题。

19 世纪后期到 20 世纪初,美国威斯康星大学查尔斯·范海斯校长提出"大学必须为社会发展服务"的办学理念,更加关注大学与社会需求的结合,从而使大学走出了象牙塔。

2011 年 4 月 24 日,胡锦涛总书记在清华大学百年校庆庆典上指出,高等教育是优秀文化传承的重要载体和思想文化创新的重要源泉,强调要充分发挥大学文化育人和文化传承创新的职能。

总而言之,随着社会的进步与变革,高等教育不断发展,大学的功能不断扩展,但始终都围绕着人才培养这一大学的根本使命,致力于不断提高人才培养的质量和水平。

对大学而言,优秀人才的培养,离不开一些必要的物质条件保障,但更重要的是高效的执行体系。高效的执行体系应该体现在三个方面:一是科学合理的学科专业结构;二是能洞悉学科前沿的优秀的师资队伍;三是作为知识载体和传播媒介的优秀教材。教材是体现教学内容与教学方法的知识载体,是进行教学的基本工具,也是深化教育教学改革，提高人才培养质量的重要保证。

一本好的教材，要能反映该学科领域的学术水平和科研成就，能引导学生沿着正确的学术方向步入所向往的科学殿堂。因此，加强高校教材建设，对于提高教育质量、稳定教学秩序、实现高等教育人才培养目标起着重要的作用。正是基于这样的考虑，江西财经大学与复旦大学出版社达成共识，准备通过编写出版一套高质量的教材系列，以期进一步锻炼学校教师队伍，提高教师素质和教学水平，最终将学校的学科、师资等优势转化为人才培养优势，提升人才培养质量。为凸显江财特色，我们取校训“信敏廉毅”中一头一尾两个字，将这个系列的教材命名为“信毅教材大系”。

“信毅教材大系”将分期分批出版问世，江西财经大学教师将积极参与这一具有重大意义的学术事业，精益求精地不断提高写作质量，力争将“信毅教材大系”打造成业内有影响力的高端品牌。“信毅教材大系”的出版，得到了复旦大学出版社的大力支持，没有他们的卓越视野和精心组织，就不可能有这套系列教材的问世。作为“信毅教材大系”的合作方和复旦大学出版社的一名多年的合作者，对他们的敬业精神和远见卓识，我感到由衷的钦佩。

王　乔

2012 年 9 月 19 日

前言

随着我国金融市场的发展，金融企业的业务创新越来越频繁，金融企业经营的业务品种越来越多，金融监管制度也与时俱进，变得越来越复杂；同时随着金融科技的发展，中国现代化支付系统正式启用，第三方支付迅速崛起，这些都对金融企业的会计核算和财务处理提出挑战。

在本教材编写过程中，编者密切关注金融市场、金融科技和金融企业业务发展的最新动向，依照财政部颁布的有关最新会计准则和中国人民银行、银保监会和证监会的有关规定，主要分成四篇十六章，即基本理论与方法（金融企业会计基础）、商业银行会计（存款业务、贷款业务、支付结算业务、金融机构往来、中国现代化支付系统、外汇业务等会计核算）、非银行金融企业会计（证券公司、保险公司、信托投资公司、期货公司、证券投资基金公司和金融租赁公司等金融企业的会计核算），以及损益及财务报告（所有者权益、收入、费用及利润的核算以及财务报告及其编制）。较为全面、及时地介绍了现行金融企业会计的基本核算知识。

本教材主要面向金融企业从业人员及高校在校本科学生。希望通过本教材的学习，可以使金融从业人员提高会计处理技能，并能为在校学生深入了解金融企业会计核算方法提供帮助。

本教材是在编者多年教学经验的基础上编纂而成，由彭玉镏负责总纂，彭玉镏、陈春霞、吴艳艳编写，康文茹、袁白华、张娅芳、王蔚杰等同学参与部分章节的资料查找与编写。

感谢江西财经大学对本教材出版提供的资助，感谢复旦大学出版社对本教材出版提供的帮助。我们在编写过程中参阅了大量的国内外相关资料,在此对这些资料的作者表示感谢!

由于编者的水平有限,书中难免出现错误和疏漏,恳请读者批评指正。

编者

2018 年 12 月

目录

第一篇 基本理论与方法

第一章 金融企业会计基础 …… 003

第一节 金融企业会计的目标与特征 …… 003
第二节 金融企业会计核算的基本前提和基本要求 …… 006
第三节 金融企业会计要素与会计计量 …… 009
第四节 金融企业会计核算方法 …… 011

第二篇 商业银行会计

第二章 存款业务的核算 …… 029

第一节 存款业务概述 …… 029
第二节 单位存款业务的核算 …… 033
第三节 个人储蓄存款业务的核算 …… 043

第三章 贷款业务的核算 …… 053

第一节 贷款业务核算概述 …… 053
第二节 贷款与贴现业务的核算 …… 056
第三节 贷款减值的核算 …… 071

第四章 支付结算业务的核算 …… 081

第一节 支付结算业务概述 …… 081
第二节 结算方式的核算 …… 085
第三节 票据结算业务的核算 …… 095

第五章 金融机构往来的核算 …… 118

第一节 金融机构往来核算概述 …… 118
第二节 商业银行与中央银行往来的核算 …… 119
第三节 商业银行同业往来的核算 …… 128
第四节 商业银行系统内往来的核算 …… 137

第六章 中国现代化支付系统的核算 …… 147
第一节 中国现代化支付系统概述 …… 147
第二节 大额支付清算系统的核算 …… 150
第三节 小额支付系统的核算 …… 163
第四节 网上支付跨行清算系统的核算 …… 174

第七章 外汇业务的核算 …… 183
第一节 外汇业务概述 …… 183
第二节 外汇买卖业务的核算 …… 186
第三节 外汇存款业务的核算 …… 191
第四节 国际结算业务的核算 …… 197
第五节 外汇贷款业务的核算 …… 210

第三篇 非银行金融企业会计

第八章 证券公司会计核算 …… 225
第一节 证券公司业务概述 …… 225
第二节 证券经纪业务的核算 …… 226
第三节 证券自营业务的核算 …… 232
第四节 证券承销业务的核算 …… 246
第五节 融资融券业务的核算 …… 249

第九章 保险公司会计核算 …… 258
第一节 保险业务概述 …… 258
第二节 财产保险业务的核算 …… 260
第三节 人身保险业务的核算 …… 271
第四节 再保险业务的核算 …… 276

第十章 信托投资公司会计核算 …… 287
第一节 信托业务概述 …… 287
第二节 信托存款与委托存款业务的核算 …… 289
第三节 信托贷款与委托贷款业务的核算 …… 292
第四节 信托投资与委托投资业务的核算 …… 295
第五节 其他信托业务的核算 …… 297

第十一章 期货公司会计核算 …… 302
第一节 期货公司业务概述 …… 302

第二节　期货经纪业务的核算 …………………………… 304
第三节　期货投资业务的核算 …………………………… 317

第十二章　证券投资基金公司会计核算 ………………… 322
第一节　证券投资基金会计概述 ………………………… 322
第二节　证券投资基金发行与赎回的核算 ……………… 324
第三节　证券投资基金投资业务的核算 ………………… 329

第十三章　金融租赁公司会计核算 ……………………… 337
第一节　金融租赁业务概述 ……………………………… 337
第二节　经营租赁业务的核算 …………………………… 340
第三节　融资租赁业务的核算 …………………………… 343

第四篇　损益及财务报告

第十四章　所有者权益的核算 …………………………… 355
第一节　所有者权益核算概述 …………………………… 355
第二节　实收资本的核算 ………………………………… 357
第三节　资本公积与留存收益的核算 …………………… 361
第四节　库存股与股份支付的核算 ……………………… 365

第十五章　收入、费用及利润的核算 …………………… 370
第一节　收入、费用及利润核算概述 …………………… 370
第二节　收入的核算 ……………………………………… 371
第三节　成本费用的核算 ………………………………… 376
第四节　利润及利润分配的核算 ………………………… 379

第十六章　财务报告及其编制 …………………………… 384
第一节　财务报告概述 …………………………………… 384
第二节　资产负债表 ……………………………………… 387
第三节　利润表 …………………………………………… 393
第四节　现金流量表 ……………………………………… 398
第五节　所有者权益变动表 ……………………………… 407
第六节　会计报表附注及财务情况说明书 ……………… 413

第一篇　基本理论与方法

■ 第一章　金融企业会计基础

第一章　金融企业会计基础

学习内容与目标

本章介绍金融企业会计基础知识，包括金融企业会计目标与特征、会计核算基本前提和基本要求、会计要素与会计计量、会计核算方法，是金融企业业务核算、实务操作和业务计量的基础。通过本章学习要求掌握金融企业会计目标与特征、会计核算基本前提和基本要求，熟练掌握金融企业会计的核算基础、会计要素、会计核算方法与会计计量。

第一节　金融企业会计的目标与特征

一、金融企业概述

随着我国社会主义市场经济体制的发展和不断完善，我国的金融行业也取得了长足进步。许多新型的金融企业如雨后春笋般不断涌现出来，我国形成了以中央银行为领导、以国有股份制商业银行为主体、多种金融机构并存、分工协作的金融中介体系。

（一）中央银行

中央银行简称“央行”，是负责一国或者地区货币政策的主体，通常也是一个经济共同体唯一的货币发行机构，在银行体系中处于领导地位，有“发行的银行”“银行的银行”和“政府的银行”的称谓。根据《中华人民共和国中国人民银行法》规定，中国人民银行是我国的中央银行。它是在国务院领导下，管理全国金融事业的国家机关，是我国政府的组成部分。其主要职能有：一是依法制定和实施货币政策，对金融业实施监督管理，是国家宏观调控的重要工具；二是发行人民币，管理人民币流通；三是经政府委托，管理国库；四是持有、管理经营国家外汇储备和黄金储备。

（二）政策性银行

政策性银行是由政府投资设立，根据政府的决策和意向，专门从事政策性金融业务的银行，并且根据具体分工的不同服务于特定的领域。在经营业务过程中，不以盈利为目的、从事国家指定的政策性金融业务，均贯彻不与商业性金融机构竞争、自主经营与保本微利的基本原则是政策性银行的主要特征之一。政策性银行的资金来源于财政拨付的资本金、金融债券、中央银行的再贷款以及向国外筹集资金等。现今我国的政策性

银行有三家：承担为国家大型重点项目提供专项贷款的国家开发银行；承担国家粮油储备、农副产品合同收购和农业基本建设发放专项贷款，并代理财政支农资金的拨付及监督的中国农业发展银行；为大宗进出口贸易提供专项贷款的中国进出口银行。

（三）国有股份制商业银行

我国的国有股份制商业银行是由计划体制下的专业银行演化而来的。国有股份制商业银行发展到现在，已经成为我国金融体系中不可或缺的重要组成部分。工农中建四大国有股份制商业银行无论是在人员和机构网点个数上，还是在资产规模及市场占有份额上，在我国整个银行体系中均处于举足轻重的地位，在世界上的大银行排序中也处于较前列的位置。

（四）其他商业银行

在整个银行体系中，除了工农中建四大国有股份制商业银行外，其他中小型商业银行也是银行体系的重要组成部分。以 1986 年组建交通银行为始点，全国各地都出现了中小商业银行的身影。刚开始时，它们大多还是以各种形式的国有资本为主，经过十几年的发展，现在的商业银行均采取股份制形式，而其资本来源现如今也不仅仅局限于国内，外资参股的例子屡见不鲜。商业银行的蓬勃发展给我国的银行体系注入了无穷的发展动力，带动国有银行共同进步，成为社会主义市场经济健康发展的重要保障。

（五）非银行金融机构

近年来我国金融体制改革不断深化和发展，在我国的金融体系格局中出现了新的非银行金融机构的身影。金融资产管理公司、保险公司和证券公司的出现极大地丰富了我国金融企业体系。现在，期货公司等其他金融机构（如农村信用合作社、信托投资公司、金融租赁公司）都得到了极大的发展，金融控股集团的出现也是我国金融行业快速发展的标志之一。

二、金融企业会计的概念与目标

金融企业会计学是根据会计学基本原理和方法，针对金融行业相关业务特点和需要而发展出来的特种会计，是会计学的特殊分支。金融企业会计是以货币为主要计量单位，运用确认、计量、记录和报告等专门的会计方法，对金融企业（中央银行、商业银行、证券公司、保险公司等）的业务经营活动，进行全面、连续、系统的核算和监督，并进行分析预测，参与经营决策的一种经济管理活动。

金融企业的会计目标即是会计目的，是指通过对金融企业经营的业务进行会计确认、计量、报告，并对经营结果加以披露，从而向财务会计报告使用者提供与企业财务状况、经营成果和现金流量等有关的会计信息，反映企业管理层受托履行情况，有助于财务会计报告使用者作出经济决策。会计信息的使用者主要有四大类，金融企业会计信息对他们的作用也是不同的。

（一）所有者（投资人）

金融企业的会计信息对于金融企业所有者和投资人具有非常重大的作用。现如今的企业基本上都实现了企业所有权和经营管理权的分离。作为企业实际所有者和权益受益人的投资人通过企业的会计信息了解企业的实际情况成为最直接也是最适用的手段之一。金融企业会计信息披露出来的有关金融企业的经营结果和财务状况对金融企业所有人和投资人作出投资决策有重大影响。

（二）经营管理者

经营管理者是金融企业会计信息的主要使用者之一。金融企业会计出具的金融企业会计信息对企业经营管理者评估过去经营成果、展望未来企业发展道路和方向有重大参考价值，直接影响金融企业之后的融资和投资决策。

（三）债权人

金融企业的债权人利用金融企业会计信息可以作出最有利于他们的决策。如会计信息反映金融公司发展状况堪忧、偿债能力下降，债权人可以转让债权或者提出债务偿还要求；若会计信息反映企业发展良好，对企业发展前景看好，债权人可以适当扩大持有企业的债券规模，也可通过债转股的方式成为企业投资者，获得更大的利润。

（四）宏观调控部门

国家宏观调控部门可以收集金融行业中具有代表性的金融企业的会计信息来了解金融行业的发展趋势，发现其中存在的问题，通过宏观调控手段促进金融行业健康发展。

三、金融企业会计的特征

金融企业会计是所有财务会计体系中一种非常特殊的会计，它为经营金融相关业务的金融企业服务。为了更好地为金融企业服务，金融企业会计相比于其他经济部门的行业会计有其独有的特征。

（一）全面性和综合性

金融企业会计对金融企业的各方面情况更具全面性和综合性。随着金融行业的不断发展，专门经营单一业务的专业金融机构和经营多项跨业服务的混业金融机构纷纷出现。许多金融行业的新型系统性风险和非系统风险就藏身于金融创新产品和创新业务中，单一的风险控制对风险的把握稍显不足，因此，作为披露金融企业信息、参与决策过程的金融企业会计给出的会计信息必须对这方面进行补足。金融企业会计的全面性和综合性不仅可以更好地控制风险，而且可以为金融企业作出正确决策提供重要保障。

（二）同步性

金融企业会计具有同步性。金融企业会计的同步性主要是指业务处理和会计核算的同步性。金融会计核算业务相对于其他经济部门会计业务来说，业务量巨大，会计凭证的种类繁多，要求同步处理，许多业务都要求当天处理完毕。业务处理和会计核算的同步性虽然加大了金融企业会计的业务量，但同时也保持了金融企业的健康发展。随着市场经济的发展，金融企业会计核算的电子网络化对金融企业会计的这一特征提出了更高的要求。

（三）独特性和多样性

金融企业会计的会计方法具有独特性和多样性。会计核算方法是指对会计对象进行连续、系统、完整的记录、计算、反映和监督所采用的方法。由于金融行业有不同于其他经济行业的特殊性，金融企业会计的会计方法也独具特色，对于不同情况的分类和不同金融业务的非同一性，金融企业会计的会计方法同样也是多种多样的，以适应金融行业的特殊要求。

第二节　金融企业会计核算的基本前提和基本要求

一、会计核算的基本前提

会计核算的基本前提，又称会计假设，是指会计准则制度中规定的各种程序和方法适用的前提条件。会计核算的基本前提是在了解会计核算用途的前提下，总结会计核算特点和需要得出的一般规律。会计核算的基本前提贯穿整个会计核算的过程，所有有关会计核算的内容都要以它为基础展开，如会计核算对象的确定、会计方法的选择、会计数据的搜集等，都要以会计核算的基本前提为依据。

我国的会计核算的基本前提包括四个方面：会计主体、持续经营、会计分期和货币计量。下面将对这四个方面作简要的介绍。

（一）会计主体

会计主体是指会计核算应当以企业发生的各项交易或事项为对象，记录和反映企业本身的各项生产经营活动。会计并不是就是指一般的个体或者组织，而是特指会计核算和监督的特定单位和组织，会计主体也给会计信息划出了范围。

明确会计主体对理解整个会计核算过程有非常重要的意义：首先，明确会计主体才能划定会计所要处理的各项交易或事项的范围，把会计核算的经济活动和其他部门一般的经济活动区分开来；其次，明确会计主体才能正确把握会计处理的立场，作出正确的会计核算，获取有用的信息；最后，明确会计主体的概念才能将会计主体的经济活动与会计主体所有者的经济活动区分开来。在理解会计主体的概念时，读者有必要将其区别于法律主体，法律主体一般是指活跃在法律之中，享有权利、负有义务和承担责任的人。所以法律主体必然是一个会计主体，但是反过来会计主体不一定是一个法律主体。

（二）持续经营

持续经营是指会计核算应当以企业持续、正常的生产经营活动为前提。持续经营的前提假设要求会计主体在可以预见的将来，可以按当前的规模和状态持续地经营下去。若出现以下两种情况，会计主体应当被认为无法持续经营：① 会计主体在当期已经被清算或者停止营业；② 会计主体已经证实在下个会计期间停止营业或者进行清算。会计主体被认为无法持续经营的情况还有许多，在此不一一列举。

明确持续经营这个基本前提，有助于会计人员选择正确的会计方法和会计原则。在会计主体持续经营期间，如没有会计准则的更改或者特殊需要，会计人员可以选择不变更已经使用的会计方法和会计原则，当可以判断会计主体不会持续经营时，就应当改

变会计核算的原则和方法，并在企业的财务报表中作出相应的信息披露。

（三）会计分期

会计分期是指会计核算应当划分会计期间，分期结算账目和编制财务会计报告。一般在划分会计期间时都会选择把会计期间相等划分，在相等的会计期间结算账目和编制财务信息，方便会计信息使用者使用。

会计分期一般分为年度、半年度、季度和月度。年度、半年度、季度和月度均按公历起讫日期确定。半年度、季度和月度均称为会计中期。会计分期的目的是通过会计期间的划分，将持续经营的生产经营活动划分成连续、相等的期间，据以结算盈亏，按期编报财务会计报告，从而及时向各方面提供有关企业财务状况、经营成果和现金流量的信息。

（四）货币计量

货币计量是指企业的会计核算以人民币为记账本位币。在明确会计主体持续经营的前提下，会计主体在会计确认、计量和报告时应该采用统一的货币作为计量单位。在会计核算过程中之所以选择货币作为计量单位，是由货币的本身属性决定的，货币作为特殊的商品，在价值交换过程中充当一般等价物，这也使货币成为衡量一般商品价值的共同尺度。在我国，金融企业的会计核算以人民币为记账本位币。业务收支以人民币以外的货币来核算，可以采用分账制。在境外设立的中国金融企业向境内报送的财务会计报告，应当折算为人民币。

在会计核算中，会计主体明确了会计核算的空间范围，持续经营和会计分期明确了核算会计信息的时间跨度，而货币计量则是会计核算的必要手段。会计核算的四个基本前提条件并不是单一的四个方面，在会计核算中，四项基本前提相互依存、相互补充。没有会计主体就不会有持续经营和会计分期；没有持续经营就不存在会计分期，货币计量也失去它的作用；没有货币计量，会计信息就会混乱不堪，会计核算也失去它的价值。

二、金融企业会计的核算基础

实务中，交易或事项的发生与货币的收付并不完全一致。例如，款项已经收到，但服务尚未提供，收入并未实现；或者款项已经支付，但并不属于本期经营活动发生的支出。所以会计核算基础有现金收付实现制和权责发生制两种。

现金收付实现制是以款项是否已经收到或付出作为计算标准来确定本期收益和费用的一种方法。凡在本期内实际收到或付出的一切款项，无论其发生时间早晚或是否应该由本期承担，均作为本期的收益和费用处理。

权责发生制是以本会计期间发生的费用和收入是否应计入本期损益为标准，处理有关经济业务的一种制度。凡在本期发生应从本期收入中获得补偿的费用，不论是否在本期已实际支付或未付的货币资金，均应作为本期的费用处理；凡在本期发生应归属于本期的收入，不论是否在本期已实际收到或未收到的货币资金，均应作为本期的收入处理。

为了明确会计核算的确认基础，更真实地反映特定会计期间的财务状况和经营成果，就要求企业在会计核算过程中应当以权责发生制为基础进行会计确认、计量和报告。权责发生制基础要求金融企业以收入在本期实现和费用在本期发生或应由本期负担为标准来确认本期的收入和费用，而不论款项是否在本期收付。权责发生制基础以持续经营和会计分期为前提，是与以款项的收到和支付作为确认收入和费用依据的收付实现制相对应的一种会计基础。

三、金融企业会计信息的质量要求

会计信息的质量要求是指会计信息所应当达到的基本质量要求，会计信息的质量要求是会计人员为达到会计目标作出的对会计信息的约束。会计准则中规定了八项会计信息质量要求，包括可靠性原则、相关性原则、可理解性原则、可比性原则、实质重于形式原则、重要性原则、谨慎性原则和及时性原则。

（一）可靠性原则

可靠性原则亦称真实性原则，要求金融企业的会计核算应当以实际发生的交易或事项为依据，如实反映其财务状况、经营成果和现金流量。金融企业提供会计信息的目的是为了满足会计信息使用者的决策需要。因此，应做到内容真实、数字准确、资料可靠。可靠性是会计人员提供会计信息所具备的最基本品质，在会计核算工作中坚持这一原则，就应当在会计核算时客观地反映企业的财务状况、经营成果和现金流量，保证会计信息的真实性；应当正确运用会计原则和方法，准确反映企业的实际情况；会计信息应当能够经受验证，以核实其是否真实。

（二）相关性原则

相关性原则是要求金融企业提供的会计信息应当能够反映其财务状况、经营成果和现金流量，以满足会计信息使用者的需要。相关性要求会计信息必须与经济决策相关联，为企业经营决策所用。在会计核算工作中坚持这一基本原则，就要求在收集、加工、处理和提供会计信息过程中，充分考虑会计信息使用者的信息需求。相关性原则的这些特点让其有时被称为有用性原则。

（三）可理解性原则

可理解性原则要求金融企业的会计核算应当清晰明了，便于理解和利用。会计信息中包含的数据记录和文字处理应当简洁明晰，不能出现语焉不详、含义不清的情况。

提供会计信息的目的在于使用，要使用会计信息，首先必须了解会计信息的内涵，弄懂会计信息的内容，这就要求会计核算和财务会计报告必须清晰明了。在会计核算工作中坚持可理解性原则，就要求会计记录应当准确、清晰，填制会计凭证、登记会计账簿必须做到依据合法、账户对应关系清楚、文字摘要完整；在编制会计报表时，项目钩稽关系清楚、项目完整、数字准确。

（四）可比性原则

金融企业应当按照规定的会计处理方法进行会计核算，会计指标应当口径一致、相互可比。使得不同会计期间的会计信息具有可比性，便于会计信息使用者作出正确决策。

不同的会计主体可能处于不同地区，经济业务发生于不同的时间，为了保证会计信息能够满足决策的需要，便于比较不同会计主体的财务状况、经营成果和现金流量，只要是相同的交易或事项，就应当采用相同的会计处理方法。

（五）实质重于形式原则

实质重于形式原则是指金融企业应当按照交易或事项的经济实质现实进行会计核算，不应当仅仅按照它们的法律形式作为会计核算的依据。

在实际工作中，交易或事项的外在法律形式或人为形式并不总能完全真实地反映其实质内容。所以，会计信息要想反映其所拟反映的交易或事项，就必须根据交易或事项的实质和经济现实，而不能仅仅根据它们的法律形式进行核算和反映。特别对于金融企业而言，这项原则尤为重要，金融企业的经营内容繁杂，而且创新产品和创新业务不断出现，许多经济活动若只是流于形式内容，并不能真正反映金融企业的实际经营情况和业绩，这项原则要求金融企业必须真实完整地反映自己的财务情况，以供信息使用者使用。

（六）重要性原则

重要性原则是指金融企业的会计核算应当遵循重要性原则，对资产、负债、损益等有较大影响，进而影响财务会计报告使用者据以作出合理判断的重要会计事项，必须按照规定的会计方法和程序进行处理，并在财务会计报告中予以充分披露。相对次要的会计事项，在不影响会计信息真实性和不会误导会计信息使用者作出正确判断的前提下，可适当简化处理。

（七）谨慎性原则

谨慎性原则是指金融企业的会计核算应当遵循谨慎性原则，不得多计资产或收益，也不得少计负债或费用。在会计核算中处理一些不确定的经济业务时在会计核算工作中坚持谨慎原则，要求企业在面临不确定因素的情况下作出职业判断时，应当保持必要的谨慎，不高估资产或收益，也不低估负债或费用。

（八）及时性原则

及时性原则是指金融企业的会计核算应当及时进行，不得提前或延后。会计核算的意义在于及时为会计信息使用者提供可靠的决策信息。在会计核算过程中坚持这一基本原则：一是要及时收集会计信息；二是要及时处理会计信息；三是要及时传递会计信息。

第三节　金融企业会计要素与会计计量

一、金融企业的会计要素

为全面反映金融企业资金运动过程，需要对会计对象进行分类，并将其分解为若干构成要素，而这些要素就被称为会计要素。会计要素是会计对象的具体化，是会计理论研究的基础，也是会计准则的核心。会计要素包括静态要素和动态要素，在经济部门中是指资产、负债、所有者权益、收入、费用和利润。

(一) 资产

资产是指过去的交易、事项形成并由企业拥有或者控制的资源，该资源预期会给企业带来经济利益。若满足以下两个条件，则可以基本判定是金融企业资产的一部分：① 与该资源有关的经济利益很可能流入企业；② 该资源的成本或价值能够可靠地计量。

资产下辖许多分支科目，对于金融企业来说，金融企业的资产可分为：流动资产(货币资金、拆出资金、交易性金融资产、衍生金融资产、商业银行特有项目、保险公司和证券公司特有项目)和非流动资产(可供出售金融资产、持有至到期投资、长期股权投资、商业银行特有项目、保险公司和证券公司特有项目、投资性房产、固定资产、无形资产和其他资产)。

(二) 负债

负债是指过去的交易或事项形成的、预期会导致经济利益流出企业的现时义务。与判定资产条件相对应，判定为企业负债的条件为：① 与该资源有关的经济利益很可能流出企业；② 未来流出的经济利益能够可靠地计量。

按照负债的流动性分类，负债分为流动负债和非流动负债。流动负债，是指将在一年(含一年)或者超过一年的一个营业周期内偿还的债务。具体包括：短期借款；拆入资金；交易性金融负债、衍生金融负债、卖出回购金融资产；商业银行特有项目(中央银行借款、同业行和系统行存放款项、吸收存款)、保险公司和证券公司特有项目、应解汇款、汇出汇款；应付利息、应付工资、应付福利费、应付利润、其他应付款、应交税金、预提费用和一年内到期的长期借款等。非流动负债是指偿还期在一年以上或者超过一年的一个营业周期以上的负债。具体包括：预计负债、长期借款、应付债券、长期资本金、递延所得税负债、其他负债。

(三) 所有者权益

所有者权益是指所有者在企业资产中享有的经济利益，其金额为资产减去负债后的余额。包括实收资本、资本公积、盈余公积、未分配利润和一般风险准备等。

实收资本是为从事其业务经营活动而由投资者实际投入的资本。它是企业自主经营、自负盈亏的前提条件，也是最可靠、最稳定的经营资金。

资本公积是资本金的准备形态，包括资本溢价、接受捐赠资产、拨款转入、外币资本折算差额等。

盈余公积是指按国家规定从税后利润中提取的法定盈余公积和公益金。

未分配利润是企业未作出分配的利润。它在以后年度可继续进行分配，在未进行分配之前，属于所有者权益的组成部分。

一般风险准备是指金融企业按规定从净利润中提取，用于弥补亏损的风险准备。

(四) 收入、费用和利润

收入是指在日常业务活动中形成的、会导致所有者权益增加的、与所有者投入资本无关的经济利益的总流入。

费用是企业在销售商品、提供劳务等日常经营过程中所发生的各种经济利益的流出。

利润则是企业在一定会计期间的经营成果，包括营业利润、利润总额和净利润。营业利润一般是指营业收入减去营业成本得到的利润数额；利润总额是指营业利润加上营业外收入，再减去营业外支出后的金额；净利润是指扣除资产损失后利润总额减去所得税后的金额。

二、金融企业的会计计量

金融企业的会计计量是按照新会计准则中对会计计量的要求，要求企业在将符合确认条件的会计要素登记入账并列报于会计报表及其附注时，应当按照规定的会计计量属性进行计量，确定其金额。我国金融企业所采用的会计计量属性主要有以下五种。

（一）历史成本法

资产按照购置资产时所付出的对价的公允价值计量；负债按照因承担现时义务而实际收到的款项或资产的金额，或承担现时义务的合同金额，或按照日常活动中为偿还负债预期需要支付的现金或现金等价物的金额计量。

（二）重置成本法

资产按照现在购买相同或功能相同的资产所需支付的现金或者现金等价物的金额计量；负债按照现在偿付该项债务所需支付的现金或现金等价物的金额计量。

（三）可变现净值法

资产按照其正常对外销售所能收到现金或现金等价物的金额扣减该资产至完工时估计将要发生的成本、估计的销售费用以及相关税费后的金额计量。

（四）现值法

资产按照预计从其持续使用和最终处理中所产生的未来现金流入量的折现金额计量；负债按照预期期限内需要偿还的未来净现金流出量的折现金额计量。

（五）公允价值法

资产和负债按照在公平交易中熟悉情况的交易双方自愿进行资产交换或债务清偿的金额计量。

由于金融市场发展不均衡，有些还处于蓬勃发展的阶段，交易市场还不够成熟，因此对于公允价值的正确评估难以做到，所以会计准则对公允价值的评估作出了较为严格的限制：有市价的，计入公允价值；无市价的，应当采用未来现金流的现值作为公允价值；若还是不能确定的，则采用可以合理评估的方法确定公允价值。初始获得的或者原始的金融资产或者负债应当以市价作为公允价值的基础；而针对非金融资产，还是主要以历史成本计量。

第四节　金融企业会计核算方法

一、会计科目

会计科目是对会计对象的具体内容进行分类核算反映的类别名称，是设置账户、归

集和记载各项经济业务的根据。会计科目必须满足经济业务内容和经济管理的需要。会计科目按其所提供信息的详细程度及其统驭关系不同，又分为总分类科目和明细分类科目。前者是对会计要素具体内容进行总括分类，提供总括信息的会计科目；后者是对总分类科目进一步分类，提供更详细更具体会计信息的科目。

设立会计科目主要有三个作用：① 会计科目作为会计核算的基础，成为连接各种会计核算方法的纽带；② 会计科目总括反映所有的经济业务，是提供系统核算资料的保证；③ 会计科目的设立能有效地规范核算对象内容，统一核算口径，避免出现口径不一致、内容不规范、无法进行比较的情况。

会计科目按照会计要素分类可分为资产类、负债类、资产负债共同类、所有者权益类、损益类科目。会计科目按照与会计报表的关系可以分为：① 表内科目，用于核算银行资金的实际增减变动并反映在资产负债表等会计报表上。② 表外科目，用于核算业务确已发生而尚未涉及银行资金的实际增减变化，或不涉及银行资金增减变化的重要业务事项，因此，该类科目不反映在会计报表内，如“有价单证”“已兑付有价单证”“空白重要凭证”等。金融企业常用的会计科目见附表 1，会计科目解释与主要账务处理可以参考财政部发布的《会计科目和主要账务处理》。

二、会计恒等式

在会计核算和计量中，由于现实或者数理因素，存在会计恒等式。会计恒等式是指各个会计要素在总额上必须相等的一种关系式。以下介绍几个比较重要的会计恒等式。

（一）资产＝负债＋所有者权益

这一会计恒等式表明某一会计主体在某一特定时点所拥有的各种资产；显示债权人和投资者（即所有者）对企业资产要求权的基本状况，表明资产和负债与所有者权益之间的基本关系；也展示了分析企业财务信息的最基本的三大要素并阐明了三者之间的关系。

（二）收入－费用＝利润

这一会计恒等式表明经营成果与相应会计期间的收入和费用的关系。对这三项指标进行不同期对比，再结合这个恒等式可以在绝对量和相对量上对经营成果作出评价。

（三）资产＝负债＋所有者权益＋（收入－费用）

这一会计恒等式表明了会计主体的财务状况与会计主体在会计期间的经营成果之间的相互关系。

三、会计记账方法

（一）记账方法

会计核算的记账方法是运用会计核算的特定的记账方向和符号，在一定规则的基础上，对会计主体发生的经济业务，按照会计科目分类整理录入的一种专门的方法。会计核算的记账方法按照记录方式的区别，一般分为单式记账法和复式记账法。

1. 单式记账法

单式记账法，是对于由经济业务引起的一切变化，只设置主要方面账户进行记录，而对次要方面不作记录或只作备忘记录的一种记账方法（通常只设现金账，人欠和欠人的备忘记录，其他不作记录）。这是一种较为原始的记账方法，对于金融企业来说，企业的表外业务采取这种方法。以“收”“付”作为记账符号。例如，银行收到上级银行发来的有价凭证，按照单式记账法便记录为：

收：有价单证

2. 复式记账法

复式记账法，是对于由经济业务引起的一切变化，按相等的金额在两个或两个以上账户中全面地、互相联系地记录的一种记账方法，常用的是借贷记账法。复式记账法有其本身的理论依据，即会计主体的资金来源应该等于会计主体的资金运用，在此理论基础上，复式记账法可以发挥比单式记账法更好的作用，服务于会计人员记录各项经济活动。

复式记账法的基本原则有四条：一是运用会计等式作为记账基础；二是每项经济业务必须在两个或两个以上相互联系的账户中进行等额记录；三是对会计等式的影响类型进行记录；四是定期汇总的全部账户记录必须平衡。

借贷记账法是以“借”“贷”为记账符号，以“有借必有贷，借贷必相等”为记账规则记录经济业务的复式记账法，通常又全称为借贷复式记账法。

借贷记账法的理论依据是会计恒等式：资产＝负债＋所有者权益。根据会计恒等式的要求分析判断如何记账，并根据会计恒等式检验记账结果是否正确。借贷双方的增加减少的基本记录方法，如表1-1所示。

表1-1　借贷记账法的基本记账方法

借　　方	贷　　方
资产的增加 费用的增加 负债的减少 权益的减少 收入的减少	负债的增加 权益的增加 收入的增加 资产的减少 费用的减少

按照借贷记账法对经济活动进行记录必然出现下列两组借贷平衡关系。

（1）$\sum$ 借方发生额＝$\sum$ 贷方发生额。

因为每笔业务均是有借必有贷，借贷必相等，所有业务加总后，仍然应该是借贷相等。

（2）$\sum$ 账户借方余额＝$\sum$ 账户贷方余额，或者 $\sum$ 账户期初借方余额＝$\sum$ 账户期初贷方余额，或者 $\sum$ 账户期末借方余额＝$\sum$ 账户期末贷方余额。

由于账户借方余额表示资产数，贷方余额表示负债和所有者权益，故借方余额必然等于贷方余额。

（二）记账规则的应用

记账规则可以指导会计分录的编制，而会计分录也必然体现记账规则的要求。会计分录通常是指明经济业务应记账户名称、记账方向、记入金额的记录。

会计分录的基本格式如下：

借：×××（账户名）　　　　　　　　×××（金额）

　贷：××××（账户名）　　　　　　　　×××（金额）

在编制会计分录时，要在分析分析经济业务的基础上，按照会计分录的格式书写出会计分录。分析经济业务一般分为三步：第一，引起哪些要素项目的变化（变化的项目/金额/增或减）；第二，根据科目表判断变化项目应记入的账户名称及金额；第三，根据账户模式判断应记账户的借方还是贷方。通过这三个步骤编制会计分录才不容易出错，给出正确的会计信息。

【例 1-1】 A 厂从银行提取现金 20 000 元。

分析(1)：商业银行的资产（库存现金）减少 20 000 元，同时商业银行的负债（吸收存款）也减少 20 000 元。

分析(2)：库存现金－20 000，应记录到贷方；而吸收存款－20 000，应记录到借方。

写出会计分录如下：

借：吸收存款——活期存款——A 厂户　　　　　　20 000

　贷：库存现金　　　　　　　　　　　　　　　20 000

【例 1-2】 甲公司从其基本存款账户中转出 200 000 元，办理一年期定期存款。

分析(1)：商业银行的负债（吸收存款——活期存款）减少 200 000 元，同时商业银行的负债（吸收存款——定期存款）增加 200 000 元。

分析(2)：吸收存款——活期存款－20 000，应记录到借方；而吸收存款——定期存款＋200 000，应记录到贷方。

写出会计分录如下：

借：吸收存款——活期存款——甲公司户　　　　200 000

　贷：吸收存款——定期存款——甲公司户　　　　200 000

【例 1-3】 发放给乙公司为期三个月的流动资金贷款 180 000 元，转入其存款户。

分析(1)：商业银行的资产（贷款）增加 180 000 元，同时商业银行的负债（吸收存款——活期存款）也增加 180 000 元。

分析(2)：贷款＋180 000，应记录到借方；而吸收存款＋180 000，应记录到贷方。

写出会计分录如下：

借：贷款——乙公司户　　　　　　　　　　180 000

　贷：吸收存款——活期存款——乙公司户　　　　180 000

【例 1-4】 某商业银行签发现金支票一张，从人民银行存款户中提取现金 250 000 元。

分析(1)：商业银行的资产（库存现金）增加 250 000 元，同时商业银行的资产（存放中央银行款项）减少 250 000 元。

分析(2)：库存现金＋250 000，应记录到借方；而存放中央银行款项－250 000，应记录到贷方。

写出会计分录如下：

借：库存现金　　250 000

　贷：存放中央银行款项　　250 000

（三）试算平衡

试算平衡表是指某一时点上的各种账户及其余额的列表。各个账户的余额都会反映在试算平衡表相应的借方或贷方栏中。试算平衡表是定期地加计分类账各账户的借贷方发生及余额的合计数，用以检查每次会计分录的借贷金额是否平衡；检查总分类账户的借贷发生额是否平衡；检查总分类账户的借贷余额是否平衡，进而发现账户记录有无错误。

假设某商业银行某日发生了以上四笔业务，各科目上一日余额如表1-2所示，根据业务可以编制试算平衡表。

表1-2 试算平衡表

会计科目	上日余额		本日发生额		本日余额	
	借　方	贷　方	借　方	贷　方	借　方	贷　方
库存现金	580 000		270 000		850 000	
存放央行款项	550 000			250 000	300 000	
贷　款			180 000		180 000	
吸收存款	331 000	1 461 000	200 000	400 000	531 000	1 861 000
合　计	1 461 000	1 461 000	650 000	650 000	1 861 000	1 861 000

四、会计凭证

（一）会计凭证的概念

会计凭证，又称单据，是记录经济业务、明确经济责任、按一定格式编制的据以登记会计账簿的书面证明；是在经济业务发生或完成时取得或填制的，用以记录或证明经济业务的发生或完成情况的文字凭据。它可以记录经济业务的发生和完成情况，为会计核算提供原始依据；可以检查经济业务的真实性、合法性和合理性，为会计监督提供重要依据；可以明确经济责任，为落实岗位责任制提供重要文件；可以反映相关经济利益关系，为维护合法权益提供法律证据；可以监督经济活动，控制经济运行。会计凭证是进行会计核算工作的原始资料和重要依据，是会计资料中最具有法律效力的一种文件。

（二）会计凭证的分类

金融企业会计凭证按照核算的程序和用途的不同可以分为原始凭证和记账凭证。记账凭证又称记账凭单或分录凭单，是会计人员根据审核无误的原始凭证按照经济业务事项的内容加以归类，并据以确定会计分录后所填制的会计凭证。它是登记账簿的直接依据。金融企业会计的记账凭证有基本凭证和特定凭证。

基本凭证(传票)就是根据原始凭证或业务事实自行编制的记账凭证。其中主要有现金收入凭证、现金付出凭证、转账借方凭证、转账贷方凭证、特种转账借方凭证(对外业务的核算)、特种转账贷方凭证(对外业务的核算)、外汇买卖借方凭证、外汇买卖贷方凭证、表外科目收入凭证和表外科目付出凭证等。

特定凭证是适应金融业有关业务的特殊需要而编制的各种专门凭证。这类凭证一般由金融企业统一印制发行,由单位、企业或者客户填写,交给金融机构受理审核并进行记账,凭证采用一次套写数联,外部单位和金融企业分别联次使用,凭以处理业务和登记账簿。特定凭证种类很多,如各种结算凭证、联行凭证、银行之间往来的划拨凭证、贷款凭证、贴现凭证、储蓄凭证等。

(三) 会计凭证处理与管理

会计凭证的处理与管理一般分为会计凭证的填制、审核和传递三个方面。对会计凭证的处理和管理坚持先外后内、先急后缓;现金收入先收款、后记账,现金付出先记账、后付款;转账业务遵循先付款单位账、后收款单位账的原则。对于有价单证要进行重点保管、及时装订,以防遗失。除特殊情况外,会计凭证一律由金融企业内部传递,以防流弊,造成不必要的损失。

五、会计账务组织

金融业的账务组织区别于其他一般经济部门,主要分为:会计账簿设置、记账程序、账务核对。会计账簿是由许多具有一定格式的账页组成,以会计凭证为依据,全面、连续、系统地记载各种资金增减变动的记录簿册。记账程序是指根据记账凭证登记账簿的程序。账务核对是账务处理的重要环节,是防止账务差错、保证核算正确和资金安全的重要措施。账务组织包括明细核算系统和综合核算系统,两者相互联系、相互依存、相互制约,构成金融企业的双线核算体系。

(一) 明细核算

明细核算是对每个会计科目按照各种明细分类账组成的核算系统实施的核算。明细核算系统的账务处理程序分为分户账、登记簿、余额表和现金收付日记簿。其程序为:根据会计凭证登记分户账或登记簿,根据分户账编制余额表,然后同总账进行核对。

分户账是按照会计科目的具体内容设置的,是明细核算的主要账簿,按户立账,根据凭证逐笔连续记载,具体反映每个账户的资金活动情况,是办理业务和与客户核对账务的重要工具,是银行办理日常业务的重要工具,是银行会计账簿中详细、具体反映经济业务的明细分类账。包括甲种账、乙种账、丙种账、丁种账等。

登记簿是明细核算的辅助性账簿,是适应表内、表外科目某些业务需要而设立的账簿,主要应用于那些在分户账上未能记录或不必要分户记录的重要事项的登记。在银行业务中较多地使用登记簿作为明细账的一种补充形式,凡不在分户账上记录而又需要进行登记查证的业务,可通过登记簿予以反映。登记簿通常有特定格式和一般格式(见图 1-1)两种。

中国××银行(　　)

登记簿(卡)

本账总页数	
本户页数	

户名：　　　　　　　　　　　　单位：

年		摘　要	收　入		付　出		余　额		复核盖章
月	日		数量	金额(位数)	数量	金额(位数)	数量	金额(位数)	

会计：　　　　　　　　　　　　记账：

图 1-1　一般格式登记簿

现金日记簿是记载和控制现金收入、现金付出笔数和金额的序时账簿，是现金收入和付出的明细记录(见图 1-2)。

现金收入日记簿

柜组名称：　　　　　　　年　　月　　日　　　　　　　第　页　共　页

凭证号数	科目代号	户名或账号	计划项目代号	金　额(位数)	凭证代号	科目代号	户名或账号	计划项目代号	金　额(位数)

复核　　　　　　　　　　　　出纳

图 1-2　现金收入日记簿

余额表是核对分户账余额和正确计算利息的重要工具。可分为计息余额表和一般余额表两种。计息余额表适用于计息的各种科目；一般余额表主要是适用于不计息的各科目。

(二) 综合核算

综合核算是按科目组织核算、综合、概括地反映各科目的资金增减变化情况，是明细核算的综合和概括，对明细核算起着控制作用。综合核算系统分为科目日结单、总账和日计表。其核算程序为：先编制科目日结单，然后根据日结单登记总账，最后编制日计表。

科目日结单是每一会计科目当日借、贷发生额和凭证张数的汇总记录，是控制明细核算的发生额、记账凭证和轧平当日账务的重要工具。全部科目日结单相加的借贷方合计数必须平衡。

总账是按科目设立，是对各科目的总括记录。它是对明细账起控制和统驭作用的账簿，又是编制日计表、月计表和年度会计报表的依据。登记方法是：每日营业终了，根据各科目日结单的借、贷方发生额分别填列，并结出余额。10 天一小计。每月终了，应加计本月的借、贷方发生额和本年累计发生额（见图 1-3）。

中国××银行总账

科目名称：　　　　　　　　　　　　　　　　　第　　号

<table>
<tr><td colspan="2" rowspan="2">年　　月份</td><td colspan="2">借　　方</td><td colspan="2">贷　　方</td></tr>
<tr><td colspan="2">（位数）</td><td colspan="2">（位数）</td></tr>
<tr><td colspan="2">上年底余额</td><td></td><td></td><td></td><td></td></tr>
<tr><td colspan="2">本年累计发生额</td><td></td><td></td><td></td><td></td></tr>
<tr><td colspan="2">上月底余额</td><td></td><td></td><td></td><td></td></tr>
<tr><td rowspan="3">日　期</td><td colspan="2">发　生　额</td><td colspan="2">余　　额</td><td>核对盖章</td></tr>
<tr><td>借　方</td><td>贷　方</td><td>借　方</td><td>贷　方</td><td rowspan="2">复核员</td></tr>
<tr><td>（位数）</td><td>（位数）</td><td>（位数）</td><td>（位数）</td></tr>
<tr><td>1</td><td></td><td></td><td></td><td></td><td></td></tr>
<tr><td>2</td><td></td><td></td><td></td><td></td><td></td></tr>
<tr><td>…</td><td></td><td></td><td></td><td></td><td></td></tr>
<tr><td>10 天小计</td><td></td><td></td><td></td><td></td><td></td></tr>
<tr><td>11</td><td></td><td></td><td></td><td></td><td></td></tr>
<tr><td>…</td><td></td><td></td><td></td><td></td><td></td></tr>
</table>

会计（主管）：　　　　　　　　　　　　记账：

图 1-3　总账样式

日计表是反映当日业务活动和扎平当日全部账务的主要工具。日计表应每日编制，其发生额和余额应根据总账当日各科目发生额和余额填记。借、贷方发生额合计数及借、贷方余额合计数必须各自平衡。

（三）财务核对

财务核对是保证账务记载内容正确无误所采用的一项重要手段，其目的是防错纠弊，保证账务正确，确保银行账账、账证、账表和账款相符。可分为每日核对和定期核对。

每日核对是指银行于每日会计核算结束后，对账务的有关内容进行核对：总账各科目余额与所属各分户账的余额及余额表相符；总账各科目的发生额与所属各分户账发生额合计相等；现金收入、付出日记账当日合计应与总账现金科目的借、贷方金额相符；现金库存簿的库存总数应与总账现金科目的余额及实存现金数核对相符。

定期核对是指对未纳入每日核对的账务应按规定日期进行核对。主要包括：未编制余额表又未按日核对余额的各科目余额的核对；总账与会计报表核对；各种贷款的账据及各种利息核对；有实物的各科目与实物进行定期核对；表外科目核算凭证与登记簿的核对。

会计账务组织程序，如图 1-4 所示。

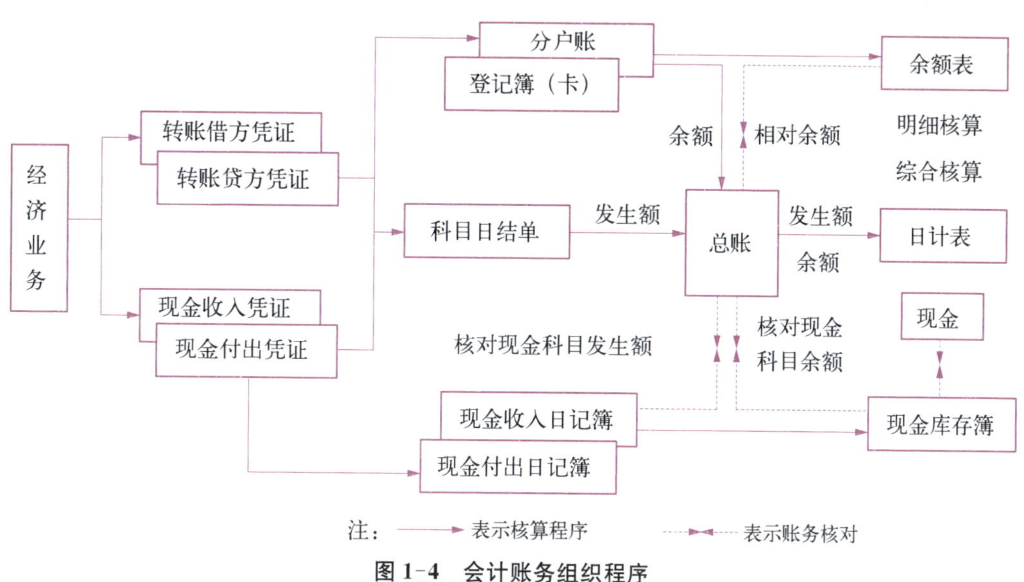

图 1-4　会计账务组织程序

六、财务报告

金融企业的财务报告是指企业对外提供的反映企业某一特定日期的财务状况和某一会计期间的经营成果、现金流量等会计信息的文件。

金融企业的财务报告并不就是特指一份报告，而是由会计报表、会计报表附注、财务情况说明书组成。其中，会计报表由资产负债表、利润表、现金流量表、所有者权益变动表等组成。通过这些报表，会计人员可以给会计信息使用者提供有关金融企业全面的财务信息和经营情况。

关键术语

会计假设　会计主体　复式记账法　权责发生制　会计科目　会计凭证　会计要素　会计核算方法　会计计量　明细核算　综合核算

思考题

1. 金融企业会计具有哪些特点？
2. 金融企业会计的基本假设有哪些？各项基本假设的提出有何意义？
3. 金融企业会计信息质量要求有哪些？

4. 金融企业会计要素包括哪些内容？如何对这些会计要素进行确认？
5. 简述会计要素的计量属性，并对公允价值计量属性进行评价。
6. 金融企业会计核算方法主要包括哪些内容？
7. 金融企业会计科目按经济内容可以分为哪几类？
8. 简述商业银行记账凭证的分类。商业银行记账凭证的使用有何特点？
9. 简述商业银行的明细核算和综合核算以及两者之间的关系。

附表1　企业会计科目名称和编号

顺序号	编　号	会计科目名称	备　注
		一、资产类	
1	1001	库存现金	
2	1002	银行存款	
3	1003	存放中央银行款项	银行专用
4	1011	存放同业	银行专用
5	1015	其他货币资金	
6	1021	结算备付金	证券专用
7	1031	存出保证金	金融共用
8	1051	拆出资金	金融共用
9	1101	交易性金融资产	
10	1111	买入返售金融资产	金融共用
11	1121	应收票据	
12	1122	应收账款	
13	1123	预付账款	
14	1131	应收股利	
15	1132	应收利息	
16	1211	应收保户储金	保险专用
17	1201	应收代位追偿款	保险专用
18	1211	应收分保账款	保险专用
19	1223	应收分保未到期责任准备金	保险专用
20	1224	应收分保保险责任准备金	保险专用
21	1221	其他应收款	
22	1231	坏账准备	
23	1251	贴现资产	银行专用

续　表

顺序号	编　号	会计科目名称	备　注
24	1301	贷款	银行和保险共用
25	1302	贷款损失准备	银行和保险共用
26	1311	代理兑付证券	银行和保险共用
27	1321	代理业务资产	
28	1401	材料采购	
29	1402	在途物资	
30	1403	原材料	
31	1404	材料成本差异	
32	1406	库存商品	
33	1407	发出商品	
34	1410	商品进销差价	
35	1411	委托加工物资	
36	1412	包装物及低值易耗品	
37	1421	消耗性生产物资	农业专用
38	1431	周转材料	建造承包商专用
39	1441	贵金属	银行专用
40	1442	抵债资产	金融共用
41	1451	损余物资	保险专用
42	1461	存货跌价准备	
43	1501	待摊费用	
44	1511	独立账户资产	保险专用
45	1521	持有至到期投资	
46	1522	持有至到期投资减值准备	
47	1523	可供出售金融资产	
48	1524	长期股权投资	
49	1525	长期股权投资减值准备	
50	1526	投资性房地产	
51	1531	长期应收款	
52	1541	未实现融资收益	
53	1551	存出资本保证金	保险专用

续 表

顺序号	编　号	会计科目名称	备　注
54	1601	固定资产	
55	1602	累计折旧	
56	1603	固定资产减值准备	
57	1604	在建工程	
58	1605	工程物资	
59	1606	固定资产清理	
60	1611	融资租赁资产	租赁专用
61	1612	未担保余值	租赁专用
62	1621	生产性生物资产	农业专用
63	1622	生产性生物资产累计折旧	农业专用
64	1623	公益性生物资产	农业专用
65	1631	油气资产	石油天然气开采专用
66	1632	累计折耗	石油天然气开采专用
67	1701	无形资产	
68	1702	累计摊销	
69	1703	无形资产减值准备	
70	1711	商誉	
71	1801	长期待摊费用	
72	1811	递延所得税资产	
73	1901	待处理财产损益	
		二、负债类	
74	2001	短期借款	
75	2002	存入保证金	金融共用
76	2003	拆入资金	金融共用
77	2004	向中央银行借款	银行专用
78	2011	同业存放	银行专用
79	2012	吸收存款	银行专用
80	2021	贴现负债	银行专用
81	2101	交易性金融负债	
82	2111	卖出回购金融资产款	金融共用

续　表

顺序号	编　　号	会计科目名称	备　　注
83	2201	应付票据	
84	2202	应付账款	
85	2205	预收账款	
86	2211	应付职工薪酬	
87	2221	应交税费	
88	2231	应付股利	
89	2232	应付利息	
90	2241	其他应付款	
91	2251	应付保户红利	保险专用
92	2261	应付分保账款	保险专用
93	2311	代理买卖证券款	证券专用
94	2312	代理承销证券款	证券和银行共用
95	2313	代理兑付证券款	证券和银行共用
96	2314	代理业务负债	
97	2401	预提费用	
98	2411	预计负债	
99	2501	递延收益	
100	2601	长期借款	
101	2602	长期债券	
102	2701	未到期责任准备金	保险专用
103	2702	保险责任准备金	保险专用
104	2711	保户储金	保险专用
105	2721	独立账户负债	保险专用
106	2801	长期应付款	
107	2802	未确认融资费用	
108	2811	专项应付款	
109	2901	递延所得税负债	
		三、资产负债共同类	
110	3001	清算资金往来	银行专用
111	3002	外汇买卖	金融共用

续 表

顺序号	编　号	会计科目名称	备　注
112	3101	衍生工具	
113	3201	套期工具	
114	3201	被套期项目	
		四、所有者权益类	
115	4001	实收资本	
116	4002	资本公积	
117	4101	盈余公积	
118	4102	一般风险准备	金融共用
119	4103	本年利润	
120	4104	利润分配	
121	4201	库存股	
		五、成本类	
122	2001	生产成本	
123	5101	制造费用	
124	5201	劳务成本	
125	5301	研发支出	
126	5401	工程施工	建造承包商专用
127	5402	工程结算	建造承包商专用
128	5403	机械作业	建造承包商专用
		六、损益类	
129	6001	主营业务收入	
130	6011	利息收入	金融共用
131	6021	手续费收入	金融共用
132	6031	保费收入	保险专用
133	6032	分保费收入	保险专用
134	6041	租赁收入	租赁专用
135	6051	其他业务收入	
136	6061	汇兑损益	金融专用
137	6101	公允价值变动损益	
138	6111	投资收益	

续　表

顺序号	编　号	会计科目名称	备　注
139	6201	摊回保险责任准备金	保险专用
140	6202	摊回赔付支出	保险专用
141	6203	摊回分保费用	保险专用
142	6301	营业外收入	
143	6401	主营业务成本	
144	6402	其他业务支出	
145	6405	营业税金及附加	
146	6411	利息支出	金融共用
147	6421	手续费支出	金融共用
148	6501	提取未到期责任准备金	保险专用
149	6502	提取保险责任准备金	保险专用
150	6511	赔付支出(保险专用)	保险专用
151	6521	保护红利支出	保险专用
152	6531	退保金	保险专用
153	6541	分出保费	保险专用
154	6542	分保费用	保险专用
155	6601	销售费用	
156	6602	管理费用	
157	6603	财务费用	
158	6604	勘探费用	
159	6701	资产减值损失	
160	6711	营业外支出	
161	6801	所得税费用	
162	6901	以前年度损益调整	

第二篇　商业银行会计

■ 第二章　存款业务的核算
■ 第三章　贷款业务的核算
■ 第四章　支付结算业务的核算
■ 第五章　金融机构往来的核算
■ 第六章　中国现代化支付系统的核算
■ 第七章　外汇业务的核算

第二章　存款业务的核算

学习内容与目标

本章介绍存款业务概述、银行结算账户的种类和管理、单位存款、储蓄存款业务管理与会计核算、存款利息的计算与核算、存款的后续计量等内容。通过学习要求掌握存款业务概述、银行结算账户的种类和管理；熟练掌握单位活期存款、单位定期存款的会计核算、活期储蓄存款、定期储蓄存款业务的会计核算以及存款利息的计算与会计核算。

第一节　存款业务概述

一、存款业务的种类

存款业务是商业银行以信用的方式吸收社会暂时闲置资金的筹资活动。吸收存款的业务，是商业银行接受客户存入的货币款项，存款人可随时或按约定时间支取款项的一种信用业务。存款业务是商业银行的传统业务，是商业银行重要的负债业务和信贷资金的主要来源，在其负债业务中占有最重要的地位。银行的自有资金，无论数额如何庞大，也是有限的，商业银行只有积极地吸收各项存款，才能扩大银行经营业务来源，才能增强银行信贷资金力量。

开展存款业务的核算，首先应当对存款种类有明确的了解。存款的分类有多种，比较常见的分类方法有以下五种。

（一）按产生来源的不同

按产生来源的不同，可以分为原始存款和派生存款。原始存款，也称现金存款或直接存款，即企事业单位或个人将现金支票或现金送存银行，增加存款户的货币资金。它除了包括公款存款、私人存款两部分外，还包括银行之间的存款，即同业存款。派生存款，也称转账存款或间接存款，是指银行以贷款方式自己创造的存款。这种存款的增加，会增加社会的货币供应量。

（二）按资金性质的不同

按资金性质的不同，可以分为一般性存款和财政性存款。一般性存款是指银行吸收的各单位或城乡居民的存款，包括企业存款和储蓄存款。财政性存款是指各行经办的财政预算内存款及集中待缴财政的各种款项形成的存款。这种存款也可增加社会的货币供应量。

（三）按存款期限的不同

按存款期限的不同，可以分为活期存款和定期存款。活期存款是存入时不确定存期，可以随时存取的存款，主要包括单位活期存款和个人活期存款。定期存款是在存款时约定存期，到期支取的存款，主要包括单位定期存款和个人定期存款。

（四）按存取款方式的不同

按存取款方式的不同，可以分为支票存款、存单存款、存折存款、通知存款、协定存款等。支票存款是使用支票办理存取手续的存款方式；存单存款是使用存单办理存取款手续的存款方式，一般为定期存单；存折存款是使用存折办理存取款手续的存款方式；通知存款是存款人在存入款项时不约定存期，需要支取存款时提前通知银行，按照通知约定的取款日期和金额支取款项的一种存款方式；协定存款是存款人与开户银行签订协定存款合同，约定结算账户的留存额度，超过约定留存额度部分的存款转为协定存款，单独计算计息积数并按协定存款利率计算利息的一种存款方式。

（五）按存款币种的不同

按存款币种的不同，可分为人民币存款和外币存款。人民币存款是单位或个人存入人民币款项而形成的存款；外币存款是单位或个人将其外汇资金存入银行，并随时或约期支取的存款。

二、银行结算账户的种类和管理

（一）银行结算账户的种类

为加强对存款及其结算账户的管理，各存款人应按规定在银行开立各种结算账户。银行结算账户是指银行为存款人开立的办理资金收付结算的人民币活期存款账户。银行结算账户按存款人分为单位银行结算账户和个人银行结算账户。

1. 单位银行结算账户的使用

存款人以单位名称开立的银行结算账户为单位银行结算账户。单位银行结算账户按用途分为基本存款账户、一般存款账户、专用存款账户和临时存款账户。

(1) 基本存款账户。基本存款账户是存款人办理日常转账结算和现金收付需要开立的银行结算账户。该账户是存款人的主办账户。存款人日常经营活动的资金收付及其工资、奖金等现金的支取，应通过该账户办理。存款人只能在银行开立一个基本存款账户。

(2) 一般存款账户。一般存款账户是存款人在基本存款账户以外的其他银行办理转账结算、借款转存和现金交存的账户。存款人可以通过一般存款账户办理借款转存、支付、归还借款的款项转入，也可办理转账结算和现金转存，但不能办理现金支取。

(3) 专用存款账户。专用存款账户是存款人按照法律、行政法规和规章，对其特定用途资金进行专项管理和使用而开立的银行结算账户。该账户用于办理各项专用资金的收付，原则上不得办理现金收付业务。存款人拥有的基本建设资金、更新改造资金、财政预算外资金和特定用途需要专户管理的资金(包括粮、棉、油收购资金;证券交易结算资金;证券交易结算资金;期货交易结算资金;信托资金;金融机构存放同业资金;政策性房地产开发资金;单位银行卡备用金;住房基金;社会保障资金;QFII 专用存款账户等)均可在银行开立专用账户。

(4) 临时存款账户。临时存款账户是存款人因临时需要并在规定期限内使用而开立的银行结算账户。存款人设立临时机构、进行异地临时经营活动或注册验资可以申请开立临时存款账户。该账户有效期最长不得超过 2 年。注册验证的临时存款账户在验资期间只收不付。

2. 个人银行结算账户的使用

存款人凭个人身份证件以自然人名称开立的银行结算账户为个人银行结算账户。个人银行结算账户是自然人因投资、消费、结算等而开立的可办理支付结算业务的存款账户。自然人可根据需要申请开立个人银行结算账户,也可以在已开立的储蓄账户中选择并向开户银行申请确认为个人银行结算账户。

个人银行结算账户有三个功能:一是储蓄功能,可以通过个人结算存取本金和支付利息,该账户的利息按照活期储蓄利息计算;二是普通转账功能,通过开立个人银行结算账户,办理汇款,支付水、电、气等基本日常费用,代发工资等转账结算服务,使用汇兑、委托收款、借记卡、定期借记、定期贷记、电子钱包(IC 卡)等转账工具;三是信用支付功能,通过个人银行结算账户使用支票、信用卡等信用支付工具。

(二) 银行存款账户的管理

单位基本存款账户的存款人只能在银行开立一个基本存款账户。申请人开立基本存款账户时,应向开户银行出具工商行政管理机关核发的《企业法人执照》或《营业执照》正本;有关部门的证明、批文等证明文件之一。

开立基本存款账户、临时存款账户、预算单位①开立专用存款账户和 QFII 专用账户实行核准②制度,由中国人民银行核准后由开户银行核发开户许可证,银行不得对未持有开户许可证或已经开立基本存款账户的存款人开立基本存款账户。存款人因注册验资需要开立的临时存款账户除外。

申请开立一般存款账户,应向开户银行出具开立基本存款账户规定的证明文件、基本存款账户登记证和借款合同。申请开立专用存款账户时,存款人应出具开立基本存款账户规定的证明文件、基本存款账户登记证和经有关部门批准立项的文件或批文等。申请开立临时存款账户,存款人应向银行出具工商行政管理机关核发的营业执照、临时执照或有关部门同意设立外来临时机构的批文。

存款人可以自主选择银行开立结算账户。开户可以实行双向选择,存款人可以自主选择银行,银行也可以自愿选择存款人开立账户,银行不得违反规定强行拉客户在本

---

① 预算单位是指收入全部上交,预算支出全部由预算安排的一般政府部门。

② 存款账户可以分为核准类账户和非核准类(备份类)账户。核准类账户是指经中国人民银行当地分支行核准才能开户的账户;非核准类账户是指银行办理开户后必须于开户日起 5 个工作日内向中国人民银行当地分支行备案的账户。

行开户，任何单位和个人也不能干预存款人在银行开立和使用账户。

存款人开立和使用银行结算账户应当遵守法律、行政法规，不得利用银行结算账户进行偷逃税款、逃废债务、套取现金及其他违法犯罪活动，也不允许出租和转让他人。

银行应依法为存款人的银行结算账户信息保密。对单位、个人银行结算账户的存款和有关资料，除国家法律、行政法规另有规定外，银行有权拒绝任何单位或个人查询。

三、会计科目设置

（一）"吸收存款"科目

该科目属于负债类科目，核算企业（银行）吸收的除同业存放款项以外的其他各种存款，包括单位存款（如企业、事业单位、机关、社会团体等）、个人存款、信用卡存款、特种存款、转贷款资金和财政性存款等。本科目可按存款类别及存款单位，分别按"本金""利息调整"等进行明细核算。

银行收到客户存入的款项时，应按实际收到的金额，借记"存放中央银行款项""库存现金"等科目；按存入资金的本金，贷记本科目（本金）；当实际收到金额与本金不一致时，按其差额，贷记或借记本科目（利息调整）。

资产负债表日，应按摊余成本和实际利率计算确定的存入资金的利息费用，借记"利息支出"科目；按合同利率计算确定的应付未付利息，贷记"应付利息"科目；按其差额，借记或贷记"吸收存款——利息调整"科目。实际利率与合同利率（即银行挂牌公告的利率）差异较小的，也可以采用合同利率计算确定利息费用。

支取款项时，应按归还的金额，借记本科目（本金），贷记"存放中央银行款项""库存现金"等科目；按应转销的利息调整金额，借记或贷记本科目（利息调整），按其差额；贷记或借记"利息支出"科目；期末余额反映在贷方，反映企业吸收的除同业存放款项以外的其他各项存款余额。

该科目期末贷方余额，反映商业银行吸收的除同业存放款项以外的其他各项存款。

（二）"利息支出"科目

该科目属于损益类科目，核算企业（金融）发生的利息支出，包括吸收的各种存款（单位存款、个人存款、信用卡存款、特种存款、转贷款资金等）、与其他金融机构（中央银行、同业等）之间发生资金往来业务、卖出回购金融资产等产生的利息支出。

资产负债表日，商业银行应按摊余成本和实际利率计算确定的利息费用金额，借记"利息支出"科目。按合同利率计算确定的应付未付利息，贷记"应付利息""发行债券（应付利息）""活期存款""活期储蓄存款""存放中央银行款项"等科目。本科目应按利息支出项目进行明细核算。

期末应将本科目余额结转利润，借记"本年利润"科目，贷记本科目，结转后本科目应无余额。

（三）"应付利息"科目

该科目属于负债类科目，核算企业按照合同约定应支付的利息，包括吸收存款、分期付息到期还本的长期借款、企业债券等应支付的利息。

资产负债表日，商业银行按合同利率计算确定的应付未付利息，借记“利息支出”科目，按合同利率计算确定的应付未付利息，贷记“应付利息”科目。实际支付利息时，借记“应付利息”科目，贷记“吸收存款”等科目。本科目应按存款人或债权人进行明细核算。

该科目期末贷方余额，反映商业银行应付未付的利息。

第二节　单位存款业务的核算

一、单位活期存款业务的核算

单位存款又称对公存款，是指企事业单位、机关团体、部队和个体经营者等在金融机构存入的款项，有单位活期存款、单位定期存款、单位通知存款、单位协定存款等。

单位活期存款是指不约定存款期限，可以随时办理存取的，并依照人民银行公布的活期存款利率按季计取利息的存款，有支票账户和存折账户之分。

（一）单位活期存款的会计核算

单位活期存款存取的方式主要有两种：存取现金和转账存取。其中转账存取存款主要是通过办理各种结算方式和运用信用支付工具而实现的。

1. 开户存入时的核算

存款户在第一次存入现金开立账户时，应填写一式两联现金缴款单，连同现金交银行出纳部门。银行出纳部门经审查凭证点收现金，登记现金收入日记簿并复核签章后，将第一联加盖“现金收讫”章作为回单退交存款人；银行出纳部门审核无误、收妥款项，根据存款凭条登记现金收入日记账后，将第二联送会计部门。会计部门对存款凭条审查无误后编制账号凭以代现金收入传票登记单位存款分户账。其会计分录为：

借：库存现金

　贷：吸收存款——活期存款——××存款户

2. 开户后存取款的核算

(1) 存取现金的核算。活期存款户将多余现金存入活期存款账户，填写一式两联现金缴款单，并经银行审核后记账，其会计分录为：

借：库存现金

　贷：吸收存款——活期存款——××存款户

支票户向银行支取现金时，应签发现金支票，会计部门接到现金支票后，经审查无误后，以现金支票代现金付出传票登记分户账后，交出纳部门凭以付款。

存折户支取现金时向银行提交存折、结算取款凭证，支取现金的数量和用途要符合国家相关规定，经审查无误并完成交易后，打印结算取款凭证、存折内页，将存折、回单及现金交取款人，其会计分录为：

借：吸收存款——活期存款——××存款户

　贷：库存现金

（2）转账结算的核算。转账结算是指不使用现金，通过银行将款项从付款单位的银行账户直接划转到收款单位的银行账户的货币资金结算方式。按照银行结算办法的规定，除了《现金管理暂行条例》规定的可以使用现金结算的以外，所有企业、事业单位和机关、团体、部队等相互之间发生的商品交易、劳务供应、资金调拨、信用往来等均应按照银行结算办法的规定，通过银行转账结算来完成。

① 当收款人和付款人在同一银行开户时，其会计分录为：

借：吸收存款——活期存款——付款人户

贷：吸收存款——活期存款——收款人户

② 当收款人和付款人不在同一银行开户，而在同城他行开户时，收款人开户行的会计分录为：

借：存放中央银行款项

贷：吸收存款——活期存款——收款人户

付款人开户行的会计分录为：

借：吸收存款——活期存款——付款人户

贷：存放中央银行款项

（3）活期存款销户的处理。单位活期存款销户时，先核对存款账户余额，计提利息至销户日，将本金、应付利息转入其他存款账户或其他地区金融机构，并收回开户登记证、空白票据、凭证、存折。

（二）单位活期存款利息核算

1. 活期存款利息计算的一般规定

（1）计息范围。商业银行吸收的存款，除财政性存款、被法院判决为赃款的冻结户存款、贷记卡账户的存款及储值卡（含 IC 卡的电子钱包）内的币值等外，其他各种存款均应按规定计付利息。

（2）结息与结息日的规定。结息是指银行与存款人结算利息，分为定期结息和利随本清。单位活期存款除非清户，一般均连续不间断发生存取款业务，因此，活期存款利息一般采取定期结息的做法，即按季结计利息，其结息日为每季度末月 20 日，按年结息的，其结息日为 12 月 20 日。结息日所结计的利息，应在结息日次日入存款人账户。

利随本清是指商业银行在存款到期日一次性支付（收取）本金和利息。若单位活期存款账户销户，则利息的结算应采取利随本清的方法，即于销户时将利息与存款单位结清。

（3）存期的确定。存期是存款的时间，一般说存期“算头不算尾”，也就是存入日计算利息，支取日不计算利息，其计算方法是从存入日算至支取的前 1 日为止。对活期存款的存期也就按照实际天数计算，所谓实际天数就是按照日历天数，大月按 31 天计算，小月按 30 天计算，平月按 28 天（闰年 29 天）计算。

商业银行对单位活期存款的计息采取按季结息的办法，以每季末月 20 日为结息日，次日列账。计息期按实际天数计算从上季末月 21 日至本季末月 20 日。

（4）利息计算公式。利息计算的基本公式是：利息＝本金×存期×利率，活期存款利息＝累积日积数×日利率，同时规定本金元位起息，元位以下不计息。计算的利息保留到分位，分位以下四舍五入。利率是指一定存款的利息与存款本金的比率。利率由中国人民银行制定与公布，由各金融机构执行。

存款利率一般分为年利率(%)、月利率(‰)、日利率(‱)三种，1年按360日计算。存期以天数计算时，用日利率；存期按月计算时，用月利率；存期按年计算时，用年利率。它们之间的换算是年利率除以12为月利率，月利率除以30为日利率，依次类推。

2. 活期存款利息计算方法

单位活期存款计息一般采用“积数计息法”，即按日累加存款余额，累加的存款余额为计息积数，用计息积数乘以日利率，计算出存款利息，即利息＝累计计息日积数×日利率。存期内如遇利率调整不分段计息，按结息日挂牌公布的活期存款利率计息，未到结息日清户的，按清户日挂牌公布的活期存款利率计息。积数计息法有账页计息法和余额表计息两种。

(1) 账页计息法。账页计息法采用乙种分户账计算积数，该方法适用于存取款次数不多的存款户。采用乙种账结计利息的，存款账户使用带积数的乙种账。采用这种方法，当发生资金收付时，按上次最后余额乘以该余额的实存日数即为积数，并直接填入账页上的“日数”和“积数”栏内，日数的计算是从上一次记账日期算至本次记账日期的前一日为止。如更换账页，应将累计积数过入新账页第一行的上半栏内，待结息日营业终了，再计算出本季的累计天数和累计积数，乘以结息日挂牌的活期存款利率即得出应付利息。

【例2-1】 某公司的基本存款户在第1季度发生以下业务。

(1) 1月1日开户存入现金10 000元。

(2) 1月4日同城他行开户单位B公司付货款10 000元。

(3) 1月7日转账付C厂(他行)10 000元。

(4) 2月1日异地D厂付款20 000元。

(5) 2月27日同城E厂付款30 000元。

(6) 3月5日付同城他行开户F厂20 000元。

(7) 3月18日付款给异地某公司10 000元。

假设3月20日挂牌公告的活期存款利率为0.6‰，利用账页计息法计算日积数过程。

表2-1 活期存款利息计算表(账页计息法)

账号：吸收存款—活期存款221002　　　户名：××公司

月	日	摘　　要	借　方	贷　方	余额(贷)	日数	积　数
1	1	开户存入现金		10 000	10 000		
1	4	同城他行开户单位B付		10 000	20 000	3	30 000
1	7	转账付款C厂(他行)	10 000		10 000	3	60 000
2	1	异地D厂付款增加		20 000	30 000	25	250 000
2	27	同城E厂付款增加		30 000	60 000	26	780 000

续 表

月	日	摘 要	借 方	贷 方	余额(贷)	日数	积 数
3	5	付同城他行开户F厂	20 000		40 000	6	360 000
3	18	付款异地	10 000		30 000	13	520 000
3	20				30 000	3	90 000
							2 090 000

(2) 余额表计息法。该方法适用于存款余额变动频繁的存款账户。具体方法是采用余额表计算计息积数,银行会计部门每日营业终了,将各计息分户账的最后余额按户抄列在计息余额表内(当日余额未变动的,照抄上日余额),每10天小计1次。如遇错账冲正,应在余额表的"应加积数""应减积数"栏内调整计息积数。

3. 活期存款利息核算

结息日计算出利息后,计提本计息期间所有应付利息,于次日批量结入各单位活期存款账户。

(1) 结息日计提利息的处理。计提利息时,其会计分录为:

借:利息支出——活期存款利息支出户

贷:应付利息

(2) 利息入账的处理。结息日次日将应付利息入账,批量处理时,其会计分录为:

借:应付利息

贷:吸收存款——活期存款——××存款户

【例2-2】 表2-2是某商业银行2018年6月计息余额表,本计息期内的活期存款利率为0.5%,没有发生利率调整。

表2-2 ××银行计息余额表

计息余额表

科目名称:活期存款　　2018年6月　　单位:元

科目代号:　　利率:0.5%　　第 页共 页

日期 \ 余额 \ 户名 \ 账号	20110015 ××公司						合计	复核盖章
1	367 000	00						
2	403 000	00						
3	457 000	00						
4	518 000	00						
5	462 000	00						
6	462 000	00						
7	539 000	00						

续　表

日期 / 余额 / 户名 / 账号	20110015						合计	复核盖章
	××公司							
8	492 000	00						
9	688 000	00						
10	653 000	00						
10天小计	5 059 000	00						
11	617 000	00						
…								
…								
20天小计	9 968 000	00						
21	354 000	00						
…								
…								
本月合计	15 112 000	00						
至上月底未计息积数	53 761 000	00						
应加积数								
应减积数	183 000	00						
至结息日累计计息积数	63 546 000	00						
至本月底累计未计息积数	5 144 000	00						
结息日计算利息数	1 270	92						

会计　　　　　　　　　　复核　　　　　　　　　　制表

所以从计息余额表可以知道，至结息日累计计息积数＝53 761 000＋9 968 000－183 000＝63 546 000(元)

结息日应计利息＝63 546 000×(0.5％÷360)＝882.58(元)

(1) 计提利息时，其会计分录为：

借：利息支出——活期存款利息支出户　　882.58

　贷：应付利息　　882.58

(2) 结息日次日将应付利息入账，其会计分录为：

借：应付利息　　882.58

　贷：吸收存款——活期存款——××存款户　　882.58

二、单位定期存款业务的核算

单位如有在一定时期内闲置不用的资金，可在银行办理定期存款。单位定期存款

是指存款单位约定期限,到期支取本息的一种存款。存款人按有关规定提留的短期各项资金和地方财政结余款项,均可按银行规定办理整存整取定期存款。

目前单位定期存款的存期有3个月、6个月、1年、2年、3年、5年等档次,起存金额为1万元,多存不限,本金一次存入,存入时由银行发给存单,到期一次性支取本息。定期存款必须在存款人结算账户归属客户号下开立定期存款账户,而且同一账户下可开立多笔期限、金额不同的定期存款。

(一) 定期存款业务的会计核算

1. 存入定期存款的核算

单位存入定期存款时,应按存款金额签发活期存款账户转账支票交开户银行。银行按规定审查无误后,以支票作转账借方传票并凭以填制一式三联单位定期存款证实书。经复核后,以第一联代定期存款转账贷方传票,第三联作定期存款卡片账,第二联加盖业务公章和经办人员名章后交存款人作存款凭据。

(1) 转账存入,其会计分录为:

借:吸收存款——活期存款——××单位

　贷:吸收存款——定期存款——××单位

(2) 同城他行存入,其会计分录为:

借:存放中央银行款项

　贷:其他应付款——同城交换户

借:其他应付款——同城交换户

　贷:吸收存款——定期存款——××户

【例2-3】 甲公司向泰兴工行申请定期存款80 000元,存期为1年,利率8%。其会计分录为:

借:吸收存款——活期存款——甲公司　　80 000

　贷:吸收存款——定期存款——甲公司　　80 000

2. 支取定期存款的核算

单位支取定期存款本息只能以转账方式转入基本存款账户,定期存款账户不得作为结算户使用,不得支取现金。

(1) 到期全额支取。单位持存单支取定期存款时,银行会计人员抽出该户卡片进行核对。核对无误后,计算出利息,填制利息清单,并在存单上加盖“结清”戳记。以存单代定期存款转账借方传票,卡片账作附件,另编制三联特种转账传票,一联代利息支出科目转账借方传票,一联代活期存款账户转账贷方传票,另一联代收账通知交存款人。按规定利率本息一次结清,转入基本存款账户,其会计分录为:

借:应付利息

　　利息支出

　　吸收存款——定期存款——××户

　贷:吸收存款——活期存款——××户

在其他行开立基本存款账户而在本行开立定期存款账户的存款人取款时,其会计分录为:

借：应付利息

利息支出

吸收存款——定期存款——××户

贷：存放中央银行款项

【例 2-4(接例 2-3)】 一年后，甲公司将定期存款取出，工行的转账分录为：

借：吸收存款——定期存款——甲公司户 80 000

利息支出——定期存款利息支出户 6 400

贷：吸收存款——活期存款——甲公司户 86 400

利息＝80 000×1×8%＝6 400(元)

(2) 提前支取。提前支取是定期存款的存款人在其存款尚未到期前，要求全部或部分支取存款。要分情况来处理：一是全额提前支取，银行按支取日挂牌公告的活期存款利率计付利息和本金，对该项定期存款予以清户；二是部分提前支取，若剩余定期存款不低于起存金额，则对提取部分按支取日挂牌公告的活期存款利率计付利息，剩余部分存款按原定利率和期限执行；若剩余定期存款不足起存金额，则应按支取日挂牌公告的活期存款利率计付利息，并对该项定期存款予以清户。

部分提前支取时，除对支取部分按提前支取办法支付本息并注销原存单外，对未取部分开立新存单，并在新存单上注明原存入日期、利率和到期日，以及"由××号存单部分转存"字样，其会计分录为：

借：吸收存款——定期存款——××户 (全部本金)

利息支出——定期存款利息支出户 (提前支取部分利息)

贷：吸收存款——活期存款——××户 (提前支取部分应支付的本息)

吸收存款——定期存款——××户 (续存本金)

(3) 逾期支取。定期存款的存单在到期日未支取，到期日后支取的都称为逾期支取，逾期支取的过期时间部分，计活期存款利息。

(二) 单位定期存款利息的计算

1. 单位定期存款利息核算的规定

(1) 利息的计算。单位定期存款采取对年、对月、对日的逐笔计息法，即按照预先确定的计息公式，根据对年、对月、对日得出的存期来逐笔计算利息，计息公式为：

利息＝本金×年(月)数×年(月)利率＋本金×零头天数×日利率

其中，存期按对年、对月、对日计算。对年按 360 天计算；对月按 30 天计算；零头天数按实际天数、算头不算尾计算。

若遇存款到期日为该月所没有的日期，则以月末日为到期日。例如，5 月 31 日存入半年期定期存款，到期日为 11 月 30 日；8 月 29 日、30 日、31 日存入半年期定期存款，到期日均为次年 2 月 28 日(闰年为 29 日)；2 月 29 日(系月底日存入)存入半年期定期存款，到期日为 8 月 29 日。

(2) 计息的规定。

① 单位定期存款采用对年、对月、对日逐笔计息法，并采取利随本清的办法，即在

支取本金时计付利息。

② 单位定期存款到期支取时，按存入日挂牌公告的利率计息，利随本清，遇有利率调整不分段计息。

③ 单位定期存款全部提前支取，应按支取日挂牌公告的活期存款利率计付利息。

④ 部分提前支取时对提取部分按支取日挂牌公告的活期存款利率计付利息。

⑤ 到期日后逾期支取的过期时间部分，按支取日挂牌公告的活期存款利率计付利息。

【例 2-5】 某单位存入银行一笔定期存款 20 万元，期限 1 年，月利率 1.875‰，9 月 25 日到期，该单位于 10 月 9 日来银行支取，支取日活期存款利率为 0.6‰，计算支取日的应付利息。

应付利息包括到期定期存款利息和逾期所产生的利息，其计算为：

(1) 到期利息＝200 000×12×1.875‰＝4 500(元)

(2) 逾期利息＝200 000×14×(0.6‰÷30)＝56(元)

该笔存款应付利息为 4 556 元。

2. 单位定期存款利息核算

根据权责发生制，对一年以上(含一年)的定期存款商业银行应按月、按季或按年分期计提应付利息，进入当期损益，其会计分录为：

借：利息支出

　贷：应付利息

当发生实际利息支出时，冲减应付利息，其会计分录为：

借：应付利息

　贷：吸收存款——活期存款户

对一年以下的定期存款不计提应计利息，发生实际利息支出时，直接进入当期损益。

【例 2-6】 甲公司 2015 年 8 月 25 日签发转账支票，将其活期存款账户 60 000 元转为定期存款，存期 3 年，存入时银行挂牌公告的 3 年期定期存款利率为 3.3%，甲公司没有和银行约定办理到期自动转存，2018 年 8 月 25 日到期来银行办理支取手续，假设银行按年计提利息，银行账务处理过程如下。

(1) 2015 年 8 月 25 日定期存款存入的会计分录为：

借：吸收存款——单位活期存款——甲公司户　　60 000

　贷：吸收存款——单位定期存款——甲公司户　　60 000

(2) 2015 年 12 月 31 日计提利息时的会计分录为：

借：利息支出——单位定期存款利息支出　　693

　贷：应付利息——单位定期存款应付利息——甲公司户　　693

　　应提应付利息＝60 000×126×3.3%÷360＝693(元)

(3) 2016 年 12 月 31 日计提利息时的会计分录为：

借：利息支出——单位定期存款利息支出　　1 980

　贷：应付利息——单位定期存款应付利息——甲公司户　　1 980

　　应提应付利息＝60 000×3.3%＝1 980(元)

(4) 2017 年 12 月 31 日计提利息时,其会计分录为:

借:利息支出——单位定期存款利息支出　　1 980

　贷:应付利息——单位定期存款应付利息——甲公司户　　1 980

应提应付利息=60 000×3.3%=1 980(元)

(5) 2018 年 8 月 25 日到期支付本金和利息时,其会计分录为:

① 计提应付利息时,其会计分录为:

借:利息支出——单位定期存款利息支出　　1 287

　贷:应付利息——单位定期存款应付利息——甲公司户　　1 287

② 支付本金和利息时,其会计分录为:

借:吸收存款——单位定期存款——甲公司户　　60 000

　应付利息——单位定期存款应付利息——甲公司户　　5 940

　贷:吸收存款——单位活期存款——甲公司户　　65 940

定期存款利息=60 000×3×3.3%=5 940(元)

计提应付利息=5 940−1 980−1 980−693=1 287(元)

(三) 定期存款确认与计量

1. 资产负债表日计提利息

吸收存款属于商业银行的其他金融负债,初始确认按照公允价值计量,相关费用计入初始确认金额,后续计量时,采取实际利率法,按照摊余成本进行计量。根据权责发生制,资产负债表日(资产负债表日是出资产负债表的当日,一般指会计期末,如 1 月 31 日、12 月 31 日)对约定存款存期内对一年以上(含一年)的定期存款计提利息时,商业银行应按照摊余成本乘以实际利率计算利息支出,按照合同利率计算应付利息,差额计入利息调整。其会计分录为:

借:利息支出——单位定期存款利息支出

借或贷:吸收存款——单位定期存款——××单位(利息调整)

　贷:应付利息——单位定期存款应付利息

当实际利率与合同利率差异较小的,也可以采用合同利率计算利息费用,其会计分录为:

借:利息支出——单位活期存款利息支出

　贷:应付利息——单位活期存款应付利息

当发生实际利息支出时,应冲减应付利息,其会计分录为:

借:应付利息

　贷:吸收存款——活期存款户

实务中,一般对一年期以上(不含一年期)单位定期存款、整存整取定期储蓄存款按摊余成本和实际利率计算利息费用;对其他存款按合同利率计算利息费用。

2. 存款后续计量

实际利率法是指按照金融资产或金融负债的实际利率计算摊余成本,以及各期利息收入或利息费用的方法。

摊余成本是指该金融资产或金融负债的初始确认金额经过调整后的结果,其计算公式为：

$$\text{摊余成本}=\text{初始确认金额}-\text{已偿还的本金}\pm\text{采用实际利率法将该初始确认金额与到期日金额之间的差额进行摊销形成的累计摊销额}$$

$$\text{各期利息费用}=\text{摊余成本}\times\text{实际利率}$$

实际利率是指将金融资产或金融负债在预期存续期内或适用的更短期间内的未来现金流，折现为该金融资产或金融负债当前账面价值所使用的利率，其计算公式是：

$$V=\frac{CF_1}{(1+IRR)^1}+\frac{CF_2}{(1+IRR)^2}+\cdots+\frac{CF_n}{(1+IRR)^n}=\sum_{t=1}^{n}\frac{CF_t}{(1+IRR)^t}$$

其中，V 为吸收存款当前账面价值，IRR 为实际利率，CF_t 为预计未来各期现金流量，n 为吸收存款的预期存续期。

【例 2-7】 2016 年 3 月 31 日，工商银行 A 支行收到甲公司签发的转账支票一张，金额为 100 000 元，要求转存两年期的定期存款，当时银行挂牌的两年期定期存款年利率为 4.68%。甲公司于 2018 年 3 月 31 日到期支取本息。工商银行 A 支行于每季季末计提利息。假设不考虑其他因素。

(1) 吸收存款初始确认金额＝100 000(元)。

(2) 吸收存款的后续计量。

设吸收存款的实际利率为 IRR，根据公式

$$V=\frac{CF_1}{(1+IRR)^1}+\frac{CF_2}{(1+IRR)^2}+\cdots+\frac{CF_n}{(1+IRR)^n}=\sum_{t=1}^{n}\frac{CF_t}{(1+IRR)^t}$$

得到：

$$100\,000=\frac{100\,000\times(1+2\times4.68\%)}{(1+IRR)^8}$$

$$IRR=1.124\,7\%$$

由计算结果可知，吸收存款实际季利率 $IRR=1.124\,7\%$，与名义季利率(4.68%÷4＝1.17)不相等。银行办理吸收存款业务时，虽然没有发生交易费用和溢折价，但由于实际付息周期(到期一次单利付息)与计息周期(按季)不相同，因此，其实际利率与名义利率不相等。

采用实际利率法计算利息费用和吸收存款摊余成本的数据如表 2-3 所示。

表 2-3　实际利率法计算利息费用和吸收存款摊余成本

时　间	期初摊余成本①	利息费用 ②＝①×IRR	现金流出③	期末摊余成本 ④＝①＋②－③	应付利息 ⑤＝100 000×1.17% (利息调整＝⑤－②)
2016.6.30	100 000	1 125	0	101 125	1 170(45)
2016.9.30	101 125	1 138	0	102 263	1 170(32)

续 表

时 间	期初摊余成本①	利息费用 ②=①×IRR	现金流出③	期末摊余成本 ④=①+②−③	应付利息 ⑤=100 000×1.17% (利息调整=⑤−②)
2016.12.31	102 263	1 150	0	103 413	1 170(20)
2017.3.31	103 413	1 163	0	104 576	1 170(7)
2017.6.30	104 576	1 176	0	105 752	1 170(−6)
2017.9.30	105 752	1 189	0	106 941	1 170(−19)
2017.12.31	106 941	1 203	0	108 144	1 170(−33)
2018.3.31	108 144	1 216	109 360	0	1 170(−46)
合 计	—	9 360	—	—	9 360(0)

根据表 2-3 中的数据，工商银行 A 支行的有关账务处理如下。

(1) 2016 年 3 月 31 日，办理甲公司定期存款存入业务时，其会计分录为：

借：吸收存款——活期存款——甲公司户 100 000

　贷：吸收存款——定期存款——甲公司户(本金) 100 000

(2) 2016 年 6 月 30 日确认利息费用时，其会计分录为：

借：利息支出——定期存款利息支出户 1 125

　　吸收存款——定期存款——甲公司户(利息调整) 45

　贷：应付利息——甲公司户 1 170

(3) 2016 年 9 月 30 日、12 月 31 日，2017 年 3 月 31 日、6 月 30 日、9 月 30 日、12 月 31 日计提利息，确认利息费用的会计分录略。

(4) 2018 年 3 月 31 日，办理甲公司到期支取本息业务时，其会计分录为：

借：吸收存款——定期存款——甲公司户(本金) 100 000

　　应付利息——甲公司户 9 360

　贷：吸收存款——活期存款——甲公司户 109 360

第三节 个人储蓄存款业务的核算

一、储蓄存款业务概述

储蓄存款是银行通过信用方式对广大居民的货币收入进行集中和再分配的一种重要的形式，是银行通过信用方式吸收社会公民暂时闲置或节余的货币资金的一项负债业务，是银行存款业务的重要组成部分。大力开展储蓄业务对利国、利民、利己有着重要的意义。

（一）储蓄存款原则

为了正确执行国家保护和鼓励人民储蓄的政策，银行对个人储蓄存款实行“存款自愿、取款自由、存款有息和为储户保密”的原则。同时，银行办理储蓄存款业务应实行实名制，即以本人有效身份证件的姓名办理存入手续。

1. 存款自愿、取款自由

这是指存款存多少、存期长短、存入哪家银行、何时存取，都由储户自己决定。对定期存款，也可按照储蓄章程规定办理提前支取。

2. 存款有息

这是指银行对储户的各种储蓄存款都应该按照规定付给利息。

3. 为储户保密

这是指银行有责任对储户的存款情况保守秘密。公安、司法机关因审理案件需要查询有关个人储蓄资料时，应按规定提出书面查询公函，经县支行以上的银行核对，指定所属储蓄所提供情况。查询单位不得擅自查阅账册，对银行提供的情况应保密。此外，任何单位和个人不得向银行查询储户存款情况，银行工作人员如有违反上述原则的现象，应视情节轻重追究责任。

（二）储蓄存款种类

储蓄按期限不同，分为活期储蓄和定期储蓄两大类。其中，定期储蓄可分为整存整取、零存整取、整存零取、存本取息、定活两便、协议存款、通知存款、教育储蓄。储蓄按币种不同，可分为人民币储蓄和外币储蓄。

二、活期储蓄存款业务的核算

（一）开户与续存的核算

1. 开户

活期储蓄存款的特点是：一元起存，多存不限，随时存取，不定期限。活期储蓄适用于居民生活待用货币的存储，分为支票户和存折户两种。

储户第一次存入活期储蓄存款，应填写“活期储蓄存款凭条”。需填写存款日期、户名、存款金额等。同时，储户必须提供本人身份证，写明身份证号、住址、联系电话等内容。填好凭条后，连同现金一并交存银行。银行记账员审查凭条和清点现金无误后，开立并登记活期储蓄存款分户账，根据凭条登记“开销户登记簿”，填写活期储蓄存折，在存款凭条中注明“新开户”字样。若储户要求凭密码支取，应在分户账和存折上加盖“凭密码支取”戳记，以存款凭条代收入传票，其会计分录为：

借：库存现金

　贷：吸收存款——活期储蓄存款——××户

记账员复点现金，并同凭条填写金额核对无误后，在复核处盖私章，凭条上盖“现金收讫”章，存折上盖业务公章及经手人章，凭条留存，据以登记分户账，存折交给储户。

【例 2-8】 B 银行接受某居民存入的活期储蓄存款 8 500 元。其会计分录为：

借：库存现金　　8 500

贷：吸收存款——活期储蓄存款——××户　　8 500

2. 续存

储户续存时，首先应填写存款凭条，连同存折和现金一并交记账员，记账员检验存折、审查凭条、点收款项无误后，调出该账户，同存折核对相符，登记入账并结出存款余额。会计分录与开户时相同。按存入金额查应计利息数，结出本次利息余额，然后核点账款无误盖章，凭条留存，将存折退给储户。

3. 支取

活期储蓄存款支取时，储户应填写“活期储蓄取款凭条”。取款人连同凭条和存折一起交银行，凭密码支取的，应在取款时核对密码。银行记账员根据取款凭条，抽调出账户，同存折核对相符后，以取款凭条代现金付出传票，凭以登记存折、分户账，其会计分录为：

借：吸收存款——活期储蓄存款——××户

贷：库存现金

经复核无误后，将取款凭条留存，将存折和现金交给取款人。

4. 销户

储户支取全部存款不再续存时称为销户。储户应按存款余额填写取款凭条，银行凭以记账，并结出利息的最后余额，填写在凭条上，再填制两联储蓄存款利息清单，在存折和分户账上加盖“结清”或“销户”戳记。经复核无误后，以取款凭条代现金付出传票，连同第一联利息清单，凭以支付存款本息，结清的存折作付出传票的附件，其会计分录为：

借：吸收存款——活期储蓄存款——××户

利息支出

贷：库存现金

同时登记“开销户登记簿”，第二联利息清单连同现金交储户。

（二）活期储蓄存款利息的核算

按规定活期储蓄存款按季结息，银行按当日活期储蓄存款挂牌利率结计利息，每季末月 20 日为结息日，从上季末月 21 日至本季末月 20 日。未到结息日清户的，利息按清户日活期储蓄利率计算，算至清户日前一日为止。结息日或清户日，以积数余额乘以当日活期储蓄存款利率，即为储户应得利息。

结息日计提应付利息，并将本计息期间的利息于次日批量结入各存款人活期存款账户。

(1) 计提利息时，其会计分录为：

借：利息支出——活期存款利息支出户

贷：应付利息

(2) 结息日次日将应付利息入账，批量处理，其会计分录为：

借：应付利息

贷：吸收存款——××单位户

三、定期储蓄存款业务的核算

定期储蓄存款是指存入时约定存款期限，一次或分次存入本金，到期一次或分次支取本金和利息的一种储蓄方式。定期储蓄存款按存取方式不同，可分为整存整取、零存整取、整存零取和存本取息等。

（一）整存整取定期储蓄存款的核算

整存整取定期储蓄存款是指一次存入本金，约定存期，到期一次支取本息的一种定期储蓄存款。该种储蓄 50 元起存，多存不限，存期分为 3 个月、半年、1 年、2 年、3 年、5 年六个档次。储户也可在存款时办理到期约定或自动转存，到期时储户若未支取，银行将到期时的本金和利息，按约定或自动转存。

1. 开户

储户来银行开户时，应填写整存整取定期储蓄存款凭证，连同身份证件和现金交银行。银行审核凭证和身份证件，根据存款凭证的金额清点现金。经点收无误后，填制一式三联整存整取定期储蓄存单：第一联代现金收入传票办理转账；第二联作存单退储户保管；第三联作卡片账由银行留存。其会计分录为：

借：库存现金

　贷：吸收存款——整存整取——××户

同时，登记开销户登记簿。如储户要求凭印鉴支取，则除了在第一联、第三联上预留印鉴外，各联均应加盖凭印鉴支取戳记和经办人名章。

对于其他单位定期存款，按照合同利率计算应付利息和利息支出，其会计分录为：

借：利息支出——单位定期存款利息支出

　贷：应付利息——单位定期存款应付利息

2. 支取的核算

(1) 到期支取。储户持到期存单取款时，抽出该户卡片账与存单核对，凭印鉴支取的，还应核对印鉴；若大额支取还应出示身份证件。银行审核无误后，按规定计算出应付利息，将利息分别填写在存单和卡片账上，销记开销户登记簿，同时填制两联利息清单，以存单代现金付出传票办理转账。

① 补提利息时，其会计分录为：

借：利息支出——定期储蓄存款利息支出户

　贷：应付利息

② 支取本金和利息，其会计分录为：

借：吸收存款——定期储蓄存款——整存整取定期储蓄存款××户

　　应付利息——定期存款利息支出户

　贷：库存现金

将现金、利息清单(第二联)、身份证件交予客户。

(2) 逾期支取。储户持过期存单取款时，其处理手续与到期支取相同，但利息计算应包括到期利息和逾期利息，逾期部分按挂牌活期存款利率计付支取部分的利息。

【例 2-9】 2016 年 4 月 5 日，某储户存入 10 000 元整存整取定期储蓄存款，期限为 1 年，利率为 10%，2017 年 10 月 6 日到银行支取，支取日的活期储蓄存款的利率为 2‰，做存入时、支取时的会计分录。

(1) 2016 年 4 月 5 日存入时，其会计分录为：

借：库存现金　　10 000

　贷：吸收存款——整存整取——××户　　10 000

(2) 2017 年 10 月 6 日到期支取时，计算利息＝10 000×10%＋10 000×2‰÷30×181＝1 120.67(元)，其会计分录为：

借：吸收存款——整存整取——××户　　10 000

　　利息支出　　1 120.67

　贷：库存现金　　11 120.67

(3) 提前支取。如果客户急需资金，存款尚未到期，可以凭本人身份证件办理全部提前支取或部分提前支取。未到期的定期存款，全部提前支取的，按支取日挂牌公告的活期存款利率计付利息；部分提前支取的，提前支取的部分按支取日挂牌公告的活期存款利率计付利息，剩余部分到期时按开户日挂牌公告的定期储蓄存款利率计付利息。

全部提前支取时，应交验存款人身份证件，经查验无误后，在存单背面摘录证件名称、号码、发证机关，然后在存单和卡片账上加盖“提前支取”戳记，并按提前支取规定计付利息。其余手续与到期支取相同。

部分提前支取时，除对支取部分按提前支取办法支付本息并注销原存单外，对未取部分应另开新存单，并在新存单上注明原存入日期、利率和到期日，以及“由××号存单部分转存”字样，其会计分录为：

借：吸收存款——定期储蓄存款——整存整取定期储蓄存款××户
(全部本金)

　　利息支出——定期储蓄利息支出户　　(提前支取部分利息)

　贷：库存现金　　(提前支取部分应给储户的本息)

　　　吸收存款——定期储蓄存款——整存整取定期储蓄存款××户
(续存本金)

【例 2-10】 2016 年 4 月 10 日，某储户存入 10 000 元整存整取定期储蓄存款，期限为 1 年，利率为 10%，6 月 6 日到银行提前支取 2 000 元，支取日的活期储蓄存款的利率为 2‰，2017 年 4 月 10 日到银行支取其余本息，做存入时、提前支取时、到期时的会计分录。

(1) 2016 年 4 月 10 日存入时，其会计分录为：

借：库存现金　　10 000

　贷：吸收存款——整存整取××户　　10 000

(2) 6 月 6 日提前支取时，利息＝2 000×2‰÷30×56＝7.47(元)，其会计分录为：

借：吸收存款——整存整取××户　　10 000

　　利息支出　　7.47

　贷：库存现金　　2 007.47

　　　吸收存款——整存整取××户　　8 000

(3) 2017年4月10日到期支取，其会计分录为：

借：吸收存款——整存整取××户　　8 000

　　利息支出　　800

　贷：库存现金　　8 800

3. 利息核算的规定

(1) 整存整取定期储蓄存款在原定存期内的利息，一律按存入日银行挂牌公告的利率计付利息，采用逐笔计息法，存期内遇有利率调整，不分段计息，存期按对年、对月、对日计息法计算利息。

(2) 逾期支取时，逾期部分除约定自动转存的以外，按实际天数和支取日挂牌公告的活期存款利率计算利息。

(3) 提前支取时，提前支取部分按实际天数和支取日挂牌公告的活期存款利率计算利息，其余部分到期时，按原存入日挂牌公告的定期储蓄存款利率计息。

(4) 对一年以下的定期存款商业银行可以不计提应付利息，采取利随本清。

（二）零存整取定期储蓄存款的核算

零存整取定期储蓄存款是存款时约定期限，每月固定存入一定数额本金，到期一次支取本息的一种储蓄存款。存期分为1年、3年、5年三个档次。5元起存，多存不限。这种储蓄存款每月存入一次。

1. 开户

储户申请开户时，应填写零存整取储蓄存款凭条，连同身份证件和现金交经办人员。银行审核凭证和身份证件，根据存款凭证的金额清点现金。经点收无误后，凭以开立零存整取储蓄存款存折，登记分户账、开销户登记簿。其分户账按所编列账号排列保管，并以存款凭条代现金收入传票，办理转账，其会计分录为：

借：库存现金

　贷：吸收存款——定期储蓄存款——零存整取定期储蓄存款××户

经复核后，存折和身份证件交予储户。凭印鉴支取的，应预留印鉴，并加盖凭"印鉴支取"的戳记。

【例2-11】 储户刘某在建行某支行开立零存整取储蓄存款，每月存入6 000元，第一次存入时，其会计分录为：

借：库存现金　　6 000

　贷：吸收存款——零存整取××户　　6 000

2. 续存

储户在存期内续存时，应将存折与分户账核对相符后，再按与开户手续相同的程序办理。

3. 支取

储户持存折来银行支取款时，审核无误后，结算利息，在存折和分户账上填记本金、利息和本息合计数，同时填写利息清单，销记开销户登记簿，其会计分录为：

借：吸收存款——定期储蓄存款——零存整取定期储蓄存款××户

　　利息支出——定期存款利息支出户

　贷：库存现金

4. 利息的核算

（1）基本规定。零存整取定期储蓄存款如果存期无漏存，或漏存次数只有一次且已按期补存的存款户采取利随本清的方法结息。如中途漏存一次，应在次月补存。未补存者或漏存次数在一次以上的，视同违约，漏存之前按开户日零存整取定期储蓄存款利率计付利息，漏存之后按支取日活期储蓄存款利率计付利息，计息天数按实际天数计算。

（2）利息计算。在实际工作中，常用的计算方法有固定基数法、月积数法和日积数法三种。固定基数法是指事先算出每元存款利息基数，到期乘以存款余额的计息方法。这种方法适用于存款逐月全存，到期支取的计息，计算公式为：

每元存款利息基数＝(1＋存款月数)÷2×月利率

月积数法是适用于存款已到期，但有漏存月份情况下的计算利息的方法。将零存整取储蓄存款分户账的每月存款余额乘以所存月数，就是月积数。到期支取时，按月积数乘以同档月利率，即为应付利息数。

日积数法，即储户每次来存款时，根据存入发生额乘以业务发生日至存款到期日的天数（算头不算尾），取得计息积数，按“存加取减”的原则，结出积数余额。到期日以积数余额乘以存入日约定利率即为应付利息数。如储户提前支取，则按“存加取减”的原则，从积数余额中扣除未存满约定存期所产生的积数（即提前支取金额乘以提前支取日算至到期日的天数），结出计息积数，乘以支取日银行挂牌公告的活期储蓄存款利率，即为应付利息数。

过期支取的应付利息为到期利息与过期利息之和。到期利息按正常规定计算，过期利息则按最后余额与过期月数及支取日挂牌公告的活期储蓄存款利率计息；提前支取可比照整存整取定期储蓄存款的计息办法计算利息，不满整月的零头天数不计利息。

（3）利息核算。到期支取时支付利息，其会计分录为：

借：利息支出——定期存款利息支出户

　贷：库存现金

【例 2-12】 储户刘某的零存整取储蓄存款 1 年后到期，银行计算的利息支出金额为 3 510 元。接上题每月存入银行 6 000 元，月利率为 0.75%，存期为 1 年，到期支取时的处理如下。

（1）计算利息。

月积数＝6 000×12＋6 000×11＋6 000×10＋……＋6 000×1

＝6 000×(12×13)/2

＝468 000

利息＝468 000×0.75%＝3 510(元)

（2）到期支取时，其会计分录为：

借：吸收存款——零存整取刘某户	72 000
利息支出——定期储蓄利息支出户	3 510
贷：库存现金	75 510

(三) 存本取息定期储蓄

存本取息定期储蓄存款是指本金一次存入，在约定存期内分次支取利息，到期支取本金的一种储蓄存款。存本取息通常以5 000元起存，多存不限，由银行发给存款凭证。到期一次支取本金，利息凭存单分期支取，由储户与银行商定每月或几个月支取一次。其存期分为1年、3年、5年三个档次。

1. 开户

储户申请开户时，应填写一式三联定期存本取息储蓄存单，连同身份证件和现金交经办人员。存单各联的用途及核算手续与整存整取相同，但签发存单时，银行经办人员应根据存入金额、存期、利率和取息次数，计算出每次应付利息金额，填入存单的有关栏目内，其会计分录为：

借：库存现金

　贷：吸收存款——定期储蓄存款——存本取息定期储蓄存款××户

2. 支取利息

储户在存期内按约定时间持存单来银行支取利息时，应填写存本取息定期储蓄取息凭条。经办人员审核无误后，将取息日期和取息金额记入存单和卡片账.凭条作“利息支出”科目传票，其会计分录为：

借：利息支出——定期存款利息支出户

　贷：库存现金

如果储户提前支取，按实际天数和支取日挂牌公告的活期存款利率计算利息。存期内已支取的利息，从实际已支取利息中扣回，利息不足部分从本金扣回。

存本取息每次支取的利息数可按如下公式计算：

$$每次支取利息数=(本金\times存款月数\times月利率)\div支取利息次数$$

3. 支取本金

存本取息定期储蓄存款到期，存款人来行支取本金和最后一次利息时，其会计分录为：

借：吸收存款——定期储蓄存款——存本取息××户　（全部本金）

　　利息支出——定期储蓄存款应付利息　　（最后一次利息）

　贷：库存现金

【例2-13】 某储户2017年8月1日存入3年期存本取息储蓄存款10 000元，利率为8%，储户要求每季度取息1次。

(1) 存入时，其会计分录为：

借：库存现金　　10 000

　贷：吸收存款——存本取息××户　　10 000

(2) 支取利息时，其会计分录为：

借：利息支出——存本取息支出户　　200

　贷：库存现金　　200

(3) 支取本金时，其会计分录为：

借：吸收存款——存本取息××户　　10 000
　贷：库存现金　　10 000

（四）整存零取定期储蓄

整存零取定期储蓄存款是本金一次存入，约定存期，分次支取本金，到期支取利息的一种储蓄存款。其最低起存金额为 1 000 元人民币，存期分为 1 年、3 年和 5 年三个档次；支取期限分每 1 个月、每 3 个月或每半年一次；到期一次支付利息。整存零取定期储蓄存款的核算手续与存本取息基本相同，开户时应在存单内填写取本金次数和每次支取数额。在这种储蓄存款方式下，到期计息可采用本金平均数法和月积数法。本金平均数法计息公式为：

到期应付利息＝（全部本金＋每次支取本金额）÷2×存期×利率

储户在存期内若要求部分提前支取，可提前支取 1—2 次，但必须在以后月份内停取 1—2 次。剩余款项的支取日按原定日期不变。如果提前支取全部余额，则根据实存金额及实存日期，按规定的活期储蓄利率计息；过期支取，可比照零存整取储蓄存款原则办理。

【例 2-14】 某储户存入本金 12 000 元，存期 1 年，月息 0.75％，分 4 次支取本金，每 3 个月支取本金 3 000 元，做相应的会计分录。

（1）存入时，其会计分录为：

借：库存现金　　12 000
　贷：吸收存款——整存零取××户　　12 000

（2）支取本金时，其会计分录为：

借：吸收存款——整存零取××户　　3 000
　贷：库存现金　　3 000

（3）支取利息时，其会计分录为：

借：利息支出——整存零取支出户　　675
　贷：库存现金　　675

（五）其他储蓄存款的核算

1. 定活两便储蓄存款业务核算

定活两便储蓄是一种本金一次存入，不约定存期，可随时一次支取本息的存款方式。它既有活期之便，又有定期之利。一般以 50 元起存，多存不限。存单分为记名和不记名两种。记名的可以挂失，不记名的不可以挂失。记名式定活两便储蓄存款的会计核算手续基本上与整存整取定期储蓄相同；不记名式存单一般固定面额，分 50 元和 100 元两种，可以在约定范围内通存通兑。

定活两便储蓄存款的利息，根据实际存期同档的整存整取定期储蓄利率，按一定的折扣计算。不满规定存期的按活期利率计算。具体规定为：存期不满 3 个月的，按支取日挂牌公告的活期利率计算；存期 3 个月（含 3 个月）以上不满半年的，整个存期按支取日挂牌公告的整存整取 3 个月定期储蓄利率打 6 折计息；存期半年（含半年）以上不满 1 年的，整个存期按支取日挂牌公告的整存整取半年定期储蓄利率打 6 折计息；存期在1年(含1年)以上的,无论存期多长,整个存期一律按支取日整存整取1年期定期储蓄利率打6折计息。

2. 通知储蓄存款

个人通知储蓄是一次存入本金,由银行发给存折,不约定存期,支取时需提前通知银行(提前1天或7天),约定支取时间和金额,一次或多次提取存款的存款方式。个人通知储蓄存款的起存金额为5万元。最低支取金额为5万元,存款人需一次存入,一次或分次支取。利率以取款当日中国人民银行公告的利率为准。

3. 教育储蓄

教育储蓄是储户为了支付正就读于中、小学的子女将来完成非义务教育所需的费用而进行的零存整取的定期储蓄。它是银行为学生量身定做的一个理财品种。凡在校小学四年级(含四年级)至高中的在校学生,都可以参加教育储蓄。教育储蓄办理开户时,须持储户本人(学生)户口簿或居民身份证开立存款账户。教育储蓄到期后,凭存折及相应证明一次支取本息。

教育储蓄为零存整取定期储蓄存款。最低起存金额为50元,每月固定存额,分月存入,中途如有漏存,应在次月补存,未补存者按零存整取定期储蓄存款的有关规定办理。教育储蓄存期分为1年、3年、6年三档。每一账户本金合计最高限额为2万元。

教育储蓄各档次利率按1年期、3年期在开户日按中国人民银行公告的同期整存整取定期储蓄存款利率计付利息;6年期按开户日中国人民银行公告的5年期整存整取定期储蓄存款利率计付利息(以上为取款时能提供证明的储户享受)。取款时能提供证明的储户可以享受免收利息税的优惠。

关键术语

原始存款　派生存款　基本存款账户　活期存款　定期存款　日积数　零存整取存款　吸收存款

思考题

1. 银行存款账户的种类有哪些?
2. 如何理解开立银行存款账户的管理要求?
3. 银行吸收的存款可以分为哪些种类?
4. 单位活期存款及利息如何进行核算?
5. 整存整取定期储蓄存款如何进行核算?

第三章　贷款业务的核算

学习内容与目标

本章介绍贷款业务概述、信用贷款业务、担保贷款业务和票据贴现业务的核算、贷款利息的计算与核算、贷款减值业务的核算、贷款的后续计量等内容。通过学习要求理解贷款业务的意义，掌握贷款业务的种类、核算要求，以及贷款减值核算与贷款的后续计量；熟练掌握信用贷款业务、担保贷款业务和票据贴现业务的核算方法、贷款利息的计算及会计核算。

第一节　贷款业务核算概述

一、贷款的意义

贷款是银行和其他信用机构以债权人地位，将货币资金贷给借款人，借款人按约定的利率和期限还本付息的一种信用活动。贷款业务是商业银行的主要资产业务之一，也是银行资金运用的主要形式。商业银行根据国民经济和社会发展的需要，以国家产业政策和区域发展政策为指导开展贷款业务。

商业银行通过发放贷款，将一定数量的资金进行循环使用，充分发挥资金的使用效能，满足社会再生产过程中对资金的需求，满足生产和商品流通资金的需要，促进企业改善经营管理，提高经济效益，进而促进国民经济的发展，增加银行的营业收入，提高自身的经济效益。但商业银行发放贷款应遵循资金使用安全性、流动性和盈利性的原则。

二、贷款业务分类

（一）按贷款期限划分

按贷款的期限不同，可以分为短期贷款、中期贷款和长期贷款。短期贷款是指商业银行根据有关规定发放的、期限在 1 年以下(含 1 年)的各种贷款；中期贷款是指金融企业发放的贷款期限在 1 年以上 5 年以下(含 5 年)的各种贷款；长期贷款是指金融企业发放的贷款期限在 5 年(不含 5 年)以上的各种贷款。

（二）按贷款对象划分

按贷款对象不同，可以将贷款分为单位贷款和个人贷款。单位贷款按贷款保障形式可分为信用贷款、担保贷款（包括保证贷款、抵押贷款和质押贷款）和票据贴现；也可分为流动资金贷款、固定资金贷款、贸易融资、住房信贷和综合授信等信贷品种。个人贷款是银行对个人发放的用于个人消费的担保贷款，主要包括个人定期储蓄存单小额质押贷款、凭证式国债质押贷款、个人住房贷款、个人汽车消费贷款、个人耐用品消费贷款、个人住房装修贷款、个人助学贷款（包括国家助学贷款和一般商业性助学贷款）等。

（三）按贷款保障条件划分

按贷款的保障条件不同，可以分为信用贷款、担保贷款和票据贴现。信用贷款是指银行完全凭借客户的信誉而无须提供抵押物或第三方保证而发放的贷款。这类贷款从理论上讲风险较大，银行通常要收取较高的利息。担保贷款是指具有一定的财产或信用作为还款保证的贷款。根据还款保证的不同，具体分为抵（质）押贷款和保证贷款。票据贴现是持票人向银行贴付一定利息所做的票据转让行为。

（四）按自主程度划分

按自主程度不同，可以分为自营贷款、委托贷款和特定贷款。自营贷款是指商业银行自主发放的贷款，贷款本息由商业银行收回，贷款的风险由商业银行承担，自营贷款构成商业银行贷款的主要部分。委托贷款是指由委托人提供资金，由受托人根据委托人指定的贷款对象、用途、金额、期限和利率代为发放、监督使用并协助委托人收回的贷款。在办理委托贷款业务的过程中，贷款人只收取手续费，并且不承担贷款的风险。特定贷款是指经国务院批准并对贷款可能造成的损失采取相应补救措施后责成国有独资商业银行发放的贷款。此类贷款具有政策性贷款的性质，但又不属于政策性贷款，如扶贫救灾贷款。

（五）按贷款质量划分

按贷款的质量不同，可以分为正常、关注、次级、可疑和损失类五类贷款。正常类贷款是指借款人能够严格履行合同，有充分把握偿还贷款本息；关注类贷款是指尽管目前借款人没有违约，但存在一些可能对其财务状况产生不利影响的主客观因素，如果这些因素继续存在，可能对借款人的还款能力产生影响；次级类贷款是指借款人的还款能力出现了明显问题，依靠其正常经营收入已无法保证足额偿还贷款本息；可疑类贷款是指借款人无法足额偿还贷款本息，即使执行抵押或担保，也肯定要发生一定的损失；损失类贷款是指采取所有可能的措施和一切必要的程序之后，贷款仍然无法收回。后三类贷款合称为不良贷款。

（六）按贷款逾期天数划分

按贷款逾期的天数不同，可以分为应计贷款和非应计贷款。非应计贷款是指贷款本金或利息逾期 90 天没有收回的贷款；应计贷款是指非应计贷款以外的贷款。当贷款的本金或利息逾期 90 天时，应单独核算。当应计贷款转为非应计贷款时，应将已入账的利息收入和应收利息予以冲销。从应计贷款转为非应计贷款后，在收到该笔贷款的还款时，首先应冲减本金；本金全部收回后，再收到的还款则确认为当期利息收入。

三、会计科目设置

（一）“贷款”科目

该科目属于资产类科目，核算企业（银行）按规定发放的各种客户贷款，包括质押贷款、抵押贷款、保证贷款、信用贷款等。企业（银行）按规定发放的具有贷款性质的银团贷款、贸易融资、协议透支、信用卡透支、转贷款和垫款等，在本科目核算；也可以单独设置“银团贷款”“贸易融资”“协议透支”“信用卡透支”“转贷款”“垫款”等科目。

企业（保险）的保户质押贷款，可将本科目改为“保户质押贷款”科目。企业（典当）的质押贷款、抵押贷款，可将本科目改为“质押贷款”“抵押贷款”科目。企业委托银行或其他金融机构向其他单位贷出的款项，可将本科目改为“委托贷款”科目。本科目可按贷款类别、客户，分别以“本金”“利息调整”“已减值”等进行明细核算。

企业发放的贷款，应按贷款的合同本金，借记本科目（本金），按实际支付的金额，贷记“吸收存款”“存放中央银行款项”等科目，有差额的，借记或贷记本科目（利息调整）。收回贷款时，应按客户归还的金额，借记“吸收存款”“存放中央银行款项”等科目，按收回的应收利息金额，贷记“应收利息”科目，按归还的贷款本金，贷记本科目（本金），按其差额，贷记“利息收入”科目。存在利息调整余额的，还应同时结转。本科目期末借方余额，反映企业按规定发放尚未收回贷款的摊余成本。

（二）“应收利息”科目

该科目属于资产类科目，核算企业交易性金融资产、持有至到期投资、可供出售金融资产、发放贷款、存放中央银行款项、拆出资金、买入返售金融资产等应收取的利息。

企业购入的一次还本付息的持有至到期投资持有期间取得的利息，在“持有至到期投资”科目核算。本科目可按借款人或被投资单位进行明细核算。

企业发放的贷款，应于资产负债表日按贷款的合同本金和合同利率计算确定的应收未收利息，借记本科目，按贷款的摊余成本和实际利率计算确定的利息收入，贷记“利息收入”科目，按其差额，借记或贷记“贷款——利息调整”科目。

应收利息实际收到时，借记“银行存款”“存放中央银行款项”等科目，贷记本科目。本科目期末借方余额，反映企业尚未收回的利息。

（三）“利息收入”科目

该科目属于损益类科目，核算企业（金融）确认的利息收入，包括发放的各类贷款（银团贷款、贸易融资、贴现和转贴现融出资金、协议透支、信用卡透支、转贷款、垫款等）、与其他金融机构（中央银行、同业等）之间发生资金往来业务、买入返售金融资产等实现的利息收入等。可按业务类别进行明细核算。

资产负债表日，企业应按合同利率计算确定的应收未收利息，借记“应收利息”等科目，按摊余成本和实际利率计算确定的利息收入，贷记本科目，按其差额，借记或贷记“贷款——利息调整”等科目。实际利率与合同利率差异较小的，也可以采用合同利率计算确定利息收入。期末，应将本科目余额转入“本年利润”科目，结转后本科目无余额。

四、贷款业务的核算要求

商业银行发放贷款主要遵循安全性、流动性和盈利性原则。在进行贷款核算时，尤其是中长期贷款核算主要应遵循以下原则。

（一）本金和利息分别核算

商业银行发放的中长期贷款，应当按照实际贷出的贷款金额入账。期末，应当按照贷款本金和适用的利率计算应收取的利息，分别对贷款本金和利息进行核算。

（二）商业贷款与政策性贷款分别核算

由于政策性贷款的发放与国家相关政策导向有密切相关性，而且政策性贷款在利率上也通常具有一定的优惠，因此，商业银行应将商业性贷款与政策性贷款分别核算。

（三）自营贷款和委托贷款分别核算

自营贷款是指商业银行以合法方式筹集的资金自主发放的贷款，其风险由金融企业承担，并由金融企业收取本金和利息。委托贷款是指委托人提供资金，由商业银行（受托人）根据委托人确定的贷款对象、用途、金额、期限、利率等而代理发放、监督使用并协助收回的贷款，其风险由委托人承担。商业银行发放委托贷款时，只收取手续费，不得代垫资金。

（四）应计贷款和非应计贷款应分别核算

非应计贷款是指贷款本金或利息逾期 90 天没有收回的贷款。应计贷款是指非应计贷款以外的贷款。当贷款的本金或利息逾期 90 天时，应单独核算。当应计贷款转为非应计贷款时，应将已入账的利息收入和应收利息予以冲销。从应计贷款转为非应计贷款后，在收到该笔贷款的还款时，首先应冲减本金；本金全部收回后，再收到的还款则确认为当期利息收入。

第二节 贷款与贴现业务的核算

一、信用贷款的核算

信用贷款的核算包括贷款发放、贷款收回、贷款利息、展期、逾期的核算。

（一）贷款发放的核算

目前，我国商业银行的信用贷款、保证贷款、抵押贷款多采用逐笔核贷的贷款核算方式。这种核算方式的特点是：由借款单位向银行提出申请，银行根据批准的贷款计划，逐笔立据，逐笔审查，逐笔发放，约定期限，一次放贷，一次或分次归还贷款，按照规定利率计收利息。

借款人申请贷款时，首先向信贷部门提交贷款申请书，经信贷部门审核批准后，双方商定贷款的额度、期限、用途、利率等，并签订借款合同或协议。借款合同必须采取书面形式，由当事人双方的法定代表人或凭法定代表人的书面授权证明的经办人签章，并加盖法人公章。如果双方当事人约定合同必须公证或签证的，当事人必须办理公证或签证手续。借款合同一经签订，具有法律效力，银行和借款人必须共同遵守履行。

借款合同签订后，借款单位需要用款时，应填制一式五联的借款凭证，送信贷部门审批。第一联为借方凭证；第二联为贷方凭证；第三联为回单，代收账通知；第四联为放款记录；第五联为到期卡。经信贷部门审查同意，在借款凭证上加注贷款编号、贷款种类、贷款期限、贷款利率、银行核对贷款金额等项目，送会计部门凭以办理放款手续。

会计部门收到借款凭证后，应认真审查信贷部门的审批意见，审核凭证各项内容填写是否正确、完整，大小写金额是否一致，印鉴是否相符等。审核无误后，以第一联、第二联借款凭证分别代替借方凭证和贷方凭证，办理转账，其会计分录为：

借：贷款——本金——××户

　贷：吸收存款——活期存款——××户

按其差额，借记或贷记：贷款——利息调整

将第三联回单加盖转讫章后交借款单位作为贷款人的收账通知；第四联由会计部门加盖转讫章后送信贷部门作为放款记录留存备查，据以监督贷款的发放和收回；第五联由会计部门在贷款转账手续办妥后，按到期日的日期顺序排列，专夹妥善保管，据以监督借款单位按期归还贷款。

【例 3-1】 2016 年 5 月 7 日，开户单位乙公司向本行申请流动资金贷款 200 000 元，期限 6 个月，利率 4.35‰，2016 年 11 月 7 日归还，经审核同意，予以办理，其会计分录为：

借：贷款——本金——乙公司　　200 000

　贷：吸收存款——活期存款——乙公司　　200 000

（二）贷款收回的核算

按时收回贷款是银行放款的一项重要原则，也是贷款业务核算的重要内容。银行会计部门应经常查看贷款借据的到期情况，在贷款快要到期时，与信贷部门联系，通常提前 3 天通知借款单位准备还款资金，以便到期时按期还款。收回贷款的核算主要分以下两种情况。

1. 贷款到期，借款单位主动归还贷款

当借款单位主动归还贷款时，应签发转账支票并填制一式四联的还款凭证办理还款手续。

银行会计部门收到借款人提交的还款凭证后，应同贷款账簿进行核对，按照借款单位所填的原借款凭证上的银行贷款编号，抽出留存的原到期卡，核对无误后，于贷款到期日办理收回贷款的转账手续，如借款属分次归还，则应在原借据上作分次还款记录，其会计分录为：

借：吸收存款——借款单位户

　贷：应收利息　　（已计提部分）

　　利息支出　　（未计提部分）

　　贷款——借款单位户

2. 贷款到期，由银行主动扣收

贷款到期借款人未能主动归还贷款，而其存款账户中的存款余额又足够还款的，会计部门可及时与信贷部门联系，征得同意后，由信贷部门填制“贷款收回通知单”，加盖信贷部门业务公章交会计部门。会计部门凭以填制三联特种转账传票，一联代借方传票，一联代贷方传票，一联代收账通知连同注销后的借据第一联一并交借款单位，会计分录同上。

【例 3-2(接例 3-1)】 6 个月后，乙公司归还贷款。

(1) 计算利息。

利息＝200 000×4.35‰×6＝5 220(元)

(2) 收到本息时的会计分录为：

借：吸收存款——活期存款——乙公司户　　205 220
　贷：贷款——本金——乙公司户　　200 000
　　利息收入　　5 220

(三) 贷款利息的核算

1. 贷款利息的计算方法

商业银行银行发放的各种贷款，除国家有特殊规定和财政补贴外，均应按规定计收利息。贷款利息的计算分为定期结息和利随本清两种。

(1) 定期结息。根据权责发生制，各种贷款应按规定的结息日期结息，有按月结息、按季结息和按年结息。大多数采用按季结息的方法，即规定每季末月 20 日为结息日，每年计息四次，计息为上季末月的 21 日至本季末月 20 日止。对于定期结息的贷款，银行于每季度末月 20 日营业终了时，利用余额表或分户账页按实际天数计算累计计息积数，根据下列公式计算利息。

应收利息＝计息日积数×(月利率÷30)

(2) 利随本清。利随本清也称为逐笔结息的计息方式。贷款到期，借款人还款时，应计算自放款日起至还款之日前一日止的贷款天数，然后利用下列公式计算。

应收利息＝还款金额×日数×(月利率÷30)

2. 贷款利息的核算

商业银行通过“应收利息”科目核算发放贷款、存放同业、拆出资金等生息资产当期应收的利息。贷款采取逐笔计息法，按实际天数和合同利率计算利息，根据借贷双方协商可采取定期结息或者利随本清等结息方法。计息期间如果合同利率调整，则分段计息。

(1) 按期计提贷款应收利息时，商业银行编制“计收利息清单”一式三联，其中第一联为借方凭证，第二联为支款通知，第三联为贷方凭证，其会计分录为：

借：应收利息——××单位户
　贷：利息收入——××户

企业应按照“本金、表内应收利息、表外应收利息”的顺序收回贷款本金及贷款产生的应收利息，其会计分录为：

借：吸收存款——××户

贷：应收利息——××单位户

（2）银行定期计收利息，贷款利息当期实际收到时计入当期损益，计收利息时，其会计分录为：

借：吸收存款——××户

贷：利息收入——××贷款利息收入户

如其账户资金不足，不足部分列入应收利息，其会计分录为：

借：应收利息

贷：利息收入——××贷款利息收入户

【例3-3】 2016年8月1日，A银行发放一笔贷款给A厂，金额为100 000元，期限为半年，利率为5‰，到期一次还本付息。到期日，该企业活期户头有足额资金。做相应的会计分录。

（1）2016年8月1日发放贷款时，其会计分录为：

借：贷款——本金——A厂户　　100 000

贷：吸收存款——活期存款——A厂户　　100 000

（2）2016年9月21日，应计提利息＝51×100 000×5‰/30＝850（元）。

借：应收利息　　850

贷：利息收入　　850

（3）2016年12月21日，应计提利息＝91×100 000×5‰/30＝1 516.67（元）。

借：应收利息　　1 516.67

贷：利息收入　　1 516.67

（4）2017年2月1日，未应计提利息＝42×100 000×5‰/30＝700（元）。

借：吸收存款——活期存款——A厂户　　103 066.67

贷：贷款——本金——A厂户　　100 000

应收利息　　2 366.67

利息收入　　700

（四）贷款展期的处理

由于客观情况发生变化，贷款到期时借款人经过努力仍不能还清贷款的，可以申请贷款展期。短期贷款必须于到期日10天以前，中长期贷款必须于到期日一个月以前，由借款人向银行提出贷款展期的书面申请，写明展期的原因，银行信贷部门视具体情况决定是否展期。对同意展期的贷款，应在展期申请书上签署意见，然后将展期申请书交给会计部门。每一笔贷款只能展期一次，短期贷款展期不得超过原贷款的期限，中长期贷款展期不得超过原贷款期限的一半，最长不得超过3年，贷款展期只限一次。

会计部门收到贷款展期申请书后，应主要审查以下内容：信贷部门是否批准、有无签章；展期贷款的金额与借款凭证上的金额是否一致；展期时间是否超过规定期限；展期利率的确定是否正确。审核无误后，在贷款分户账及到期卡上批注展期还款利率及还款日期，同时将一联贷款展期申请书加盖业务公章后交借款单位收执，另一联贷款展期申请书附在原借据后，按展期后的还款日期排列。展期后按未到期的正常贷款处理，贷款展期无须办理转账手续。

（五）贷款逾期的处理

逾期贷款是指借款人超过借款合同规定的期限未能偿还的贷款，包括三种：借款单位事先未向银行申请办理展期手续，而期限超过借据规定的偿还期限的贷款；或者已经办理展期，但展期到期日仍未能归还贷款的；借据上规定有分期偿还的贷款未按分期的期限偿还的贷款。

银行应将贷款转入该单位的逾期贷款账户。银行会计部门与信贷部门联系后，根据原借据，分别编制特种转账借方传票和特种转账贷方传票各两联，凭特种转账借方和贷方传票各一联办理转账，其会计分录为：

借：逾期贷款——借款单位逾期贷款户

　贷：贷款——借款单位贷款户

转账后，将另两联特种转账借方、贷方传票作收、支款通知，加盖转讫章和经办人员章后交借款单位。同时，在原借据上批注"×年×月×日转入逾期贷款"的字样后，另行保管。逾期后计提到期贷款正常期间产生的利息，其会计分录为：

借：应收利息——借款人利息户

　贷：利息收入——借款人利息户

等借款单位存款账户有款支付时，一次或分次扣收，并从逾期之日起至款项还清前一日止，除按规定利率计息外，还应按实际逾期天数和人民银行规定的罚息率计收罚息。逾期贷款(借款人未按合同约定日期还款的借款)罚息利率为在借款合同载明的贷款利率水平上加收30%－50%，其会计分录为：

借：吸收存款——借款人一般存款户

　贷：逾期贷款——借款人××贷款户

　　应收利息——借款人××贷款利息户

　　利息收入——借款人××贷款逾期利息户

其中"应收利息"为贷款正常期间应收的利息。

【例3-4】 某银行于20××年4月8日向某借款人发放一笔短期贷款，金额30万元，期限6个月，月利率4.35‰，如该笔贷款于同年10月28日归还，采用利随本清的计息方法，计算银行的应收利息(罚息加收50%)。

(1) 计算贷款产生的利息。

到期利息＝300 000×6×4.35‰＝7 830(元)

逾期利息＝300 000×20×1.5×4.35‰/30＝1 305(元)

应收利息合计为9 135元。

(2) 10月8日逾期时，其会计分录为：

借：逾期贷款——借款人户	300 000
贷：贷款——本金——借款人户	300 000

借：应收利息——借款人利息户　　7 830
　贷：利息收入——借款人利息户　　7 830

(3) 10 月 28 日偿还时，其会计分录为：

借：吸收存款——借款人一般存款户　　309 135
　贷：逾期贷款——借款人××贷款户　　300 000
　　应收利息——借款人××贷款利息户　　7 830
　　利息收入——借款人××贷款逾期利息户　　1 305

(六) 逾期贷款利息的核算

1. 贷款利息核算制度

(1) 关于利息收入的确认条件。本金或利息逾期 90 天没有收回的贷款不再确认利息收入，为非应计贷款。在收入实现的判断中增加了利息逾期的因素，以及将期限缩减至 90 天，这将可能出现的坏账降到了合理的范围。

(2) 关于应收逾期利息的终止确认。现行制度改变了以往通过坏账准备核销贷款利息的做法，而是采取冲减利息收入的方式终止确认应收逾期利息，这不仅简化了实务操作，而且有利于坏账损失的及时处理。

(3) 关于非应计贷款收回现金的处理。贷款从应计贷款转为非应计贷款后，银行采用收付实现制确认利息收入，且本着先本后息的原则，仅在收到还款并冲减本金后，再将剩余部分确认为利息收入。

2. 逾期贷款利息的确认与核算

(1) 逾期未满 3 个月利息核算。贷款转入逾期后，银行按季或按月根据贷款本金和利息计应收利息，计入当期利息收入，其会计分录为：

借：应收利息
　贷：利息收入

待以后收回贷款本息时，冲减应收利息时，其会计分录为：

借：吸收存款
　贷：应收利息

(2) 逾期满 3 个月的核算。商业银行 3 个月以上的贷款利息不计入损益。当贷款的本金或利息逾期 90 天(含展期)时，应单独核算。当贷款成为非应计贷款时，应将已入账但尚未收取的利息收入和应收利息予以冲销；其后发生的应计利息，应纳入表外核算，其会计分录为：

借：利息收入
　贷：应收利息

同时做表外核算，

收：应收利息

随后，商业银行也要按季计提贷款利息并通过表外进行核算。从应计贷款转为非应计贷款后，在收到该笔贷款的还款时，首先应冲减本金，本金全部收回后，再收到的还款则确认为当期利息收入，其会计分录为：

借：吸收存款
　贷：逾期贷款

借：吸收存款

　贷：利息收入

同时做表外核算

付：应收利息

【例3-5】 某行分理处于2017年8月1日发放给A厂一笔贷款，金额10万元，期限为6个月，利率为5‰。A厂到期不能够归还本息，于2018年12月25日活期存款户有12万元资金，根据新企业会计准则(假设逾期贷款利率加成100%)，做相应的会计分录。

(1) 2017年8月1日，短期贷款发放时，其会计分录为：

借：贷款——本金——A厂户　　100 000

　贷：吸收存款——活期存款——A厂户　　100 000

(2) 2017年9月21日，应提利息＝51×5‰÷30×100 000＝850(元)，其会计分录为：

借：应收利息　　850

　贷：利息收入　　850

(3) 2017年12月21日，应提利息＝91×5‰÷30×100 000＝1 516.67(元)，其会计分录为：

借：应收利息　　1 516.67

　贷：利息收入　　1 516.67

(4) 2018年2月1日，应提利息＝42×100 000×5‰/30＝700(元)，其会计分录为：

借：逾期贷款——A厂户　　100 000

　贷：贷款——本金——A厂户　　100 000

借：应收利息　　700

　贷：利息收入　　700

(5) 2018年3月21日，应提利息＝48×10‰÷30×100 000＝1 600(元)，其会计分录为：

借：应收利息　　1 600

　贷：利息收入　　1 600

(6) 2018年5月1日冲销利息收入时，其会计分录为：

借：利息收入　　4 666.67

　贷：应收利息　　4 666.67

同时做表外核算

收：应收利息　　6 033.34

其中，应收利息＝850＋1 516.67＋700＋1 600＋41×10‰÷30×100 000＝6 033.34(元)。

(7) 2018年6月21日，应提利息＝51×10‰÷30×100 000＝1 700(元)，其会计分录为：

收：应收利息　　1 700

(8) 2018 年 9 月 21 日，应提利息＝92×10‰÷30×100 000＝3 066.67(元)，其会计分录为：

收：应收利息　　3 066.67

(9) 2018 年 12 月 21 日，应提利息＝91×10‰÷30×100 000＝3 033.33(元)，其会计分录为：

收：应收利息　　3 033.33

(10) 2018 年 12 月 25 日收到贷款本金和利息时，其会计分录为：

借：吸收存款　　100 000

　贷：逾期贷款　　100 000

借：吸收存款　　13 966.67

　贷：利息收入　　13 966.67

其中，利息收入＝13 833.34＋4×10‰÷30×100 000＝13 966.67(元)。

同时做表外核算，

付：应收利息　　13 833.34

二、担保贷款的核算

担保贷款是指具有一定的财产或信用作为还款保证的贷款。根据还款保证的不同，具体分为保证贷款、抵(质)押贷款。

(一) 保证贷款的核算

保证贷款指贷款人按《担保法》规定的保证方式以第三人承诺在借款人不能偿还贷款本息时，按规定承担连带责任而发放的贷款。保证人为借款提供的贷款担保为不可撤销的全额连带责任保证，也就是指贷款合同内规定的贷款本息和由贷款合同引起的相关费用。保证人还必须承担由贷款合同引发的所有连带民事责任。

借款人申请保证贷款时，须填写保证贷款申请书，按照《担保法》和《贷款通则》有关规定签订保证合同或出具保函，加盖保证人公章及法人名章或出具授权书，注明担保事项，由银行信贷部门和有权审批人审查、审批并经法律公证后，由信贷部门密封交会计部门保管。会计按单位及财产类设置明细账户，纳入表外科目核算。具体的发放和收回的核算与信用贷款相同。

(二) 抵(质)押贷款的核算

1. 抵(质)押贷款概述

根据我国《担保法》规定，按担保物是否移交债权人占有，分为质押(移交)和抵押(不移交)。

抵押贷款是以债务人或第三人的财产在不转移其所有权的前提下作为债权担保物的贷款。抵押贷款是担保贷款的一种，借款人到期不能归还贷款本息时，银行有权依法处置贷款抵押物，并从所得价款收入中优先收回贷款本息，或以该抵押物折价充抵贷款本息。

质押是指债务人或第三人将其动产移交债权人占有或将某项权利出质，以该动产和权利作为债权的担保。债务人不履行债务时，债权人有权依法按照法律规定的程序和方式，将该动产或权利折价或以拍卖、变卖该动产或权利的价款优先受偿的制度。质押分为动产质押和权利质押。抵押是不转移抵押物的占有，而动产质押是转移质押物的占有。抵押没有权利抵押，即权利不能作为抵押物，但是可以作为质押物。

动产质押是指债务人或第三人将其动产移交债权人占有，作为债权的担保。在质押关系中，债务人或第三人为出质人，债权人为质权人，移交的动产为质物。出质人与质权人应以书面形式订立质押合同，质押合同自质物移交质权人占有时生效。质押合同应包括：被担保的主债权种类、金额；债务人履行债务的期限；质物的名称、数量、质量、状况；质押担保的范围；质物的处理方式及价格；质物移交的时间；质物毁损灭失的风险责任；当事人需要约定的其他事项。

权利质押是指债务人或第三人将其相关权利所有权移交债权人占有，作为债权的担保，可以办理质押的权利主要包括：汇票、支票、本票、债券、存款单、仓单、提单；依法可以转让的股份、股票；依法可以转让的商标权、专利权、著作权中的财产权；依法可以质押的其他权利。

依据《担保法》第 34 条规定，下列财产可以作为抵押物申请抵押贷款：抵押人所有的房屋和其他地上附着物；抵押人所有的机器、交通运输工具和其他财产；抵押人依法有权处分的国有土地使用权、房屋和其他地上定着物；抵押人依法有权处分的国有的机器、交通运输工具和其他财产；抵押人依法承包并经发包方同意抵押的荒山、荒沟、荒丘、荒滩等荒地的土地使用权。

《担保法》第 37 条同时规定下列财产不得进行抵押：土地所有权；耕地、宅基地、自留地、自留山；学校、幼儿园、医院等以公益事业为目的的事业单位，社会团体的教育设施、医疗卫生设施和其他社会公益设施；所有权、使用权不明或者有争议的财产；依法被查封扣押监管的财产；依法不得抵押的其他财产。

抵押贷款通常不是按抵押品价值全额贷放，而是按一定抵押率来发放贷款，商业银行在办理抵押贷款时，抵押率一般控制在 80%以下，对于一些科技含量高、更新速度快的机器设备抵押率还会更低，一般控制在 50%以下。银行在确定抵押贷款额度时，要通过对借款人资产状况、信誉及抵押物的种类及价格变化趋势的分析，确定合理的抵押率。

2. 抵(质)押贷款发放

抵(质)押贷款由借款人向银行提出申请，并向银行提交“抵(质)押贷款申请书”，写明借款用途、金额、还款日期、抵(质)押品名称、数量、价值、存放地点等有关事项，同时提交有权处分人的同意抵(质)押的证明或保证人同意保证的有关证明文件。

商业银行办理抵押贷款，首先应确认抵(质)押物的所有权或经营权，债务人只有拥有对财产的所有权并具有最终的处分权，才可以作为抵(质)押人向银行申请抵(质)押担保贷款。

商业银行选择的抵(质)押物一般为具有变卖价值和可以转让的物品。没有交换价值，不具有独立性的物品，不能作为抵(质)押物进行抵(质)押。此外，抵(质)押物必须是合法取得的，必须是可以流通，易于变现和处分，抵(质)押物的使用期必须长于借款期，贷款到期后，抵（质）押物的变现价值应大于借款本息。

抵（质）押贷款经银行信贷部门审查同意后，由借款人同银行签订抵（质）押贷款借款合同，并将抵（质）押品或抵（质）押品产权证明移交银行。合同及有关资料，如银行认为有必要公证的，应到公证机关对其真实性、合法性进行公证。对易受灾害侵害的抵（质）押物，借款方应办理财产保险，并将保单交银行保管。如发生损失，银行可以从保险赔偿中收回抵（质）押贷款。

对于有关抵（质）押品，银行应签发“抵（质）押品代保管凭证”一式两联，一联交借款人，另一联由银行留存，同时登记表外科目：

收：待处理抵（质）押品。

抵（质）押贷款中，流动资金贷款最长不超过一年，固定资金贷款一般为 1—3 年，最长不超过 5 年。

借款人使用贷款时，由信贷部门根据确定的贷款额度，填写一式五联的借款凭证，签字后加盖借款人的预留印鉴，经信贷部门有关人员审批后，与抵（质）押贷款有关单证一并送交会计部门。会计部门收到信贷部门转来的有关单证，经审查无误后，根据有关规定及借款人的要求办理转账。

会计科目可以用“贷款”来核算，也可以设置“抵押贷款”科目核算，并在该科目下设置抵押户和质押户用以分别核算抵押贷款和质押贷款，其会计分录为：

借：抵押贷款——××借款人户

　　贷：吸收存款——××借款人户

【例 3-6】 2015 年 7 月 1 日，开户单位甲厂申请办理抵押贷款 300 000 元，审核后办理。

借：抵押贷款——甲厂户　　　　300 000

　　贷：吸收存款——甲厂户　　　　300 000

3. 抵（质）押贷款收回的核算

委托代管的抵（质）押品应经常实地检查；出纳部门代管的有价证券单证和金银珠宝外币等贵重抵（质）押品，要经常进行账实核对，以防发生损失。抵（质）押贷款到期，借款人应主动提交还款凭证，连同银行出具的抵押品代保管收据，办理还款手续，其会计分录为：

借：吸收存款——××借款人户

　　贷：抵押贷款——××借款人户

　　　　应收利息——××借款人户

　　　　利息收入——抵押贷款利息收入户

抵（质）押贷款收回后，抵（质）押物及有关单据随即退回借款人，并销记表外登记。

付：待处理抵押品——××企业

4. 逾期抵（质）押贷款的核算

抵（质）押贷款到期，借款单位如不能按期归还贷款本息，银行应将其贷款转入逾期贷款科目核算，并按规定计收罚息。出现下列情况，银行有权依法处理抵（质）押物品：借款合同履行期满，借款人未按期偿还贷款本息，又未同银行签订贷款展期协议或申请展期未经批准的；抵（质）押期间，借款人死亡、无继承人或受遗赠人的；借款人的继承人拒绝偿还贷款本息或继承人放弃继承的；借款人被解散、宣布破产或依法撤销的；其他可以依法处分抵（质）押物的情形。银行处理抵（质）押品主要有两种方式：作价入账和出售。

《担保法》第53条规定，债务履行期届满抵押权人未受清偿的，可以与抵押人协商以抵押物折价或者以拍卖、变卖该抵押物所得的价款受偿；协议不成的，抵押权人可以向人民法院提起诉讼。

银行实现抵（质）押权的形式主要有三种，即拍卖、变卖抵押物或提起诉讼。金融企业发放抵（质）押贷款，不能收回时，可依法取得并准备按有关规定处置抵债资产。借款人到期不能还款，银行有权处理抵（质）押品以收回贷款。按对抵（质）押品的处置方式不同，分为以下两种情况。

(1) 拍卖抵押品。如果拍卖所得净收入大于抵（质）押贷款本息，则将其余部分退还借款人，其会计分录为：

借：其他资产——待处理抵（质）押物
　　贷：抵押贷款——××借款人户
　　　　应收利息——××借款人户
　　　　利息收入——抵押贷款利息收入

处理结束时，其会计分录为：

借：库存现金/吸收存款——购买人户
　　贷：其他资产——待处理抵（质）押物
　　　　吸收存款——借款人存款户

【例3-7】 2015年7月5日，处理借款人A公司逾期抵押贷款，本息合计740 000元，处置收入800 000元，其会计分录为：

借：库存现金　　800 000
　　贷：其他资产——待处理抵押物　　740 000
　　　　吸收存款——A公司户　　60 000

如果拍卖所得净收入小于抵（质）押贷款本息，则不足部分应由债务人清偿，其会计分录为：

借：其他资产——待处理抵（质）押物
　　贷：抵押贷款——××借款人户
　　　　应收利息——××借款人户
　　　　利息收入——抵押贷款利息收入

处理结束时，其会计分录为：

借：库存现金/吸收存款——购买人户
　　吸收存款——借款人存款户
　　贷：其他资产——待处理抵（质）押物

出售拍卖后，不足部分如果借款人无法偿还，经批准其差额为呆账时，其会计分录为：

借：库存现金

　　贷款损失准备

　贷：其他资产——待处理抵(质)押物

【例 3-8】 2015 年 7 月 15 日，借款人甲厂抵押贷款逾期未还，本金 980 000 元，利息 45 000 元，银行处理抵押的设备一套，得款 1 000 000 元。

借：库存现金	1 000 000
贷款损失准备	25 000
贷：其他资产——待处理抵押物	1 025 000

(2) 取得的抵债资产转为金融企业自用时，如果将抵押品按其实物属性转入银行自己的资产账内，其会计分录为：

借：固定资产

　贷：抵押贷款——××借款人户

　　　应收利息——××借款人户

　　　累计折旧

如果处置股票等有价证券质押时，其会计分录为：

借：短期投资——股票(或债券投资)

　贷：抵押贷款——××借款人户

　　　应收利息——××借款人户

抵债资产发生减值的，也应计提"抵债资产跌价准备"，于处置或转自用时一并转出。

【例 3-9】 2015 年 7 月 4 日，借款人乙厂一笔抵押(以楼房作抵押)贷款到期未还，本金 500 000 元，应收利息 20 000 元，转入抵债资产。7 月 10 日，将借款人乙厂抵押的一座楼房作价入账，其会计分录为：

借：其他资产——待处理抵押物	520 000	
贷：抵押贷款——乙厂户		500 000
应收利息		20 000
借：固定资产	520 000	
贷：其他资产——待处理抵押物		520 000

三、票据贴现的核算

(一) 票据贴现的概述

1. 票据贴现的概念

票据贴现是持票人以未到期的商业承兑汇票和银行承兑汇票，为提前取得票款，向银行贴付一定的利息所做的转让。

票据贴现业务严格讲属于贷款的一种，但贴现同一般贷款相比，既有共同之处又有不同点。共同点主要是两者都是银行的资产业务，是借款人的融资方式，银行都要计收利息。不同点主要体现在以下五个方面。

(1) 资金投放的对象不同。贴现贷款以持票人(债权人)为放款对象;一般贷款以借款人(债务人)为放款对象。

(2) 体现的信用关系不同。贴现贷款体现的是银行与持票人、出票人、承兑人及背书人之间的信用关系;一般贷款体现的是银行与借款人、担保人之间的信用关系。

(3) 计息的时间不同。贴现贷款在放款时就扣收利息;一般贷款则是在贷款到期时或定期计收利息。

(4) 放款期限不同。贴现贷款通常为短期贷款,期限最长不超过6个月;一般贷款则分为短期和中长期贷款。

(5) 资金的流动性不同。贴现贷款可以通过再贴现和转贴现提前收回资金;一般贷款只有到期才可能收回资金。

2. 票据贴现的相关规定

商业银行办理贴现业务过程中,为有效防范风险,必须严格按照有关规定办理相关业务。

(1) 贴现申请人欲在商业银行办理贴现业务,必须具备以下基本条件:贴现申请人在贴现银行应开立基本存款账户;与出票人或直接前手之间具有真实的商品交易关系;能够提供与其直接前手之间的增值税发票和商品发运单据复印件;贴现贷款总量不应超过资产负债比例管理的相关比例;内部控制制度必须健全、有效。

(2) 贴现申请人办理贴现时应提交贴现申请书;贴现申请人的企业法人营业执照;已承兑未到期的要式完整的承兑汇票;能够证明汇票合法性的凭证;持票人与出票人或其直接前手之间的增值税发票和商品交易合同复印件;贴现申请人近期的财务报表。

(3) 贴现商业银行对贴现申请人的审查。商业银行应按照规章制度的有关规定,严格审查贴现申请人的申办资格,以保证商业银行贴现贷款的安全。重点审查持票人是否是依法从事经营活动的企业法人以及其他经济组织;申请贴现的商业票据要式是否齐全、内容是否合法;申请贴现企业的资信状况和经营情况等。

(4) 商业银行在收到贴现申请人提交的贴现申请后,银行承兑汇票应以书面形式向承兑银行进行查询(目前商业银行主要办理银行承兑汇票贴现),核实汇票的真实性。未经查询的汇票一律不得办理贴现业务,同时注意,商业银行不得贴现本营业部承兑的商业票据。

3. 会计科目设置

办理贴现业务时设置"贴现资产"会计科目,该科目属于资产类科目,核算企业(银行)办理商业票据的贴现、转贴现等业务所融出的资金。企业(银行)买入的即期外币票据,也通过本科目核算。本科目可按贴现类别和贴现申请人进行明细核算。

企业办理贴现时,按贴现票面金额,借记本科目(面值),按实际支付的金额,贷记"存放中央银行款项""吸收存款"等科目,按其差额,贷记本科目(利息调整)。资产负债表日,按计算确定的贴现利息收入,借记本科目(利息调整),贷记"利息收入"科目。贴现票据到期,应按实际收到的金额,借记"存放中央银行款项""吸收存款"等科目,按贴现的票面金额,贷记本科目(面值),按其差额,贷记"利息收入"科目。存在利息调整金额的,也应同时结转。本科目期末借方余额,反映企业办理的贴现、转贴现等业务融出的资金。

（二）商业汇票贴现的核算

商业汇票持有者如急需使用资金，可持汇票向开户银行申请贴现。申请时填制一式五联的贴现凭证：第一联为贴现借方凭证；第二联为持票人账户贷方凭证；第三联为贴现利息贷方凭证；第四联为银行给持票人的回单；第五联为贴现到期卡。

贴现申请人在第一联凭证上按规定签章后，将凭证及商业汇票一并送交银行信贷部门。信贷部门根据信贷管理办法及结算规定进行贴现审查后，填写《××汇票贴现审批书》，提出审查意见，按照贷款审批权限，报经相关部门审批。贷款决策部门审查同意后，应在《××汇票贴现审批书》上签署决策意见，并在贴现凭证的“银行审核”栏签注“同意”字样并加盖有关人员名章后，送交会计部门。

会计部门接到贴现凭证及商业汇票后，按照规定的贴现率，计算出贴现利息并予以扣收。贴现利息的计算方法如下：

贴现利息＝汇票金额×贴现天数×(月贴现率÷30)

实付贴现金额＝汇票金额－贴现利息

将按规定贴现率计算出来的贴现利息、实付贴现金额填在贴现凭证有关栏内，办理转账手续。商业银行通过“贴现资产”科目核算办理商业票据的贴现、转贴现和再贴现业务的款项。该科目应按贴现种类和贴现申请人进行明细核算，期末为借方余额，反映银行办理的贴现款项，其会计分录为：

借：贴现资产——商业承兑汇票或银行承兑汇票(面值)

　贷：吸收存款——贴现申请人户

　　　贴现资产——利息调整

同时按汇票金额登记表外科目。

收：代保管有价值品。

资产负债表日，应按实际利率法或采取直线摊销法计算确定的贴现利息收入的金额，其会计分录为：

借：贴现资产——利息调整

　贷：利息收入

实际利率与合同约定的名义利率差异不大的，也可以采用合同约定的名义利率计算确定利息收入。

（三）贴现汇票到期收回贴现款的核算

贴现银行应经常查看已贴现汇票的到期情况。对于已到期的贴现汇票，应及时收回票款。

1. 商业承兑汇票贴现款到期收回的核算

商业承兑汇票贴现款的收回是通过委托收款方式进行的。贴现银行作为收款人，应于汇票到期前，匡算邮程，以汇票作为收款依据，提前填制委托收款凭证向付款人收取票款。在“委托收款凭证名称栏”注明“商业承兑汇票”或“银行承兑汇票”及其汇票号码连同汇票向付款人办理收款，将第五联贴现凭证作为第二联委托收款凭证的附件存放，并在表外科目“发出委托收款登记簿”中进行登记。其他操作程序比照发出委托收款凭证的操作程序办理。当贴现银行收到付款人开户行划回票款时，其会计分录为：

借：联行科目或存放中央银行款项
　贷：贴现资产——商业承兑汇票(面值)
借：贴现资产——利息调整
　贷：利息收入

同时销记“发出委托收款登记簿”。

如果贴现银行收到付款人开户行退回委托收款凭证、汇票和拒付理由书或付款人未付票款通知书时，对于贴现申请人在本行开户的，可以从贴现申请人账户收取。填制两联特种转账借方凭证，在“转账原因栏”注明“未收到××号汇票款，贴现款已从你账户收取”。一联凭证作为借方凭证，另外一联特种转账借方凭证加盖转讫章，作为收款通知，随同汇票和拒绝付款理由书或付款人未付票款通知书交给贴现申请人，第五联贴现凭证作为贴现科目贷方凭证，办理转账手续，其会计分录为：

借：吸收存款——贴现申请人存款户
　贷：贴现资产——商业承兑汇票
借：贴现资产——利息调整
　贷：利息收入

若贴现申请人账户余额不足时，则不足部分转作逾期贷款，其会计分录为：

借：吸收存款——贴现申请人存款户
　　逾期贷款——贴现申请人贷款户
　贷：贴现资产——商业承兑汇票
借：贴现资产——利息调整
　贷：利息收入

2. 银行承兑汇票贴现款到期收回的核算

银行承兑汇票的承兑人是付款人开户银行，信用可靠，不会发生退票情况，贴现银行在汇票到期前，以自己为收款人，填制委托收款凭证，向对方银行收取贴现款。等收到对方银行的联行报单及划回的款项时，其会计分录为：

借：联行科目或存放中央银行款项
　贷：贴现资产——银行承兑汇票
借：贴现资产——利息调整
　贷：利息收入

期末，应对贴现进行全面检查，并合理计提贷款损失准备。对于不能收回的贴现应查明原因。确实无法收回的，经批准作为呆账损失的，应冲销提取的贷款损失准备。

【例 3-10】 2016 年 9 月 12 日，工行 A 支行开户单位甲厂(账号：2010006)申请将未到期的银行承兑汇票一张办理贴现，金额 1 000 000 元，该汇票出票日为 2016 年 7 月 12 日，到期日为 2016 年 10 月 12 日，审核无误，予以办理，贴现率为 3.54‰。

(1) 计算出贴现利息和实付贴现金额。

贴现利息＝汇票金额×贴现期×贴现率＝1 000 000×1×3.54‰＝3 540(元)
实付贴现金额＝汇票金额－贴现利息＝1 000 000－3 540＝996 460(元)

(2) 办理贴现业务时，其会计分录为：

借：贴现资产——面值　　1 000 000
　贷：吸收存款——甲厂户　　996 460
　　　贴现资产——利息调整　　3 540

同时按汇票金额登记表外科目。

收：代保管有价值品　　1 000 000

(3) 付款人有款支付时，其会计分录为：

借：联行科目或存放中央银行款项　　1 000 000
　贷：贴现资产——面值　　1 000 000
借：贴现资产——利息调整　　3 540
　贷：利息收入　　3 540

同时登记表外科目。

付：代保管有价值品　　1 000 000

第三节　贷款减值的核算

一、金融资产减值确认条件

企业应当在资产负债表日对以公允价值计量且其变动计入当期损益的金融资产以外金融资产的账面价值进行检查，有客观证据表明该金融资产发生减值的，应当计提减值准备。表明金融资产发生减值的客观证据，是指金融资产初始确认后实际发生的、对该金融资产预计未来现金流量有影响，且企业能够对该影响进行可靠计量的事项。金融资产发生减值的客观证据，包括下列各项。

(1) 发行方或债务人发生严重财务困难。

(2) 债务人违反了合同条款，如偿付利息或本金发生违约或逾期等。

(3) 债权人出于经济或法律等方面因素的考虑，对发生财务困难的债务人作出让步。

(4) 债务人很可能倒闭或进行其他财务重组。

(5) 因发行方发生重大财务困难，该金融资产无法在活跃市场继续交易。

(6) 无法辨认一组金融资产中的某项资产的现金流量是否已经减少，但根据公开的数据对其进行总体评价后发现，该组金融资产自初始确认以来的预计未来现金流量确已减少且可计量，如该组金融资产的债务人支付能力逐步恶化，或债务人所在国家或

地区失业率提高、担保物在其所在地区的价格明显下降、所处行业不景气等。

(7) 债务人经营所处的技术、市场、经济或法律环境等发生重大不利变化,使权益工具投资人可能无法收回投资成本。

(8) 权益工具投资的公允价值发生严重或非暂时性下跌。

(9) 其他表明金融资产发生减值的客观证据。

二、贷款减值的测试方法

(一) 单项减值测试

商业银行进行贷款减值测试时,可以根据自身管理水平和业务特点,确定单项金额重大贷款的标准。对单项金额重大的金融资产单独进行减值测试,通过未来现金流量折现模型逐笔测试。根据预计未来现金流量,按照该金融资产的原实际利率来折现,并考虑相关担保物的价值(取得和出售该担保物发生的费用应当予以扣除)。

(二) 组合减值测试

商业银行依据贷款的风险特征,选择既便于操作又能够反映贷款风险特征的分组依据进行分组,如预计违约概率和信用风险评级、贷款方式、地理分布、担保类型、借款者类型、逾期状况、到期时间等。商业银行选择恰当的分组依据将贷款划分为具有类似信用风险特征的若干组合后,根据自身风险管理模式和数据支持程度,采用合理的方法计量贷款组合的减值损失。

目前我国商业银行实务中主要运用迁徙矩阵模型将具有相似特征的贷款作为整体,在对贷款评级的变动及损失的历史数据进行分析的基础上,计量贷款组合的减值损失。

(三) 减值测试的原则

商业银行在对贷款进行减值测试时时,应遵循以下原则。

(1) 对于存在减值客观证据的各项单项金额重大贷款,银行应逐项计算预计未来现金流量现值(按各项重大贷款的原始实际利率折现,如浮动利率贷款则按依合同确定的当前实际利率折现)。

(2) 对单项金额不重大的金融资产,可以单独进行减值测试,或包括在具有类似信用风险特征的金融资产组合中进行减值测试。

(3) 单独测试未发生减值的金融资产(包括单项金额重大和不重大的金融资产),应当包括在具有类似信用风险特征的金融资产组合中再进行减值测试;已单项确认减值损失的金融资产,不应包括在具有类似信用风险特征的金融资产组合中进行减值测试。

三、贷款损失准备的核算

(一) 贷款损失准备的提取

贷款损失准备的计提范围为承担风险和损失的资产,具体包括:贷款(含抵押、质押、保证等贷款)、银行卡透支、贴现、银行承兑汇票垫款、信用证垫款、担保垫款、进出口押汇、拆出资金等。

期末,银行应根据借款人的还款能力、还款意愿、贷款本息的偿还情况、抵押品的市价、担保人的支持力度和银行内部信贷管理等因素,分析其风险程度和回收的可能性,以判断其是否发生减值。如有客观证据表明其发生了减值,应对其计提贷款损失准备。当期应计提的贷款损失准备,为期末该贷款的账面价值与其预计未来可收回金额的现值之间的差额。

(二)会计科目设置

1.“贷款损失准备”科目

该科目属于资产类科目,核算按照规定提取的贷款损失减值准备。本科目应按照单项贷款损失准备和组合贷款损失准备等分别设置明细科目进行核算。本科目核算企业(银行)贷款的减值准备。计提贷款损失准备的资产包括贴现资产、拆出资金、客户贷款、银团贷款、贸易融资、协议透支、信用卡透支、转贷款和垫款等。企业(典当)的质押贷款、抵押贷款计提的减值准备,也在本科目核算。企业委托银行或其他金融机构向其他单位贷出的款项计提的减值准备,可将本科目改为“委托贷款损失准备”科目。

资产负债表日,贷款发生减值的,按应减记的金额,借记“资产减值损失”科目,贷记本科目。对于确实无法收回的各项贷款,按管理权限报经批准后转销各项贷款,借记本科目,贷记“贷款”“贴现资产”“拆出资金”等科目。已计提贷款损失准备的贷款价值以后又得以恢复,应在原已计提的贷款损失准备金额内,按恢复增加的金额,借记本科目,贷记“资产减值损失”科目。本科目期末贷方余额,反映企业已计提但尚未转销的贷款损失准备。本科目可按计提贷款损失准备的资产类别进行明细核算。

2.“资产减值损失”科目

该科目属于损益类科目,核算企业计提各项资产减值准备所形成的损失。本科目可按资产减值损失的项目进行明细核算。

企业的应收款项、存货、长期股权投资、持有至到期投资、固定资产、无形资产、贷款等资产发生减值的,按应减记的金额,借记本科目,贷记“坏账准备”“存货跌价准备”“长期股权投资减值准备”“持有至到期投资减值准备”“固定资产减值准备”“无形资产减值准备”“贷款损失准备”等科目。

企业计提坏账准备、存货跌价准备、持有至到期投资减值准备、贷款损失准备等,相关资产的价值又得以恢复的,应在原已计提的减值准备金额内,按恢复增加的金额,借记“坏账准备”“存货跌价准备”“持有至到期投资减值准备”“贷款损失准备”等科目,贷记本科目。期末,应将本科目余额转入“本年利润”科目,结转后本科目无余额。

(三)贷款损失准备的会计核算

1.发生减值时的核算

资产负债表日,商业银行确定贷款发生减值的,应当将该贷款的账面价值减记至预计未来现金流量(不包括尚未发生的未来信用损失)现值,减值金额确认为资产减值损失,计入当期损益,其会计分录为:

借：资产减值损失——贷款准备支出　　　　（应减记的金额）

贷：贷款损失准备

同时，将"贷款（本金、利息调整）"科目余额转入"贷款（已减值）"科目，其会计分录为：

借：贷款——××贷款——××户　　　　（已减值）

贷：贷款——××贷款——××户（本金）　　　　（账面余额）

贷款——××贷款——××户（利息调整）　　　　（账面余额）

其中，预计未来现金流量现值应当按照该贷款的原实际利率折现确定，并考虑相关担保物的价值（取得和出售该担保物发生的费用应当予以扣除）。原实际利率是初始确认该贷款时计算确定的实际利率。即使合同条款因借款人发生财务困难而重新商定或修改，在确认减值损失时，仍用条款修改前该贷款的原实际利率计算。对于浮动利率贷款，在计算未来现金流量现值时，则可采用合同规定的现行实际利率作为折现率。

2. 计提减值贷款利息的核算

对于已减值贷款，需要在资产负债表日按减值贷款的摊余成本和实际利率确定利息收入，只是利息收入是通过抵减贷款损失准备的方式确认的，其会计分录为：

借：贷款损失准备

贷：利息收入——××贷款利息收入

（贷款的摊余成本×实际利率）

同时，在表外登记按合同本金和合同利率计算确定的应收利息金额，包括逾期本金产生的罚息和逾期利息，进行表外核算，其会计分录为：

收：应收未收利息——××户

其中，计算确定利息收入的实际利率，应为确定减值损失时对未来现金流量进行折现所采用的折现率。

已发生减值的贷款如以后又收到利息，则于收到时按实际收到的金额做会计分录为：

借：吸收存款——××存款——××户

贷：贷款——××贷款——××户　　　　（已减值）

3. 减值贷款价值恢复的核算

对贷款确认减值损失后，如有客观证据表明该金融资产价值已恢复，且客观上与确认该损失后发生的事项有关（如债务人的信用评级已提高等），原确认的减值损失应当予以转回，计入当期损益。按恢复增加的金额，借记"贷款损失准备"科目，贷记"资产减值损失"科目，其会计分录为：

借：贷款损失准备

贷：资产减值损失——贷款准备支出

但是，该转回后的账面价值不应当超过假定不计提减值准备情况下该金融资产在转回日的摊余成本。

4. 收回减值贷款的核算

收回减值贷款时，其会计分录为：

借：吸收存款——××存款——××户　　　（实际收到的金额）
　　贷款损失准备　　　（账面余额）
　贷：贷款——××贷款——××户　　　（已减值）（账面余额）
　　　资产减值损失——贷款准备支出　　　（借贷方差额）

同时，销记表外登记的应收未收利息。

付：应收未收利息——××户

5. 转销坏账贷款的核算

商业银行对于确实无法收回的贷款，应按规定的条件和管理权限报经批准后，作为呆账予以转销。凡符合下列条件之一的，造成商业银行不能按期收回的贷款，可以确认为呆账。

(1) 借款人和担保人依法宣告破产，经法定清偿后仍未还清的贷款。

(2) 借款人死亡，或依照《中华人民共和国民法典》的规定，宣告失踪或死亡，以其财产或遗产清偿后未能还清的贷款。

(3) 借款人遭受重大自然灾害或意外事故，损失巨大且不能获得保险赔款，确实不能偿还的部分或全部贷款，或经保险赔偿清偿后未能还清的贷款。

(4) 贷款人依法处置抵押物、质物所得价款不足以补偿的贷款部分。

(5) 经国务院专案批准核销的贷款。

会计部门收到业务部门提交的贷款核销批复等资料，审核无误后进行账务处理，其会计分录为：

借：贷款损失准备
　贷：贷款——××贷款——××户　　　（已减值）

按管理权限报经批准后转销表外应收未收利息。

付：应收未收利息——××户

6. 已转销的贷款又收回的核算

已转销的贷款以后又收回的，按原转销的已减值贷款余额恢复原转销的贷款，同时办理收回贷款入账。

(1) 恢复原转销的贷款，其会计分录为：

借：贷款——××贷款——××户
　　　　（已减值）（原转销的已减值贷款余额）
　贷：贷款损失准备

(2) 收回贷款，其会计分录为：

借：吸收存款等　　　（实际收到的金额）
　　贷款损失准备　　　（账面余额）
　贷：贷款——××贷款——××户
　　　　（已减值）（原转销的已减值贷款余额）
　　　资产减值损失——贷款准备支出　　　（借贷方差额）

【例 3-11】 某银行 2014 年末贷款余额为 100 万元，经测试贷款减值 20 万元（假设初始计提贷款损失准备金），2015 年 5 月 1 日经批准从贷款损失准备中冲销呆账

10 万元，2015 年末贷款余额为 500 万元，经测试贷款减值 50 万元，2016 年 1 月 5 日，已核销的贷款收回 10 万元，2016 年末贷款余额为 800 万元，经测试贷款减值 60 万元，试计算 2014 年末、2015 年末、2016 年末关于贷款损失准备的会计分录。

(1) 2014 年末，计提贷款损失准备时，其会计分录为：

借：资产减值损失　　200 000
　贷：贷款损失准备——××准备　　200 000

(2) 2015 年 5 月 1 日冲销呆账时，其会计分录为：

借：贷款损失准备——××准备　　100 000
　贷：贷款——××单位逾期贷款户　　100 000

(3) 2015 年末计提贷款损失准备时，其会计分录为：

借：资产减值损失　　400 000
　贷：贷款损失准备——××准备　　400 000

(4) 2016 年 1 月 5 日收回已核销贷款时，其会计分录为：

借：贷款损失准备——××准备　　100 000
　贷：资产减值损失　　100 000
借：贷款——××单位逾期贷款户　　100 000
　贷：贷款损失准备金——××准备　　100 000
借：吸收存款——活期存款　　100 000
　贷：贷款——××单位逾期贷款户　　100 000

(5) 2016 年末计提贷款损失准备时，其会计分录为：

借：资产减值损失　　100 000
　贷：贷款损失准备——××准备　　100 000

四、贷款后续计量及核算

根据会计准则规定，企业应当按照公允价值对金融资产进行后续计量，且不扣除将来处置该金融资产时可能发生的交易费用。贷款与应收款项划分为一类金融资产，要求采用实际利率、按摊余成本对其进行后续计量。如果有客观证据表明该金融资产的实际利率与合同利率相差很小，也可以采用合同利率摊余成本进行后续计量。

(一) 用实际利率取代合同利率计量利息收入

银行应当在资产负债表日继续按合同利率计算确定应收利息，但利息收入则根据贷款的摊余成本和实际利率计算确定，两者差额即为差异摊销部分，直接调整贷款账面价值。从财务角度上讲，实际利率相当于内含报酬率，即贷款在持有期间的收益率。按实际利率而不是合同利率计量利息收入是为了将贷款预计产生的全部收益在持有期间进行系统分摊。在实际利率与合同利率差异较小时，也可以采用合同利率计算确定利息收入。

(二) 贷款的账面价值按摊余成本反映

摊余成本是贷款的初始确认金额经下述调整后的结果：① 扣除已偿还的本金；

② 加上或减去采用实际利率法将该初始确认金额与到期日金额之间的差额进行摊销形成的累计摊销额；③ 扣除已发生的减值损失。之所以有第二步差额摊销，是因为贷款要按公允价值及相关交易费用入账，而不是按贷款本金或到期日金额确认。这种摊销的结果将使得贷款账面价值始终等于预期现金流按实际利率折现后的现值。当借款人出现信用问题，不能如约还本付息时，未来现金流的现值将会低于贷款的账面价值，为此银行需要通过计提贷款损失准备使两者保持一致。

（三）对减值贷款继续确认利息收入

现行制度仅要求对应计贷款确认利息收入。在摊余成本模式下，贷款出现减值不影响利息的确认，因为减值贷款仍然具有时间价值，并且还要在期末继续接受减值测试，已确认的利息收入如不能实现，可通过计提贷款损失准备形式予以抵消，因此不会虚增当期利润。由于减值贷款仍然需要确认利息收入，实际上也就意味着只要贷款还有账面价值，就应计提利息收入。

（四）关于应收逾期利息的终止确认

应收逾期利息可以继续遵循现行制度关于本金或利息逾期 90 天自动冲销的规定，但如果贷款已认定出现减值，则也应终止确认。终止确认的方式只能继续采用冲销利息收入方式。

在实际操作时，贷款利息的核算可以分两步进行：一是在日常核算中仍然遵循现行的利息核算制度核算利息收入和应收利息；二是在期末根据摊余成本的核算要求重新计量利息收入并进行必要的调整，同时还要根据贷款减值测试结果进行减值核算。

【例 3-12】 2015 年 1 月 1 日，A 银行以“折价”方式向甲公司发放一笔 5 年期贷款 5 000 万元（实际发放给甲公司的款项为 4 900 万元），合同年利率为 10%，A 银行将其划分为贷款和应收款项，假设贷款没有出现减值。

(1) 计算实际利率。能使“未来现金流量的现值＝目前账面价值（不含已到付息期尚未发放的利息）”的利率即为实际利率。

$$500\times(P/A,\ r,\ 4)+5\,500\times(P/F,\ r,\ 5)=4\,900$$

初始确认该贷款时确定的实际利率为 $r=10.53\%$。

(2) 计算摊余成本（见表 3-1）。

表 3-1 存续期间摊余成本的计算

年 度	A	B	C	D	E
	年初摊余成本	实际利息收入（A×5.17%）	收到的利息	利息调整（B−C）	摊余成本（A+D）
2015.12.31	4 900	515.97	500	15.97	4 915.97
2016.12.31	4 915.97	517.65	500	17.65	4 933.62
2017.12.31	4 933.62	519.50	500	19.50	4 953.12
2018.12.31	4 953.12	521.56	500	21.56	4 974.67

续 表

年 度	A	B	C	D	E
	年初摊余成本	实际利息收入（A×5.17%）	收到的利息	利息调整（B−C）	摊余成本（A+D）
2019.12.31	4 974.67	525.33	500	25.33	5 000
合 计	—	2 600	2 500	100	—

(3) 做相应的会计分录。

① 2015 年 1 月 1 日发放贷款时，其会计分录：

借：贷款——本金　5 000
　贷：吸收存款　4 900
　　　贷款——利息调整　100

② 2015 年 12 月 31 日计提利息，其会计分录：

借：应收利息　500
　　贷款——利息调整　15.97
　贷：利息收入　515.97

③ 2016 年 12 月 31 日计提利息，其会计分录：

借：应收利息　500
　　贷款——利息调整　17.65
　贷：利息收入　517.65

④ 2017 年 12 月 31 日计提利息，其会计分录：

借：应收利息　500
　　贷款——利息调整　19.50
　贷：利息收入　519.50

⑤ 2018 年 12 月 31 日计提利息，其会计分录：

借：应收利息　500
　　贷款——利息调整　21.56
　贷：利息收入　521.56

⑥ 2019 年 12 月 31 日按期收回贷款，其会计分录：

借：应收利息　500
　　贷款——利息调整　25.33
　贷：利息收入　525.33

借：吸收存款　7 500
　贷：贷款——本金　5 000
　　　应收利息　2 500

【例 3-13(接例 3-12)】 2017 年 12 月 31 日，有客观证据表明甲公司发生严重财务困难，A 银行据此认定对甲公司的贷款发生了减值，并预期 2018 年 12 月 31 日将收到利息 500 万元，但 2019 年 12 月 31 日将仅收到本金 2 500 万元。

(1) 计算减值损失。

根据企业会计准则规定,2017 年 12 月 31 日 A 银行对甲公司应确认的减值损失按该日确认减值损失前的摊余成本与未来现金流量现值之间的差额确定。

预计从贷款中收到现金流量的现值计算如下:

$$500\times(1+10.53\%)^{-1}+2\,500\times(1+10.53\%)^{-2}$$
$$=2\,498.714\,7\text{ 万元}\approx 2\,498.71(\text{万元})$$

应确认的贷款减值损失=4 953.13−2 498.71=2 454.42(万元)

(2) 计算摊余成本(见表 3-2)。

表 3-2 存续期间摊余成本的计算

年 度	A	B	C	D	E
	年初摊余成本	实际利息收入(A×5.17%)	收到的利息	利息调整(B−C)	摊余成本(A+D)
2015.12.31	4 900	515.97	500	15.97	4 915.97
2016.12.31	4 915.97	517.65	500	17.65	4 933.62
2017.12.31	4 933.62	519.50	500	19.50	4 953.12
2018.12.31	2 498.71	263.11	500	−236.89	2 261.82
2019.12.31	2 261.82	238.17	500	−261.83	1 999.99
合 计	—		2 500		—

(3) 做相应的会计分录。

① 没有出现减值前的会计分录如前例所示,此处省略。

② 2017 年 12 月 31 日发生减值损失时,将减值金额确认为资产减值损失,计入当期损益,其会计分录为:

借:资产减值损失 2 454.42
　贷:贷款损失准备 2 454.42

将"贷款(本金、利息调整)"科目余额转入"贷款(已减值)"科目,其会计分录为:

借:贷款——已减值 4 933.62
　　贷款——利息调整 66.38
　贷:贷款—本金 5 000

通过抵减贷款损失准备的方式确认利息收入,其会计分录为:

借:贷款损失准备 519.50
　贷:利息收入 519.50
收:应收未收利息 500

③ 2018 年 12 月 31 日计提利息收入,其会计分录:

借:贷款损失准备 263.11
　贷:利息收入 263.11
收:应收未收利息 500

收到500万利息时，其会计分录为：

借：应收利息　　500
　贷：贷款损失准备　　500
借：吸收存款　　500
　贷：应收利息　　500
付：应收未收利息　　500

④ 2019年12月31日归还本金时，其会计分录为：

借：贷款损失准备　　238.17
　贷：利息收入　　238.17
收：应收未收利息　　500

收到2 500万本金时，其会计分录为：

借：吸收存款　　2 500
　　贷款损失准备　　1 933.64
　　资产减值损失　　499.98
　贷：贷款——已减值　　4 933.62

同时表外核算。

付：应收未收利息　　1 000

关键术语

贷款　信用贷款　担保贷款　贴现　贷款损失准备金　应计贷款　贷款减值　贷款减值测试

思考题

1. 商业银行贷款具体由哪些种类构成？
2. 商业银行如何进行贷款风险管理？
3. 信用贷款的发放、归还和利息如何核算？
4. 商业银行质押贷款和抵押贷款有何区别？
5. 什么是贴现？贴现业务与贷款业务有何联系与区别？
6. 商业银行贷款减值如何核算？

第四章　支付结算业务的核算

学习内容与目标

本章介绍支付结算业务概述、票据结算业务的核算、结算方式的核算、信用卡的核算等内容。通过学习要求全面了解支付结算业务的意义、办理支付结算的基本要求及基本程序;熟悉有关结算方式和票据的概念与规定;熟练掌握汇票、本票和支票的会计核算,汇款、委托收款和托收承付等结算方式的会计核算,信用卡业务的核算。

第一节　支付结算业务概述

一、支付结算的概念

支付结算是指单位、个人在社会经济活动中使用票据、信用卡和汇兑、托收承付、委托收款等结算方式进行货币给付及资金清算的行为。其目的是完成资金从一方当事人向另一方当事人的转移。广义的支付结算包括现金结算和转账结算。现金结算是指当事人直接用现金进行货币收付,了结其债权债务的行为。在我国按照现金管理制度,现金结算只限于个人之间和单位之间结算起点以下的零星收支以及单位对个人的有关开支。银行转账结算是指当事人通过银行将款项从付款单位的账户划转到收款单位的账户来完成货币收付以清结债权债务的行为,故又称为非现金结算,狭义的支付结算仅指银行转账结算。

客户之间的资金往来通过银行进行划转称为支付结算。银行之间将由客户资金转移所引起的相互资金账务往来和资金存欠进行结清称为资金清算。支付结算与资金清算紧密联系、相辅相成,银行为客户办理资金转移即支付结算业务的同时又引起了银行之间资金账务往来和资金存欠的清算。目前,我国商业银行办理支付结算与资金清算业务主要是通过中国现代化支付系统、商业银行行内系统及同城票据交换系统等进行资金的划转和清算。

二、支付结算业务的基本要求

（一）支付结算遵循的原则

1. 恪守信用，履约付款

这是指办理支付结算的当事人之间办理支付结算时应按照事先的约定或承诺，严格遵守信用，行使各自的权利并严格履行各自的职责和义务。票据权利人必须在票据权利时限内，主张自己的权利；票据债务人必须依法承担票据义务，按照约定的付款金额和付款期限进行支付。交易双方的开户银行也要按照有关规定，认真履行结算中介机构的责任，准确、及时、安全地为广大客户办理好支付结算业务，这是规范支付结算行为、保障支付结算活动中当事人的合法权益和维护结算秩序的重要保证。

2. 谁的钱进谁的账、由谁支配

这是指银行在办理支付结算时，必须尊重资金所有者的资金所有权和支配权，切实做到谁的钱进谁的账、由谁支配的原则，保证把收款人应收的款项及时且准确无误地划入收款人账户；银行从存款人账户中支付款项时，都要根据存款人的意愿和委托办理。除国家法律另有规定外，银行不得随便代任何单位和个人查询、冻结、汇划任何款项，也不得任意停止或拒绝客户的正常支付。未经客户的委托和同意，不得接受任何单位和个人或银行自身对其资金的干预和侵犯。这条原则既保护了客户的合法权益，又加强了银行办理支付结算的责任，而且也是银行的信誉所在。

3. 银行不垫款

这是指银行在办理支付结算过程中，只负责将结算款项从付款人账户划转到收款人账户，而不承担垫付任何款项的责任。银行不垫款的原则由来已久，这是由支付结算的性质和任务决定的。这条原则一方面保护了银行对其资金的所有权和支配权，另一方面促使单位和个人必须对其债务负责，而不得将自己的债务风险转嫁给银行。

（二）支付结算纪律

单位、个人是办理支付结算的重要当事人，单位和个人应遵守的结算纪律包括：不准签发没有资金保证的票据或远期支票，套取银行信用；不准签发、取得和转让没有真实交易和债权债务的票据，套取银行和他人的资金；不准无理拒绝付款，任意占用他人资金；不准违反规定开立和使用账户。

银行是办理支付结算业务的主体，应该按照支付结算制度办理结算业务，是维持结算秩序的重要环节。银行应遵守的结算纪律有：不准以任何理由压票、任意退票、截留挪用客户和他行资金；不准无理拒绝支付应由银行支付的票据款项；不准无理拒付、不扣或少扣滞纳金；不准违章签发、承兑、贴现票据，套取银行资金；不准签发空头银行汇票、银行本票和办理空头汇款；不准在支付结算制度之外规定附加条件，影响汇路畅通；不准违反规定为单位和个人开立账户；不准拒绝受理、代理他行正常结算业务；不准放弃对企事业单位和个人违反结算纪律的制裁；银行向外寄发的结算票据和凭证，必须于当天至迟于次日发出，或按规定的时间提出交换；收到的票据和结算凭证必须及时办理付款或收账，不得延误积压任何票据和结算凭证。

（三）支付结算基本规定

银行是办理支付结算和资金清算的中介机构。非银行金融机构和其他单位未经人民银行批准不得作为中介机构办理支付结算业务。

（1）银行、单位和个人办理支付结算必须遵守国家法律，不得损害社会公众利益。

（2）单位、个人和银行应当按照《银行账户管理办法》的规定开立、使用账户。

（3）在银行开立存款账户的单位和个人办理支付结算，账户内必须有足够的资金保证支付。没有开立存款账户的个人向银行交付款项后，也可以通过银行办理支付结算。

（4）办理支付结算必须使用按中国人民银行统一规定印制的票据凭证和统一规定的结算凭证，否则票据无效，银行对不符格式的结算凭证不予受理。

（5）票据和结算凭证上的签章和其他记载事项应当真实，不得伪造、变造。

（6）票据和结算凭证的金额、出票或者签发日期、收款人名称不得更改，更改的票据无效。

（7）票据和结算凭证金额以文字大写和阿拉伯数字同时记载的，两者必须一致，否则票据无效，结算凭证银行不予受理。

（8）办理支付结算需要交验符合法律、行政法规以及国家有关规定的个人有效身份证件。

（9）银行以善意且符合规定的正常操作程序审查，对伪造、变造的票据和结算凭证上的签章以及需要交验的个人有效身份证件，未发现异常而支付金额的，对出票人或付款人不再承担受委托付款的责任，对持票人或收款人不再承担付款的责任。

（10）银行依法为单位、个人在银行开立的账户保密，维护其资金的自主支配权。

三、支付结算的方式

目前商业银行结算方式主要有银行汇票、商业汇票、银行本票、支票、信用卡、汇兑、委托收款、托收承付（即四票、一卡、三方式）等社会支付结算方式。其中，银行汇票、商业汇票、银行本票、支票属于票据结算，汇兑、委托收款、托收承付属于结算方式（见图 4-1）。

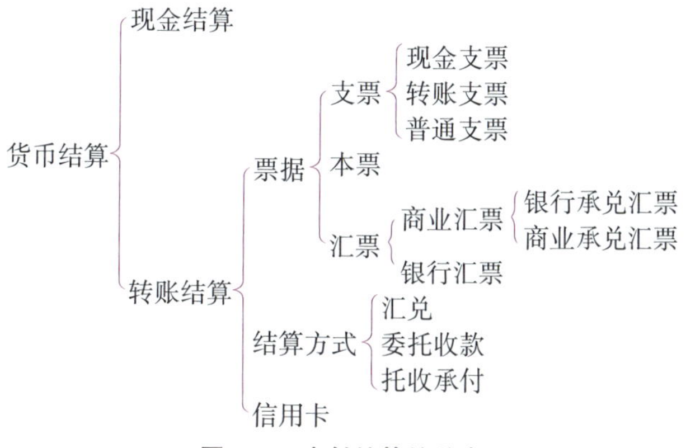

图 4-1　支付结算的种类

按适用的区域不同，支付结算分为同城支付结算和异地支付结算。同城和异地一般以当地中国人民银行票据交换所的服务区域来界定，属于同一票据交换区域的结算为同城支付结算，否则为异地支付结算。属于异地结算工具的有银行汇票、汇兑、托收承付；属于同城结算工具的有支票、本票；属于通用型（同城异地均可使用）结算工具的有商业汇票、信用卡、委托收款。

由于支付结算业务的当事人可在不同地点、不同银行开户，银行间资金的划转和清算需要根据不同情况参与不同的支付清算系统（包括中国现代化支付系统中的大额实时支付系统、小额支付系统、商业银行系统内支付系统、同城票据交换系统等）。

为强调支付结算业务流程中账户资金划转的会计核算，本章假定异地支付结算业务均发生在商业银行系统内，即采用“联行科目”完成资金的清算划拨。“联行科目”并非实际使用的账户名称，实际工作中应按所在商业银行的账户系统进行操作；同城结算方式均通过中国人民银行组织的票据交换系统完成资金的清算划拨，使用“存放中央银行款项”科目核算。

四、支付结算业务核算的特点

（一）业务处理手续与会计核算手续完全一致

支付结算业务就是办理支付结算的当事人及其各账户之间的资金划拨清算，而各账户之间的资金收付，又必须通过会计部门的综合核算和明细核算进行账务处理，因而从支付凭证的填制和审查乃至账务的划转，都属于会计核算的范畴。各项结算业务处理的过程必然是会计核算的过程，必须根据各项不同的结算业务分别采用各种不同的结算方式，并分别制定和采用与其相适应的具体核算手续。

（二）办理支付结算的客户必须先在银行开立存款账户

通过银行办理支付结算业务的客户，必须先在银行开立存款账户，与开户银行建立资金往来关系，具备了办理支付结算的先决条件后，才能通过账户之间的资金划拨，顺利地办理各项票据结算业务。没有在银行开立存款账户的单位和个人，不具备支付结算的付款人身份，也无法将收受的款项直接转入银行备用。

（三）必须使用按统一规定印制的结算凭证和统一规定格式的结算凭证

为便于做好票据结算工作，必须根据不同的结算业务的实际需要设计各种不同格式和需求的票据凭证和结算凭证，基本上每种结算方式都至少有一种特定凭证专用，以提高结算速度和效能。因此，办理票据结算业务的单位、个人和银行的有关部门，都必须使用中国人民银行统一规定格式的支付结算业务专用凭证。单位、个人和银行的有关部门办理支付结算业务时，必须使用按中国人民银行统一规定印制的票据凭证和统一规定格式的结算凭证。

第二节 结算方式的核算

一、汇兑业务的核算

结算方式是指单位或个人填写结算凭证，直接提交银行委托收款或付款的结算手段，按照《支付结算办法》规定，结算方式包括汇兑、委托收款和托收承付等。

汇兑是汇款人委托银行将其款项支付给收款人的结算方式。单位和个人的各种款项结算均可使用汇兑结算方式。

（一）汇兑的基本规定

(1) 汇兑结算没有金额起点的限制。

(2) 办理汇兑业务，必须填制汇兑凭证。汇兑凭证必须记载的事项有：无条件支付的委托；确定的金额；收款人名称；汇款人名称；汇入地点、汇入行名称；汇出地点、汇出行名称；委托日期；汇款人签章。凭证记载的汇款人、收款人在银行开立存款账户的，必须记载其账号。

(3) 汇兑凭证上记载收款人为个人的，收款人需要到汇入银行领取汇款，汇款人应在汇兑凭证上注明“留行待取”字样；“留行待取”的汇款，需要指定单位的收款人领取汇款的，应注明收款人的单位名称。

(4) 汇款人和收款人均为个人，需要在汇入银行支取现金的，应在汇兑凭证“汇款金额”先填写“现金”字样，后填写汇款金额。

(5) 汇款人确定不得转汇的，应在汇兑凭证备注栏注明“不得转汇”字样。

(6) 汇款人对汇出行尚未汇出的款项可以申请撤销。

(7) 汇款人对汇出行已经汇出的款项可以申请退汇。对在汇入行开立存款账户的收款人，由汇款人与收款人自行联系退汇；对未在汇入行开立存款账户的收款人，由汇出行通知汇入行，经汇入行核实汇款确未支付，并将款项汇回汇出行，方可办理退汇。

(8) 汇入行对收款人拒绝接受的汇款，应即办理退汇；对向收款人发出取款通知，经过 2 个月无法交付的汇款，应主动办理退汇。

（二）汇兑业务的核算

汇兑分为电汇和信汇两种：电汇是汇款人委托银行以发送电子汇划信息的方式，通知汇入行解付汇款的一种结算方式；信汇是汇款人委托银行以邮寄凭证的方式，通知汇入行解付汇款的一种结算方式。与电汇相比，信汇结算方式手续费低，但汇款到账速度慢，现在实务中较少采用。

汇款人办理电汇时，填制一式三联的电汇凭证：第一联电汇凭证退汇款人；第二联作借方凭证；第三联作资金汇划依据（见图 4-2）。

银行 电汇凭证 （回单） 1

□普通 □加急　　　委托日期　　年　月　日

汇款人	全称		收款人	全称	
	账号			账号	
	汇出地点	省　市/县		汇入地点	省　市/县
汇出行名称			汇入行名称		
金额	人民币（大写）			亿千百万十万千十元角分	
			支付密码		
汇出行签章			附加信息及用途： 复核　记账		

此联汇出行给汇款人的回单

图 4-2　电汇凭证样式

汇款人办理信汇时，填制一式四联的信汇凭证：第一联回单；第二联作借方凭证；第三联作贷方凭证；第四联作收款通知或代取款通知(见图 4-3)。

银行 信汇凭证 （回单） 1

委托日期　　年　月　日

汇款人	全称		收款人	全称	
	账号			账号	
	汇出地点	省　市/县		汇入地点	省　市/县
汇出行名称			汇入行名称		
金额	人民币（大写）			亿千百万十万千十元角分	
			支付密码		
汇出行签章			附加信息及用途： 复核　记账		

此联汇出行给汇款人的回单

图 4-3　信汇凭证样式

汇款人办理汇兑时，填写汇兑凭证，送交汇款人开户银行办理，银行受理后，编制汇划代收报单发给收款人开户行(汇入行)，汇入行收到后，将汇兑凭证传给收款人，收款人凭以进行账务处理，如图 4-4 所示。

由于电汇和信汇使用的汇兑凭证不一样、传递方式不一样，但账务处理基本相同，本节一起介绍。

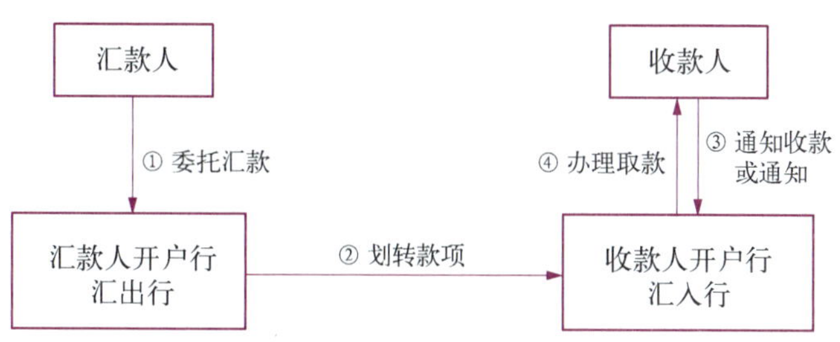

图 4-4　信汇、电汇结算流程

1. 汇出行的处理

汇出行受理汇兑凭证时，应认真审查，经审核无误后，分情况进行处理。

(1) 转账汇款的处理。汇出行受理汇兑业务，根据情况选择支付渠道办理资金汇划，并打印记账凭证，确定收妥款项后办理转账，其会计分录为：

借：吸收存款——汇款人户

　贷：联行科目

(2) 现金收款的处理。如汇款人为个人，且缴存现金办理汇兑业务的，应按审核要求进行审查，审核后清点收妥款项，其会计分录为：

借：库存现金

　贷：应解汇款

借：应解汇款

　贷：联行科目

2. 汇入行的核算

汇入行收到汇出行发来的支付信息，经审核无误后，打印来账凭证，分不同情况进行处理。

(1) 直接入账。收款人在汇入行开户，汇入行可直接记入收款人账户，其会计分录为：

借：联行科目

　贷：吸收存款——收款人户

(2) 不直接入账。有三种情况不能直接入账：收款人不在汇入行开户；汇款人要求将汇款留行待取；汇给个人的款项。汇入行收到报单后，银行先将款项转入“应解汇款”科目，其会计分录为：

借：联行科目

　贷：应解汇款——收款人户

收款人来行取款时支取现金的会计分录：

借：应解汇款——收款人户

　贷：库存现金

收款人来行取款时办理转账，其会计分录为：

借：应解汇款——收款人户

　贷：吸收存款——收款人户

(三)退汇的核算

退汇是将汇出的汇款退还原汇款人。退汇的原因主要有:汇款人因故退汇;收款人拒收汇款;超过规定的期限无法支付的汇款。

1. 汇款人要求退汇的处理

汇款人要求退汇只限于不直接收账的汇款。汇款人对汇出款项要求退汇时,应备退汇申请函连同原汇款回单向汇出行申请退汇,由汇出行通知汇入行,经汇入行证实汇款确未支付,方可退汇。

汇出行接到退汇申请时,审核无误后,通过支付系统向汇入行发出退汇申请。汇入行接到退汇申请时,如该笔汇款已解付,及时通知汇出行;如该笔汇款尚未解付,则将款项通过支付系统汇兑给汇出行,其会计分录为:

借:应解汇款

　　贷:联行科目

汇出行收到退汇的处理,如果收款人在汇出行开立了存款账户,其会计分录为:

借:联行科目

　　贷:吸收存款——原汇款人户

如汇款人未在银行开户,应由汇款人备函或身份证连同汇款回单交原汇出行办理退汇。原汇出行收到退汇时,将款项记入临时账户,其会计分录为:

借:联行科目

　　贷:其他应付款——原汇款人户

当汇款人来行取款时,作相应的会计分录为:

借:其他应付款——原汇款人户

　　贷:库存现金

2. 汇入行主动退汇的核算

汇入行对收到来账账号和户名与本行开户客户账号和户名不符需退汇的,由于收款人拒绝接受的汇款,应即办理退汇。汇入行对于发出取款通知,经 2 个月仍无法交付的汇款,可主动办理退汇,并将款项通过支付系统汇兑给汇出行,其会计分录为:

借:应解汇款

　　贷:联行科目

原汇出行接到原汇入行退回的款项时,做相应的账务处理,这与汇款人要求退汇的账务处理一样。

【例 4-1】 8 月 10 日,A 公司来行提交汇兑凭证一份,汇往北京某饭店 308 房张某差旅费 4 000 元,汇入行为北京东城支行,该行于 8 月 14 日收到汇兑凭证,先将款项转账,并以便条通知收款人,收款人张某于 8 月 17 日来行领取汇款,银行以现金支付。做有关账务处理的会计分录。

(1) 8 月 10 日汇出行办理汇兑时,其会计分录为:

借:库存现金	4 000	
贷:应解汇款		4 000

借：应解汇款 4 000

  贷：联行科目 4 000

(2) 8 月 14 日汇入行收到汇款时，其会计分录为：

借：联行科目 4 000

  贷：应解汇款 4 000

(3) 8 月 17 日收款人到行支取汇款时，其会计分录为：

借：应解汇款 4 000

  贷：库存现金 4 000

二、委托收款业务的核算

（一）委托收款概述

委托收款是收款人委托银行向付款人收取款项的结算方式，委托收款结算方式主要是便利收款人主动收取款项，不受金额起点限制。

单位和个人凭已承兑的商业汇票、债券、存单、国内信用证等付款人债务证明办理款项的结算，银行收到到期贴现资金时，均可使用委托收款结算方式。同城、异地均可使用，异地委托收款结算的款项划回方式有邮划和电划两种，由收款人选用。

（二）委托收款结算流程

收款人填写“委托收款结算凭证”并提供收款依据，委托银行收款；收款人开户银行向付款人开户银行传递收款单证；付款人开户银行收到托收单证后，应注明日期并通知付款人在付款期限内付款；付款人开户银行划转款项，如图 4-5 所示。

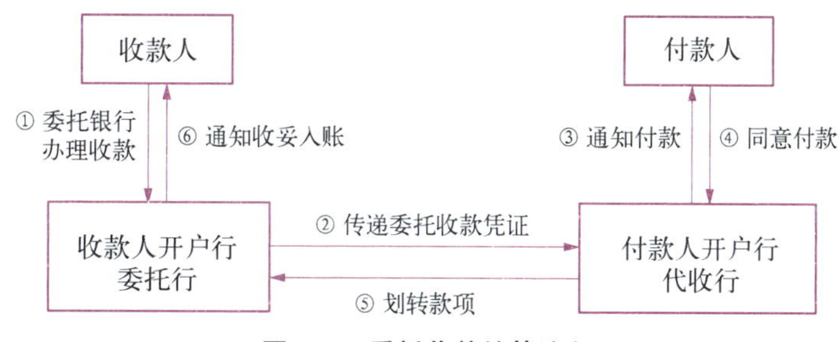

图 4-5 委托收款结算流程

（三）委托收款的会计核算

1. 收款人开户行受理委托收款

收款人办理委托收款业务时，应凭付款人提交的债务证明填制一式五联“托收凭证”(见图 4-6)，并在第二联盖印签章交收款人开户行，也即委托收款业务的委托行。

经办员受理时应审查托收凭证及债务证明的内容是否符合规定，审查内容包括托收凭证金额、委托日期、托收票据印签章等。审核无误后，对委托收款业务进行发出登记处理，在托收凭证第一联加盖业务受理章，第二联加盖附件戳记，第三联加盖结算专用章并注明“汇款时在备注栏内填写委托收款编号”等字样，并打印一式两联的“付款通知书”。

托收凭证　（受理回单）　1

委托日期：　　　　年　月　日

<table>
<tr><td>业务类型</td><td colspan="8">委托收款(□邮划、□电划)　托收承付(□邮划、□电划)</td></tr>
<tr><td rowspan="3">付款人</td><td>全称</td><td colspan="3"></td><td rowspan="3">收款人</td><td>全称</td><td colspan="2"></td></tr>
<tr><td>账号</td><td colspan="3"></td><td>账号</td><td colspan="2"></td></tr>
<tr><td>地址</td><td>省　市
县</td><td>开户行</td><td></td><td>地址</td><td>省　市
县</td><td>开户行</td></tr>
<tr><td>金额</td><td colspan="6">人民币
（大写）</td><td colspan="2">亿千百十万千百十元角分</td></tr>
<tr><td>款项内容</td><td colspan="2"></td><td>托收凭据名称</td><td colspan="2"></td><td>附寄单证张数</td><td colspan="2"></td></tr>
<tr><td colspan="2">商品发运情况</td><td colspan="4"></td><td>合同名称号码</td><td colspan="2"></td></tr>
<tr><td colspan="3">备注：

复核　　记账</td><td colspan="3">款项收妥日期：

年　月　日</td><td colspan="3">收款人开户银行签章
年　月　日</td></tr>
</table>

此联作收款人开户银行给收款的受理回单

图 4-6　托收凭证样式

最后，将托收凭证第一联连同付款通知书（回单联）退给客户，第三联、第四联、第五联及交易单证一并寄送付款人开户行，付款通知书（记账联）连同托收凭证第二联入当日传票归档。

2. 付款人开户行收到委托收款

付款人开户行收到委托收款凭证及有关单证，应对托收凭证、票据的合法性和有效性进行审查，审查确认无误后，进行登记处理，联动记录“收到委托收款结算凭证”表外账务。及时通知付款人，将业务受理通知书、托收凭证第五联以及按照规定需要交付付款人的债务证明等一并交付款人签收。

3. 付款人开户行划款

付款人接到通知后，应在债务证明到期日上午开始营业时或者签收委托收款付款通知次日起的第 4 日上午开始营业时，根据账户余额情况，给付款人开户行（也是委托收款业务的代收行）提示付款或拒绝付款，如付款人 3 日内未通知银行付款，银行视同同意付款。

（1）付款人账户有足够金额支付全部款项。付款人账户如果有足够金额，付款行在收到付款通知进行付款处理，根据情况选择“行内汇划”“大额支付”或“小额支付”等渠道办理资金汇划，并对委托收款业务进行销账登记处理，其会计分录为：

借：吸收存款——付款人户

　贷：联行科目　　　　　　　　　　　　　　（异地）

　　或：存放中央银行款项　　　　　　　　　（同城）

转账后，销记“收到委托收款凭证登记簿”，第四联委托收款凭证填注支付日期，作联行往来的附件。

（2）付款人账户不足以支付全部款项。付款人账户不足以支付全部款项，银行按无款支付处理。付款行在托收凭证上注明日期和“无款支付”字样，并填制付款人未付款项通知书，注明托收编号。最后，将未付款项通知书连同托收凭证及有关债务证明寄送收款单位开户行。

（3）付款人拒绝付款的处理。付款人如果拒绝付款，需要填制拒绝付款理由书，自签收日的次日起3天内连同付款人持有的债务证明和托收凭证一并交开户行，付款行接到拒绝付款理由书后，需认真审核拒付理由无误后，在托收凭证上注明“拒绝付款”字样，并将拒绝付款理由书连同托收凭证及有关债务证明寄送收款单位开户行。

4. 收款人开户行收到划回款项的核算

收款人开户行发出委托收款款项的划回处理原则上由付款人开户机构或接受跨系统业务的网点进行销账处理。

收款人开户行收到划款的凭证和报单，将原留存托收凭证进行核对，无误后办理转账，把收账通知交给收款人，其会计分录为：

借：联行科目　　　　　　　　　　（异地）
　　或：存放中央银行款项　　　　（同城）
　贷：吸收存款——收款人户

对于无款支付和拒绝付款，经办行收到未付款通知书（或拒绝付款理由书）、托收凭证和相关债务证明审核后签章确认，并交给收款人。

【例4-2】 某建行受理其开户单位A公司委托收款金额为2 000元，付款人开户行为本市某工行，付款单位为B公司，款项如数全额结清，作付款人开户行、收款人开户行的会计分录。

（1）付款人开户行的会计分录为：

借：吸收存款——B公司户　　　　2 000
　贷：存放中央银行款项　　　　　　2 000

（2）委托行的会计分录为：

借：存放中央银行款项　　　　　　2 000
　贷：吸收存款——A公司户　　　　　2 000

三、托收承付业务的核算

（一）托收承付的基本规定

托收承付是根据购销合同由收款人发货后委托银行向异地付款人收取款项，由付款人向银行承认付款的结算方式。托收承付的基本规定如下。

（1）办理托收承付结算的款项，必须是商品交易，以及因商品交易而产生的劳务供应的款项。代销、寄销、赊销商品的款项，不得办理托收承付结算。收付双方使用托收承付结算必须签有符合《经济合同法》的购销合同，并在合同上订明使用托收承付结算

方式。收款人办理托收，须具有商品确已发运的证件。

(2) 托收承付结算每笔金额起点为 1 万元。新华书店系统每笔的金额起点为 1 000元。款项划回的方式分为邮寄和电报两种，由收款人选择使用。

(3) 付款人承付货款分为验单付款和验货付款两种，由收付款双方商量后选用一种，并在合同中明确规定。① 验单付款。验单付款的承付期为 3 天，从付款人开户银行发出承付通知的次日算起(承付期内遇例假日顺延)。② 验货付款。承付期为 10 天，从运输部门向付款人发出提货通知的次日算起。

(4) 付款人在承付期内，未向银行提出异议，银行即视作承付，并在承付期满的次日(法定休假日顺延)上午银行开始营业时，将款项主动从付款人账户内付出，按照收款人指定的划款方式，划给收款人。

(5) 付款人在承付期满日银行营业终了时，如无足够资金支付货款，其不足部分，即为逾期付款。付款人开户行对逾期支付的款项，应当根据逾期付款金额和逾期天数，按每天万分之五计算逾期付款赔偿金。

(6) 付款人开户银行对逾期未付的托收凭证，负责进行扣款的期限为 3 个月(从承付期满日算起)。期满时，付款人仍无足够资金支付尚未付清的欠款，银行应于次日通知付款人将有关交易单证在 2 天内退回银行，付款人逾期未退回单证的，银行自发出通知的第三天起，按照应付的结算金额对其处以每天万分之五但不低于 50 元的罚款，并暂停其向外办理结算业务，直到退回单证时止。

(二) 托收承付结算流程

收款人发出商品；收款人委托银行收款；收款人开户行将托收凭证传递给付款人开户行；付款人开户行通过付款人承付；付款人承认付款；银行间划拨款项；通知收款人货款收妥入账，如图 4-7 所示。

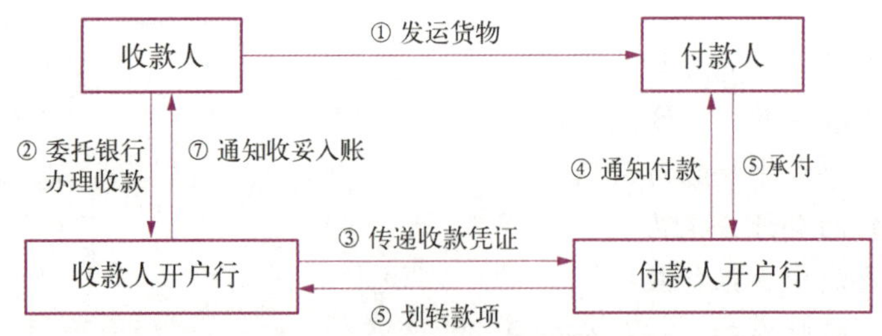

图 4-7　托收承付结算流程

(三) 托收承付的会计核算

1. 收款人开户行受理托收承付的处理

收款人开户行收到收款人提交的托收承付凭证[一式五联：第一联回单；第二联贷方凭证；第三联借方凭证；第四联收账通知(电划为发电依据)；第五联承付通知]和有关单证，审查无误后，第一联凭证退收款人，第二联专夹保管，第三联、第四联、第五联及交易单证寄付款人开户行。

2. 付款人开户行通知付款及划款的处理

付款人开户行收到第三联、第四联、第五联托收凭证及交易单证，审查无误后，第三联、第四联托收凭证专夹保管，第五联托收凭证及交易单证交付款人通知付款。

付款人承付货款分为验单付款和验货付款。验单付款的承付期为 3 天，从付款人开户行发出承付通知的次日算起(承付期内遇法定节假日顺延)。验货付款的承付期为 10 天，从运输部门向付款人发出提货通知的次日算起。收付双方也可在合同中规定，并在托收凭证上注明验货付款期限，付款人收到提货通知后，应即向银行交验提货通知。

付款人可以在承付期内提前向银行表示承付，并通知银行付款的，银行应立即办理划款。付款人开户行根据不同的情况进行处理。

(1) 全额付款的处理。付款人开户行于承付期满日次日(遇节假日顺延)上午开始营业时，办理托收承付划回，第三联托收凭证作借方传票，第四联托收凭证作附件，其会计分录为：

借：吸收存款——××存款(付款人户)

　贷：联行科目

(2) 提前承付的处理。付款人在承付期满前通知银行提前付款的，付款人开户行立即办理划款，处理手续参照全额付款。

(3) 多承付的处理。付款人因商品价格、数量变动等原因，要求对多承付的款项一并划回时，应填制“多承付理由书”提交开户行。开户行审查无误后，以第二联多承付理由书代借方凭证，以第三联托收凭证作附件，办理转账，其会计分录为：

借：吸收存款——××存款(付款人户)

　贷：联行科目

然后将第一联多承付理由书作支款通知交付款人，第三联、第四联多承付理由书寄收款人开户行。

(4) 部分付款的处理。付款人在承付期满日开户行营业终了时，账户只能部分支付的，付款人开户行于承付期满日次日上午(遇法定节假日顺延)办理部分划款，填制二联特种转账借方凭证，一联作借方传票，另一联作支款通知交付款人，第三联、第四联托收凭证单独保管。对未付款项，待付款人账户有款时再一次或分次扣划，办理手续见“逾期付款的处理”。

(5) 逾期付款的处理。付款人在承付期满日银行营业终了时，如无足够资金支付货款，其不足部分，即为逾期付款。开户行填制三联“托收承付结算到期未收通知书”，将第一联、第二联通知书寄收款人开户行，第三联通知书留存。

待付款人账户有款可以一次或分次扣款时，将逾期付款的款项和赔偿金一并划给收款人。其中，逾期付款赔偿金金额=逾期付款金额×逾期天数×赔偿金率。逾期天数从承付期满日算起。承付期满日银行营业终了时，付款人如无足够资金支付，其不足部分，应当算作逾期一天；在承付期满的次日(遇法定节假日顺延，但以后遇法定节假日照算逾期天数)银行营业终了时，仍无足够资金支付，其不足部分，应当算作逾期两天，依此类推。

托收款项逾期如遇跨月时，应在月末单独计算赔偿金，于次月 3 日内划给收款人；在月内有部分付款的，其赔偿金从当月 1 日起计算并随同部分支付的款项划给收款人；对尚未支付的款项，月末再计算赔偿金，于次月 3 日内划给收款人。

付款人从承付期满日起3个月内仍无足够资金支付尚未付清的欠款，应于开户行发出索回单证通知的次日起两日内（遇节假日顺延）将有关单证（部分无款支付的除外）退开户行。

付款人开户行收到退回的单证，审核无误后，填制三联"应付款项证明单"，将一联证明单和第三联托收凭证留存，将两联证明单连同第四联、第五联托收凭证及有关单证寄收款人开户行。

付款人逾期不退回单证的，开户行于发出通知的第3天起，按照尚未付清欠款金额，每天处以万分之五但不低于50元的罚款，并暂停付款人向外办理结算业务，直至退回单证时止。

（6）全部拒绝付款的处理。开户行收到付款人提交的全部拒付理由书（一式四联）、拒付证明、第五联托收凭证及单证。经审查，不同意拒付的，实行强制扣款；同意拒付的，将第一联拒付理由书退付款人，第二联拒付理由书、第三联托收凭证留存，第三联、第四联拒付理由书和拒付证明与第四联、第五联托收凭证和单证一并寄收款人开户行。

（7）部分拒绝付款的处理。开户行收到付款人提交的部分拒付理由书（一式四联）、拒付证明、拒付部分商品清单，经审查，不符合规定的，不得受理拒付；符合规定同意拒付的，按全部拒付的手续办理。对同意承付的部分，以第二联部分拒付理由书代借方凭证（第三联托收凭证作附件）办理转账。转账后，将第一联部分拒付理由书交付款人，第三联、第四联部分拒付理由书连同拒付部分商品清单和有关证明寄收款人开户行。

3. 收款人开户行收款结账的处理

（1）全额划回的处理。收款人开户行收到划回的款项，打印汇款来账专用凭证，与留存的第二联托收凭证核对无误后，办理转账，其会计分录为：

借：联行科目

　　贷：吸收存款——××存款（收款人户）

（2）多承付款划回的处理。收款人开户行收到多承付划回款项，比照全额划回处理，将一联多承付理由书交收款人。

（3）部分划回的处理。收款人开户行收到部分划回款项，比照全额划回处理。

（4）逾期划回、单独划回赔偿金及无款支付退回凭证的处理。收款人开户行收到第一联、第二联到期未收通知书，将第二联通知书交收款人，第一联附于第二联托收凭证后保管。待收到一次、分次划回款项或单独划回的赔偿金时，比照部分划回处理。

收款人开户行在逾期付款期满后接到第四联、第五联托收凭证（部分无款支付为第四联托收凭证）及两联无款支付通知书和单证，核对无误后，将第四联、第五联托收凭证（部分无款支付为第四联托收凭证）及一联无款支付通知书和单证退收款人。

（5）拒绝付款的处理。收款人开户行收到付款人开户行寄来的托收凭证、拒付理由书、拒付证明及有关单证，审核无误后，将托收凭证、拒付理由书及有关单证退收款人。部分拒付的，对划回款项办理收款入账。

第三节 票据结算业务的核算

一、支票业务的核算

（一）支票的基本概念

支票是出票人签发的，委托办理支票存款业务的银行或其他金融机构在见票时无条件支付确定的金额给收款人或持票人的票据。单位、个人之间的商品交易、劳务供应、债务清偿等款项支付，均可以使用支票。

2007 年全国支票影像交换系统（CIS）建成运行后，扩大支票的使用范围，将纸质支票转化为支票影像，实现支票全国通用，商业银行处理异地、同城跨行系统内支票业务都可以通过全国支票影像交换系统来进行信息交易，完成支票结算业务。

支票根据用途不同可分为现金支票、转账支票和普通支票。现金支票是专门用于支取现金的支票，是出票人委托付款人支付一定数额现金给收款人的支票（见图 4-8）。转账支票是只能用于转账的支票，是出票人签发给收款人办理转账结算的支票，不得支取现金（见图 4-9）。普通支票可以支取现金，也可以转账。普通支票左上角划两道平行线的支票，为划线支票，划线支票只能用于转账。

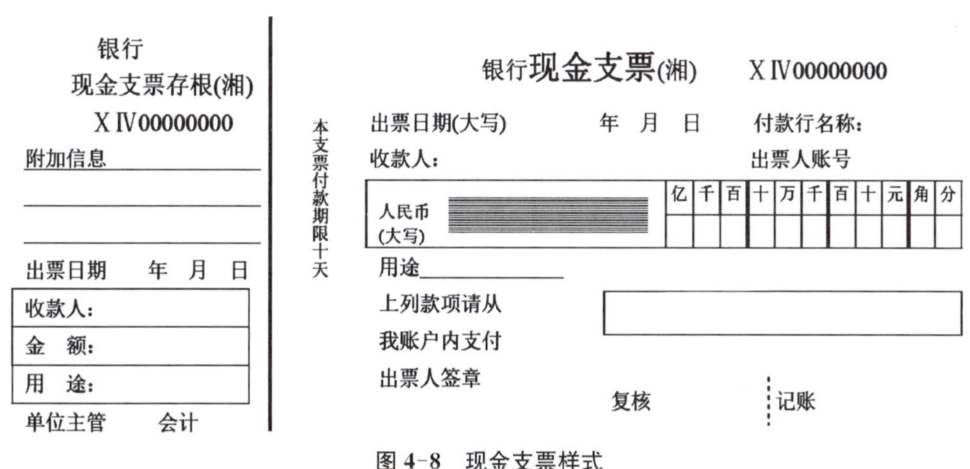

银行
现金支票存根(湘)
X Ⅳ00000000
附加信息

出票日期 年 月 日

收款人:
金 额:
用 途:

单位主管 会计

本支票付款期限十天

银行现金支票(湘) X Ⅳ00000000

出票日期(大写) 年 月 日 付款行名称:
收款人: 出票人账号

人民币(大写)	亿	千	百	十	万	千	百	十	元	角	分

用途

上列款项请从
我账户内支付
出票人签章

复核 记账

图 4-8 现金支票样式

（二）支票的基本规定

（1）单位和个人在同一票据交换区域或跨交换区域的各种款项结算，均可以使用支票。跨交换区域的异地使用支票，要遵循中国人民银行相关规定。

（2）签发支票必须记载下列事项：表明“支票”的字样；无条件支付的委托；确定的金额；付款人名称；出票日期；出票人签章（单位财务专用章或单位公章加法定代表人签章或其授权的代理人签名或签章），欠缺记载上列事项之一的，支票无效。

______银行
转账支票存根(湘)
XIV00000000
附加信息

出票日期　　年　月　日

收款人：
金　额：
用　途：

本支票付款期限十天

单位主管　　会计

______银行转账支票(湘)　　XIV00000000

出票日期(大写)　　年　月　日　　付款行名称：
收款人：　　出票人账号：

人民币(大写)	亿	千	百	十	万	千	百	十	元	角	分

用途______
上列款项请从
我账户内支付
出票人签章
复核　　记账

图 4-9　转账支票样式

(3) 签发支票应使用碳素墨水或墨汁填写。

(4) 签发现金支票和用于支取现金的普通支票，必须符合国家现金管理的规定。

(5) 签发人必须在银行账户余额内签发支票，严禁签发空头支票。严禁签发签章与银行预留印鉴不符的支票。

(6) 支票的提示付款期为十天，从签发的次日算起，到期日遇假日顺延。超过提示付款期的，持票人开户行不予受理，付款人不予付款。

(7) 支票金额、收款人名称，可以由出票人授权补记。未补记前不得背书转让和提示付款。

(8) 持票人可以委托开户银行收款，或直接向付款人提示付款；用于支取现金的支票，仅限于收款人向付款人提示付款。

(9) 出票人签发空头支票、签章与预留银行不符的支票、使用支付密码地区支付密码错误的支票，银行可以按规定对其进行退票并处于按票面金额处以 5%但不低于 1 000 元的罚款，同时持票人有权要求出票人赔偿支票金额 2%的赔偿金；对屡次签发空头支票的，银行应停止其签发支票。

(三) 支票结算流程

出票人按应支付的款项签发转账支票并加盖银行预留印鉴后，交给持票人；持票人审查无误后，应作委托收款背书，在支票背面“背书人签章”栏签章，记载“委托收款”字样、背书日期，在“被背书人”栏记载开户银行名称，并将支票和填制的“进账单”一并交其开户银行办理转账；银行受理后，在“进账单”上加盖银行印章，退回持票人，作为收款入账的凭据；银行之间传递支票并清算资金，如图 4-10 所示。

(四) 支票业务的核算手续

1. 持票人、出票人在同一银行机构开户

使用转账支票办理结算，应由持票人填制两联进账单：第一联收账通知；第二联贷方凭证。进账单与支票一并提交银行。银行经审核无误后，支票作借方凭证，第二联进账单作贷方凭证，办理转账，其会计分录为：

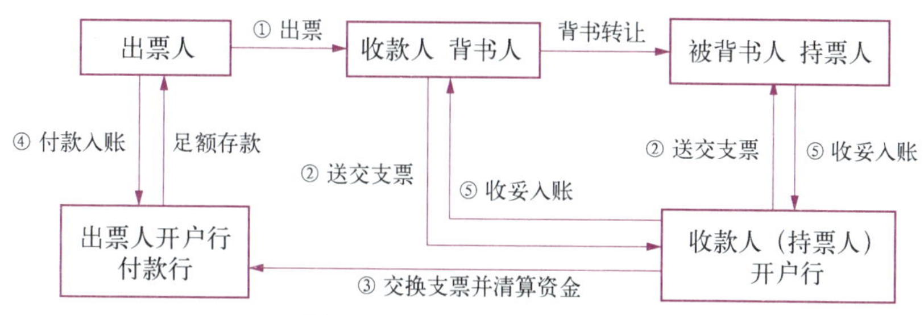

图 4-10　支票业务处理流程

借：吸收存款——出票人户

　　贷：吸收存款——持票人户

进账单第一联加盖转讫章交持票人作为收账通知。

2. 持票人、出票人不在同一银行机构开户

(1) 持票人开户行受理持票人提交支票的处理。持票人开户行收到持票人交存的支票和两联进账单时，应对其进行严格的审查，审查无误后，在第二联进账单上加盖“收妥后入账”戳记，将第一联进账单加盖转讫章交持票人，支票按照同城票据交换的相关规定，及时提出交换，提出支票时，其会计分录为：

借：存放中央银行款项

　　贷：其他应付款

待退票时间过后，以第二联进账单作为贷方凭证，办理转账，其会计分录为：

借：其他应付款

　　贷：吸收存款——持票人户

对提出的支票，若在规定的退票时间内接到对方银行退票通知，则将其他应付款账户对转冲销。

出票人开户行收到交换提入的支票，也要对支票的内容进行审查，审查无误后，以支票作为借方凭证，办理转账，其会计分录为：

借：吸收存款——出票人户

　　贷：存放中央银行款项

支票发生退票时，出票人开户行应在票据交换结束后 1 小时内用电话通知持票人开户行，同时编制特种转账借方、贷方传票各一张，其会计分录为：

借：其他应收款——托收票据退票户

　　贷：存放中央银行款项

(2) 出票人开户行受理出票人提交支票的处理。出票人开户行接到出票人交来的转账支票和三联进账单时，也要对支票的内容进行审查，审查无误后，以支票作为借方凭证办理转账，其会计分录为：

借：吸收存款——出票人户

　　贷：存放中央银行款项

第一联进账单加盖转讫章，交出票人作为回单；第二联、第三联进账单盖章后，按照

同城票据交换的相关规定，及时提出交换。

收款人开户行收到交换提入的第二联、第三联进账单，审查无误后，以第二联进账单作为贷方凭证，办理转账，其会计分录为：

借：存放中央银行款项

贷：吸收存款——持票人户

如收款人不在本行开户或进账单上的账号、户名不符，应通过"其他应付款"科目核算，然后将第二联、第三联进账单通过票据交换退回出票人开户行。

【例 4-3】 南京工行开户单位A公司来行办理转账支票2万元，收款人为南京建行开户单位B企业。做相关银行的会计分录。

南京建行会计分录为：

借：存放中央银行款项　　20 000

贷：吸收存款——B企业　　20 000

南京工行会计分录为：

借：吸收存款——A公司　　20 000

贷：存放中央银行款项　　20 000

二、银行汇票业务的核算

（一）银行汇票概述

1. 银行汇票的概念

银行汇票是出票银行签发的，由其在见票时按实际结算金额无条件支付给收款人或持票人的票据（见图4-11）。涉及的基本当事人包括出票人、付款人、收款人或持票

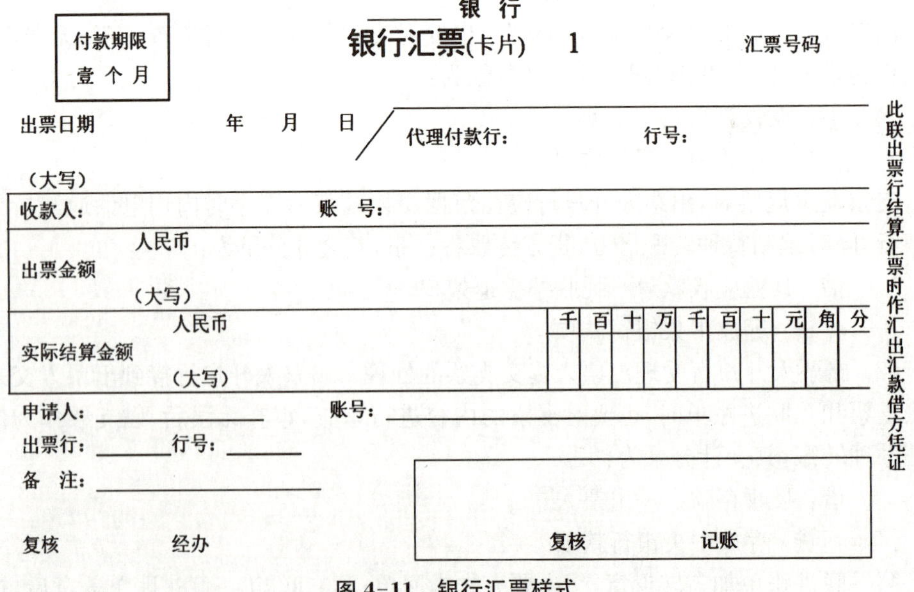
付款期限
壹个月

______ 银行
银行汇票（卡片） 1
汇票号码

出票日期　年　月　日　代理付款行：　行号：

（大写）

收款人：　账　号：

出票金额　人民币（大写）

实际结算金额　人民币（大写）

千	百	十	万	千	百	十	元	角	分

申请人：　账号：

出票行：　行号：

备　注：

复核　经办　　复核　记账

此联出票行结算汇票时作汇出汇款借方凭证

图4-11　银行汇票样式

人，此外还有代理付款人，也就是指代理本系统出票银行或跨系统签约银行审核支付汇票款项的银行。

银行汇票适用范围广泛，单位和个人需要在异地支付的各种款项均可使用。银行汇票可以转账，填明“现金”字样的银行汇票可以转账，也可以支取现金。

2. 银行汇票的基本规定

(1) 签发银行汇票必须记载下列事项：表明“银行汇票”的字样；无条件支付的承诺；出票金额；付款人名称；收款人名称（这里是指记名汇票，要求注明收款人的全称）；出票日期和出票人签章。欠缺以上事项之一的，银行汇票无效。

(2) 银行汇票的出票和付款，需带往全国范围的，仅限于中国人民银行和各商业银行参加“全国联行往来”的银行机构才能办理。跨系统银行签发的转账银行汇票的付款，应通过同城票据交换将银行汇票和解讫通知联同时提交给同城的有关银行审核支付后抵用。代理付款人不得受理未在本行开立存款账户的持票人为单位直接提交的银行汇票。

(3) 未在银行开立结算账户的个人只能选择与出票行同系统的银行机构或出票行的代理兑付银行提示付款。

(4) 银行汇票的提示付款期限自出票日起一个月。持票人超过付款期限提示付款的，代理付款人不予受理。

(5) 申请人和收款人均为个人时，才能签发现金银行汇票。

(6) 签发现金银行汇票必须填写代理付款人名称；签发转账银行汇票，不得填写代理付款人名称，但由人民银行代理兑付银行汇票的商业银行，在向未设有分支机构地区签发转账银行汇票的除外。

(7) 持票人向银行提示付款时，必须同时提交银行汇票和解讫通知，缺少任何一联，银行不予受理。

(8) 收款人提示付款时，未填明实际结算金额和多余金额或实际结算金额超过出票金额的，银行不予受理；银行实际结算金额不得更改，否则无效，但对收款人填写“多余金额”时，若填写有误，可允许更改一次。

（二）银行汇票结算流程

申请人（汇款人）到异地采购货物或接受劳务需用银行汇票支付时，由申请人填写银行汇票申请书；将所要汇付的款项从开户银行账户中办理转账或直接缴存现金给开户银行，银行收妥款项后签发银行汇票，并用压数机压印出票金额，将银行汇票交给申请人。申请人采购所需物资后，将银行汇票和解讫通知交给收款人，收款人收到银行汇票和解讫通知时，确认其准确无误后应在出票金额以内将实际结算金额和多余金额填在银行汇票解讫通知的有关栏内，将填制的进账单连同银行汇票和解讫通知送交开户银行办理进账收款手续，如图4-12所示。

（三）银行汇票的核算手续

1. 银行汇票的出票

单位和个人需要使用银行汇票，应向银行申请并填好银行汇票申请书（一式三联）。出票行收到申请人提交的申请书后，审核书写是否规范、准确，要素是否齐全，印鉴、支

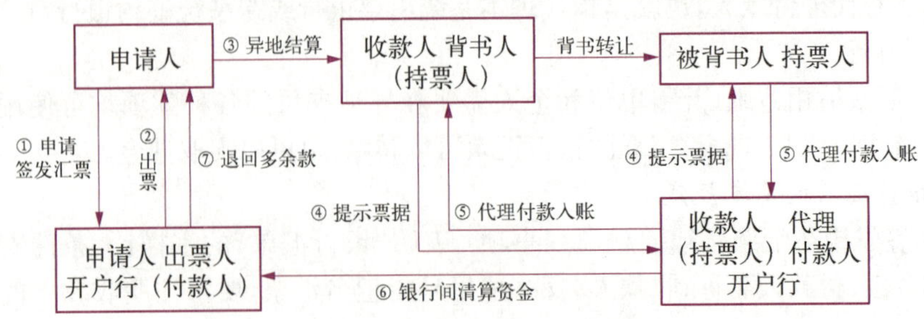

图 4-12　银行汇票业务处理流程

付密码是否无误。申请书填明"现金"字样的，申请人和收款人是否为个人。经审查无误后，出票行才可予以受理。

对申请人转账交付的，出票行以第二联申请书作为借方凭证，第三联作为贷方凭证，其会计分录为：

借：吸收存款——申请人户

　贷：汇出汇款

申请人以现金交付的，以第三联申请书作贷方凭证，其会计分录为：

借：库存现金

　贷：汇出汇款

经复核无误后将汇票申请书第一联退客户，第二联、第三联交汇票经办人员签发银行汇票（一式四联），填写的汇票经复核无误后，在第二联上加盖汇票专用章并由授权的经办人签名或盖章；在实际结算金额栏的小写金额上端，用总行统一配发的压数机压印出票金额，然后连同第三联交给申请人。汇票第一联上加盖经办、复核人名章，逐笔登记汇出汇款登记簿，连同汇票第四联一并专夹保管。

在不能签发银行汇票的银行开户的申请人如果需要使用转账汇票，应由申请人向开户行填写"汇票申请书"，开户行转账后将款项移交附近能够签发汇票的银行办理，出票行不得拒绝受理，但规定不得代理签发现金银行汇票。

2. 银行汇票的付款核算

（1）代理付款行接到在本行开立账户的持票人直接交来的汇票、解讫通知和进账单时，应认真审查，审查无误后，将汇票作为借方凭证附件，第二联进账单作为贷方凭证，办理转账，其会计分录为：

借：联行科目

　贷：吸收存款——持票人户

（2）代理付款人接到未在本行开立账户的持票人为个人交来汇票和解讫通知及进账单时，应认真审核持票人的身份证件，在汇票背面"持票人向银行提示付款签章"处是否有持票人的签章和身份证件信息等，现金汇票委托他人提示付款的，还应当查验持票人和被委托人的身份证信息。

审查无误后，以持票人姓名开立应解汇款账号，并在该分户账上填明汇票号码以备查考，第二联进账单作贷方凭证，办理转账，其会计分录为：

借：联行科目

　　贷：应解汇款——持票人户

“应解汇款”账号只付不收，付完清户，不计利息。转账支取的，该账号的款项只能转入单位或个人的存款结算账户，不能转入其他账户。

原持票人需要一次或分次办理转账支付的，应由其填制支付凭证，并向银行交验本人身份证件，转账会计分录为：

借：应解汇款——持票人户

　　贷：库存现金

原需支取现金的，经审核汇票上的申请人和收款人确为个人，并填明“现金”字样，可办理现金支付，未填明“现金”字样，需要支取现金的，由代理付款行按照现金管理办法审核支付。并填制现金借方凭证，做相应会计分录：

借：应解汇款——持票人户

　　贷：库存现金

3. 银行汇票的结清核算

系统内签发的银行汇票可通过持票人柜面提交、交换提回等方式办理结清，同城提回的银行汇票通过交换业务具体功能实现。经办人收到持票人交来的银行汇票后，应进行重点审核，审核无误后，借方报单与实际结算金额相符，多余金额结计正确无误后，按照不同的情况进行处理。

(1) 汇票全额解付的处理。出票银行接到代理付款行的发报报文后，若汇票号码、日期、金额及付款账号与收报经办行(出票行)汇出汇款登记簿要素均相符，出票行在汇票卡片的实际结算金额栏填入全部金额，在多余金额栏填写“—0—”，汇票卡片作借方凭证，解讫通知和多余款收账通知作为借方凭证的附件，其会计分录为：

借：汇出汇款

　　贷：联行科目

同时，销记汇出汇款登记簿。

(2) 汇票有多余款的处理。出票行应在汇票卡片和多余款收账通知上填写实际结算金额，汇票卡片作借方凭证，解讫通知作多余款项的贷方凭证，其会计分录为：

借：汇出汇款

　　贷：联行科目

　　　　吸收存款——申请人户

同时，销记汇出汇款登记簿。在第四联银行汇票(多余款收账通知)联填写清楚多余金额，加盖“业务清讫”章交汇票申请人。

(3) 收款人未在银行开户。出票行需将多余款先转入“其他应付款”科目，再通知申请人来行取款，以解讫通知代其他应付款科目贷方凭证，其会计分录为：

借：汇出汇款

　　贷：联行科目

　　　　其他应付款

同时销记汇出汇款账，并通知申请人持申请书存根及本人身份证件来行办理领取

手续。领取时,以多余款收账通知代其他应付款科目借方凭证,其会计分录为:

借: 其他应付款

贷: 库存现金

【例 4-4】 5 月 8 日,南昌仪表厂向开户行提交银行汇票委托书,金额 10 万元,收款人为上海仪表配件厂,银行审查后同意签发银行汇票。5 月 15 日,南昌仪表厂将汇票支付给上海联行开户的仪表配件厂,实际支付金额 9 万元。3 日后,南昌仪表厂开户行收到上海兑付行解讫通知,并办理了清算。做签发行、兑付行的会计分录。

(1) 5 月 8 日南昌行会计分录:

借: 吸收存款——南昌仪表厂户 100 000

贷: 汇出汇款 100 000

(2) 5 月 15 日上海行会计分录:

借: 联行科目 90 000

贷: 吸收存款——上海仪表配件厂户 90 000

(3) 5 月 18 日南昌行会计分录:

借: 汇出汇款 100 000

贷: 联行科目 90 000

吸收存款——南昌仪表厂户 10 000

三、商业汇票业务的核算

(一) 商业汇票概述

1. 商业汇票的概念

商业汇票是出票人签发的,委托付款人在指定日期无条件支付确定的金额给收款人或者持票人的票据。按承兑人的不同,商业汇票可分为商业承兑汇票(见图 4-13)和银行承兑汇票(见图 4-14),商业承兑汇票是由银行以外的付款人承兑,银行承兑汇票由银行承兑。

在结算过程中涉及的基本当事人包括出票人、付款人(承兑人)、收款人或持票人。在银行开立存款账户的法人以及其他组织必须具有真实交易关系或债权债务关系,才能使用商业汇票。该种结算方式同城、异地均可使用。

2. 商业汇票的基本规定

(1) 签发商业汇票必须记载下列事项:表明“银行承兑汇票”或“商业承兑汇票”的字样;无条件支付的委托;确定的金额;付款人名称;收款人名称(只限于记名汇票);出票日期;出票人签章。欠缺记载上述事项之一的商业汇票无效。

(2) 商业承兑汇票的出票人,为在银行开立存款账户的法人以及其他经济组织;与其开户行具有真实的委托付款关系;具有支付汇票金额的可靠资金来源。

(3) 银行承兑汇票的出票人,必须是在承兑银行开立存款账户的法人以及其他经济组织;与承兑银行具有真实的委托付款关系;具有支付汇票金额的可靠资金来源。

(4) 出票人不得签发无对价的商业汇票用以骗取银行或其他票据当事人的资金。

商业承兑汇票（卡片）　1

出票日期：　　年　　月　　日　　　　汇票号码
（大写）

收款人	全　称		收款人	全　称			
	账　号			账　号			
	开户银行			开户银行		行号	
出票金额		人民币 （大写）		亿 千 百 十 万 千 百 十 元 角 分			
汇票到期日 （大写）			付款人开户行	行号			
交易合同号码				地址			
出票人签章			备注：				

此联承兑人存查

图 4-13　商业承兑汇票样式

银行承兑汇票（卡片）　1

出票日期：　　年　　月　　日　　　　汇票号码
（大写）

出票人全称		收款人	全　称			
出票人账号			账　号			
付款行全称			开户银行		行号	
出票金额	人民币 （大写）		亿 千 百 十 万 千 百 十 元 角 分			
汇票到期日 （大写）		付款行	行号			
承兑协议编号			地址			
本汇票请你行承兑，此项汇票款我单位承兑协议于到期日前足额交存银行，到期请予以支付。 出票人签章		备注：		复核　记账		

此联承兑行留存备查，到期支付票款时作借方凭证附件

图 4-14　银行承兑汇票样式

(5) 商业汇票可以在签发时向付款人提示承兑后使用,也可以在汇票出票后先使用,再向付款人提示承兑;定日付款或者出票后定期付款的商业汇票,持票人应当在汇票到期日前向付款人提示承兑。见票后定期付款的汇票,持票人应当自出票日起一个月内向付款人提示承兑;汇票未按规定的期限提示承兑的,持票人丧失对其前手的追索权。

(6) 商业汇票的付款期限最长不得超过 6 个月。商业汇票的提示付款期限,自汇票到期日起 10 日。

(7) 银行承兑汇票的出票人应于汇票到期前将票款足额交存开户银行。承兑银行应在汇票到期日或到期后的见票当日支付票款。

(8) 商业汇票的持票人可持未到期的商业汇票、贴现凭证连同交易合同原件和增值税发票或普通发票复印件向银行申请贴现。贴现银行可持未到期的商业汇票向其他银行办理转贴现,也可向中国人民银行申请再贴现。

(二) 商业承兑汇票结算流程

在企业购买货物或接受劳务等情况下,由付款人(购货方)或收款人(销货方)根据已发生的真实交易和已承担的债务签发商业承兑汇票,并由付款人承兑商业汇票;收款人收到商业汇票后,在持有的商业承兑汇票到期前一个邮程时以商业承兑汇票为托收依据到开户银行办理"委托收款结算",委托开户银行收款,付款人收到开户行银行转来的付款通知,审核凭证确定是否付款,并在 3 天的承付期内通知银行付款或向银行提交拒付理由书,承付期内未作出反应的,银行视作沉默承付,承付期满的次日开始营业时将票款划给持票人,如图 4-15 所示。

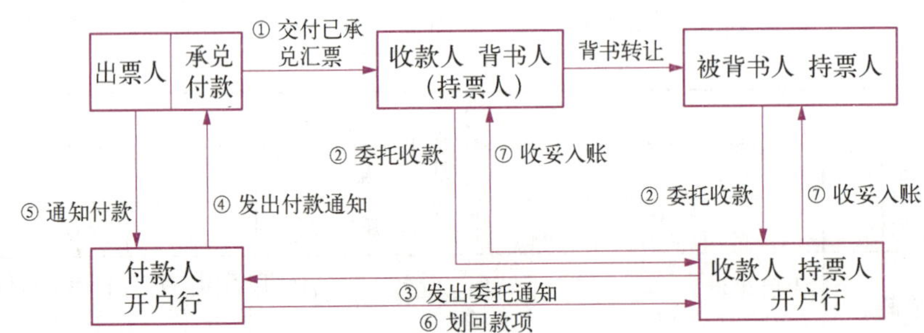

图 4-15 商业承兑汇票业务处理流程

(三) 商业承兑汇票的核算手续

商业承兑汇票是指收款人开出经付款人承兑,或由付款人开出并承兑的汇票。使用汇票的单位必须是在人民银行开立账户的法人,要以合法的商品交易为基础,而且汇票经承兑后,承兑人(即付款人)便负有到期无条件支付票款的责任,同时汇票可以向银行贴现,也可以流通转让。

1. 商业承兑汇票的签发与承兑

商业承兑汇票的出票人,必须是在银行开立存款账户的法人以及其他组织,与付款人具有真实的委托付款关系,且具有支付汇票金额的可靠资金来源。商业承兑汇票可以由付款人签发承兑,也可以由收款人签发交付款人承兑,付款人承兑时不得附有任何条件，否则视为拒绝承兑。付款人对承兑的汇票负有到期无条件支付票款的责任。

2. 持票人开户行受理汇票的核算

持票人持到期的商业承兑汇票，委托开户银行向付款人提示付款时[①]，应填制电划委托收款凭证一式五联，在“委托收款凭据名称”栏注明“商业承兑汇票”及其汇票号码，并在汇票背面作成委托收款背书，连同汇票一并送交开户银行办理委托收款。

银行受理客户提交的商业承兑汇票及委托收款凭证时，应该认真审查，经审查无误后，商业承兑汇票应双面复印留存，托收凭证第三联加盖结算专用章后，连同第四联、第五联及汇票一并邮寄（或通过同城交换提至）付款人开户行。

3. 付款人开户银行收到汇票的核算

付款人开户银行收到持票人开户银行寄来的委托收款凭证及汇票，按有关规定进行审查，并在委托收款凭证上填注收到日期，逐笔登记“收到委托收款登记簿”，将第三联、第四联委托收款凭证和汇票专夹保管。将第五联加盖业务公章及时交付款人通知其付款。

银行在接到付款通知书，或在付款人接到开户行的付款通知的次日起 3 日内仍未通知银行付款的，银行应及时办理划款手续。

（1）付款人的银行账户有足够票款支付时，将第三联委托收款凭证作为借方凭证，汇票加盖转讫章作附件，其会计分录为：

借：吸收存款——付款人户

　　贷：联行科目　　　　　　　　　　　　（异地）

　　　　或：存放中央银行款项　　　　　　（同城）

转账后，在“收到委托收款凭证登记簿”上注明转账日期，与联行报单一并寄交持票人开户行，或向持票人开户行发电报，通知款项已支付。

（2）付款人的银行账户不足支付票款时，银行应填制付款人未付票款通知书，在委托收款凭证备注栏注明“付款人无款支付”字样，连同汇票一并寄回持票人开户行。

（3）当付款人拒绝付款时。银行在付款人接到通知日的次日起 3 日内，收到付款人的四联拒付理由书，按照委托收款方式的拒绝付款的手续办理。将第二联拒付理由书和第三联委收凭证留存备查，第三联、第四联拒付理由书和第四联、第五联委收凭证及商业承兑汇票一并寄持票人开户行。

4. 持票人开户行收到划回款项或退回凭证的核算

（1）持票人开户行收到付款人开户行寄来的联行报单及委托收款凭证（或电报），将原留存的第二联凭证抽出，与收到的凭证相核对。审核无误后，在凭证上注明转账日期，以第二联委托收款凭证作贷方凭证，会计分录为：

借：联行科目　　　　　　　　　　　　（异地）

　　或：存放中央银行款项　　　　　　（同城）

　　贷：吸收存款——存款人户

---

① 对于未经背书转让的商业汇票提示付款时，持票人不再限于委托票面记载的开户银行收取票款，可委托票面载明开户银行同系统内任一开户分支机构收取票款。

转账后，将第四联委托收款凭证加盖转讫章，作为收账通知交持票人。

(2) 持票人开户行接到付款人开户行发来的付款人未付通知书或拒绝付款证明和汇票以及委托收款凭证，按委托收款未付票款退回凭证或拒绝付款退回凭证的手续处理。同时销记发出委托收款凭证登记簿，并将未付通知书或拒绝付款证明和汇票以及委托收款凭证一并退还给持票人。

【例 4-5】 A公司卖给B公司一批原料，价值5万元人民币。该项商品交易是合法的，根据购销合同，进行延期付款。A公司签发一份商业汇票，经B公司承兑，承兑期为3个月。A公司持将要到期的商业承兑汇票委托开户行收款，A公司开户行把委托收款结算凭证及商业承兑汇票寄至B公司开户行，B公司开户行审查无误后，通知B公司准备付款，于到期日划款。

B公司开户行应做如下会计分录：

借：吸收存款——B公司户　　50 000

　贷：联行科目　　50 000

A公司开户行收到B公司开户行划转来的汇票款项时，做如下会计分录：

借：联行科目　　50 000

　贷：吸收存款——A公司户　　50 000

(四) 银行承兑汇票的核算手续

银行承兑汇票是指由在承兑银行开立存款账户的存款人签发，向开户银行申请并经银行审查同意承兑的，保证在指定日期无条件支付确定的金额给收款人或持票人的票据。

1. 银行承兑汇票的签发

银行承兑汇票的出票人，必须是在承兑银行开立存款账户的法人以及其他组织，与承兑银行具有真实的委托付款关系，出票人必须资信状况良好，且具有支付汇票金额的可靠资金来源。

2. 银行承兑汇票结算流程

在企业购买货物或接受劳务等情况下，由承兑申请人(购货方、出票人、付款人)签发银行承兑汇票，至开户银行申请银行承兑汇票；经银行信贷部门审查同意后签署“银行承兑协议”后，将银行承兑汇票交给承兑申请人。承兑申请人取得银行承兑汇票后，将该汇票交给收款人(销货方)；银行承兑汇票到期前，承兑申请人应将票款足额缴存本企业开户银行。汇票到期时，承兑银行在接收到收款人开户银行托收付款凭证时，即将款项划转收款人开户银行，并把对方有关托收付款凭证交付款人。

持票人在付款提示期内，需委托开户银行收款，收款人将银行承兑汇票连同填写的委托收款凭证，一并交给银行。开户银行审核后向付款人开户银行发出委托收款凭证，在收妥该款项时，再将收账通知退交收款人，如图 4-16 所示。

3. 银行承兑汇票承兑的核算

银行承兑汇票的出票人或持票人持银行承兑汇票向银行提示申请或提示承兑时，银行信贷部门须按有关规定和审批程序，对出票人的资格、资信、购销合同和汇票记载的内容认真审查，必要时可由出票人提供担保。审查同意后，符合有关规定和承兑条件

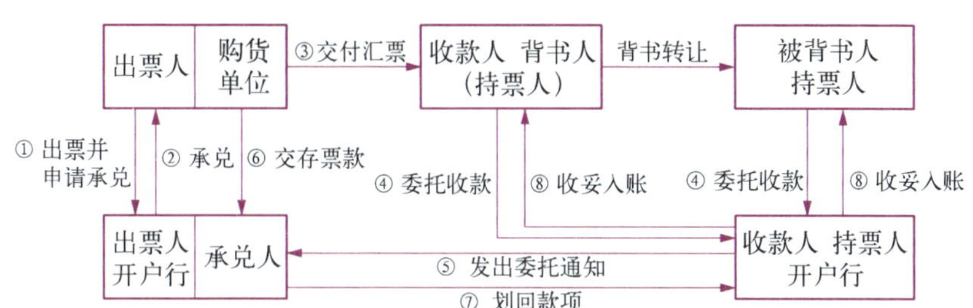

图 4-16　银行承兑汇票业务处理流程

的，与出票人签署银行承兑协议，一联留存，另一联及副本和第一联、第二联汇票一并交本行会计部门。

会计部门接到汇票和承兑协议，应认真审查，审核无误后，在第一联、第二联汇票上注明承兑协议编号，并在第二联汇票"承兑行签章"处加盖汇票专用章，再由授权的经办人签名或盖章。由出票人申请承兑的，将第二联汇票连同第一联承兑协议交给出票人；由持票人提示承兑的，将第二联汇票交给持票人，第一联承兑协议交给出票人。

商业银行要求缴纳一定金额的保证金。银行承兑汇票保证金的金额根据申请人的信誉来确定：信誉好的申请人，银行按其汇票金额的50%或更低收取保证金；如果信誉较差，支付给银行的保证金最高会达到80%。保证金可以是现金交付，也可以由银行存款转存，其会计分录为：

借：吸收存款——活期存款——出票人户

　　贷：存入保证金——出票人户

同时，按票面金额的万分之五向出票人收取承兑手续费，收取手续费时，其会计分录为：

借：吸收存款——活期存款——出票人户

　　贷：手续费及佣金收入——结算手续费户

承兑银行将留存的第一联汇票卡片及承兑协议副本专夹保管，并填制银行承兑汇票表外科目收入凭证，登记表外科目登记簿。

收：银行承兑汇票

4. 持票人开户行受理到期汇票的核算

持票人凭汇票委托开户行向承兑银行收取票款时①，应填制委托收款凭证，在"委托收款凭据名称"栏注明"银行承兑汇票"及其汇票号码并在汇票背面作成委托收款背书，连同汇票一并送交开户行。开户银行收到汇票持票人交来的委托收款凭证和汇票后，审查无误后，在委托收款凭证各联上加盖"银行承兑汇票"戳记，委托收款凭证第一联加盖业务公章交持票人，第二联专夹保管，第三联、第四联、第五联连同汇票一并寄交承兑银行。

① 未经背书转让的商业汇票提示付款时，持票人不再限于委托票面记载的开户银行收取票款，可委托票面载明开户银行同系统内任一开户分支机构收取票款。

5. 承兑银行对汇票到期收回票款的核算

承兑银行应每天查看汇票的到期情况，对到期的汇票，应于到期日（遇法定休假日顺延）向承兑申请人收取票款。

（1）出票人账户有足够金额时，填制两联特种转账借方凭证，一联特种转账贷方凭证，并在"转账原因"栏注明"根据××号汇票划转款项"，其会计分录为：

借：存入保证金——出票人户
　　吸收存款——出票人户
　贷：应解汇款——出票人户

另一联特种转账借方凭证加盖转讫章后作付款通知交出票人。

（2）当出票人存款账户不足支付或无款支付时，应在特种转账凭证的"转账原因"栏注明"××号汇票划转部分票款"或"××号汇票无款支付转入逾期贷款账户"。将不足部分转入该出票人的逾期贷款户，每日按万分之五计收利息。填制两联特种转账借方凭证，一联特种转账贷方凭证，其会计分录为：

借：存入保证金——出票人户
　　吸收存款——出票人户
　　贷款——出票人逾期贷款户
　贷：应解汇款——出票人户

另一联特种转账借方凭证加盖转讫章后作付款通知交出票人。

6. 承兑银行支付票款的核算

承兑银行接到持票人开户行寄来的委收凭证及汇票，与专夹保管的汇票卡片和承兑协议副本认真审核，经审查无误后，应于汇票到期日或到期日之后的见票当日，按照委托收款付款的手续办理，其会计分录为：

借：应解汇款——出票人户
　贷：联行科目　　　　　　　　　　（异地）
　　　或：存放中央银行款项　　　　（同城）

在"收到委托收款登记簿"上注明转账日期后，同联行报单一并寄持票人开户行，另填制银行承兑汇票表外科目付出凭证，销记表外科目登记簿。

付：银行承兑汇票

7. 持票人开户行收到汇票款项的处理

持票人开户行收到承兑银行的发报或划回的委托收款凭证，按照委托收款款项划回手续办理，将留存的第二联委托收款凭证抽出，与收到的第四联凭证相核对，核对无误后，在第二联凭证上填注转账日期，并以之作为贷方凭证，其会计分录为：

借：联行科目　　　　　　　　　　（异地）
　　或：存放中央银行款项　　　　（同城）
　贷：吸收存款——持票人户

8. 银行承兑汇票的注销、挂失和丧失

未使用的已承兑银行承兑汇票，出票人应到承兑银行申请注销。申请注销时，出票人应交回第二联、第三联汇票，银行从专夹中抽出第一联汇票和承兑协议副本，核对相符后，在第一联、第三联汇票备注栏和承兑协议副本上注明“未用注销”字样，将第三联汇票加盖业务公章后退交出票人。

已承兑的银行承兑汇票丢失，失票人到承兑银行挂失时，应提交三联挂失止付通知书。承兑银行接到挂失止付通知书后，应从专夹中抽出第一联汇票卡片和承兑协议副本，核对相符确未付款的方可受理。承兑银行在第一联挂失止付通知书上加盖业务公章作为受理回单，第二联、第三联登记汇票挂失登记簿后，与第一联汇票卡片一并另行保管，凭以控制付款已承兑的银行承兑汇票丢失，失票人凭人民法院出具的其享有票据权利的证明向承兑银行请求付款时，银行经审查确未支付的，应根据人民法院出具的证明，抽出原专夹保管的第一联汇票卡片，核对无误后，将款项付给失票人。

【例 4-6】 A 公司卖给 B 公司一批原料，价值 5 万元人民币。该项商品交易是合法的，根据购销合同，进行延期付款。B 公司作为承兑申请人自己签发了一份汇票，并向开户行申请承兑。开户行认真审查汇票和交易合同，确认符合条件后，即与 B 公司签署“银行承兑协议”，B 公司开户行向 B 公司按票面金额万分之五的比例收取承兑手续费，到期归还贷款。做相关会计分录(保证金比例 50%)。

(1) 承兑时，其会计分录为：

借：吸收存款——活期存款——B 公司户　　25 000
　贷：存入保证金——B 公司户　　25 000
借：吸收存款——B 公司户　　25
　贷：手续费及佣金收入　　25

承兑银行应增设“银行承兑汇票”表外科目进行登记。

收：银行承兑汇票　　50 000

(2) 汇票到期，B 公司开户行划收票款时，其会计分录为：

借：吸收存款——B 公司户　　25 000
　　存入保证金——B 公司户　　25 000
　贷：应解汇款——B 公司户　　50 000

(3) 承兑银行支付票款

借：应解汇款　　50 000
　贷：联行科目　　50 000

进行表外登记。

付：银行承兑汇票　　50 000

四、银行本票的核算

(一) 银行本票概述

1. 银行本票的概念

银行本票是银行签发的，承诺自己在见票时无条件支付确定的金额给收款人或持票人的票据(见图 4-17)。银行本票的出票人，为经中国人民银行当地分支机构批准办理银行本票业务的银行机构，银行本票的出票人必须具有支付本票金额的可靠资金来源，并保证支付。单位和个人在同一票据交换区域需要支付各种款项，均可以使用银行本票。

付款期限 壹 个 月	＿＿＿银 行 本 票(卡片)1　地名　汇票号码 出票日期　年　月　日 (大写)		
收款人：		申请人：	
凭票即付　人民币 (大写)			
转账	现金		
备注：			出纳　复核　经办

此联出票行留存，结算本票时作借方凭证附件

图 4-17　银行本票

2. 银行本票的基本规定

(1) 签发银行本票必须记载下列事项：表明“银行本票”的字样；无条件支付的承诺；确定的金额；收款人名称；出票日期；出票人签章。欠缺记载上列事项之一的，银行本票无效。

(2) 银行本票的出票人，为经中国人民银行当地分支行批准，有权办理银行本票业务的商业银行机构。

(3) 银行本票的提示付款期限自出票日起最长不超过 2 个月。持票人超过提示付款期限提示付款的，代理付款人不予受理，持票人在票据权利时效内可持向出票行请求付款。

(4) 银行本票见票即付，对跨系统银行本票的兑付，持票人开户行可以根据人行规定的金融机构同业往来的利率，向出票银行收取利息。

(5) 银行本票分为不定额银行本票和定额银行本票。定额银行本票面额分别为一千元、五千元、一万元和五万元。

(6) 银行本票可以用于转账，注明用于“现金”字样的银行本票可以支取现金；支取现金的仅限于申请人和收款人均为个人的情况。

(二) 银行本票结算流程

付款人(申请人)到开户银行办理申请签发银行本票手续；银行审核后签发银行本票，签章后交付款企业出纳员；付款企业出纳员把银行本票交采购部门业务员带交给收款人办理结算；收款人(持票人)到本企业开户银行提示付款；收款人开户银行审核无误划账付款；申请人开户银行与收款人开户银行结算资金，如图 4-18 所示。

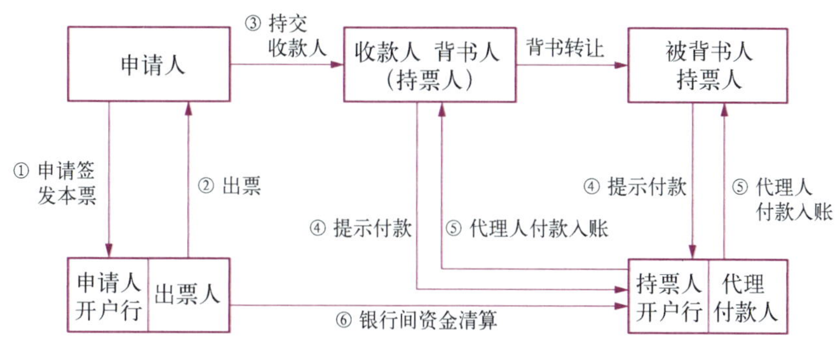

图 4-18　银行本票业务处理流程

（三）银行本票的核算

1. 银行本票出票的核算

单位和个人使用银行本票，应填制并向银行提交一式三联“银行本票申请书”。填写收款人名称、申请人名称、支付金额、申请日期等事项并签章。申请人和收款人均为个人，需要支取现金的，应在“支付金额”栏先填写“现金”字样，后填写支付金额。申请人或收款人为单位的，不得申请签发现金银行本票。

银行本票申请书一式三联，第一联存根，第二联借方凭证，第三联贷方凭证。交现金办理本票的，第二联注销。出票银行受理银行本票申请书，应认真审查其填写内容是否齐全、清晰；申请书填写“现金”字样的，要审查申请人和收款人是否均为个人。审查无误后，收妥款项并签发银行本票。

（1）转账签发本票的，以第二联申请书作为借方凭证，第三联作为贷方凭证，其会计分录为：

借：吸收存款——申请人户

　　贷：开出本票

（2）提交现金办理本票的，以第三联作为贷方凭证，其会计分录为：

借：库存现金

　　贷：开出本票

出票行在办理转账或收妥现金后，签发银行本票。“开出本票”科目应按定额银行本票和不定额银行本票分户进行核算，不定额银行本票凭证一式两联，第一联卡片，第二联本票；定额银行本票凭证分为存根正联。填写时，本票的出票日期和出票金额必须大写；用于转账的，须在银行本票上划“现金”字样；支取现金的，须在银行本票上划去“转账”字样。不定额银行本票需用压数机压印出票小写金额。签发后，出票银行在本票上签章后，定额本票正联交申请人，不定额本票第二联交申请人，第一联卡片或存根联盖章后留存，并专夹保管。

2. 银行本票付款的核算

代理付款行接到在本行开户的持票人提交的本票和两联进账单时，认真审查，经审查无误即可办理兑付手续。

当持票人和原申请人不在同一行处开户的，代理付款行以进账单第二联作贷方凭证，办理转账，其会计分录为：

借：存放中央银行款项

贷：吸收存款——活期存款——持票人户

进账单第一联加盖“转讫章”作收账通知交给持票人。在本票上加盖转讫章，通过票据交换向出票行提出交换。

当持票人和原申请人在同一行处开户的，代理付款行兑付的就是本行签发的银行本票，应以本票第一联作借方凭证，以进账单第二联作贷方凭证，办理转账，其会计分录为：

借：开出本票

贷：吸收存款——持票人户

进账单第一联加盖“转讫章”作收账通知交给持票人。

持票人持有填明“现金”字样的本票支付款项时，必须到出票行办理。出票行接到持票人交来的填明“现金”字样的本票，抽出专夹保管的本票卡片或存根，经核对无误后，办理付款手续。将本票作借方凭证，本票卡片或存根联作附件，其会计分录为：

借：开出本票

贷：库存现金

对于跨系统银行代理付款的，根据相关规定，代理付款行可以按照同业往来的利率向出票行收取利息。

3. 银行本票结清的核算

当持票人和原申请人在同一行处开户时，出票行办理付款和结清同步，本票付款即结清“开出本票”科目，当持票人和原申请人不在同一行处开户的，出票行通过同城票据交换提入本票时，经核对确属本行出票，则将本票作为借方凭证，本票卡片或存根作为附件，其会计分录为：

借：开出本票

贷：存放中央银行款项

【例 4-7】 某商业银行接到开户单位甲公司交来一份不定额银行本票及两联进账单，要求兑付本票款 19 168 元，经审核，该本票是由本市建行签发的，做相关会计分录。

(1) 商业银行兑付时，其会计分录为：

借：存放中央银行款项　　19 168

贷：吸收存款——甲公司户　　19 168

(2) 建行结清时，其会计分录为：

借：开出本票——不定额本票户　　19 168

贷：存放中央银行款项　　19 168

五、信用卡业务的核算

(一) 信用卡概述

1. 信用卡的概念

信用卡是指商业银行(含邮政金融机构)向社会发行的具有消费信用、转账结算、存取现金等全部或部分功能的信用支付工具。信用卡的出现使得人们减少现金使用、保证资金安全;方便购物消费并促进商品销售、刺激社会需求,同时也增加银行信贷资金来源;维护信用秩序;推动我国支付结算工具向国际化发展。

2. 信用卡的种类

信用卡按是否向发卡银行交存备用金分为贷记卡、准贷记卡两类。贷记卡是发卡银行给予持卡人一定的信用额度,持卡人可在信用额度内先消费、后还款的信用卡;准贷记卡是指持卡人须先按发卡银行的要求交存一定金额的备用金,当备用金账户余额不足支付时,可在发卡银行规定的信用额度内透支的信用卡。

信用卡也包括不具备透支功能的借记卡。也可以分为人民币卡、外币卡;单位卡(商务卡)、个人卡等。

(二) 信用卡的基本规定

信用卡是银行业金融机构经批准向个人和单位发行的,凭以向特约单位购物、消费和向银行存取现金,并且具有消费信用的支付工具。信用卡按使用对象分为单位卡和个人卡;按信誉等级分为金卡和普通卡。其有关规定如下。

(1) 个人申领信用卡,应向发卡银行提供本人有效身份证件,经发卡银行审查合格后,为其开立记名账户;凡在中国境内金融机构开立基本存款账户的单位,应凭中国人民银行核发的开户许可证申领单位卡。

(2) 单位卡账户的资金一律从其基本存款账户转账存入,不得存取现金,不得将销货收入存入单位卡账户。单位卡可办理商品交易和劳务供应款项的结算。

(3) 个人卡账户的资金以其持有的现金存入或以其工资性款项及属于个人的劳务报酬等收入转账存入。严禁将单位的款项存入个人卡账户。

(4) 同一持卡人单笔透支发生额个人卡不得超过 2 万元(含等值外币)、单位卡不得超过 5 万元(含等值外币)。同一账户月透支余额个人卡不得超过 5 万元(含等值外币),单位卡不得超过发卡银行对该单位综合授信额度的 3%,无综合授信额度可参照的单位,其月透支余额不得超过 10 万元(含等值外币)。

(5) 贷记卡透支按月计收复利,准贷记卡透支按月计收单利,透支利率为日利率万分之五,并根据中国人民银行的此项利率调整而调整。

(6) 贷记卡持卡人非现金交易享受如下优惠条件。

① 免息还款期待遇。银行记账日至发卡银行规定的到期还款日之间为免息还款期。免息还款期最长为 60 天。持卡人在到期还款日前偿还所使用全部银行款项即可享受免息还款期待遇,无须支付非现金交易的利息。

② 最低还款额待遇。持卡人在到期还款日前偿还所使用全部银行款项有困难的,可按照发卡银行规定的最低还款额还款。贷记卡的首月最低还款额不得低于其当月透支余额的 10%。

③ 贷记卡持卡人选择最低还款额方式或超过发卡银行批准的信用额度用卡时,不再享受免息还款期待遇,应当支付未偿还部分自银行记账日起按规定利率计算的透支利息。贷记卡持卡人支取现金、准贷记卡透支,不享受免息还款期和最低还款额待遇,应当支付现金交易额或透支额自银行记账日起按规定利率计算的透支利息。准贷记卡

的透支期限最长为60天,超过60天未能偿还透支款项的,发卡银行有权取消其使用信用卡的资格,并依法追回所欠本息。

(7) 发卡银行对贷记卡持卡人未偿还最低还款额和超信用额度用卡的行为,应当分别按最低还款额未还部分,超过信用额度部分的5%收取滞纳金和超限费。

(8) 持卡人使用信用卡不得发生恶意透支。恶意透支是指持卡人超过规定限额或规定期限,并且经发卡银行催收无效的透支行为。

(9) 信用卡丢失,持卡人应立即持本人身份证件或其他有效证明,并按规定提供有关情况,向发卡银行或代办银行申请挂失。

(三) 信用卡结算流程

当持卡人在商户的终端机POS机上刷卡后,特约商户会通过电话或电脑网络向收单行提请交易授权,收单行随之会向发卡行或国际授权清算网络提请交易授权,在发卡银行确认了消费者身份之后,会向收单行批准交易授权,而最终收单行会向商户批准交易授权,并完成资金清算,如图4-19所示。

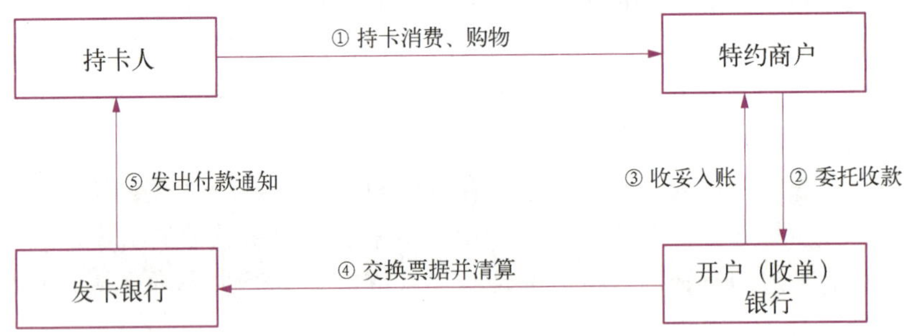

图4-19 信用卡结算流程

(四) 信用卡业务的核算

1. 信用卡发卡的处理

发卡银行受理单位或个人的信用卡申请书后,经审核符合发卡条件的,发卡银行向申请人收取备用金和手续费,并登记开销户登记簿和发卡登记簿,办理转账。

(1) 申请人已在发卡银行机构开有基本存款账户。申请人开具支票、填写三联进账单,交发卡银行经办人员。经办人员审查无误后,支票作借方凭证,第二联进账单作贷方凭证,并填制特种转账贷方凭证,作收取手续费贷方凭证,其会计分录为:

借:吸收存款——申请人

　贷:吸收存款——持卡人

将信用卡交持卡人,持卡人持卡可到银行取现金或到信用卡特约商户购物消费。

(2) 申请人未在发卡银行机构开立基本存款账户。申请人开具支票、填写两联进账单,交发卡银行经办人员。发卡银行经办人员审核无误后,在两联进账单上加盖"收妥后入账"为戳记,将第一联加盖转讫章交给持票人。支票按照票据交换的规定及时提出交换,待退票时间过后,第二联进账单作贷方凭证;并另填制一联特种转账贷方凭证,其会计分录为:

借:联行科目

　贷:吸收存款——持卡人

(3) 个人申领信用卡，申领手续同单位卡。申请人交存现金的，银行收妥后，发给其信用卡，其会计分录为：

借：库存现金

　贷：吸收存款——持卡人户

申请人转账存入的，银行审核无误后，和单位卡的有关手续处理相一致。

2. 信用卡存取现金的处理

(1) 信用卡存入现金的核算。持卡人凭信用卡存入现金时，银行经审查无误后，压制一式四联存款单，第一联回单，第二联贷方凭证，第三联贷方凭证附件，第四联存根。

① 持卡人在发卡银行直接存入现金的，由持卡人在存款单上签名，审核无误后办理收款手续，其会计分录为：

借：库存现金

　贷：吸收存款——持卡人户

② 持卡人如在非发卡银行存入现金，则收款行收存现金后，其会计分录为：

借：库存现金

　贷：应解汇款——持卡人户

记账后，将第二联存款单通过票据交换交给发卡银行，其会计分录为：

借：应解汇款——持卡人户

　贷：联行科目　　　　（异地）

　　或：存放中央银行款项　　　　（同城）

发卡银行收到划来款项，其会计分录为：

借：联行科目　　　　（异地）

　或：存放中央银行款项　　　　（同城）

　贷：吸收存款——持卡人户

(2) 信用卡支取现金的核算。

① 发卡银行的处理。银行接到持卡人交来的信用卡、身份证(彩照卡可免验身份证)后，应审核如下内容：信用卡是否有防伪标志；是否超过有效期限或已经止付；是否为单位卡；观察持卡人相貌与身份证上相片是否相符。审核无误，压印一式四联"取现单"，在取现单上填写持卡人身份证件号码、金额及授权号码，交持卡人在取现单上签名，核实后，将现金、一联取现凭证、信用卡、身份证件交持卡人，其会计分录为：

借：吸收存款——持卡人户

　贷：库存现金

② 代理行受理信用卡取现的处理。代理行收到持卡人交来的异地卡、身份证，要求取现时，应审核无误后，支付现金，其会计分录为：

借：联行科目

　贷：库存现金

异地发卡银行收到报单或清算行发来的电子汇划凭证，复核无误后办理转账，其会计分录为：

借：吸收存款——持卡人户

贷：联行科目

3. 信用卡购物支付结算的处理

持卡人到信用卡特约商店刷卡购物时，特约单位打印签购单，由持卡人签字。特约商户汇总签购单，填制两联进账单交开户银行。特约商户开户银行经审核无误后，区分不同发卡银行信用卡的签购单，并按各发卡银行分别汇总签购单的金额，将签购单寄有关发卡银行，收取持卡人应付的款项。

(1) 发卡银行为本行的处理。这是持卡人与特约商户在同一银行开户，特约商户开户行根据签购单转账，其会计分录为：

借：吸收存款——持卡人户

贷：吸收存款——特约商户

(2) 发卡银行为异地同系统银行的处理。这是持卡人与特约商户在同系统异地开户的情况。特约商户开户行将第二联进账单作为贷方凭证，第三联进账单作其附件，其会计分录为：

借：联行科目

贷：吸收存款——特约商户

第二联签购单加盖转讫章连同第三联汇计单随联行借方报单寄持卡人开户行，发卡银行收到相应单据后，应认真审查，审查无误后，第二联签购单作借方凭证，第三联汇计单留存，其会计分录为：

借：吸收存款——持卡人户

贷：联行科目

(3) 发卡银行为同城跨系统行的处理。这是持卡人与特约商户在不同银行开户的情况。特约商户开户行应向本地跨系统发卡银行的联行提出票据交换，联行收到特约商户开户行交换来的签购单和汇计单，随联行借方报单寄持卡人开户行，其会计分录为：

借：吸收存款——特约商户

贷：存放中央银行款项

发卡银行同城交换来的第二联签购单加盖转讫章连同第三联汇计单，应认真审查，审查无误后，第二联签购单作借方凭证，第三联汇计单留存，其会计分录如下：

借：吸收存款——持卡人户

贷：存放中央银行款项

关键术语

支付结算　转账结算　银行汇票　商业承兑汇票　银行承兑汇票　支票　本票　汇款　委托贷款　托收承付　信用证

思考题

1. 什么是支付结算？简述支付结算与资金清算的关系。

2. 支付结算工具主要有哪些？其适用范围分别是什么？
3. 简述商业承兑汇票和银行承兑汇票核算手续的区别。
4. 简述托收承付与委托收款核算手续的区别。
5. 比较银行汇票和本票的适用范围及其核算流程。

第五章　金融机构往来的核算

学习内容与目标

本章介绍金融机构往来业务的概述、金融机构与中央银行的往来核算、同业往来的会计核算、商业银行系统内往来资金汇划与清算的核算、资金调拨与利息的核算。通过本章的学习应了解金融机构往来的意义；掌握金融机构往来的核算要求、同业往来的核算、商业银行系统内往来业务的核算；熟练掌握金融机构与中央银行的往来核算、同城票据交换的会计核算。

第一节　金融机构往来核算概述

一、金融机构往来概念及内容

金融机构往来是指不同系统银行之间的账务往来，是商业银行与商业银行之间，商业银行和人民银行之间，商业银行与非银行金融机构之间，由于办理资金划拨、缴存存款和办理结算等业务而引起的资金业务往来。

金融机构往来主要包括三部分内容：一是金融机构与中央银行（在我国是指中国人民银行）往来，主要是各种资金划拨、清算业务。主要包括向中央银行缴存准备金、向中央银行借款、再贴现等业务。二是金融企业同业往来，包括商业银行、非银行金融机构之间由于资金划拨，融通或相互代理货币结算而发生的各类往来业务。三是商业银行系统内往来，是由系统内资金调拨、划拨支付结算款项等业务引起的系统内行处间的资金往来。

二、金融机构往来业务及科目设置

（一）存放中央银行款项

各商业银行必须在当地中央银行开立准备金存款账户，在账户存放的资金主要有两类：一是法定存款准备金，即按照有关法律规定，商业银行必须将吸收存款的一定比例，保留在中央银行，同时根据存款的调整增减法定存款准备金的余额。二是超额准备金，是保证日常资金清算需要的备用金。即银行为应付资金清算的需要而在中央银行所储存的一定数量的备付金。法定存款准备金和超额准备金在中央银行同存于一个账户。

（二）转贴现与再贴现

商业银行买入他行票据或贴现企业的商业汇票后，因融通资金的需要，可在符合有关规定的前提下，将这部分票据再转卖给其他商业银行或中央银行，即向其他商业银行办理票据的转贴现或向中央银行办理票据的再贴现。这类业务在商业银行一般通过“贴现资产”或“贴现负债”等科目进行核算。

（三）向中央银行借款

商业银行从中央银行融通资金，除了向中央银行办理再贴现外，还可以向中央银借款，这类借款一般以“向中央银行借款”科目进行核算。

（四）存放同业

商业银行有时将一部分资金存入其他商业银行或金融机构，其目的是为了同业间经营往来清算资金的需要。这部分资金通常以“存放同业”科目进行核算。存放同业款项可具体分为存放其他商业银行款项、存放政策性银行款项、存放金融性公司款项。

（五）拆出资金

商业银行间因业务需要而相互融通资金，对拆出方，这种业务通常以“拆出资金”科目进行核算，具体又可分为拆放其他商业银行、拆放政策性银行、拆放金融性公司、拆放资产管理公司、对证券公司拆放的股票质押贷款等。

（六）拆入资金

商业银行因资金需求，可向同行拆入资金，这类业务主要是为了资金融通，通常以“拆入资金”科目进行核算，这个科目属负债类科目，与“拆出资金”相对。可细分为其他商业银行拆入、政策性银行拆入、金融性公司拆入等。

（七）同业存放

因业务往来的需要，其他商业银行与金融机构会有一部分资金存放本行，这类存款一般是活期存款，通常是以“同业存放”这个科目进行核算。“同业存放”是负债类科目，与存放同业相对应。又可细分为其他商业银行存款、政策性银行存款、证券公司存款、基金存款、其他金融性公司存款等。

第二节　商业银行与中央银行往来的核算

一、商业银行和中央银行往来概述

（一）商业银行和中央银行往来的主要内容

商业银行和中央银行往来的主要内容是商业银行缴存、支取现金的核算、商业银行向中央银行借款的核算、商业银行在中央银行的存款准备金的核算、商业银行向中央银行再贷款和再贴现核算。

（二）商业银行准备金存款账户的开立

1. 商业银行准备金的概述

商业银行的准备金包括法定准备金和超额准备金。法定准备金是根据商业银行吸收存款的增减变化，按照法定比例，必须保留在中央银行的存款准备金；超额准备金是保证日常资金清算需要的备用金。法定存款准备金和超额准备金在中央银行同存于一个账户。

2. 商业银行准备金存款账户设置

商业银行的总行或总部开立的“准备金存款账户”是属于超额准备金和法定存款准备金合一的账户。商业银行各分支机构在中央银行开立的存款账户是属于超额准备金账户。

（三）会计科目设置

1.“存放中央银行款项”科目

该科目属于资产类科目，核算商业银行存放于中央银行的各种款项，包括业务资金的调拨、办理同城票据交换和异地跨系统资金汇划、提取或缴存现金等。商业银行按规定缴存的法定准备金和超额准备金存款，也通过该科目核算。企业增加在中央银行的存款，借记本科目，贷记“吸收存款”“清算资金往来”等科目；减少在中央银行的存款做相反的会计分录，科目的期末借方余额，反映企业（银行）存放在中央银行的各种款项。该科目可按存放款项的性质设置准备金存款和缴存财政性存款明细科目。

2. 准备金存款

该科目是“存放中央银行款项”科目的明细科目，核算商业银行按规定缴存中央银行的法定存款准备金和超额存款准备金的增减变动情况。商业银行的法定存款准备金由其总行（法人）统一向中央银行缴存，中央银行按法人统一考核商业银行法定存款准备金的缴存情况。

商业银行总行在中央银行开立的准备金存款户，属于法定准备金存款与超额准备金存款合一的账户，考核法定存款准备金；向央行存取现金、调拨资金、清算资金及其他日常支付款项，该账户余额应大于最低应等于规定的法定存款准备金余额。

商业银行分支机构在中央银行开立的准备金存款户，为超额准备金存款账户，仅用于向央行存取现金、调拨资金、清算资金及其他日常支付款项。

3. 缴存财政性存款

核算商业银行按规定缴存中央银行的财政性存款的增减变动情况。商业银行各级机构吸收的财政性存款，均应全额就地缴存中央银行。商业银行各级行处均应在“存放中央银行款项”科目下设置“缴存财政性存款”明细科目。

二、向中央银行存取款项的核算

商业银行核定各行处业务库必须保留的现金限额。当现金超过限额时，需缴存开户中央银行发行库；当库存现金不足限额时，可以签发现金支票到中央银行发行库提取。

（一）商业银行向中央银行存取现金的核算

1. 商业银行向中央银行提取现金的处理

商业银行向中央银行提取现金，应填写现金支票，送交中央银行，待取回现金后，填制现金收入传票。其会计分录为：

借：库存现金

　贷：存放中央银行款项

2. 商业银行向中央银行存入现金的处理

商业银行向中央银行存入现金，应填制“现金缴款单”一式两联，连同现金一并交发行库，根据中央银行加盖“现金收讫”戳记和出纳员名章的回单联，补制现金付出凭证，以回单作附件，进行账务处理。其会计分录为：

借：存放中央银行款项

　贷：库存现金

商业银行应加强对库存现金的管理，通过制定现金库存限额制度，实行限额管理，超额限额的现金应自觉送存中央银行。支取现金时，不能向中央银行透支现金，应保证在中央银行存款准备金余额内。

（二）商业银行向中央银行转账存取款项的核算

1. 向中央银行存入款项的处理

商业银行办理有关业务，将资金存入“准备金存款账户”，应根据有关业务凭证办理转账。其会计分录为：

借：存放中央银行款项

　贷：××科目

2. 向中央银行支取款项的处理

商业银行办理有关业务，从“准备金存款账户”支付款项，根据有关凭证转账。商业银行的会计分录与“向中央银行存入款项的处理”相反。

三、向中央银行缴存存款的核算

缴存存款指商业银行和其他金融机构将吸收的存款按规定比例划缴人行的业务，包括缴存财政性存款和缴存法定存款准备金。

（一）缴存财政性存款的核算

财政性存款主要有中央预算收入、地方财政金库存款和代理发行国债款项等。其缴存范围是：国家金库款轧减中央经费限额支出数；待结算财政款项轧减借方数；财政发行期票款项轧减应收期票款项；财政发行的国库券及各项债券款项，轧减已兑付国库券及各项债券款项数。财政性存款是商业银行代中央银行吸收的存款，属于中央银行的信贷资金来源，商业银行各级机构吸收的财政性存款应全额即100％缴存当地中央银行。

初次缴存财政性存款时，填制缴存财政性存款科目余额表一式两份，按100％的比例缴存，打印记账凭证，央行回单作附件。会计分录为：

借：存放中央银行款项——缴存财政性存款

贷：存放中央银行款项——准备金存款

缴存财政性存款的核算按旬调整，每旬末缴存科目余额（即应缴金额）大于缴存财政性存款账户余额时，按差额调增补缴，否则按差额调减退回。调增补缴的会计分录与初次缴存一致，调减退回的会计分录与初次缴存相反。

调整缴存于旬后5日内办理，如遇调整日最后一天为节假日则顺延。初次及调整缴存金额均以千元为单位，千元以下四舍五入。

商业银行调增补缴财政性存款时，若其准备金存款账户余额不足又没有按规定及时调入资金，其不足部分即为欠缴。商业银行发生欠缴时，也应填制缴存财政性存款科目余额表，对本次能实缴的金额按前述调增补缴的手续办理。对欠缴金额，应及时调入资金进行补缴。中央银行对欠缴金额按欠缴天数和规定比例扣收罚款，欠缴天数从最后调整日起算至欠款收回日的前一日止。商业银行收到中央银行转来的扣收罚款的特种转账凭证，办理支付罚款转账的会计分录为：

借：营业外支出——罚款支出户

贷：存放中央银行款项——准备金存款

【例5-1】 某商业银行5月10日财政性存款各账户余额合计本期期末为750 000元，上期期末为835 000元；做该行5月10日办理缴存财政性存款调整的会计分录。

应调整财政性存款缴存额＝750 000－835 000＝－85 000，调整会计分录：

借：存放中央银行款项——准备金存款　　85 000

贷：存放中央银行款项——缴存财政性存款　　85 000

（二）法定存款准备金的核算

1. 法定存款准备金的缴存的存款范围

各商业银行应缴存法定准备金的一般存款包括：各商业银行吸收的企业存款、储蓄存款、农村存款、基建单位存款、机关团体存款、财政预算外存款、委托存款轧减委托贷款、委托投资后的贷方余额及其他一般存款。法定存款准备金的缴存比例，是中央银行货币政策的一项重要的工具，会随着国际、国内的宏观经济形势进行调整。

2. 存款准备金制度的有关规定

法定存款准备金由中国人民银行按各商业银行的法人统一按旬进行考核，对人民币存款准备金实施平均法考核。当旬第五日至下旬第四日，金融机构法人存入的人民币存款准备金日终余额的算术平均值，与上旬该金融机构一般存款日终余额算术平均值之比，不得低于人民币法定存款准备金率，否则，中央银行对不足部分处以罚息。

商业银行法人每日应将汇总的全系统一般存款余额表和日计表，报送中央银行。否则，中央银行按规定予以处罚。中央银行对商业银行法人于旬终考核其存款准备金率，旬间只控制其存款账户的透支行为；中央银行对商业银行分支机构不考核存款准备金率，只控制其存款账户的透支行为。

3. 缴存法定准备金的核算

商业银行的法定存款准备金由总行统一向中央银行缴存。由于商业银行总行的法定存款准备金与超额存款准备金同存放于中央银行的准备金存款账户，因此，商业银行总行旬末只要确保准备金存款账户余额高于旬末应缴存的法定存款准备金金额即可，而不必进行账务处理。

四、再贷款的核算

商业银行经营活动中如果资金运行困难时，可以向中央银行进行借款。再贷款是对中央银行而言，向中央银行借款是对商业银行而言。两者是同一业务的两种表现形式。

（一）再贷款的种类

再贷款按期限划分主要有以下三种。

1. 年度性贷款

年度性贷款是中央银行用于解决商业银行因经济合理增长引起的年度性资金不足而发放给商业银行在年度周转使用的贷款、商业银行向中央银行申请年度性贷款，一般限于省份行或二级分行，借入款后可在系统内拨给所属各行使用。期限一般为 1 年，最长不超过 2 年。

2. 季节性贷款

季节性贷款是中央银行解决商业银行因信贷资金先支后付和存贷款季节性上升、下降等情况造成临时性资金短缺，而发放给商业银行的贷款，季节性贷款一般为 2 个月，最长不超过 4 个月。

3. 日拆性贷款

日拆性贷款是中央银行解决商业银行因汇划款未达和清算资金不足等因素造成的资金短缺而发放的贷款，日拆性贷款一般为 10 天，最长不超过 20 天。

（二）会计科目设置

商业银行应设置“向中央银行借款”科目，该科目属于负债类科目，核算商业银行向中央银行借入的款项。该科目可按借款性质进行明细核算。商业银行向中央银行借入款项时，应按实际收到的金额，借记“存放中央银行款项”科目，贷记“向中央银行借款”科目；归还借款做相反的会计分录。

资产负债表日，应按计算确定的向中央银行借款的利息费用，借记“利息支出”科目，贷记“应付利息”科目。该科目期末贷方余额，反映商业银行尚未归还中央银行借款的余额。

（三）再贷款的核算

1. 再贷款发放的核算

商业银行在向中央银行申请再贷款时应填制“再贷款申请书”，经中央银行计划部门审查同意后，办理借款手续。填制“一式五联”借款借据，提交中央银行。商业银行收到退回的第三联借款借据，代转账借方传票，另编制转账贷方传票，办理转账。会计分录为：

借：存放中央银行款项——准备金存款

　　贷：向中央银行借款——××借款户

2. 利息的核算

资产负债表日和到期还款日，商业银行按计算确定的利息费用计提利息支出，其会计分录为：

借：利息支出——向中央银行借款

　贷：应付利息——××行

中央银行对借款一般按季结息，每季收到中央银行的利息回单时，使用相关交易记账，打印记账凭证，利息回单作记账凭证附件，其会计分录为：

借：应付利息——××行

　贷：存放中央银行款项——准备金存款

3. 再贷款偿还的核算

商业银行收到中央银行退还的凭证，其会计分录为：

借：向中央银行借款——××借款户

　　应付利息——××行

　贷：存放中央银行款项——准备金存款

借款到期，若商业银行无力还款，中央银行应于到期日将贷款转入逾期贷款户，并按规定计收逾期贷款利息。

【例 5-2】 A 市建行向人民银行申请季节性贷款 500 000 元，期限 2 个月，经审查统一办理；2 月后办理归还本息，利率 5‰，作相应会计分录。

(1) 借入款项的处理。

借：存放中央银行存款——准备金存款　　500 000

　贷：向中央银行借款　　500 000

(2) 计提利息，月利息＝500 000×5‰＝2 500 元，其会计分录为：

借：利息支出——再贷款利息支出户　　2 500

　贷：应付利息　　2 500

(3) 归还本息。

借：向中央银行借款　　500 000

　　利息支出——再贷款利息支出户　　2 500

　　应付利息　　2 500

　贷：存放中央银行款项——准备金存款　　505 000

五、再贴现业务的核算

(一) 再贴现业务概述

1. 再贴现的概念

再贴现是指商业银行以未到期的已贴现票据向中央银行办理的贴现，是商业银行对票据债权的再转让，是中央银行对商业银行贷款的形式之一。商业银行因办理票据贴现而引起资金不足，可以向中央银行申请再贴现，贴现期一般不超过 6 个月。这是中央银行按票面金额扣除从再贴现日起到汇票到期日止的利息后，以其差额向商业银行融通资金的信用活动。再贴现利息按日计算，利率为中央银行发布的再贴现利率。

2. 再贴现的种类

中央银行再贴现可以分为买断式再贴现和回购式再贴现。

买断式再贴现是商业银行将未到期的已贴现商业汇票背书转让给中央银行融通资金的行为，再贴现天数从再贴现之日起至汇票到期的前一日止。汇票到期，中央银行作为票据的债权人向付款人收取票款。再贴现的票据到期后，中央银行通过委托收款方式主动向承兑行提示付款，不获付款时可从再贴现申请人账户收取票款，属于带追索权的商业汇票再贴现。

回购式再贴现是商业银行将未到期的已贴现商业汇票质押给中央银行，并约定回购日及回购方式的融资行为。再贴现天数从再贴现之日起至汇票回购的前一日止。办理回购式再贴现，票据不做背书，不转移票据权利，商业银行于回购日将票据购回，并作为债权人向付款人收取票款。

（二）会计科目设置

商业银行设置"贴现负债"科目，该科目属于负债类科目，核算商业银行办理商业票据的再贴现、转贴现等业务所融入的资金。该科目可按贴现类别和贴现金融机构，分别以"面值""利息调整"进行明细核算。

商业银行持贴现票据向中央银行再贴现或向其他金融机构转贴现，应按实际收到的金额，借记"存放中央银行款项"等科目，按贴现票据的票面金额，贷记"贴现负债(面值)"科目，按其差额，借记"贴现负债(利息调整)"科目。

资产负债表日，按计算确定的利息费用，借记"利息支出"科目，贷记"贴现负债(利息调整)"科目。

贴现票据到期，应按贴现票据的票面金额，借记"贴现负债(面值)"科目，按实际支付的金额，贷记"存放中央银行款项"等科目，按其差额，借记"利息支出"科目。存在利息调整的，也应同时结转。该科目期末贷方余额，反映商业银行办理的再贴现、转贴现等业务融入的资金。

（三）再贴现业务的核算

1. 办理再贴现时的核算

办理贴现时的处理，商业银行持未到期的已贴现的商业汇票向中央银行申请再贴现时，应填制一式五联再贴现凭证，连同汇票一并交中央银行，经审查无误后，根据退回的第四联再贴现凭证办理转账，会计上不应终止确认贴现资产，而应将实际收到的再贴现款确认为一项负债。会计分录为：

借：存放中央银行款项——准备金存款　　　　（实际收到的金额）
　　贴现负债——利息调整　　　　　　　　　　（借贷方差额）
　贷：贴现负债——面值　　　　　　　　　　　　（票面金额）

2. 再贴现利息调整摊销的处理

商业银行于资产负债表日和到期收回日，按照直线法调整再贴现利息，计算本期再贴现利息调整应摊销的金额，确认为再贴现利息支出，其会计分录为：

借：利息支出——再贴现利息支出

贷：贴现负债——利息调整

3. 再贴现到期收回的处理

（1）买断式再贴现到期的处理。买断式再贴现汇票到期，再贴现中央银行填制委托收款凭证与汇票一并交付款人办理收款。商业银行根据不同的情况进行账务处理。若票据的付款人于汇票到期日将票款足额付给再贴现中央银行，则商业银行因票据再贴现而产生的负债责任解除，应将贴现负债和与之对应的贴现资产对冲。会计分录为：

借：贴现负债——面值　　（票面金额）

贷：贴现资产——商业承兑汇票贴现——××户（面值）

（票面金额）

借：利息支出——再贴现利息支出

贷：贴现负债——利息调整

（2）回购式再贴现到期的处理。对于回购式再贴现，在回购日商业银行送交转账支票及进账单回购再贴现的商业汇票，或中央银行从商业银行账户划收票款，并将再贴现票据交还商业银行。其会计分录为：

借：贴现负债——面值

贷：存放中央银行款项——准备金存款

借：利息支出——再贴现利息支出

贷：贴现负债——利息调整

（3）到期未收到足够款项的处理。对于买断式再贴现，如果票据的付款人于汇票到期日未能向再贴现中央银行足额支付票款，再贴现中央银行从申请再贴现的商业银行账户收取（若不足支付，则不足部分作逾期贷款），并将收款通知及付款人开户行退回的汇票、拒付理由书或付款人未付票款通知书交给商业银行。商业银行收到通知，并做会计分录。

对于回购式再贴现如果到期时商业银行账户余额不足，则不足部分作逾期贷款。商业银行回购再贴现票据，两者的会计分录均为：

借：贴现负债——面值　　（票面金额）

贷：存放中央银行款项——准备金存款　　（可支付部分）

向中央银行借款——逾期贷款　　（不足支付部分）

借：利息支出——再贴现利息支出

贷：贴现负债——利息调整

【例 5-3】 2018 年 4 月 1 日，H 银行持已贴现尚未到期的银行承兑汇票向中央银行申请办理买断式再贴现，汇票面额为 1 000 000 元，7 月 8 日到期，再贴现率为 3.6%，承兑银行在异地。到期中央银行收回票款，

（1）计算再贴现利息。

再贴现天数应从 2018 年 4 月 1 日算至 7 月 8 日，共 98 天。

再贴现利息＝1 000 000×98×3.6%÷360＝9 800（元）

实付再贴现金额＝1 000 000－9 800＝990 200（元）

(2) H银行编制会计分录。

① 2018年4月1日,H银行办理买断式再贴现时:

借:存放中央银行款项——准备金存款　　990 200
　　贴现负债——利息调整　　9 800
　贷:贴现负债——面值　　1 000 000

② 2018年4月30日,H银行摊销再贴现利息调整时:

当月摊销金额＝9 800÷98×30＝3 000(元)

借:利息支出——再贴现利息支出　　3 000
　贷:贴现负债——利息调整　　3 000

③ 2018年5月31日,H银行摊销再贴现利息调整时:

当月摊销金额＝9 800÷98×31＝3 100(元)

借:利息支出——再贴现利息支出　　3 100
　贷:贴现负债——利息调整　　3 100

④ 2018年6月30日,H银行摊销再贴现利息调整时:

当月摊销金额＝9 800÷98×30＝3 000(元)

借:利息支出——再贴现利息支出　　3 000
　贷:贴现负债——利息调整　　3 000

⑤ 2018年7月8日到期,会计分录为:

借:贴现负债——面值　　1 000 000
　贷:贴现资产——商业承兑汇票贴现——××户(面值)　1 000 000
借:利息支出——再贴现利息支出　　700
　贷:贴现负债——利息调整　　700

【例5-4】 2018年4月1日,B银行持已贴现尚未到期的银行承兑汇票向中央银行申请办理回购式再贴现,汇票面额为1 000 000元,再贴现率为3.6%,承兑银行在异地,双方约定票据回购日为6月21日,B银行于到期日主动向中央银行回购再贴现票据。

(1) 计算再贴现利息。

再贴现天数应从2018年4月1日算至6月21日,共81天。

再贴现利息＝1 000 000×81×3.6%÷360＝8 100(元)

实付再贴现金额＝1 000 000－8 100＝991 900(元)

(2) 做会计分录。

① 2018年4月1日,B银行办理回购式再贴现时:

借:存放中央银行款项——准备金存款　　991 900
　　贴现负债——利息调整　　8 100
　贷:贴现负债——面值　　1 000 000

② 2018 年 4 月 30 日，B 银行摊销再贴现利息调整时：

当月摊销金额＝8 100÷81×30＝3 000(元)

借：利息支出——再贴现利息支出　　3 000
　贷：贴现负债——利息调整　　3 000

③ 2018 年 5 月 31 日，B 银行摊销再贴现利息调整时：

当月摊销金额＝8 100÷81×31＝3 100(元)

借：利息支出——再贴现利息支出　　3 100
　贷：贴现负债——利息调整　　3 100

④ 2018 年 6 月 21 日，B 银行回购再贴现的商业承兑汇票时：

借：贴现负债——面值　　1 000 000
　贷：存放中央银行款项——准备金存款　　1 000 000

同时，摊销再贴现利息调整，当月摊销金额＝8 100÷81×20＝2 000(元)，其会计分录为：

借：利息支出——再贴现利息支出　　2 000
　贷：贴现负债——利息调整　　2 000

第三节　商业银行同业往来的核算

一、同业拆借的核算

商业银行同业往来是商业银行有关跨系统行处之间由于办理结算、资金拆借及代理业务等而发生的资金账务往来。包括同业存放款项、同业拆借和同城票据清算等业务。

(一) 同业拆借的概念及相关规定

同业拆借是金融机构之间临时融通资金的一种短期资金借贷行为，是解决临时性、短期资金不足的一种融资方式，是解决因转汇或票据交换等业务而产生的资金不足的一种有效方法。拆入资金只能用于弥补票据交换差额清算、先支后收等临时性资金周转需要，禁止利用拆入资金发放固定资产贷款或用于投资。

同业拆借的主体是经中央银行批准具有法人资格的银行和非银行金融机构，以及经全国性商业银行法人授权的一级分支机构，主管机关是中央银行，拆借的资金都要通过各自在中央银行开立存款账户进行核算。同业拆借交易必须在央行认可的全国统一同业拆借网络中进行。同业拆借资金余额不能超过央行核定的最高限额，拆借期限以短期拆借为主，不能超过央行规定的最长期限，且到期后不得展期。

同业拆借的资金清算涉及不同银行的，应直接或委托开户银行通过中央银行大额支付系统办理;由拆出方或归还方在规定时间主动发送单笔汇划业务支付指令通过大额支付系统办理资金汇划和清算。同业拆借的资金清算可以在同一银行完成的,应以转账方式办理。任何同业拆借清算均不得使用现金支付。

(二) 会计科目设置

1. “拆出资金”科目

该科目属于资产类科目,核算金融机构拆借给境内、境外其他金融机构的款项。金融机构拆出资金时,借记“拆出资金”科目,贷记“存放中央银行款项”“银行存款”等科目;收回资金时做相反的会计分录。期末借方余额,反映金融机构按规定拆放给其他金融机构的款项。该科目应按拆入行设明细账进行核算。

2. “拆入资金”科目

该科目属于负债类科目,核算金融机构从境内、境外金融机构拆入的款项。金融机构拆入资金时,应按实际收到的金额,借记“存放中央银行款项”“银行存款”等科目,贷记“拆入资金”科目;归还拆入资金时做相反的会计分录。资产负债表日,应按计算确定的拆入资金的利息费用,借记“利息支出”科目,贷记“应付利息”科目。期末贷方余额,反映金融机构尚未归还的拆入资金余额。该科目应按拆出行设明细账进行核算。

(三) 同业拆借的会计核算

1. 资金拆借的核算

(1) 拆出行的核算。拆出行经计划部门批准,与拆入行签订拆借合同后,应签发其在人民银行存款账户的转账支款凭证(一般以转账支票代替),办理转账手续。其会计分录为:

借: 拆出资金——拆入行户

　　贷: 存放中央银行款项

转账后,将转账支票连同进账单一起交拆入行或开户行(即人民银行)。

(2) 中央银行的核算。大额支付系统国家处理中心收到同业拆借支付报文,提交支付系统的清算账户管理系统,由其代理央行进行账务处理。

① 清算账户管理系统代理拆出行开户的中央银行进行账务处理的会计分录为:

借: ××存款——××拆出行

　　贷: 大额支付往来——××拆出行开户央行

② 清算账户管理系统代理拆入行开户的中央银行进行账务处理的会计分录为:

借: 大额支付往来——××拆入行开户央行

　　贷: ××存款——××拆入行

(3) 拆入行的核算。拆入行收到进账单回单联,应据以办理转账,其会计分录为:

借: 存放中央银行款项

　　贷: 拆入资金——拆出行户

2. 拆借资金归还的核算

(1) 拆入行的核算。拆借资金到期,拆入行主动发送银行间同业拆借支付报文,通过大额支付系统办理拆借资金的本息汇划。会计分录为:

借：拆入资金——拆出行户
　　应付利息——××行　　（已计提未支付的利息）
　　利息支出——拆入资金　　（借贷方差额）
　贷：存放中央银行款项

转账后，将支票和进账单一起交人民银行。

(2) 中央银行的核算。大额支付系统国家处理中心收到同业拆借支付报文，提交清算账户管理系统，由其代理央行进行账务处理。

① 清算账户管理系统代理拆入行开户的中央银行进行账务处理的会计分录为：

借：××存款——××拆入行
　贷：大额支付往来——××拆入行开户央行

② 清算账户管理系统代理拆出行开户的中央银行进行账务处理的会计分录为：

借：大额支付往来——××拆出行开户央行
　贷：××存款——××拆出行

(3) 拆出行的核算。拆出行收到进账单回单联，应据以办理转账，其会计分录为：

借：存放中央银行款项——准备金存款　　（实际收到的金额）
　贷：拆出资金——××行　　（拆出资金的本金）
　　　应收利息——××行　　（已计提未收到的利息）
　　　利息收入——拆出资金　　（借贷方差额）

【例 5-5】 甲地农业银行需向工行拆借资金 10 万元，经人民银行批准，同意办理拆借手续，利率为 3%，期限为 15 天。分别做市农行、市工行的会计分录。

(1) 工行作为拆出行拆出资金时的会计分录：

借：拆出资金——农行户　　100 000
　贷：存放中央银行款项——准备金存款　　100 000

(2) 农业银行作为拆入行拆入资金时的会计分录：

借：存放中央银行款项——准备金存款　　100 000
　贷：拆入资金——工行户　　100 000

(3) 农行归还拆借本息时的会计分录：

借：拆入资金——工行户　　100 000
　　利息支出——同业往来支出户　　125
　贷：存放中央银行款项——准备金存款　　100 125

(4) 工行收到归还拆借本息时的会计分录：

借：存放中央银行款项——准备金存款　　100 125
　贷：拆出资金——农行户　　100 000
　　　利息收入——同业往来收入户　　125

二、同业存放款项的核算

同业存放是指金融机构在银行开立同业存放账户，银行为客户提供安全、快捷的存取款业务，同时满足客户与本银行之间各类业务往来的资金清算需求。

（一）会计科目设置

1. "存放同业"科目

该科目属于资产类科目，核算商业银行存放于境内、境外银行（不含中央银行）和非银行金融机构的款项。商业银行增加在同业的存款，借记"存放同业"科目，贷记"存放中央银行款项"等科目；减少在同业的存款做相反的会计分录。期末借方余额，反映商业银行存放在同业的各种款项。

2. "同业存放"科目

该科目属于负债类科目，核算商业银行吸收的境内、境外金融机构的存款。同业增加在商业银行的存款时，商业银行应按实际收到的金额，借记"存放中央银行款项"等科目，贷记"同业存放"科目；同业减少在商业银行的存款时，商业银行做相反的会计分录。期末贷方余额，反映商业银行吸收的同业存放款项。

（二）存放同业款项的核算

存放同业款项是商业银行因办理跨系统资金结算、理财投资或其他资金往来等业务需要，而存入境内、境外其他银行和非银行金融机构的款项。

1. 存出款项的处理

商业银行存出款项，在划拨资金后，会计分录为：

借：存放同业——存放××行××款项

　　贷：存放中央银行款项——准备金存款

2. 支取款项的处理

商业银行支取款项，在收到划来的资金后，会计分录为：

借：存放中央银行款项——准备金存款

　　贷：存放同业——存放××行××款项

在资产负债表日、结息日及销户时，商业银行对存放同业款项也要计提利息和收取利息。

（三）同业存放款项的核算

同业存放款项是境内、境外其他银行和非银行金融机构，因办理跨系统资金结算、理财投资或其他资金往来等业务需要，而存入商业银行的款项。

（1）同业存入款项的处理。同业存入款项，商业银行收到划来的资金后，会计分录为：

借：存放中央银行款项——准备金存款

　　贷：同业存放——××行存放××款项

（2）同业支取款项的处理。同业支取款项，商业银行在划拨资金后，会计分录为：

借：同业存放——××行存放××款项

　　贷：存放中央银行款项——准备金存款

在资产负债表日、结息日及销户时，商业银行对存放同业款项也要计提利息支出和支付利息。

三、同城票据交换的核算

(一) 同城票据交换概述

1. 同城票据交换概念

同城票据交换是指同一城市(或区域)范围内,各商业银行之间将相互代收、代付的票据,定时、定点集中相互交换并清算资金的方法。同城票据交换由人民银行集中监督并清算资金。

(1) 提入行和提出行。票据交换分为提出行和提入行两个系统。凡是提出票据给他行的银行叫提出行,凡是通过票据交换从他行提入票据的银行叫提入行。由于参加票据交换的银行一般既是提出行又是提入行,因此,各行在提出、提入票据后,应将提出、提入的票据分别以应收票据、应付票据加计总金额并在轧算差额时合并计算。

(2) 借方票据和贷方票据。收到在本行开户收款单位提交的应由他行开户单位付款的票据,称为借方票据或代付票据;收到本行开户单位的委托本行向他行开户单位付款的票据,称为贷方票据或代收票据。借方票据主要有支票、银行汇票、本票等。此时,本行为收款行,他行为付款行。贷方票据主要有各类送款单(如单位提交的缴税凭证,水电费交费凭证等)。此时,本行为付款行,他行为收款行。提出的借方票据和提入的贷方票据是指付款单位在他行开户,收款单位在本行开户的票据;提出的贷方票据和提入的借方票据是指收款单位在他行开户,付款单位在本行开户的票据。

(3) 应收款金额和应付款金额。应收款金额是指收款人在本行开户,付款人在他行开户的票据金额,包括提出的借方票据和提入的贷方票据;应付款金额是指付款人在本行开户,收款人在他行开户的票据金额,包括提出的贷方票据和提入的借方票据。

参加票据交换的银行将要提出交换的票据按借方票据和贷方票据分开,并根据提入行的交换号码整理,然后交由本行交换员在规定的时间到中央银行票据交换所统一提出交换。同时,也点收从他行提入的票据,核对无误后,计算本场本次交换本行应收金额和应付金额。应收金额=提出借方票据金额与提入贷方票据金额之和;应付金额=提出贷方票据金额与提入借方票据金额之和。将加计的应收票据总金额与应付票据总金额进行比较,如果应收款金额大于应付款金额,即为应收差;如果应付款金额大于应收款金额,即为应付差。

填制票据交换差额清单交票据交换所,交换所收齐各参加交换的银行送来(或通过软盘交来)的代付、代收票据数据后,通过计算机进行分类汇总,并轧计出各参加交换的银行本场次票据交换中应收款金额和应付款金额以及应收差或应付差,并与各参加交换的银行进行核对。

2. 同城票据交换的基本规定

(1) 同城票据交换一般由人民银行主持,设置票据交换场所,对参加交换的银行,核定交换号码。参加票据交换的银行营业机构,必须向人民银行交换清算的部门申请交换号码,经审查同意后,核发该行交换号码,并通报全市各参加交换的银行,自那一天起参加交换。

(2) 确定交换场次和时间，一般每一营业日规定两场交换，上午和下午各一场。

(3) 提出行提出交换的票据凭证，主要是作为收款行向付款行提出的，有支票、银行汇票、本票及商业汇票等；作为付款行向收款行提出的，有进账单、贷记凭证等。提入行通过交换提回应属于本行受理的上述票据和凭证。

3. 同城票据交换的基本做法

(1) 提出行清点要交换的票据，并填制"交换提出报告单"连同票据凭证提出交换。提出行填入"交换提出报告单"，结计合计总数，连同本场交换提出的全部票据和贷记凭证以及逐笔清单一并入场交换。

(2) 交换所清分、打印及提回交换凭证。交换所工作人员在柜面与提出交换行送达的票据、凭证办理交接手续，按规定必须在每场交换规定时间前送达办妥。然后将交换票据、凭证送交机房，由工作人员陆续投入计算机运行，自动按提回行进行清分、读数，打出明细清单，直至最后把提回票据、凭证输进各提回行的箱夹，整个交换工作即告完成。

(3) 根据提出、提回票据、凭证的借、贷方总金额轧计，打制"交换差额报告单"送人民银行营业部门办理转账。

(4) 提入行将票据及凭证处理入账。提入行提回的票据及凭证，通过终端机输入，记入各单位账户，有关票据的审核、验印手续，按转账支付核算办理。这批票据、凭证的输入总金额，应与提回清单的总金额相符，如有差异应逐一查对处理。

(二) 会计科目设置

设置"清算资金往来"科目，属于资产负债共同类科目，核算商业银行间业务往来的资金清算款项。该科目可按资金往来单位，分别"同城票据清算""信用卡清算"等进行明细核算。商业银行发生其他资金清算业务，收到清算资金时，借记"存放中央银行款项"等科目，贷记"清算资金往来"科目；划付清算资金时做相反的会计分录。该科目期末借方余额，反映商业银行应收的清算资金；期末贷方余额，反映商业银行应付的清算资金。

(三) 同城票据交换的核算

票据交换转账核算必须"先付后收，收妥抵用，银行不予垫款"的原则。提出贷方票据先记账后交换，借方票据收妥抵用，隔场进账；提入贷方票据进账抵用，借方票据即时记付，遇有退票立即退回提出行。提入行分别填制"票据交换借方汇总表"和"票据交换贷方汇总表"。

1. 交换提出票据的核算

(1) 提出的贷方票据(向他行付款)。

借：吸收存款——各付款人户

　贷：清算资金往来——同城票据清算

(2) 提出的借方票据(向他行收款)，根据"收妥入账"的原则，分别不同情况进行处理。

对于即时抵用的票据，如银行本票、银行汇票等，应及时将资金划入客户账内。会

计分录为：

借：清算资金往来——同城票据清算

贷：吸收存款——各收款人

对于收妥抵用的票据，如转账支票等，先将应收票款记入“其他应付款”账户。会计分录为：

借：清算资金往来——同城票据清算

贷：其他应付款——提出交换专户

若超过规定的退票时间，未发生退票，再将资金划入收款人账内：

借：其他应付款——提出交换专户

贷：吸收存款——收款人户

对他行退回的借方票据：

借：其他应付款——提出交换专户

贷：清算资金往来——同城票据清算

2. 票据交易所的核算

清分机自动将票据按提入行清分后放入各提入行箱夹；轧计各行本场次应收金额合计和应付金额合计以及应收或应付差额；汇总轧平各行应收、应付差额，产生“交换差额报告单”；打印各交换行提回明细清单。票据交换所将各提入行箱夹中的票据连同“交换差额报告单”和提回明细清单，按提入行整理封包，待交换行提回。

3. 交换提入票据的核算

(1) 对提入的贷方票据直接办理转账，会计分录为：

借：清算资金往来——同城票据清算

贷：吸收存款——收款人户

(2) 对提入的借方票据，若付款单位有足够的资金，直接办理转账，会计分录为：

借：吸收存款——付款人户

贷：清算资金往来——同城票据清算

4. 清算差额的核算

计算清算差额时，各行的“待清算票据款项”科目余额应与本次通过人民银行划转存款的金额一致，应收应付方向也一致。

(1) 若本次交换为应收差额，其会计分录为：

借：存放中央银行款项

贷：清算资金往来——同城票据清算

(2) 若本次交换为应付差额

借：清算资金往来——同城票据清算

贷：存放中央银行款项

5. 退票的核算

在同城票据交换的过程中由于各种原因不能办理转账时，均要办理退票。

(1) 提入票据退票的处理。提入行提入的票据需要退票时，应在规定的退票时间内电话通知提出行，并将待退票据视同提出票据列入下次清算。此时退票行应做如下处理。

① 对提入的贷方凭证(如进账单)需要退票时,其会计分录为:

借:清算资金往来——同城票据清算

贷:其他应付款——同城清算退票

下次交换提出退票时:

借:其他应付款——同城清算退票

贷:清算资金往来——同城票据清算

② 对提入的借方凭证(如空头支票)需要退票时,其会计分录为:

借:其他应收款——同城清算退票

贷:清算资金往来——同城票据清算

下次交换提出退票时,其会计分录为:

借:清算资金往来——同城票据清算

贷:其他应收款——同城清算退票

(2) 提出票据退票的处理。提出行接到退票通知后,如查明确属本行提出的票据,在登记簿中注明退票的理由和时间,下次票据交换时将退回的票据视同提入票据处理。

① 提出的贷方凭证发生退票,下次交换提入退票时,其会计分录为:

借:清算资金往来——同城票据清算

贷:吸收存款——××存款——××付款人

② 提出的借方凭证发生退票,下次交换提入退票时,其会计分录为:

借:其他应付款——同城清算提出

贷:清算资金往来——同城票据清算

【例5-6】 7月6日,F市同城票据交换所纳入当日第一场票据交换轧差的各交换行提出和提入票据如下(假设未发生退票)。

(1) 中国建设银行某分行提出转账支票金额567 000元,提出进账单金额216 000元;提入银行本票金额127 000元,提入进账单金额438 000元。

(2) 招商银行某分行提出银行本票金额7 200元,提出进账单金额33 800元;提入转账支票金额21 600元,提入进账单金额8 600元。

假设各交换行均为清算行,且在中央银行的备付金存款账户有足够的资金清算票据交换差额。根据上述资料,编制各交换行的会计分录,计算各交换行应收(付)差额并与中央银行清算差额。

1. 编制各交换行的会计分录

(1) 中国建设银行某分行编制会计分录如下。

① 提出转账支票(借方票据、代付票据,收妥抵用)时,其会计分录为:

借:清算资金往来——同城票据清算　　567 000

贷:其他应付款——同城清算提出　　567 000

② 超过退票时间,未发生退票时,其会计分录为:

借:其他应付款——同城清算提出　　567 000

贷:吸收存款——××存款——××收款人　　567 000

③ 提出进账单(贷方票据、代收票据)时，其会计分录为：

借：吸收存款——××存款——××付款人　　216 000

　贷：清算资金往来——同城票据清算　　216 000

④ 提入银行本票(借方票据、代付票据)时：

借：吸收存款——××存款——××付款人　　127 000

　贷：清算资金往来——同城票据清算　　127 000

⑤ 提入进账单(贷方票据、代收票据)时：

借：清算资金往来——同城票据清算　　438 000

　贷：吸收存款——××存款——××收款人　　438 000

(2) 招商银行某分行编制会计分录如下。

① 提出银行本票(借方票据、代付票据，即时抵用)时，其会计分录为：

借：清算资金往来——同城票据清算　　7 200

　贷：吸收存款——××存款——××收款人　　7 200

② 提出进账单(贷方票据、代收票据)时，其会计分录为：

借：吸收存款——××存款——××付款人　　33 800

　贷：清算资金往来——同城票据清算　　33 800

③ 提入转账支票(借方票据、代付票据)时，其会计分录为：

借：吸收存款——××存款——××付款人　　21 600

　贷：清算资金往来——同城票据清算　　21 600

④ 提入进账单(贷方票据、代收票据)时，其会计分录为：

借：清算资金往来——同城票据清算　　8 600

　贷：吸收存款——××存款——××收款人　　8 600

2. 计算各交换行应收(付)差额

(1) 中国建设银行某分行应收差额计算如下。

应收金额合计＝567 000＋438 000＝1 005 000

应付金额合计＝216 000＋127 000＝343 000

应收差额＝1 005 000－343 000＝662 000

(2) 招商银行某分行应付差额计算如下。

应收金额合计＝7 200＋8 600＝15 800

应付金额合计＝33 800＋21 600＝55 400

应付差额＝55 400－15 800＝39 600

3. 各交换行与中央银行清算差额

(1) 中国建设银行某分行与中央银行清算差额的会计分录为：

借：存放中央银行款项——准备金存款　　662 000

　贷：清算资金往来——同城票据清算　　662 000

(2) 招商银行某分行与中央银行清算差额的会计分录为：

借：清算资金往来——同城票据清算　　39 600
　贷：存放中央银行款项——准备金存款　　39 600

第四节 商业银行系统内往来的核算

一、商业银行系统内业务往来概述

（一）商业银行系统内往来的概念

社会资金的往来运动最终要体现在银行间的资金划拨上，当资金结算业务发生时，必然要通过两个或两个以上的银行才能完成。系统内往来业务发生时，资金并没有实际划拨，而是通过相互记账的方式核算，同时相互代收、代付而产生的资金存欠必须及时清算。

系统内往来是指同一银行系统内各行处之间由于办理支付结算、资金调拨等业务，相互代收、代付而发生的资金账务往来，包括商业银行系统内往来和人民银行系统内往来。系统内往来是商业银行之间跨系统往来的基础。

商业银行系统内往来过去称联行往来，现在称银行网内往来，是银行系统内各行处在资金上具有往来关系的业务处理，是系统内银行的资金账务往来的一部分，它是由于系统内银行间办理资金的货币支付结算、相互间代收、代付款项和行内资金调拨等而引起的。

（二）商业银行系统内资金汇划与清算

商业银行系统内资金汇划与清算是指对由系统内资金调拨、划拨支付结算款项等业务引起的系统内行处间的资金往来按照一定的清算模式进行实际资金划转的过程。系统内资金清算通过各级行处在上级管辖行开立的备付金存款账户办理。

商业银行系统内资金汇划与清算使用各行自行开发的系统内资金汇划清算系统，未建立系统的商业银行及其他金融机构通过人民银行的现代化支付系统或建有系统的商业银行转汇办理。主要处理由社会支付、银行内部资金调拨与清算等引起的汇划业务，具体包括：汇兑、委托收款、托收承付、银行汇票、银行卡、储蓄旅行支票、内部资金划拨、其他款项汇划及其资金清算；对公、储蓄、银行卡异地通存通兑业务的资金清算；查询、查复业务。

（三）商业银行系统内资金汇划与清算处理流程

经办行将汇划资金划转其所在地发报行，由发报行通过发报清算行和总行清算中心转发划往收报行，再由收报行划转汇入行，并且汇划款项与资金清算同步进行，如图5-1所示。经办行是指办理结算和资金汇划业务的行处（发报行、收报行）；清算行是指在总行清算中心开立备付金账户的行，负责办理辖属行处款项清算，各直辖市分行和二级分行、省分行营业部均为清算行；总行清算中心是办理系统内各经办行之间的资金汇划、各清算行之间的资金清算及资金拆借、账户对账等账务的核算与管理。

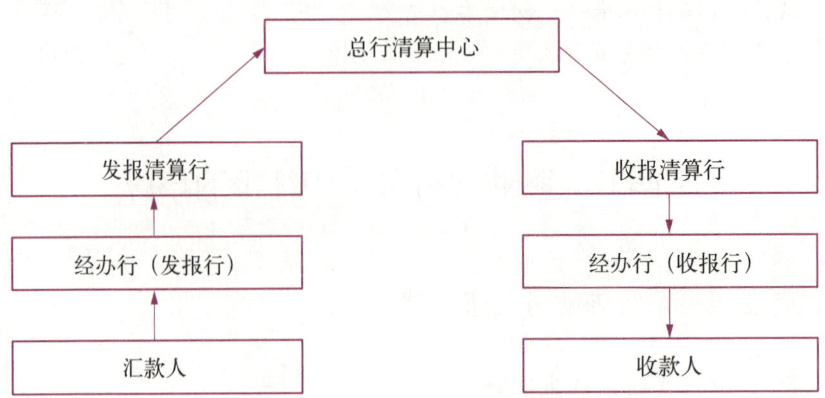

图 5-1 资金汇划清算系统的业务处理流程

清算账户是清算行在总行清算中心开立备付金账户，总行清算中心每天根据各行汇入汇出资金的情况从该清算行备付金账户中付出或存入，来实现资金清算；各支行在上级管辖分行清算中心开立备付金账户，用于经办行与清算行或辖内支行之间的资金清算；省区分行在总行清算中心的备付金账户不用于汇划款项清算，只用于办理系统内资金调拨及利息的汇划。

二、商业银行系统内往来资金汇划与清算的核算

（一）会计科目设置

1. 上存系统内款项科目

该科目属于资产类科目，是下级行用以核算其存放在上级行的资金。各清算行（直辖市分行、总行直属分行、二级分行）和省区分行用来核算其存放在总行备付金账户的款项；二级分行在省区分行开立的调拨资金账户的资金的科目。

2. 系统内款项存放科目

该科目属于负债类科目，与上存系统内款项科目相对应，是上级行用以核算其下级行上存的备付金存款和调拨资金的科目。总行在该科目下按清算行和省区分行设置“××行备付金”，用以核算各清算行和省区分行在总行的备付金存款的增减变动情况。省区分行在该科目下按二级分行设置“××行调拨资金”，用以核算二级分行的调拨资金存款的增减变动情况。

3. 待清算辖内往来科目

该科目属于资产负债共同类科目，核算各发、收报经办行与清算行之间的资金汇划往来与清算情况，反映余额轧差。

4. 上存辖内款项科目

该科目属于资产类科目，是各支行、网点用来核算其存放上级行的备付金存款的科目。

5. 辖内款项存放科目

该科目属于负债类科目，各分行、支行用来核算其所辖支行、网点的备付金存款的

科目。

（二）汇划款项与资金清算的核算

1. 汇划业务种类

划收款业务是发报经办行发起的代收报经办行向付款客户收款的汇划业务。如汇兑、委托收款划回、托收承付划回等结算业务及系统内资金划拨等。发报经办行发起划收款业务，记入“待清算辖内往来”科目的贷方，因此也称为贷方报单业务(简称贷报业务)。

划付款业务是发报经办行发起的代收报经办行向收款客户付款的汇划业务。如银行汇票的解付、信用卡的解付及定期借记业务等。发报经办行发起划付款业务，记入“待清算辖内往来”科目的借方，因此，也称为借方报单业务(简称借报业务)。

2. 发报经办行的处理

发报经办行将原始凭证数据录入计算机，经复核、授权后实时或批量发送至发报清算行。如为贷报业务，其会计分录为：

借：吸收存款或其他科目

　　贷：待清算辖内往来——××行

如为借报业务，则会计分录相反。

日终，“待清算辖内往来”若为贷方余额(贷差)，则为本行应付汇差，日终清算时，应减少本行在上级清算行的备付金存款，其会计分录为：

借：待清算辖内往来——××行

　　贷：上存辖内款项——存××行备付金

若为借方余额(借差)，则为本行应收汇差，日终清算时，应增加本行在上级清算行的备付金存款。会计分录相反。

3. 发报清算行的处理

(1) 跨清算行汇划业务的处理。发报清算行收到跨清算行汇划业务报文，系统自动更新其在总行清算中心的备付金存款，并将汇划数据加押后传输至总行清算中心。如为贷报业务，其会计分录为：

借：待清算辖内往来——××行

　　贷：上存系统内款项——上存总行备付金

如为借报业务，则会计分录相反。

日终，对“待清算辖内往来”科目按经办行轧差，若为借方余额(借差)，则为本行应收汇差，日终清算时，应减少该经办行在本行的备付金存款，其会计分录为：

借：辖内款项存放——××行

　　贷：待清算辖内往来——××行

若为贷方余额(贷差)，则为本行应付汇差，日终清算时，应增加该经办行在本行的备付金存款。会计分录相反。

(2) 同一清算行辖内汇划业务的处理。发报清算行收到本清算行辖内汇划业务报文，系统直接将汇划数据加押后传输至收报经办行，并分别更新发报经办行和收报经办行在本行清算中心的备付金存款。

如为贷报业务，其会计分录为：

借：辖内款项存放——××发报经办行

　贷：辖内款项存放——××收报经办行

如为借报业务，则会计分录相反。

4. 总行清算中心的处理

总行清算中心收到汇划业务报文，系统自动登记后，传输至收报清算行。日终，系统自动更新各清算行在总行的备付金存款账户。如为贷报业务，其会计分录为：

借：系统内款项存放——××发报清算行备付金

　贷：系统内款项存放——××收报清算行备付金

如为借报业务，则会计分录相反。

5. 收报清算行的处理

收报清算行收到汇划业务报文，系统自动更新在总行清算中心的备付金存款账户，采用分散式或集中式进行处理。其中，实时业务即时处理并传输至收报经办行，批量业务处理后次日传输至收报经办行。

(1) 集中式。集中式是指收报清算行作为业务处理中心，负责全辖汇划收报的集中处理及汇出汇款等内部账务的集中管理。

实时汇划业务核押无误后，由收报清算行一并处理本身及收报经办行的账务，记账信息传至收报经办行。如为贷报业务，其会计分录为：

借：上存系统内款项——上存总行备付金

　贷：待清算辖内往来——××行

同时，代理收报经办行记账，会计分录为：

借：待清算辖内往来——××行

　贷：吸收存款或其他科目

如为借报业务，则会计分录相反。

批量业务核押无误后，收报清算行当日进行挂账处理。如为贷报业务，其会计分录为：

借：上存系统内款项——上存总行备付金

　贷：其他应付款——待处理汇划款项

如为借报业务，其会计分录为：

借：其他应收款——待处理汇划款项

　贷：上存系统内款项——上存总行备付金

次日，由清算行代收报经办行逐笔确认后冲销“其他应付款”“其他应收款”。如为贷报业务，其会计分录为：

借：其他应付款——待处理汇划款项

　贷：待清算辖内往来——××行

如为借报业务，其会计分录为：

借：待清算辖内往来——××行

　贷：其他应收款——待处理汇划款项

同时，代理收报经办行记账。如为贷报业务，其会计分录为：

借：待清算辖内往来——××行

　贷：吸收存款或其他科目

如为借报业务，则会计分录相反。

(2) 分散式。分散式是指收报清算行收到总行传来的汇划数据后均传至收报经办行处理。实时汇划业务核押无误后，收报清算行及时传至收报经办行。如为贷报业务，其会计分录为：

借：上存系统内款项——上存总行备付金

　贷：待清算辖内往来——××行

如为借报业务，则会计分录相反。

批量业务核押无误后，收报清算行当日先转入"其他应付款""其他应收款"进行挂账处理；次日，由收报经办行逐笔确认后冲销"其他应付款""其他应收款"，并通过"待清算辖内往来"科目传至收报经办行记账。会计分录与集中式批量处理相同。

(3) 日终清算的处理。日终，对"待清算辖内往来"科目按经办行轧差，若为贷方余额(贷差)，则为本行应付汇差，日终清算时，应增加该经办行在本行的备付金存款。会计分录为：

借：待清算辖内往来——××行

　贷：辖内款项存放——××行

若为借方余额(借差)，则为本行应收汇差，日终清算时，应减少该经办行在本行的备付金存款。会计分录相反。

6. 收报经办行的处理

(1) 分散式。收报经办行收到批量、实时汇划报文，系统自动记账，打印资金汇划补充凭证。如为贷报业务，其会计分录为：

借：待清算辖内往来——××行

　贷：吸收存款或其他科目

如为借报业务，则会计分录相反。

日终，"待清算辖内往来"若为借方余额(借差)，则为本行应收汇差，日终清算时，应增加本行在上级清算行的备付金存款。会计分录为：

借：上存辖内款项——存××行备付金

　贷：待清算辖内往来——××行

若为贷方余额(贷差)，则为本行应付汇差，日终清算时，应减少本行在上级清算行的备付金存款，其会计分录相反。

(2) 集中式。集中管理模式下，收报业务均由收报清算行代理记账，收报经办行只需于日终打印资金汇划补充凭证和有关记账凭证及清单，用于账务核对。集中模式下收报经办行日终清算的会计分录与分散模式相同。

【例 5-7】 中国工商银行武汉武昌支行收到开户单位甲公司提交的电汇凭证，向中国工商银行杭州西湖支行开户单位乙公司汇出货款 8 000 元。中国工商银行武汉武昌支行审核无误后，通过资金汇划清算系统办理款项汇划(批量)，中国工商银行杭州西湖支行收到汇划信息，确认无误后，将货款收入开户单位乙公司账户。中国工商银行杭州分行采取分散管理模式。各经办行、清算行及总行的账务处理如下。

(1) 中国工商银行武汉武昌支行根据电汇凭证录入数据，授权后发送至中国工商银行武汉分行，会计分录为：

借：吸收存款——单位活期存款——甲公司户　　8 000
　贷：待清算辖内往来——武汉分行　　8 000

(2) 中国工商银行武汉分行收到武昌支行传输来的跨清算行汇划业务报文自动进行账务处理，并将汇划数据加押后传输至总行清算中心，其会计分录为：

借：待清算辖内往来——武昌支行　　8 000
　贷：上存系统内款项——上存总行备付金　　8 000

(3) 中国工商银行总行清算中心收到武汉分行上送的汇划业务报文，系统自动记账后，传输至中国工商银行杭州分行。日终，系统自动更新武汉分行和杭州分行在总行的备付金账户，其会计分录为：

借：系统内款项存放——武汉分行备付金　　8 000
　贷：系统内款项存放——杭州分行备付金　　8 000

(4) 中国工商银行杭州分行收到总行清算中心传来的汇划业务报文，系统自动更新在总行清算中心的备付金账户，并进行挂账处理，其会计分录为：

借：上存系统内款项——上存总行备付金　　8 000
　贷：其他应付款——待处理汇划款项　　8 000

次日，经西湖支行逐笔确认后冲销挂账，并下划至西湖支行记账，其会计分录为：

借：其他应付款——待处理汇划款项　　8 000
　贷：待清算辖内往来——西湖支行　　8 000

(5) 中国工商银行杭州西湖支行收到杭州分行传来的汇划报文，确认无误后系统自动记账，其会计分录为：

借：待清算辖内往来——杭州分行　　8 000
　贷：吸收存款——单位活期存款——乙公司户　　8 000

三、商业银行系统内资金调拨与利息的核算

系统内资金调拨是商业银行系统内上、下级行之间因日常结算、资金清算和经营管理需要而存放、缴存和借入、借出各种款项的业务。

(一) 系统内备付金存款的核算

1. 备付金存款账户的开立与资金存入的处理

清算行和省区分行以实汇资金的方式将款项存入在总行清算中心开立的备付金存款账户时，会计分录为：

借：其他应收款——待处理汇划款项
　贷：存放中央银行款项——准备金存款

待接到总行清算中心返回的成功信息后，会计分录为：

借：上存系统内款项——上存总行备付金

　　贷：其他应收款——待处理汇划款项

总行清算中心收到上存的备付金时，会计分录为：

借：存放中央银行款项——准备金存款

　　贷：系统内款项存放——××行备付金

2. 通过人民银行调回备付金的处理

总行清算中心以实汇资金的方式将款项调出时，会计分录为：

借：系统内款项存放——××行备付金

　　贷：存放中央银行款项——准备金存款

清算行和省区分行接到总行清算中心发来的信息后，会计分录为：

借：其他应收款——待处理汇划款项

　　贷：上存系统内款项——上存总行备付金

待收到调回的备付金后，会计分录为：

借：存放中央银行款项——准备金存款

　　贷：其他应收款——待处理汇划款项

（二）系统内借款的核算

系统内借款是指下级行根据相关管理规定和业务经营需要向上级行借入资金。二级分行在总行清算中心的备付金存款不足可向管辖省区分行借款；省区分行和直辖市分行、直属分行头寸不足可向总行借款。上级行设置“系统内借出”科目，而下级行设置“系统内借入”科目。

1. 一般借入的处理

(1) 二级分行向管辖省区分行借入资金。省区分行接到二级分行借款申请，向总行清算中心办理资金借出手续，其会计分录为：

借：系统内借出——一般借出

　　贷：上存系统内款项——上存总行备付金

总行清算中心收到省区分行借出资金信息后，当日自动进行账务处理，其会计分录为：

借：系统内款项存放——××省区分行备付金

　　贷：系统内款项存放——××清算行备付金

清算行收到借款信息后，自动进行账务处理，其会计分录为：

借：上存系统内款项——上存总行备付金

　　贷：系统内借入——一般借入

(2) 省区分行向总行借入资金。总行接到省区分行借款申请，办理资金借出手续，其会计分录为：

借：系统内借出——一般借出

　　贷：系统内款项存放——××省区分行备付金

省区分行收到借款信息后，自动进行账务处理，其会计分录为：

借：上存系统内款项——上存总行备付金

　　贷：系统内借入——一般借入

2. 强行借入的处理

二级分行在总行的备付金不足，日终不能立即借入资金补足时，总行清算中心有权主动代省区分行强行向二级分行借出资金，同时通知二级分行和省区分行。

(1) 省区分行在总行备付金账户有足够余额时。总行清算中心日终批量处理时，系统自动代省区分行强拆二级分行，其会计分录为：

借：系统内款项存放——××省区分行备付金

贷：系统内款项存放——××清算行备付金

省区分行次日收到总行代本行强拆信息后，其会计分录为：

借：系统内借出——强行借出

贷：上存系统内款项——上存总行备付金

二级分行次日收到总行代省区分行强拆信息后，其会计分录为：

借：上存系统内款项——上存总行备付金

贷：系统内借入——强行借入

(2) 省区分行在总行备付金账户余额不足时。总行清算中心日终批量处理时，系统自动强拆省区分行，然后代省区分行强拆二级分行，其会计分录为：

借：系统内借出——强行借出

贷：系统内款项存放——××省区分行备付金

借：系统内款项存放——××省区分行备付金

贷：系统内款项存放——××清算行备付金

省区分行次日收到总行强拆及代本行强拆信息后，其会计分录为：

借：上存系统内款项——上存总行备付金

贷：系统内借入——强行借入

借：系统内借出——强行借出

贷：上存系统内款项——上存总行备付金

二级分行次日收到总行代省区分行强拆信息后，其会计分录为：

借：上存系统内款项——上存总行备付金

贷：系统内借入——强行借入

3. 归还借款的处理

(1) 二级分行归还省区分行借款。二级分行向总行清算中心发出还款通知，系统自动进行账务处理，其会计分录为：

借：系统内借入——一般借入或强行借入

贷：上存系统内款项——上存总行备付金

总行清算中心收到还款信息后，系统自动进行账务处理，其会计分录为：

借：系统内款项存放——××清算行备付金

贷：系统内款项存放——××省区分行备付金

省区分行清算中心收到还款信息后，系统自动进行账务处理，其会计分录为：

借：上存系统内款项——上存总行备付金

贷：系统内借出——一般借出或强行借出

（2）省区分行归还总行借款。省区分行向总行清算中心发出还款通知，系统自动进行账务处理，其会计分录为：

借：系统内借入——一般借入或强行借入

　贷：上存系统内款项——上存总行备付金

总行清算中心收到还款信息后，系统自动进行账务处理，其会计分录为：

借：系统内款项存放——××省区分行备付金

　贷：系统内借出——一般借出或强行借出

如果二级分行或省区分行借款到期不能归还，到期日营业终了，自动转入各该科目逾期贷款户，并自转入日按规定的逾期贷款利率计息。

（三）利息的核算

1. 系统内备付金存款利息的处理

总行清算中心按季计付各清算行和省区分行存入总行的备付金存款利息。总行清算中心按季付息时，系统自动生成各清算行和省区分行利息报文，次日营业开始时下送各行，其会计分录为：

借：利息支出——系统内往来支出

　贷：系统内款项存放——××分行备付金

清算行和省区分行次日收到利息报文后，系统自动进行账务处理，其会计分录为：

借：上存系统内款项——上存总行备付金

　贷：利息收入——系统内往来收入

2. 系统内借款利息的处理

总行清算中心按季计收各清算行和省区分行向总行借入的借款利息。总行清算中心按季计收利息时，系统自动生成各清算行和省区分行利息报文，次日营业开始时下送各行，其会计分录为：

借：系统内款项存放——××分行备付金

　贷：利息收入——系统内往来收入

清算行和省区分行次日收到利息报文后，系统自动进行账务处理，其会计分录为：

借：利息支出——系统内往来支出

　贷：上存系统内款项——上存总行备付金

如果清算行和省区分行在总行的备付金存款不足支付借款利息时，总行先作强行借款处理，然后再按前述账务处理进行利息扣划。

关键术语

再贷款　再贴现　同业拆借　同城票据交换　系统内往来　同业存放款项　经办行　清算行　资金汇划

思考题

1. 金融机构往来包括哪些内容？

2. 再贷款有哪些种类？

3. 什么是买断式再贴现？什么是回购式再贴现？两者有什么区别？

4. 什么是同城票据交换？简述同城票据交换的基本原理。

5. 什么是同业拆借？同业拆借应通过什么方式办理？

6. 系统内往来和系统内资金汇划的含义是什么？

第六章　中国现代化支付系统的核算

学习内容与目标

本章介绍中国现代化支付系统概述、大额支付清算系统业务核算、小额支付清算系统业务核算和网上支付跨行清算系统的核算。通过本章学习应熟悉中国现代化支付系统构成、大额支付清算系统业务和小额支付清算系统业务处理流程；熟练掌握大额支付清算系统业务、小额支付清算系统业务、网上跨行资金清算的会计核算。

第一节　中国现代化支付系统概述

一、中国现代化支付系统现状

中国现代化支付系统（China's National Advanced Payment System，简称 CNAPS）是人民银行为适应我国市场经济发展的要求，充分利用现代计算机技术和通信网络技术开发建设的，高效、安全处理各银行办理的异地、同城各种支付业务及其资金清算和货币市场交易资金清算的应用系统，是各银行和货币市场的公共支付清算平台。中国现代化支付系统是对原有支付系统的改造，采用了先进的设计与技术以适应未来的需求，是把覆盖全国的金融数据通信网（CNFN）将众多银行机构联结到全国和地区支付业务清算和结算中心，并开发一系列支付应用处理系统，如大额支付系统、小额支付系统等，以逐步取代原有分散的各个支付系统。

中国现代化支付系统建有两级处理中心，即国家处理中心（National Processing Center，简称 NPC）和全国 32 个（包括 4 个直辖市、27 个省会或首府城市和深圳市）城市处理中心（City Clearing Processing Center，简称 CCPC）。NPC 分别与各 CCPC 连接，其通信网络采用专用网络，以地面通信为主，卫星通信备份。国家处理中心负责支付系统的运行和管理，接收、转发各城市处理中心的支付指令，并对集中开设的清算账户进行资金清算和处理的机构。城市处理中心主要负责支付指令的转发和接收，对本 CCPC 范围内的小额业务进行清分轧差的机构。

中国现代化支付系统由大额实时支付系统、小额批量支付系统、网上支付跨行清算系统（IBPS）、全国支票影像交换系统（CIS）、电子商业汇票系统（ECDS）、境内外币支付系统(CFXPS)组成。

二、中国现代化支付系统的构成

中国现代化支付系统以清算账户管理系统(SAPS)为核心,大额支付系统(HVPS)、小额支付系统(HEPS)、网上支付跨行清算系统、支票影像交换系统为业务应用子系统,公共控制系统和支付管理信息系统为支持系统(见图6-1)。小额系统与大额支付系统共享主机、通信和存储资源。中央银行会计核算系统(ABS)、国家金库会计核算系统(TBS)、票据影像截留系统、同城票据交换系统通过CCPC接入现代化支付系统。中国现代化支付系统在我国支付系统中处于核心地位,发挥着中流砥柱的重要作用,是连接商品交易和社会经济活动的"大动脉"。

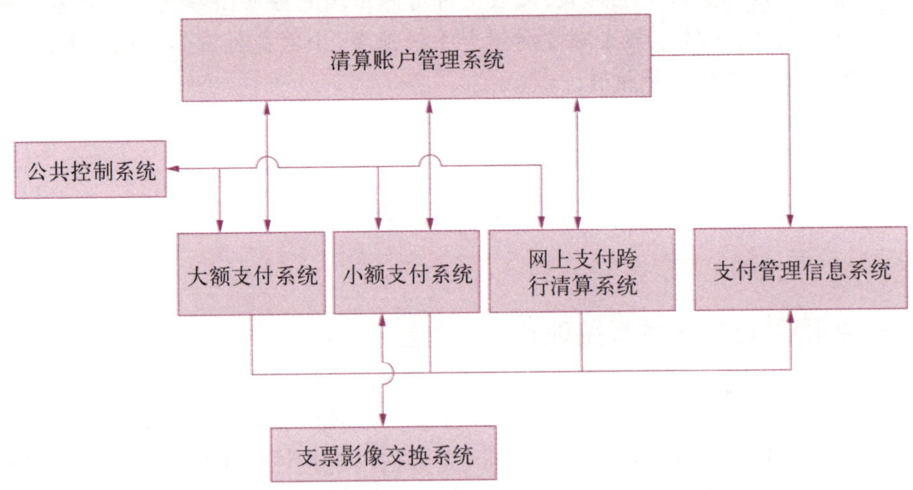

图6-1 中国现代化支付系统应用系统架构

(一)大额支付系统

大额支付系统由央行拥有和运行,是所有支付应用系统的核心,采用实时全额支付系统(Real Time Gross Settlement,简称RTGS)方式,为跨行资金转账、金融市场、证券市场、外汇市场提供当日资金结算,也为小额支付系统、同城清算所、银行卡网络以及商业银行电子汇兑系统提供日终净额结算。

(二)小额支付系统

小额支付系统在一定时间内对多笔支付业务进行轧差处理,净额清算资金。小额支付系统主要处理同城和异地纸质凭证截留的商业银行跨行之间的定期借记和定期贷记支付业务,中央银行会计和国库部门办理的借记支付业务,以及每笔金额在规定起点以下的小额贷记支付业务。小额支付系统采取批量发送支付指令,轧差净额清算资金。

(三)网上支付跨行清算系统

网上支付跨行清算系统主要支持网上跨行零售业务的处理,业务指令逐笔发送、实时轧差、定时清算。客户可通过在线方式提交支付业务，并可实时获取业务处理结果。系统支持商业银行以及经中国人民银行批准的非金融支付服务机构接入，并向客户提供 7×24 小时全天候服务。

（四）支票影像交换系统

支票影像交换系统是指运用影像技术将实物支票转换为支票影像信息，通过计算机及网络将影像信息传递至出票人开户银行提示付款的业务处理系统。影像交换系统定位于处理银行机构跨行和行内的支票影像信息交换，其资金清算通过中国人民银行覆盖全国的小额支付系统处理。支票影像业务的处理分为影像信息交换和业务回执处理两个阶段，即支票提出银行通过影像交换系统将支票影像信息发送至提入行提示付款；提入行通过小额支付系统向提出行发送回执完成付款。

（五）电子商业汇票系统

电子商业汇票系统是由中国人民银行批准建立的，依托网络和计算机技术接收、登记、转发电子商业汇票数据电文，提供与电子商业汇票货币给付、资金清算行为相关服务并提供纸质商业汇票登记查询和商业汇票公开报价服务的综合性业务处理平台。

（六）境内外币支付系统

境内外币支付系统由中国人民银行牵头建设，由清算总中心集中运营，由直接参与机构等单一法人集中接入，采用“Y”型信息流结构，由外币清算处理中心负责对支付指令进行接收、清算和转发，由代理结算银行负责对支付指令进行结算。

三、中国现代化支付系统的参与者

凡办理支付结算业务的银行、信用社及其他特许机构，经央行批准，都可作为现代化支付系统的参与者，可以分为直接参与者、间接参与者和特许参与者。

（一）直接参与者

直接参与者是指直接与支付系统城市处理中心连接并在中国人民银行开设清算账户的银行机构以及中国人民银行地市级（含）以上中心支行（库）。

（二）间接参与者

间接参与者是指未在中国人民银行开设清算账户而委托直接与者办理资金清算的银行和非银行金融机构以及中国人民银行县（市）支行（库）。

（三）特许参与者

特许参与者是指中国人民银行批准与支付系统实现连接，通过支付系统办理特定业务的机构。目前支付系统的特许参与者有中央国债登记结算有限责任公司、外汇交易中心、城市商业银行清算中心等。

国有商业银行、股份制商业银行、城市信用社为主要直接参与者，中国人民银行公开市场操作室和中央国债登记结算公司等作为特许参与者，而企业或个人作为间接参与者。

第二节 大额支付清算系统的核算

一、大额支付清算系统概述

(一) 大额支付系统特征

大额支付系统主要处理金融机构间同城和异地金额在规定起点以上的大额贷记支付业务和紧急的小额贷记支付业务，采取逐笔发送支付指令，全额实时清算资金。它为金融机构和企业及金融市场提供快速、高效安全的支付清算服务，只在正常工作日运行。大额支付系统具有以下特征。

1. 高效的资金清算功能

大额支付系统采取与直接参与者直接连接的方式，实现了从发起行到接收行全过程的自动化处理，实行逐笔发送，实时清算；采取 NPC 直接与中央债券综合业务系统、中国银联信息处理系统连接的方式，实现了债券交易的 DVP 清算和银联卡跨行业务的即时转账清算。

2. 全面的流动性管理功能

大额支付系统提供联机头寸查询、日间透支限额、自动质押融资机制、设置清算窗口等系统功能，商业银行可随时查询和预测其头寸的变化情况，并根据需要及时筹措资金，完成支付业务的最终清算。

3. 健全的风险防范功能

系统实行全额实时清算资金，不足支付的交易作排队处理，并采取债券质押与资金融通相结合的自动质押融资机制，并有大额支付系统应急灾难备份系统和运行维护机制。系统禁止隔夜透支。

4. 适度集中的清算账户管理功能

大额支付系统对商业银行的清算账户采取“物理上集中摆放，逻辑上分散管理”的方式，即各商业银行在人民银行当地分支行开设的清算账户物理上在 NPC 集中存储，日间处理跨行的资金清算；逻辑上由人民银行当地分支行进行管理，日终 ABS 下载清算账户数据，进行账务平衡。

5. 灵活的系统管理功能

设置接入管理功能，满足各银行灵活接入系统的需要；设置业务控制功能，对不同参与者发起和接收的支付业务进行控制；设置队列管理功能，参与者可对排队业务进行次序调整；设置清算账户控制管理功能，人民银行可对严重违规或发生信用风险的直接参与者的清算账户实施部分金额控制、借记控制直至关闭。

(二) 大额支付系统的组织构成

大额支付系统由发起行、发起清算行、发报中心、国家处理中心、收报中心、接收清算行、接收行组成。发起行是向发起清算行提交支付业务的参与者。

发起清算行是向支付系统提交支付信息并开设清算账户的直接参与者或特许参与者。发起清算行也可作为发起行向支付系统发起支付业务；发报中心是向国家处理中心转发发起清算行支付信息的城市处理中心。

国家处理中心是接收、转发支付信息，并进行资金清算处理的机构。收报中心是向接收清算行转发国家处理中心支付信息的城市处理中心。

接收清算行是向接收行转发支付信息并开设清算账户的直接参与者。接收行是从接收清算行接收支付信息的参与者。接收清算行也可作为接收行接收支付信息。

大额支付系统处理的支付业务，其信息从发起行发起，经发起清算行、发报中心、国家处理中心、收报中心、接收清算行，至接收行止。

（三）大额支付系统业务范围

大额支付系统业务具体包括有规定金额起点以上的跨行贷记支付业务（目前为5万元以上）；规定金额起点以下的紧急跨行贷记支付业务；各银行行内需要通过大额支付系统处理的贷记支付业务；中国人民银行会计营业部门和国库部门发起的贷记业务；城市商业银行银行汇票资金的移存和兑付资金的汇划业务；特许参与者发起的即时转账业务；中国人民银行规定的其他支付清算业务。

（四）大额支付系统的业务流程

大额支付系统处理同城和异地跨行之间和行内的大额贷记及紧急小额贷记支付业务，是人民银行系统的贷记支付业务以及即时转账业务等的应用系统。

1. 一般大额贷记支付业务

一般大额贷记支付业务是由付款银行发起，逐笔实时发往国家处理中心，国家处理中心清算资金后，实时转发收款银行的业务，包括汇兑、托收承付划回、中国人民银行（库）办理的资金汇划等（见图6-2）。

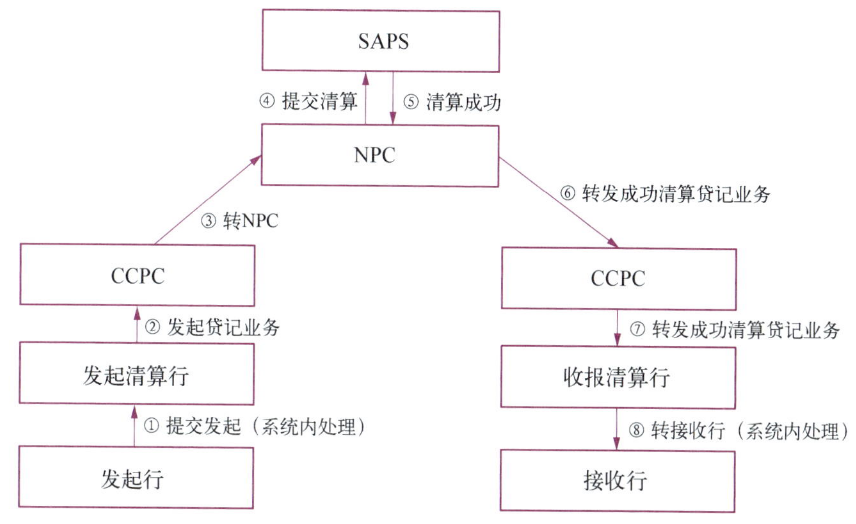

图6-2　一般普通贷记业务处理流程

2. 即时转账支付业务

即时转账支付业务是由与支付系统国家处理中心直接连接的债券综合业务办公室

特许参与者发起，通过国家处理中心实时清算资金后，通知被借记行和被贷记行的业务（见图 6-3）。主要包括中央债券综合业务系统办理的公开市场业务、债券交易市场业务、债券发行与兑付业务等。

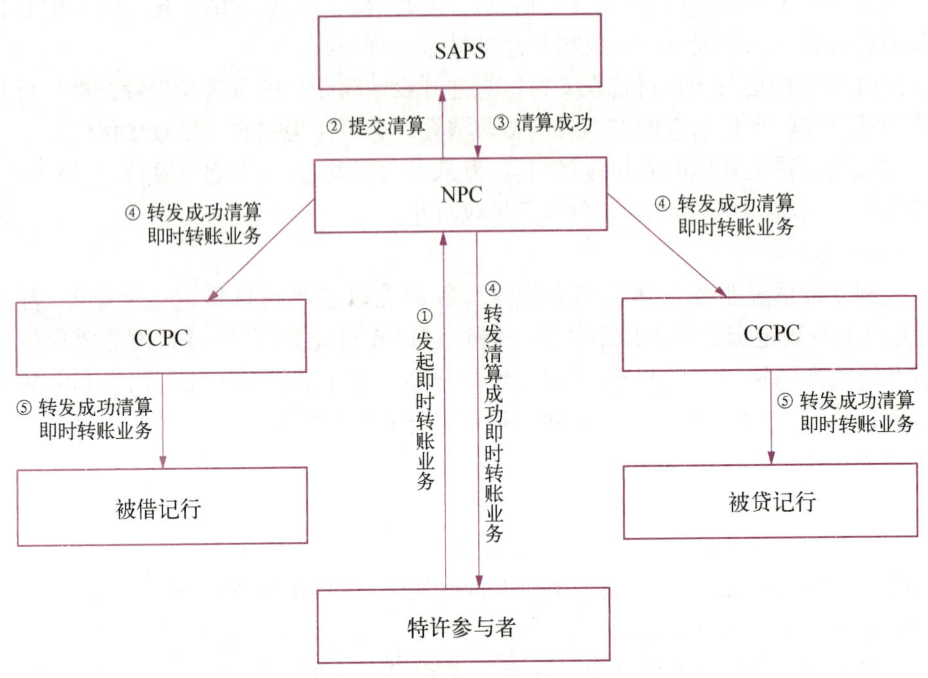

图 6-3　即时转账业务处理流程

3. 城市商业银行银行汇票业务

城市商业银行银行汇票业务是支付系统为支持中小金融机构结算和通汇而专门设计的支持城市商业银行银行汇票资金的移存（见图 6-4）和兑付（见图 6-5）的资金清算业务。

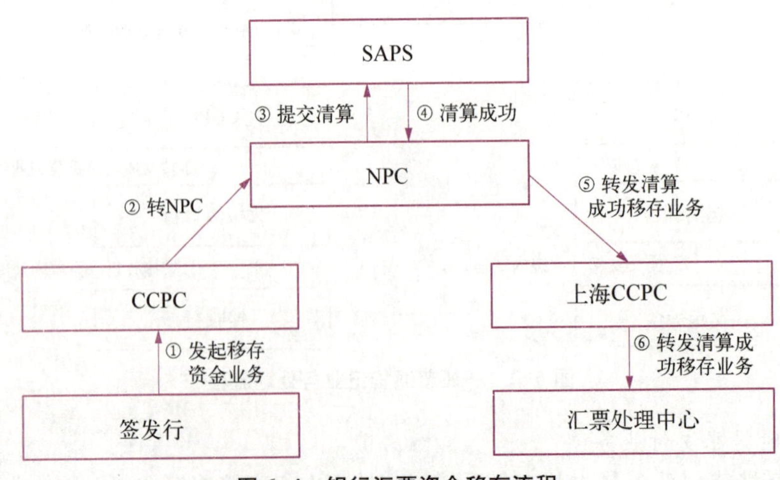

图 6-4　银行汇票资金移存流程

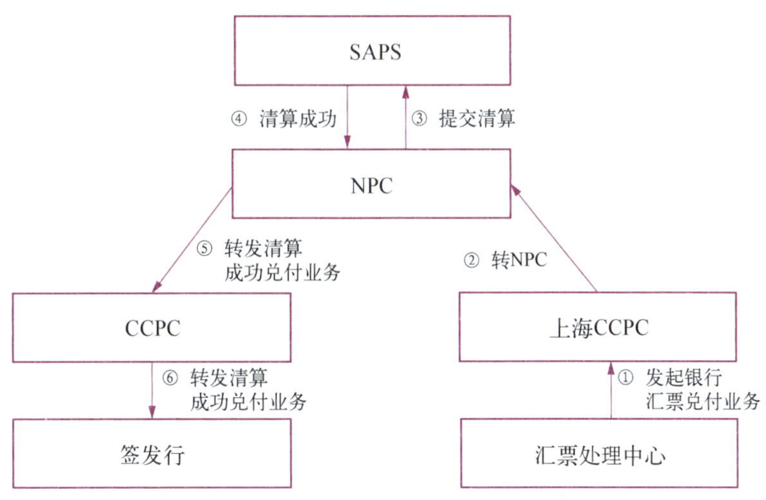

图 6-5 银行汇票资金兑付流程

二、会计科目设置

（一）存款类科目

大额支付系统设置的存款类科目包括政策性银行准备金存款、工商银行准备金存款、农业银行准备金存款、中国银行准备金存款、建设银行准备金存款、交通银行准备金存款、其他商业银行准备金存款、城市信用社准备金存款、农村信用社准备金存款、其他金融机构准备金存款、外资银行准备金存款、外资其他金融机构准备金存款和其他存款等科目。

以上存款类科目是负债类科目，人民银行分支行使用，核算银行业金融机构存放在人民银行的准备金和经批准存放在人民银行的款项。其他存款科目核算特许参与者用于清算的资金和支付业务收费的归集、划拨等。

（二）联行类科目

1. 大额支付往来

本科目核算支付系统发起清算行和接收清算行通过大额支付系统办理的支付结算往来款项，余额轧差反映。年终，本科目余额全额转入“支付清算资金往来”科目，余额为零。

2. 支付清算资金往来

本科目核算支付系统发起清算行和接收清算行通过大额支付系统办理的支付结算汇差款项。年终，“大额支付往来”科目余额对清后，结转至本科目，余额轧差反映。

3. 汇总平衡科目（国家处理中心专用）

该科目为平衡国家处理中心（NPC）代理人民银行分支行（库）账务处理而设置，为NPC所专用，不纳入人民银行（库）的核算。其中“大额支付往来”“支付清算资金往来”“汇总平衡”科目按人民银行分支行的会计营业部门、国库部门和电子联行转换中心等机构分设账户。

三、大额实时支付业务的核算①

（一）发起行（发起清算行）的处理

商业银行行内业务处理系统与前置机直连的，根据发起人提交的原始数据凭证和要求，行内业务处理系统将规定格式标准的支付报文发送前置机系统，由前置机系统自动加编地方密押后发送发报中心。待国家处理中心清算资金后接收回执。

发起行（发起清算行）的会计分录为：

借：吸收存款——××单位活期存款户

　贷：待清算辖内往来——××行

发起行收到发起人的支付信息发至发起清算行，发起清算行将收到的及本身的支付信息发至发报中心，待国家处理中心清算资金后接收回执，发起清算行收到后，审核无误进行账务处理，其会计分录为：

借：待清算辖内往来——××行

　贷：存放中央银行款项——准备金存款（发起清算行为商业银行）

　　　大额支付往来—人民银行×行户　（发起清算行为人民银行）

若发起清算行本身就是发起行，其会计分录为：

借：××科目

　贷：存放中央银行款项——准备金存款

发起清算行将支付报文（信息）发送（导入）前置机系统，系统自动逐笔加编地方密押后发送发报中心。待 SAPS 清算资金后接收回执。

（二）发报中心的核算处理

发报中心收到发起清算行发来的信息，确认无误后，逐笔加编全国密押，实时发送国家处理中心。

（三）国家处理中心的处理

国家处理中心收到发报中心发来的支付报文，逐笔确认无误后，提交 SAPS 进行资金清算，分别情况进行账务处理。

（1）发起清算行、接收清算行均为商业银行的，其会计分录为：

借：××存款——××行户

　贷：大额支付往来——人民银行××行户

借：大额支付往来——人民银行××行户

　贷：××存款——××行户

（2）发起清算行为商业银行，接收清算行为人民银行会计营业部门或国库部门的，其会计分录为：

---

① 支付业务可以由银行业金融机构发起，也可以由中国人民银行（库）发起，本章只介绍由银行业金融机构发起的支付业务。

借：××存款——××行户

贷：大额支付往来——人民银行××行户

借：大额支付往来——人民银行××行(库)户

贷：汇总平衡科目——人民银行××行(库)户

(3) 发起清算行为人民银行会计营业部门或国库部门，接收清算行为商业银行的，其会计分录为：

借：汇总平衡科目——人民银行××行(库)户

贷：大额支付往来——人民银行××行(库)户

借：大额支付往来——人民银行××行户

贷：××存款——××行户

(4) 发起清算行、接收清算行均为人民银行会计营业部门或国库部门的，其会计分录为：

借：汇总平衡科目——人民银行××行(库)户

贷：大额支付往来——人民银行××行(库)户

借：大额支付往来——人民银行××行(库)户

贷：汇总平衡科目——人民银行××行(库)户

(5) 发起清算行为商业银行，其清算账户头寸不足时，国家处理中心将该笔支付业务进行排队处理。国家处理中心账务处理完成后，将支付信息发往收报中心。

(四) 收报中心的处理

收报中心接收国家处理中心发来的支付信息，确认无误后，逐笔加编地方密押，实时发送接收清算行。

(五) 接收(清算)行的处理

(1) 接收清算行的处理。接收清算行前置机收到收报中心发来的支付信息，逐笔确认后，送行内系统进行账务处理，其会计分录为：

借：存放中央银行款项——准备金存款

贷：待清算辖内往来——××行

若接收清算行本身就是接收行，其会计分录为：

借：存放中央银行款项——准备金存款

贷：××科目

(2) 接收行的处理。接收行收到接收清算行通过行内系统发来的支付信息，逐笔确认无误后，按各银行系统内往来的规定进行账务处理并通知接收人，其会计分录为：

借：待清算辖内往来——××行

贷：吸收存款——××存款——××户

收报中心接收国家处理中心发来的支付信息，确认无误后，逐笔加编地方密押实时发送接收清算行。

【例 6-1】 4 月 7 日，中国工商银行深圳 A 支行(间接参与者)收到开户单位甲厂提交的电汇凭证，要求向中国农业银行北京 B 支行(间接参与者)开户单位乙公司汇出货款 80 000 元。中国工商银行深圳 A 支行审核无误后，将支付信息经行内系统发往其所属的中国工商银行深圳分行(直接参与者),中国工商银行深圳分行收到后通过大额支付系统汇出资金。中国农业银行北京B支行收到其所属的中国农业银行北京分行(直接参与者)通过行内系统发来的支付信息,确认无误后,将货款收入开户单位乙公司账户。

中国工商银行深圳A支行、中国工商银行深圳分行、SAPS、中国农业银行北京B支行及中国农业银行北京分行的账务处理如下:

(1) 中国工商银行深圳A支行的会计分录为:

借:吸收存款——单位活期存款——甲厂　　80 000

　贷:待清算辖内往来——中国工商银行深圳分行　　80 000

(2) 中国工商银行深圳分行的会计分录为:

借:待清算辖内往来——中国工商银行深圳A支行　　80 000

　贷:存放中央银行款项——准备金存款　　80 000

(3) SAPS的会计分录为:

借:商业银行存款——中国工商银行深圳分行　　80 000

　贷:大额支付往来——中国人民银行深圳中心支行　　80 000

借:大额支付往来——中国人民银行北京营业管理部　　80 000

　贷:商业银行存款——中国农业银行北京分行　　80 000

(4) 中国农业银行北京分行的会计分录为:

借:存放中央银行款项——准备金存款　　80 000

　贷:待清算辖内往来——中国农业银行北京B支行　　80 000

(5) 中国农业银行北京B支行的会计分录为:

借:待清算辖内往来——中国农业银行北京分行　　80 000

　贷:吸收存款——单位活期存款——乙公司　　80 000

四、城市商业银行银行汇票业务的核算

城市商业银行银行汇票业务处理系统与大额支付系统上海CCPC连接,依托大额支付系统处理城市商业银行银行汇票资金移存和兑付资金清算业务。

(一) 银行汇票资金移存业务的处理

1. 发起行(发起清算行)的处理

签发行签发银行汇票,进行账务处理,生成汇票资金移存报文,逐笔加编地方密押发送发报中心。

在汇票资金移存报文中,收报中心为上海城市处理中心,接收行为汇票处理中心。汇票处理中心作为大额支付系统特许参与者在人民银行上海分行开立特许清算账户。

2. 发报中心的处理

发报中心收到银行汇票资金移存报文,确认无误,逐笔加编全国密押,实时发送国家处理中心。

3. 国家处理中心的处理

国家处理中心收到发报中心发来的银行汇票资金移存报文，逐笔确认无误后，提交SAPS进行账务处理，其会计分录为：

借：××存款——××行

　贷：大额支付往来——人民银行××行（即××行所在地人行）

借：大额支付往来——人民银行上海分行

　贷：××存款——汇票处理中心

SAPS账务处理完成后，将报文转发国家处理中心。国家处理中心收到后转发收报中心。如清算账户头寸不足以支付，SAPS将该笔支付业务作排队处理。

4. 收报中心的处理

收报中心收到国家处理中心发送的银行汇票资金移存报文，确认无误，逐笔加编地方密押，发送汇票处理中心。

5. 汇票处理中心的处理

汇票处理中心收到收报中心转发的银行汇票移存资金报文，确认无误后，进行账务处理。如发现重复移存的信息，使用银行汇票未用退回资金报文退回发起清算行（发起行）。

（二）银行汇票兑付的处理

1. 兑付申请的处理

代理兑付行收到兑付银行汇票申请，暂不作账务处理，生成申请清算银行汇票资金报文，发送发报中心（其中收报中心为上海城市处理中心，接收行为汇票处理中心），经国家处理中心、上海城市处理中心，转发汇票处理中心。

汇票处理中心收到报文，核验汇票密押，并分别情况进行处理：密押相符的，自动进行配对处理。若配对相符，进行资金划拨；如配对不符，属重复兑付或超过汇票有效期的，向代理兑付行发出拒绝兑付通知；属汇票资金未移存的，应向代理兑付行办理资金划拨；密押不符的，向代理兑付行发出拒绝兑付通知。

2. 汇票兑付资金清算的处理

（1）汇票处理中心的处理。全额兑付的，生成清算银行汇票资金报文及银行汇票全额兑付通知报文，将清算银行汇票资金报文逐笔加编地方密押，发送上海城市处理中心；部分兑付的，生成清算银行汇票资金报文和银行汇票多余资金划回报文，逐笔加编地方密押，发送上海城市处理中心。

（2）发报中心的处理。发报中心收到报文，确认无误，逐笔加编全国密押，实时发送国家处理中心。

（3）国家处理中心的处理。国家处理中心收到发报中心发来的清算银行汇票资金报文和银行汇票全额兑付通知报文、汇票多余款划回报文，确认无误后，提交SAPS进行账务处理。

① 对清算银行汇票资金报文进行账务处理，其会计分录为：

借：××存款——汇票处理中心　　　　　　　　　　（兑付款）

　贷：大额支付往来——人民银行上海分行

借：大额支付往来——人民银行××行　（即兑付行所在地人行）
　贷：××存款——××行(兑付行)　（兑付款）

② 对汇票多余款划回报文进行账务处理，其会计分录为：

借：××存款——汇票处理中心　（多余款）
　贷：大额支付往来——人民银行上海分行
借：大额支付往来——人民银行××行　（即签发行所在地人行）
　贷：××存款——××行(签发行)　（多余款）

SAPS 账务处理完成后，将报文转发国家处理中心。国家处理中心收到后转发收报中心。

(4) 收报中心的处理。签发行所在地收报中心收到银行汇票全额兑付通知或汇票多余款退回报文，逐笔确认后，转发签发行。兑付行所在地收报中心收到清算银行汇票资金报文，逐笔确认后，转发兑付行。

(5) 接收清算行(接收行)的处理。接收清算行(接收行)即签发行和代理兑付行，收到通知、报文，逐笔确认后，进行账务处理。

3. 银行汇票未用退回的处理

(1) 未用退回申请的处理。发起行(发起清算行)收到未用退回申请，生成银行汇票未用退回申请报文，发送发报中心，经国家处理中心、上海城市处理中心，转发汇票处理中心。

汇票处理中心收到报文，确认无误后进行资金划拨。对已兑付的汇票，向签发行发出拒绝退回通知。

(2) 汇票未用退回资金清算的处理。汇票处理中心根据汇票出票金额生成银行汇票未用退回资金报文，加编地方密押，发送发报中心。经发报中心转发国家处理中心。

国家处理中心收到银行汇票未用退回报文，逐笔确认无误后，提交 SAPS 进行账务处理，其会计分录为：

借：××存款——汇票处理中心
　贷：大额支付往来——人民银行上海分行
借：大额支付往来——人民银行××行
　贷：××存款——××行(签发行)

SAPS 账务处理完成后，将银行汇票未用退回资金报文转发国家处理中心。国家处理中心收到后发送收报中心，转发接收清算行(接收行)进行账务处理。

4. 银行汇票逾期主动退回的处理

汇票处理中心对期满一个月后未解付的汇票，经查询确需退回的生成银行汇票未用退回报文发送发报中心。经发报中心、国家处理中心、收报中心退回签发行。

5. 银行汇票挂失的处理

填明“现金”字样和代理付款人的银行汇票丧失，持票人可以向签发行和代理兑付行申请挂失，办理公示催告，票据权利人凭法院裁定书向签发行申请退款，代理兑付行不能办理挂失的银行汇票的解付。

五、大额支付系统即时转账业务核算

（一）公开市场操作资金清算的处理

1. 人民银行公开市场操作室的处理

公开市场业务招投标结束后，公开市场业务系统自动生成以人民银行为一方、以中标交易商为另一方的含有全部债券与资金结算要素的结算指令，经操作室和中标交易商双方确认后成为已匹配结算指令。在结算指令指定的结算日，中央债券综合业务系统将付券方的应付债券转入“待付”状态进行锁定（如为回购到期合同，则检查待购回债券状态是否正常）。如券不足，则结算指令处于等待状态，暂不作处理。否则，人民银行公开市场操作室根据中央债券综合业务系统债券处理结果，向国家处理中心发出即时转账支付报文，办理资金清算。

2. 国家处理中心的处理

国家处理中心收到即时转账支付报文，确认无误后，进行账务处理。

(1) 被借记行为人民银行的（货币投放），其会计分录为：

借：汇总平衡科目——人民银行营业管理部户

　　贷：大额支付往来——人民银行营业管理部户

国家处理中心在完成被借记行账务处理后，对被贷记行进行账务处理，其会计分录为：

借：大额支付往来——××行（特许）所在地人行户

　　贷：××存款——××行（特许）户

(2) 被借记行为一级交易商的（货币回笼），会计分录为：

借：××存款——××行（特许）户

　　贷：大额支付往来——××行（特许）所在地人行户

国家处理中心在完成被借记行账务处理后，对被贷记行进行账务处理，其会计分录为：

借：大额支付往来——人民银行总行营业管理部户

　　贷：汇总平衡科目——人民银行总行营业管理部户

国家处理中心账务处理完成后，向中央债券综合业务系统发送即时转账回应报文，将资金清算成功结果通知公开市场操作室；同时向被借记行和被贷记行所在地城市处理中心发送即时转账通知报文，转发被借记行和被贷记行。如清算账户头寸不足支付，国家处理中心将该笔支付业务作排队处理，并将不足支付的信息通知中央债券综合业务系统并转发人民银行公开市场操作室、被借记行。

3. 中央债券综合业务系统的处理

中央债券综合业务系统收到即时转账回应报文，对已完成资金清算的，办理债券结算，生成结算交割单，通知人民银行公开市场操作室和中标交易商。

对即时转账业务处于排队等待的，暂不作处理。日终，在支付系统清算窗口关闭时，清算账户仍不足支付的，中央债券综合业务系统根据国家处理中心退回的即时转账支付报文，将有关业务作结算失败处理，将锁定行“待付”状态的债券还原，并通知相应中标交易商和人民银行公开市场操作室结算失败。

4. 人民银行营业管理部中央银行会计集中核算系统的处理

中央银行会计集中核算系统接到人民银行公开市场操作室提供的中标通知书，与城市处理中心传来的即时转账通知核对无误后，根据通知有关要素进行相应处理。

（二）债券发行、兑付资金清算的处理

1. 债券发行缴款业务资金清算的处理手续

(1) 中央国债登记结算公司的处理。债券发行结束，中央国债登记结算公司根据中标结果在中央债券综合业务系统为承销商开设承销账户并登记认购额。

在发行人指定的缴款日，中央国债登记结算公司根据债券承销情况通过中央债券综合业务系统向国家处理中心发送即时转账支付报文，办理资金清算。

(2) 国家处理中心的处理。国家处理中心收到即时转账支付报文确认无误后，进行账务处理，其会计分录为：

① 对被借记行的处理，会计分录为：

借：××存款——××行(特许)户

　贷：大额支付往来——××行(特许)所在地人行户

国家处理中心在完成被借记行账务处理后，对被贷记行进行账务处理。

② 被贷记行为人民银行(发行人为人民银行的)的，其会计分录为：

借：大额支付往来——人民银行总行营业管理部户

　贷：汇总平衡科目——人民银行总行营业管理部户

③ 被贷记行为人民银行国库(发行人为财政部的)的，其会计分录为：

借：大额支付往来——人民银行总行库户

　贷：汇总平衡科目——人民银行总行国库户

④ 被贷记行为清算账户行(发行人为商业银行)的，其会计分录为：

借：大额支付往来——××行(特许)所在地人行户

　贷：××存款——××行(特许)户

国家处理中心账务处理完成后，向中央债券综合业务系统发送即时转账回应报文，将资金清算成功结果通知中央国债登记结算公司；同时向被借记行和被贷记行所在地城市处理中心发送即时转账通知报文，转发被借记行和被贷记行。

如清算账户头寸不足支付，国家处理中心将该笔支付业务作排队处理，并将不足支付的信息通知中央债券综合业务系统并转发中央国债登记结算公司、被借记行。清算窗口关闭时，如清算账户仍不足支付，将排队的即时转账支付业务作退回处理。

(3) 中央债券综合业务系统的处理。中央债券综合业务系统收到国家处理中心发送的即时转账回应报文，进行相关处理。

(4) 接收行的处理。被借记行和被贷记行收到城市处理中心发送的即时转账通知报文，进行相关处理。

2. 债券兑付和收益划款资金清算的处理手续

债券兑付和收益划款业务是指债券发行人通过中央国债登记结算公司到期向持券

人还本付息、拨付附息债券利息、拨付债券发行及兑付手续费等业务。

（1）债券发行人的处理。划拨债券兑付和收益资金按发行人的不同，分两种情况处理。

① 发行人为人民银行或财政部。在预定的债券兑付日或收益支付日，人民银行公开市场操作室通过中央债券综合业务系统向国家处理中心发送即时转账支付报文。国家处理中心收到报文确认无误后，进行账务处理。

对被借记行（人民银行）的处理，其会计分录为：

借：汇总平衡科目——人民银行营业管理部（库）户

　贷：大额支付往来——人民银行营业管理部（库）户

国家处理中心在完成被借记行账务处理后，对被贷记行进行账务处理，其会计分录为：

借：大额支付往来——人民银行总行营业管理部户

　贷：××存款——中央国债登记结算公司特许账户

国家处理中心账务处理完成后，向中央债券综合业务系统发送即时转账回应报文，将资金清算成功结果通知人民银行公开市场操作室、中央国债登记结算公司；同进向北京城市处理中心发送即时转账通知报文，转发人民银行营业管理部。

人民银行公开市场操作室、中央国债登记结算公司及人民银行营业管理部收到国家处理中心发来的资金清算成功结果后进行相应处理。

② 发行人为其他机构。在预定的债券兑付日或收益支付日，发行人通过所在地的发报中心向国家处理中心发出大额汇兑支付报文，将兑付和收益资金足额划入中央国债登记结算公司特许账户，国家处理中心收到报文确认无误后，进行账务处理，其会计分录为：

借：××存款——××行（特许）户

　贷：大额支付往来——××行（特许）所在地人行户

借：大额支付往来——人民银行营业管理部户

　贷：××存款——中央国债登记结算公司特许账户

被借记行、中央国债登记结算公司收到城市处理中心、国家处理中心发来的资金清算成功结果通知后进行相应处理。

（2）划拨债券兑付和收益资金的处理。

① 中央国债登记结算公司的处理。中央国债登记结算公司根据发行人的划款通知，通过中央债券综合业务系统向国家处理中心发起即时转账支付报文。

② 国家处理中心的处理。国家处理中心收到即时转账支付报文，确认无误，进行账务处理。

对被借记行的处理，其会计分录为：

借：××存款——中央国债登记结算公司特许账户

　贷：大额支付往来——人民银行营业管理部户

国家处理中心在完成被借记行账务处理后，对被贷记行进行账务处理。

被贷记行为人民银行的（人民银行作为持券人）会计分录为：

(二)小额支付往来业务核算

借：大额支付往来——人民银行营业管理部户

贷：汇总平衡科目——人民银行营业管理部户

1. 普通贷记业务

普通贷记业务主要包括规定金额以下的汇兑、委托收款(划回)、托收承付(划回)、行间转账以及国库汇划款项等主动汇款业务。

借：大额支付往来——××行(特许)所在地人行户

贷：××存款——××行(特许)户

2. 定期贷记业务

定期贷记业务是指付款人委托开户行，按照事先约定的时间、金额等要素，定期向收款人发起付款的业务。……所在地城市处理中心发送即时转账通知报文，转发被贷记行。

……中央国债登记结算公司账户余额足够支付时进行账务处理。

……如代理收款单位委托其开户银行收取的水电煤气等公用事业费用，其业务特点是单个收款人向多个付款人发起收款。……被贷记行收到城市处理中心发送的即时转账通知报文后，进行相关处理。

3. 实时贷记业务

实时贷记业务是付款人发起的实时贷记收款人账户的业务，包括跨行通存业务、柜台实时缴税等。

(三)债券市场交易结算业务……债券市场交易结算业务主要有现券买卖的债券结算和资金结算、质押式回购首期的债券质押和资金结算、质押式回购到期的债券解押和资金结算等。

实时借记业务是收款人发起的实时借记付款人账户的业务，包括跨行通兑业务、税务机关实时扣税业务等。

……系统收到交易双方发来的包含债券和资金要素的结算指令，进行检测和确认，根据相应的结算指令在指定的结算日开始先逐笔将应付债券进入"待付"状态……

……CCPC负责将代收付清单通过小额支付系统转发至代理行，由代理行……状态和到期待购回债券状态正常的结算指令，由中央国债登记结算公司中央债券综合业务系统向国家处理中心发送即时转账支付报文。同城轧差净额清算业务是CCPC收到同城清算系统的同城轧差净额后，转发到同城清算系统所在城市的ABS处理。ABS将涉及支付系统直接参与者的同城轧差净额提交国家处理中心……进行账务处理，其会计分录为：

9. 国库相关业务

借：××存款——××行(特许)户

国库相关业务主要包括一般的税款缴纳、预算收入上划、预算收入退库……以及国债兑付、国债发行的资金清算等其他业务。

10. 跨行通存通兑业务

贷：大额支付往来——××行(特许)所在地人行户

跨行通存通兑业务是指依托小额支付系统，实现不同银行营业网点的资源共享，储户可以通过任一家银行的柜台办理跨行存款和取款业务……系统发送即时转账回应报文，将资金清算结果通知中央国债登记结算公司；同时向被借记行和被贷记行所在地城市处理中心发送即时转账通知报文，转发被借记行和被贷记行……支票时，通过POS、网络、电话等终端……

[illegible]被借记行。清算窗口关闭[illegible]两种情况处理。

3. 中央债券综合业务系统处理

[illegible]务系统向国家处理中心发送即时转账支付报文。国家处[illegible]处理，待接到已转讫的即时转账回应报文后再[illegible]人民银行)的处理，其会计分录为：

日终[illegible]付的，中央债券综合业务系统根据国家[illegible]作结算失败处理，将锁定于“待付[illegible]处理后，对被贷记行进行账务处理，其会计分录为

4. 接收行的处理

被借[illegible]账通知报文后，进行相关处理。　　贷：××存款——中央国债登记结算公司特许账户

国家处理中心账务处理完成后，向中央债券综合业务系统发送即时转账回应报文，将资金清算成功结果通知人民银行公开市场操作室、中央国债登记结算公司；同进向北京城市处理中心发送即[illegible]理部。

第三节　小额支付系统的核算

人民银行公开市场操作室、中央国债登记结算公司及人民银行营业管理部收到国家处理中心发来的资金清算成功结果后进行相应处理。

一、小额支付系统概述

②[illegible]在预定的债券兑付日或收益支付日，发行人通过所在地的发报中心向国家处理中心发出大额汇兑支付报文，将兑付和收益资金足额划入中央国债登记结算公司特许账户。国家处理中心收到报文确认无误后，进行账务处理，其会计分录为

(一) 小额支付系统介绍

小额支付系统是中国现代化支付系统(CNAPS)的重要组成部分，主要处理中央银行及国库、[illegible]、城乡信用社等金融机构以及其他特许非银行金融机构[illegible]以及金额在规定起点以下的小额[illegible]批量或实时发送，净额清算资金，小额系统[illegible]提供低成本、大业务量的支付[illegible]算组织的健康发展，从而提高整个社会的金融服务水平。

(2) 划拨债券兑付和收益资金的处理。

[illegible]银行会计核算系统[illegible]接入小额支付系统。根据小额支付系统的业务规则，所有业务一经轧差即具有最终性[illegible] 收到同城清算系统的同城轧差净额后，转发到同[illegible]支付系统直接参与者的同城轧差净额[illegible]差净额在 ABS 内部完成资金清算[illegible] ABS 进行清算 被贷记行为人民银行的(人民银行作为持券人)会计分录为：

(二) 小额支付系统的业务范围

1. 普通贷记业务

普通贷记业务主要指规定金额以下的汇兑、委托收款(划回)、托收承付(划回)、行间转账以及国库汇划款项等主动汇款业务。

2. 定期贷记业务

定期贷记业务是当事各方按照事先签订的协议,定期发生的批量付款业务,如代付工资、保险金等。其业务特点是单个付款人同时付款给多个收款人。

3. 普通借记业务

普通借记业务是收款人发起的借记付款人账户的业务,如代理银行完成财政授权支付后向国库申请清算资金、人民银行内部之间的划付业务。

4. 定期借记业务

定期借记业务是当事各方按照事先签订的协议,定期发生的批量扣款业务,如收款单位委托其开户银行收取的水电煤气等公用事业费用,其业务特点是单个收款人向多个付款人同时收款。

5. 实时贷记业务

实时贷记业务是付款人发起的实时贷记收款人账户的业务,包括跨行通存业务、柜台实时缴税等。

6. 实时借记业务

实时借记业务是收款人发起的实时借记付款人账户的业务,包括跨行通兑业务、税务机关实时扣税业务等。

7. 清算组织发起的代收付业务

清算组织发起的代收付业务是支付系统允许清算组织作为特许参与者,接入CCPC办理代收代付业务。清算组织负责将代收付清单通过小额支付系统转发至代理行,由代理行负责发起定期借贷记业务。

8. 同城轧差净额清算业务

同城轧差净额清算业务是CCPC收到同城清算系统的同城轧差净额后,转发到同城清算系统所在城市的ABS处理。ABS将涉及支付系统直接参与者的同城轧差净额提交支付系统清算;对非直接参与者的同城轧差净额在ABS内部完成资金清算。

9. 国库相关业务

国库相关业务主要包括一般的税款缴纳、实时扣税、批量扣税、预算收入上划、预算收入退库等预算收入类业务,财政拨款、财政直接支付、财政授权支付等预算支出类业务以及国债兑付、国债发行的资金清算等其他业务。

10. 跨行通存通兑业务

跨行通存通兑业务是指依托小额支付系统,实现不同银行营业网点的资源共享,储户可以通过任何一家银行的柜台办理跨行存取款业务。

11. 支票圈存业务

支票圈存业务是指借助于支付密码技术,由收款人在收受支票时,通过POS、网络、电话等受理终端,经由小额系统向出票人开户行发出圈存指令,预先从出票人账户上圈存支票金额，以保证支票的及时足额支付。

12. 支票截留业务

支票截留业务是指持票人开户行收到客户提交的纸质支票后，通过小额系统向出票人开户行发起一笔借记业务，出票人开户行根据借记业务指令中提供的支票信息、支付密码、支票影像等确认支票的真实性，并通过小额系统完成跨行资金清算。

13. 信息服务业务

信息服务业务是指支付系统参与者间相互发起和接收的，不需要支付系统提供清算服务的信息数据，主要包括支票“圈存”信息等非支付类信息。

（三）小额支付系统的业务流程

小额系统的基本业务处理流程是“24 小时连续运行，逐笔发起，组包发送，实时传输，双边轧差，定时清算”。发起行逐笔发起小额业务，组包后经 CCPC 或 NPC 实时传输至接收行；同城业务在 CCPC、异地业务在 NPC 逐包按收款清算行和付款清算行双边轧差，并在规定时点提交 SAPS 清算。

1. 贷记类业务流程

小额贷记业务是付款清算行提交的贷记收款清算行账户的支付业务，根据业务处理时效性要求的不同，可分为实时小额贷记业务和普通、定期小额贷记业务。

（1）普通、定期贷记业务。小额系统接收付款清算行提交的贷记业务指令后，根据指令内容对收、付款清算行进行双边轧差处理，然后转发至收款清算行（见图 6-6）。

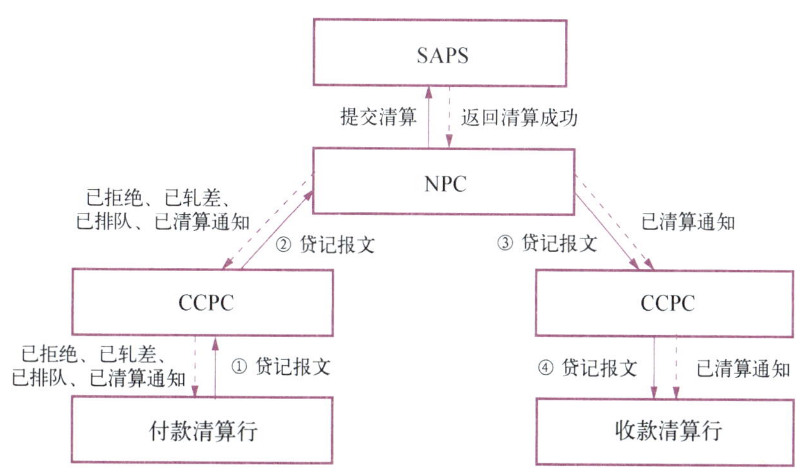

图 6-6　普通、定期贷记业务流程

（2）实时贷记业务（主要适用于通存业务处理）。小额系统接收付款清算行提交的贷记业务指令后，首先转发至收款清算行进行行内处理，待收到收款清算行返回的回执后，再对收付款清算行进行双边轧差处理（见图 6-7）。

2. 借记类业务

借记类业务是收款清算行提交的借记付款清算行账户的支付业务。小额支付系统接收收款清算行提交的借记业务，转发至付款清算行；付款清算行在规定时间内向支付系统返回借记业务处理情况的回执信息，小额支付系统将回执信息纳入双边轧差处理清算时点，小额支付系统按直接参与者(即清算银行)计算上一清算时点至本清算时点的轧差净额后，提交SAPS进行资金清算。

由于小额支付系统业务转发在前，资金清算在后，因此，清算行需设置“待清算支付款项”科目，用于核算通过小额支付系统办理支付业务尚未提交SAPS进行清算的资金。

待付款清算行收到已清算通知，进行相应账务处理，其会计分录为：

借：待清算支付款项

贷：存放中央银行款项——准备金存款

若付款清算行收到已拒绝通知，其会计分录为：

借：吸收存款——××存款——××户 （红字）

贷：待清算支付款项 （红字）

2. 付款清算行城市处理中心的处理

城市处理中心收到付款清算行发来的业务包后，检查、核押无误后，加编全国押后转发国家处理中心。

3. 国家处理中心的处理

国家处理中心收到城市处理中心发来的业务包，进行合法性检查并核验全国押。检查、核押无误后，进行净借记限额检查，检查通过的纳入轧差处理并对包标记“已轧差”状态，转发收款清算行城市处理中心，同时向付款清算行城市处理中心返回已轧差信息。

4. 收款清算行城市处理中心的处理

城市处理中心收到国家处理中心发来的业务包，核验全国押无误后，加编地方押转发收款清算行。

5. 收款清算行的处理

收款清算行前置机收到城市处理中心发来的业务包，逐包确认并核押无误，送行内系统进行账务处理，其会计分录为：

借：待清算支付款项

贷：吸收存款——××存款——××户

[illegible]

待收款清算行收到已清算通知，进行相应账务处理：

借：存放中央银行款项——准备金存款

贷：待清算支付款项

收款行收到收款清算行通过行内系统发来的支付信息，确认无误后，按各银行系统内往来[illegible]

【例6-2】[illegible](直接参与者)收到开户单位甲公司提

图 6-7 实时贷记业务流程

图 6-8 借记业务流程

后，将回执信息转发收款清算行(见图6-8)。

实时借记业务与非实时借记业务具有相同的业务处理流程，但在时效性方面存在差异：实时借记业务要求付款行实时返回借记业务回执信息，非实时借记业务则允许付款行可以在一段时间内返回回执信息。

二、会计科目设置

(一) 存款类科目

包括工商银行准备金存款、农业银行准备金存款、中国银行准备金存款、建设银行准备金存款、交通银行准备金存款、其他商业银行准备金存款、城市信用社准备金存款、农村信用社准备金存款、其他金融机构准备金存款、外资银行准备金存款、外资其他金融机构准备金存款、其他存款。

上圈存业务指[illegible]存放在人民银行的法定准备金和超额准备金。其他特许参与者用于支付业务收费的归集、划拨等。

支票截留业务是指持票人开户行收到客户提交的纸质支票后，通过小额系统向出票人开户行发起的借记业务，出票人开户行根据借记业务指令中提供的支票信息、支付密码[illegible]处理的支付结算往来款项，余额轧差反映。年终，本科目余额全额转入“支付清算资金往来”科目，余额为零。信息服务业务是指支付系统参与者间相互发起和接收的，不需要支付系统提供清算服务的信息数据，主要包括支票“圈存”信息等非支付类信息。

本科目核算支付系统发起清算行和接收清算行通过小额支付系统和大额支付系统办理的[illegible]“逐笔发起、组包发送、实时传输、双边轧差、定时清算”。发起行逐笔发起小额业务，组包后经 CCPC 或 NPC 实时传输至接收行，同时 NPC 逐包按收款清算行和付款清算行双边轧差[illegible]处理人民银行分支行(库)账务处理，不纳入人民银行(库)的核算。

[illegible]包括人民银行机构、特许参与者[illegible]。小额系统接收付款清算行提交的贷记业务指令后，根据指令内容对收、付款清算行进行双边轧差处理，然后转发至收款清算行(见图 6-6)。

三、贷记业务的核算

(一) 普通贷记业务

1. 付款(清算)行的处理

付款行根据客户提交的普通贷记业务凭证，按照银行系统内往来规定，审核无误后进行账务处理，其会计分录为：

借：吸收存款——××存款——××户

贷：待清算辖内往来——××行

付款清算行收到后，审核无误进行账务处理，其会计分录为：

借：待清算辖内往来——××行

贷：待清算支付款项

若付款清算行本身就是发起行，其会计分录为：

借：吸收存款——××存款——××户

贷：待清算支付款项

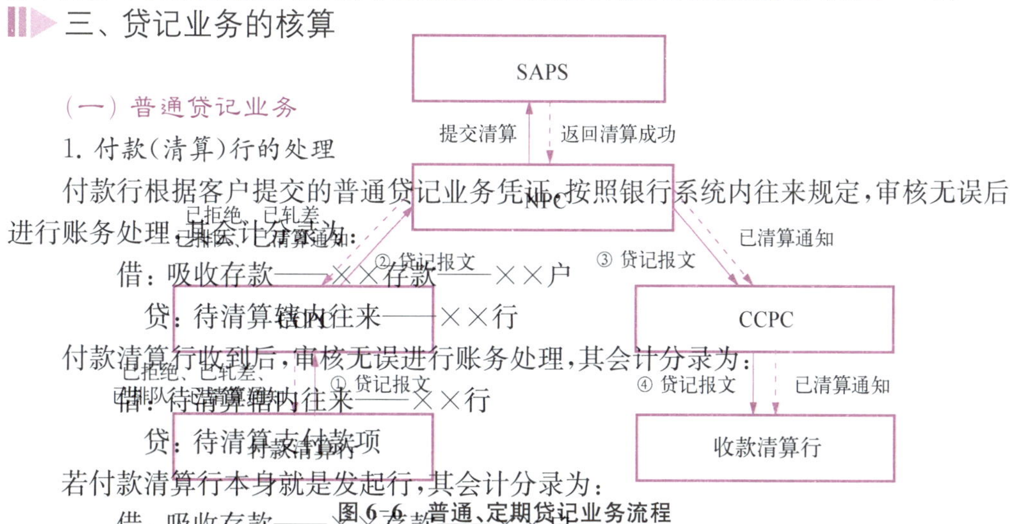

图 6-6 普通、定期贷记业务流程

(2) 实时贷记业务(主要适用于通存业务处理)。小额系统接收付款清算行提交的贷记业务指令后，首先转发至收款清算行进行行内处理，待收到收款清算行返回的回执后，再对收付款清算行进行双边轧差处理(见图 6-7)。

付款清算行行内系统将支付信息按收款清算行组包后发送前置机，前置机收到业务包审核无误后，逐包加编地方押发送 CCPC；或付款清算行将支付信息导入前置机，前置机按收款清算行组包并加编地方押后发送城市处理中心。

2. 借记类业务

小额支付系统采取“实时双边轧差、定时清算”的资金清算模式。[illegible]借记类业务是收款清算行提交的借记付款清算行账户的支付业务。[illegible]

清算时点，小额支付系统按直接参与者（即清算银行）计算上一清算时点至本清算时点的轧差净额后，提交SAPS进行资金清算。

由于小额支付系统业务转发在前、资金清算在后，因此，清算行需设置“待清算支付款项”科目，用于核算通过小额支付系统办理支付业务尚未提交SAPS进行清算的资金。

待付款清算行收到已清算通知，进行相应账务处理，其会计分录为：

借：待清算支付款项

　贷：存放中央银行款项——准备金存款

若付款清算行收到已拒绝通知，其会计分录为：

借：吸收存款——××存款——××户　　（红字）

　贷：待清算支付款项　　（红字）

2. 付款清算行城市处理中心的处理

城市处理中心收到付款清算行发来的业务包后，检查、核押无误后，加编全国押后转发国家处理中心。

3. 国家处理中心的处理

国家处理中心收到城市处理中心发来的业务包，进行合法性检查并核验全国押。检查、核押无误后，进行净借记限额检查。检查通过的纳入轧差处理并对包标记“已轧差”状态，转发收款清算行城市处理中心，同时向付款清算行城市处理中心返回已轧差信息。

4. 收款清算行城市处理中心的处理

城市处理中心收到国家处理中心发来的业务包，核验全国押无误后，加编地方押转发收款清算行。

5. 收款（清算）行的处理

收款清算行前置机收到城市处理中心发来的业务包，逐包确认并核押无误，送行内系统进行账务处理，其会计分录为：

借：待清算支付款项

　贷：待清算辖内往来——××行

若收款清算行本身就是收款行，其会计分录为：

借：待清算支付款项

　贷：××存款—××户

待收款清算行收到已清算通知，进行相应账务处理：

借：存放中央银行款项——准备金存款

　贷：待清算支付款项

收款行收到收款清算行通过行内系统发来的支付信息，确认无误后，按各银行系统内往来的规定进行账务处理并通知收款人，其会计分录为：

借：待清算辖内往来——××行

　贷：吸收存款——××存款——××户

【例6-2】 2月1日，中国工商银行天津分行（直接参与者）收到开户单位甲公司提交的电汇凭证，要求向交通银行上海分行(直接参与者)开户单位A公司汇出货款12 000元。中国工商银行天津分行审核无误办理转账后，行内系统按收款清算行组包，通过小额支付系统汇出资金。交通银行上海分行收到业务包，经确认无误由行内系统拆包，将货款收入开户单位A公司账户。中国工商银行天津分行和交通银行上海分行均收到了小额支付系统发来的已清算通知。

中国工商银行天津分行、交通银行上海分行的账务处理如下。

1. 中国工商银行天津分行的账务处理

(1) 发起业务时，其会计分录为：

借：吸收存款——单位活期存款——甲公司户 12 000
　　贷：待清算支付款项 12 000

(2) 收到已清算通知时，其会计分录为：

借：待清算支付款项 12 000
　　贷：存放中央银行款项——准备金存款 12 000

2. 交通银行上海分行的账务处理

(1) 接收业务时，其会计分录为：

借：待清算支付款项 12 000
　　贷：吸收存款——单位活期存款——A公司户 12 000

(2) 收到已清算通知时，其会计分录为：

借：存放中央银行款项——准备金存款 12 000
　　贷：待清算支付款项 12 000

(二) 定期贷记业务

办理定期贷记业务前，付款(清算)行需要与企业签订双方合同(协议)。付款(清算)行办理定期贷记业务时，受理企事业单位提交的业务数据，依据合同审核无误后作相应账务处理。扣款成功的按同一收款清算行、同一付款人、同一业务种类进行组包。付款(清算)行、城市处理中心、国家处理中心、收款(清算)行的其他业务处理手续比照"普通贷记业务的处理手续"处理。

(三) 实时贷记业务

1. 发起实时业务的处理

(1) 付款(清算)行的处理。付款(清算)行行内业务处理系统与前置机直连的，付款(清算)行根据客户提交的实时贷记凭证(或信息)，审核无误后进行账务处理，其会计分录为：

借：库存现金
　　或：吸收存款——××户
　　贷：待清算支付款项

完成账务处理后，行内业务处理系统将其按收款清算行单笔组包发送前置机。前置机对包的格式、业务权限、每笔业务的金额上限进行检查后，逐包登记实时业务登记簿并加编地方押发送城市处理中心。

(2) 付款清算行城市处理中心的处理。城市处理中心收到付款清算行发来的业务

包后[illegible]后登记实时业务登记簿。城市处理中心对同[illegible]转发收款清[illegible]行，对异地业务加编全国押后[illegible]发国家处理中心。 贷：待清算支付款项 （红字）

(3) [illegible]业务包实时转发收款清算行城[illegible]理中心的处理。国家处理中心收到城市处理中心发来的借记业务回执包，进[illegible]

[illegible]“已轧差”状态后转发收款清算行城市处理中心；净借记限额检查未通过的，进行排队处理[illegible]机收到城市处理中心发来的业务包，逐包[illegible]

[illegible]核验全国押无误后销记登记簿，并加编地方押转发收款（清算）行。

(5) [illegible]理。收款（清算）行行内业务处理系统收到城市处理中心发来的借记[illegible]

[illegible]或拒绝受理的实时业务回执包发往前置机。

前置[illegible]权限进行检查，将回执包与原包核对无误后，加编地方押后实时发送[illegible]——××户

[illegible]到已排队、已轧差、已[illegible]后，修改相应业务状态，收到已轧差通知时需销记登记簿。付款（清算）[illegible]通知后要[illegible]应处理，其会计分录为：

② [illegible]已清算通知，进行相应账务处理，其会计分录为：

借[illegible]——准备金存款

收款（清[illegible]知时进行账务处理，其会计分录为：

(2) [illegible]心的处理。城市处理中心收到收款清算行发来的实时业务回执包[illegible]核验地方押，检查、核押无误的异地实时业务回执包加编全国押后发送国家处理中心。

[illegible]

[illegible]对包标记“已轧差”状态后转发付款清算[illegible]

[illegible]结果发送付款清算行城市处理中心。

(4) 付款清算行城市处理中心的处理。城市处理中心收到国家处理中心发来的实时业[illegible]

[illegible]款（清算）行对扣款成功或失败的需实时返回受理成功或拒绝受理的回执[illegible]

[illegible]其会计分

[illegible]电汇凭证，要求向交通银行上海分行（直接参与者）开户单位A公司汇出货款12 000元。中国工商银行天津分行审核无误办理转账后，行内系统按收款清算行组包，通过小额支付系统发送。交通银行上海分行收到业务包，经确认无误由行内系统拆包，将货款汇入A公司账户。中国工商银行天津分行和交通银行上海分行均收到已清算通知时，进行账务处理，其会计分录为：中国工商银行天津分行、交通银行上海分行的账务处理如下。

1. 中国工商银行天津分行的账务处理

(1) 发起业务时，其会计分录为：

借：吸收存款——单位活期存款——甲公司户　　12 000

　贷：待清算支付款项　　12 000

四、借记业务的核算

(2) 收到已清算通知时，其会计分录为：

借：待清算支付款项　　12 000

　贷：存放中央银行款项——准备金存款　　12 000

（一）普通借记业务

1. 发起借记业务的处理

(1) 收款(清算)行的处理。收款(清算)行根据客户提交的普通借记凭证(或信息)，确定每笔业务的借记回执信息最长返回时间N日(借记回执信息返回基准时间$\leqslant N \leqslant 5$)，行内系统按规定组包后发送前置机，前置机加编地方押后发送CCPC。

(2) 收款清算行城市处理中心的处理。CCPC收到业务包，检查核押无误，对同城业务转发付款清算行；对异地业务加编全国押后发送国家处理中心。

(3) 国家处理中心的处理。国家处理中心收到城市处理中心发来的业务包，进行合法性检查并核验全国押无误后登记借记业务登记簿并将业务包转发付款清算行城市处理中心。

（二）定期贷记业务

(4) 付款清算行城市处理中心的处理。[illegible]收到国家处理中心发来的业务包，核验全国押无误后，登记借记业务登记簿并加编地方押后发送付款(清算)行。[illegible]相应账务处理。[illegible]按照“普通贷记业务的处理”处理。

（三）实时贷记业务

2. 付款(清算)行的处理。付款(清算)行收到借记业务后，立即检查协议，执行扣款。付款(清算)行扣款成功时进行账务处理，其会计分录为：

(1) 付款(清算)行的处理。付款(清算)行行内业务处理系统与前置机直连的，付款(清算)行根据客户提交的贷记凭证(或信息)，审核无误后进行账务处理，其会计分录为：

借：吸收存款——××

　贷：待清算支付款项

付款(清算)行对原包业务全部扣款成功的应立即返回借记业务回执包；到期日原包业务无法扣款完成，应返回借记业务回执包。

付款(清算)行行内业务处理系统将借记业务回执包发送前置机，包中附扣款成功和扣款失败的业务明细。前置机对包的格式、业务权限进行检查，将回执包与原包核对无误后加编地方押后发送城市处理中心。

完成账务处理后，行内业务处理系统将其按收款清算行单笔组包发送前置机。前置机对包的格式、业务权限等进行检查，登记实时业务登记簿并加编地方押后发送城市处理中心。

借：待清算支付款项

　贷：存放中央银行款项——准备金存款

(2) 付款清算行城市处理中心的处理。城市处理中心收到付款清算行发来的业务若付款清算行收到已拒绝通知，其会计分录为：

借：吸收存款——××存款——××户　　　　（红字）

　贷：待清算支付款项　　　　（红字）

（2）付款清算行城市处理中心的处理。城市处理中心收到付款清算行发来的借记业务回执包，检查、核押无误，加编全国押后发往国家处理中心。

（3）国家处理中心的处理。国家处理中心收到城市处理中心发来的借记业务回执包，进行合法性检查并核验全国押。国家处理中心对检查、核押无误的借记业务回执包中成功金额进行净借记限额检查。检查通过的实时纳入轧差处理，销记登记簿，并对包标记"已轧差"状态后转发收款清算行城市处理中心；净借记限额检查未通过的，进行排队处理并向付款清算行城市处理中心返回已排队信息。

（4）收款清算行城市处理中心的处理。城市处理中心收到国家处理中心发来的借记业务回执包，核验全国押无误后销记登记簿，并加编地方押转发收款（清算）行。

（5）收款（清算）行的处理。收款（清算）行行内业务处理系统收到城市处理中心发来的借记业务回执包，逐包确认并核地方押无误后销记登记簿，发送至行内业务处理系统拆包并立即进行账务处理，其会计分录为：

借：待清算支付款项

　贷：吸收存款——××户

付款（清算）行、城市处理中心、国家处理中心、收款（清算）行等各节点收到已排队、已轧差、已拒绝和已清算通知后，修改相应业务状态，收到已轧差通知时需销记登记簿。付款（清算）行收到已拒绝通知后要作相应处理，其会计分录为：

借：待清算支付款项

　贷：存放中央银行款项

收款（清算）行收到已清算通知时进行账务处理，其会计分录为：

借：存放中央银行款项

　贷：待清算支付款项

（二）定期借记业务

办理定期借记业务前，付款（清算）行、付款人、收费单位需要签订办理代扣某类费用的三方合同（协议）。定期借记业务分为发起业务阶段和处理借记回执阶段。在发起业务阶段，收款（清算）行接收业务数据，检查无误后按同一付款清算行、同一收款人、同一业务种类、同一借记回执信息最长返回时间N组包。

收款（清算）行、城市处理中心、国家处理中心、付款（清算）行的其他业务处理手续比照"普通借记业务的处理手续"处理。

（三）实时借记业务

收款（清算）行根据客户提交的实时借记业务凭证（或信息），按实时借记业务报文单笔组包。付款（清算）行对扣款成功或失败的需实时返回受理成功或拒绝受理的回执包。城市处理中心对受理成功的同城回执业务包、国家处理中心对受理成功的异地回执业务包进行付款清算行的净借记限额检查。检查通过的纳入轧差处理；检查未通过的直接拒绝给付款（清算）行，并将处理结果发送收款（清算）行，不作排队处理。

收款（清算）行、城市处理中心、国家处理中心、付款（清算）行的其他业务处理手续比照“普通借记业务处理手续”处理。

五、轧差和资金清算的处理

（一）净借记限额检查的处理

小额支付系统收到贷记支付指令和借记及实时贷记回执，提交SAPS进行付款清算行净借记限额检查。SAPS将支付指令及回执中的成功金额与付款清算行的净借记限额可用额度进行比较。若小于等于净借记限额可用额度，则检查通过，实时纳入轧差并转发；若大于净借记限额可用额度，则检查失败，作排队或退回处理。

净借记限额为直接参与者提供质押品所获取的质押额度、人民银行授予的信用额度和为保证支付业务的清算而在其清算账户中圈存的作为担保的资金之和。

付款清算行净借记限额可用额度＝付款清算行净借记限额－付款清算行已提交未清算业务净借记差额－付款清算行本场轧差场次的当前净借记差额＋付款清算行本场轧差场次的当前净贷记差额

小额支付系统和网上支付跨行清算系统共享净借记限额和可用额度。

（二）轧差处理

城市处理中心对通过净借记限额检查的同城贷记支付指令和借记回执，按付款清算行和收款清算行双边实时轧差。轧差公式：

某清算行提交清算的贷方净额（＋）［或借方净额（－）］＝同城贷记来账金额＋他行返回同城借记回执成功交易金额－同城贷记往账金额－发出同城借记回执成功交易金额

国家处理中心对通过净借记限额检查的异地贷记支付指令和借记回执，按付款清算行和收款清算行双边实时轧差。轧差公式：

某清算行提交清算的贷方净额（＋）［或借方净额（－）］＝异地贷记来账金额＋他行返回异地借记回执成功交易金额－异地贷记往账金额－发出异地借记回执成功交易金额

小额支付系统处理的支付业务一经轧差即具有支付最终性，不可撤销。银行收到已轧差的贷记支付业务信息或已轧差的借记支付业务回执信息时，贷记收款人账户。

（三）资金清算的处理

国家处理中心和城市处理中心在规定提交时点对本场轧差净额进行试算平衡检查，检查无误后自动提交清算。国家处理中心收到同城和异地轧差净额清算报文，试算平衡检查无误后，自动完成相关账务处理。

1. 属于人民银行（库）轧差净额的处理

（1）属于人民银行（库）贷方差额的，其会计分录为：

借：小额支付往来——人民银行××行（库）户

　贷：汇总平衡科目——人民银行××行（库）户

(2) 属于人民银行(库)借方差额的,其会计分录为:

借:汇总平衡科目——人民银行××行(库)户

贷:小额支付往来——人民银行××行(库)户

2. 属于清算行轧差净额的处理

(1) 属于清算行贷方差额的,其会计分录为:

借:小额支付往来——人民银行××行户

贷:××存款——××行户

(2) 属于清算行借方差额的,如清算账户可用头寸足以支付,其会计分录为:

借:××存款——××行户

贷:小额支付往来——人民银行××行户

(3) 如清算账户可用头寸不足支付,作排队处理。完成账务处理后,小额支付系统自动生成清算通知发送至各参与者,各参与者根据清算通知变更业务状态,完成相应的账务处理。

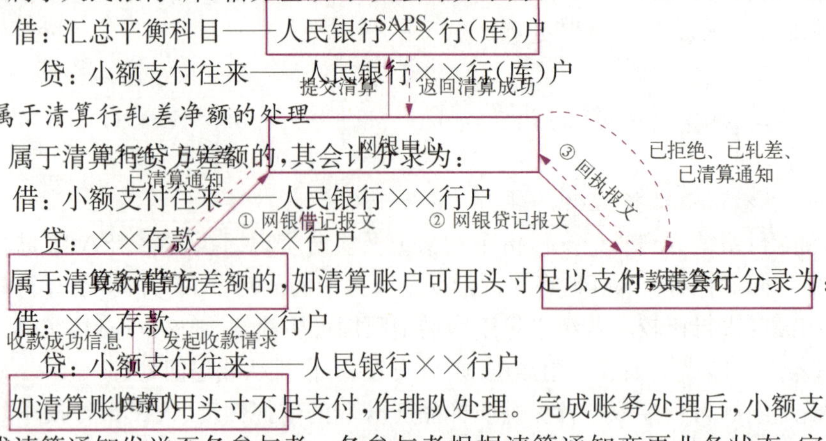

第四节 网上支付跨行清算系统的核算

一、网上支付跨行清算系统核算的概述

(一) 网上支付跨行清算系统介绍

网上支付跨行清算系统于2010年8月30日先期投产运行,并于2011年1月24日推广至全国。2017年4月,网银系统V1.5批量轧差处理模式在建设银行、中信银行等6家银行上线试点。随着移动支付场景的和网银系统业务量的大幅增加,2017年8月,网银系统V1.6投产,增加了短信认证、扫码支付等新功能。2018年1月,网银系统架构调整为分布式架构,进一步增强了处理能力。

网上支付跨行清算系统是以网上支付跨行清算系统处理中心(以下简称为网银中心)为核心,各参与者以直联方通过前置机连接接入处理中心。网上支付跨行清算系统处理中心与大额支付系统国家处理中心和小额支付系统国家处理中心同位设置,共享数据(见图6-9),是央行支付系统的重要应用系统,主要支持网上跨行零售支付业务的处理,业务指令逐笔发送、批量轧差、定时清算。

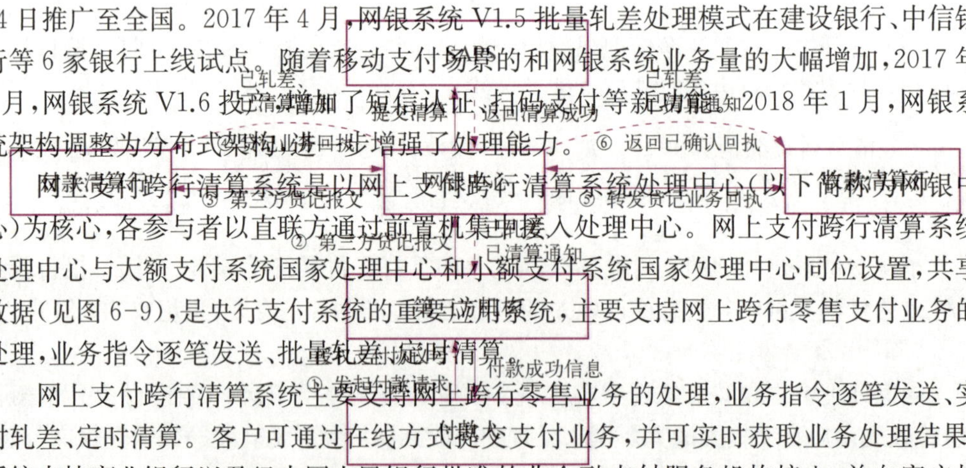

网上支付跨行清算系统主要支持网上跨行零售业务的处理,业务指令逐笔发送、实时轧差、定时清算。客户可通过在线方式提交支付业务,并可实时获取业务处理结果。系统支持商业银行以及经中国人民银行批准的非金融支付服务机构接入,并向客户提供7×24小时全天候服务。

图6-11 网银借记业务基本流程

算系统通知付款行向收款行付款的业务。其中,第三方机构是指提供第三方支付服务的直接接入银行机构和直接接入非金融机构。

网上支付跨行清算系统处理第三方支付业务,其信息从第三方机构发起,经网银中心转发付款清算行;付款清算行实时向网银中心返回回执,经网银中心转发收款清算行;收款清算行实时向网银中心返回回执,网银中心轧差后分别通知第三方机构、付款清算行和收款清算行。第三方贷记业务可以分为基于协议认证和在线认证两种。

(1) 协议认证。指付款人与付款行事先已经签署授权支付协议,授权付款行收到第三方机构发起的付款申请,依据协议进行认证(见图6-12)。

图6-12 第三方贷记业务基本流程——基于协议认证

网上支付跨行清算系统具有以下业务功能:处理网银贷记业务、网银借记业务、第三方贷记业务、跨行账户信息查询服务[illegible]。其业务运行模式与小额支付系统相似,[illegible]

(2) 在线认证。指付款行收到第三方机构发起的付款申请后,[illegible](见图6-13)。[illegible]记业务金额上限,与大额收款(清算)行、城市处理中心、国家处理中心、付款(清算)行的其他业务处理手续比照"普通借记业务处理手续"处理。

五、轧差和资金清算的处理

(一)净借记限额检查的处理

小额支付系统收到贷记支付指令和借记及实时贷记回执,提交SAPS进行付款清算行净借记限额检查。SAPS将支付指令及回执中的成功金额与付款清算行的净借记限额可用额度进行比较。若小于等于净借记限额可用额度,则检查通过,实时纳入轧差并转发;若大于净借记限额可用额度,则检查失败,作排队或退回处理。

净借记限额为直接参与者提供质押品所获取的质押额度、人民银行授予的信用额度和为保证支付业务的清算而在其清算账户中圈存的作为担保的资金之和。

付款清算行净借记限额可用额度 = 付款清算行净借记限额 − 付款清算行已提交未清算业务净借记差额 − 付款清算行本场轧差场次的当前净借记差额 + 付款清算行本场轧差场次的当前净贷记差额

小额支付系统和网上支付跨行清算系统共享净借记限额和可用额度。

(二)轧差处理

城市处理中心对通过净借记限额检查的同城贷记支付指令和借记回执,按付款清算行和收款清算行双边实时轧差。轧差公式:

某清算行提交清算的贷方净额(+)[或借方净额(−)] = 同城贷记来账金额 + 他行返回同城借记回执成功交易金额 − 同城贷记往账金额 − 发出同城借记回执成功交易金额

国家处理中心对通过净借记限额检查的异地贷记支付指令和借记回执,按付款清算行和收款清算行双边实时轧差。轧差公式:

某清算行提交清算的贷方净额(+)[或借方净额(−)] = 异地贷记来账金额 + 他行返回异地借记回执成功交易金额 − 异地贷记往账金额 − 发出异地借记回执成功交易金额

小额支付系统处理的支付业务一经轧差即具有支付最终性,不可撤销。银行收到已轧差的贷记支付业务信息或已轧差的借记支付业务回执信息时,贷记收款人账户。

(三)资金清算的处理

国家处理中心和城市处理中心在规定提交时点对本场轧差净额进行试算平衡检查,检查无误后提交清算。国家处理中心收到同城和异地轧差净额……平衡检查无误后……

……(库)贷方差额的,其会计分录为:

借:……人民银行××行(库)户

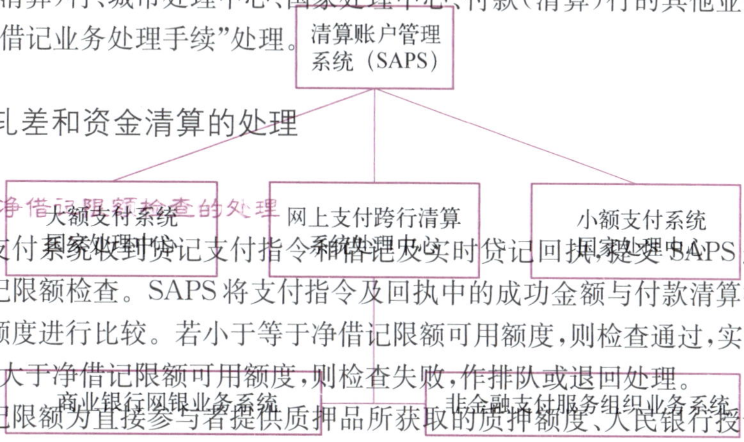

图6-9 网上支付跨行清算系统总体架构

……支付系统共享同一个清算账户等。

(二)网上支付跨行清算系统基本业务处理流程

1. 网银贷记业务处理流程

网上支付跨行清算系统处理贷记业务,其信息从付款清算行发起,经网银中心转发收款清算行;收款清算行实时向网银中心返回回执,网银中心轧差后分别通知付款清算行和收款清算行(见图6-10)。

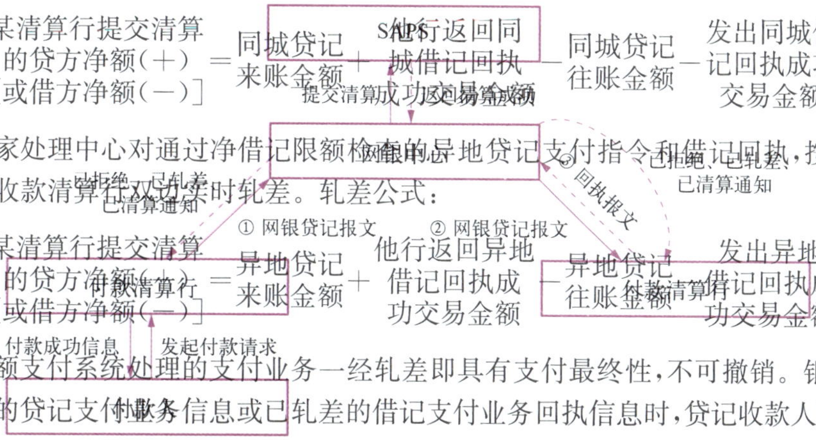

图6-10 网银贷记业务基本流程

2. 网银借记业务处理流程

网上支付跨行清算系统处理借记业务,其信息从收款清算行……付款清算行;付款清算行实时向网银中心返回回执,网银中心轧……行和收款清算行(见图6-11)。

3. 第三方贷记业务处理流程

第三方贷记业务是指第三方机构接受付款人或收款人委托,……

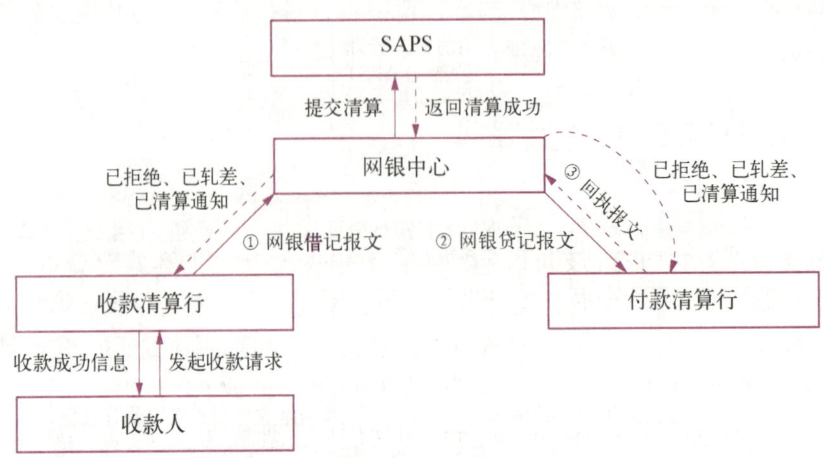

图 6-11　网银借记业务基本流程

算系统通知付款行向收款行付款的业务。其中,第三方机构是指提供第三方支付服务的直接接入银行机构和直接接入非金融机构。

网上支付跨行清算系统处理第三方支付业务,其信息从第三方机构发起,经网银中心转发付款清算行;付款清算行实时向网银中心返回回执,经网银中心转发收款清算行;收款清算行实时向网银中心返回回执,网银中心轧差后分别通知第三方机构、付款清算行和收款清算行,从业务处理流程第三方贷记业务可以分为基于协议认证和在线认证两种。

(1) 协议认证。指付款人与付款行事先已经签署授权支付协议,授权付款行收到第三方机构发起的付款申请,依据协议进行认证(见图 6-12)。

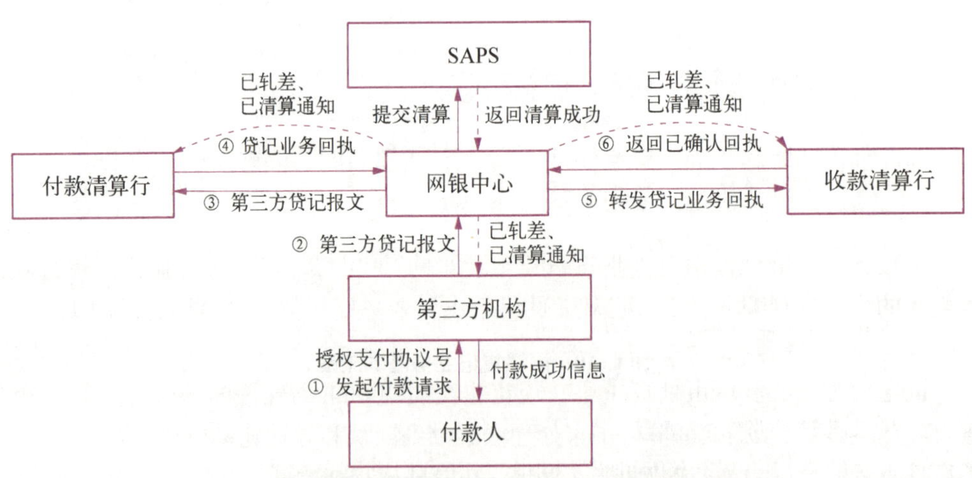

图 6-12　第三方贷记业务基本流程——基于协议认证

(2) 在线认证。指付款行收到第三方机构发起的付款申请,返回本行的网银身份证 URL(统一资源定位符,也称网页地址)给第三方机构,付款人访问该 URL,登录行网银系统,输入客户密码等信息进行认证(见图 6-13)。

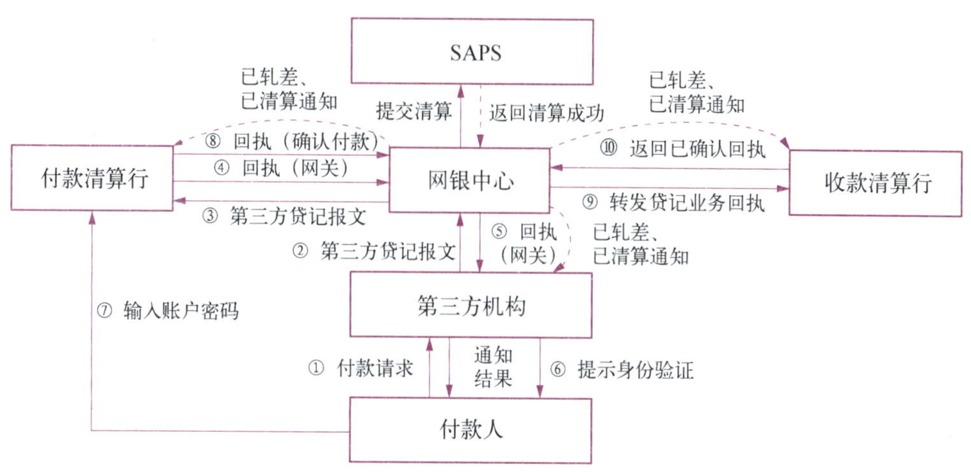

图 6-13 第三方贷记业务基本流程——基于在线认证

二、会计科目设置

（一）存款类科目

政策性银行存款、商业银行存款、信用社存款和其他金融机构存款，负债类科目，人民银行分支行使用，核算银行业金融机构存放在人民银行的准备金和经批准存放在人民银行的款项。

其他存款，负债类科目，人民银行分支行使用，核算直接接入非金融机构的业务费用收支。

（二）联行类科目

大额支付往来，资产负债共同类科目，人民银行分支行使用，这里用于核算网上支付跨行清算系统参与者应缴纳的汇划费用。

小额支付往来，资产负债共同类科目，人民银行分支行使用，这里用于核算网上支付跨行清算系统付款清算行和收款清算行通过网上支付跨行清算系统办理的支付结算往来款项。支付清算资金往来，资产负债共同类科目，人民银行分支行使用。年终，SAPS 自动将“大额支付往来”“小额支付往来”科目余额结转至该科目。

三、网银贷记业务的核算

（一）发起网银贷记业务的处理

1. 付款(清算)行的处理

付款(清算)行受理付款请求，检查付款人账户状态、余额，检查通过后进行账务处理，其会计分录为：

借：吸收存款——××存款——××户

　　贷：待清算支付款项

付款清算行组网银贷记业务报文，加编数字签名后发送网银中心，并标记该业务状态为“已发送”。

待付款清算行收到各类通知时，相应修改业务状态，并进行账务处理。

(1) 付款清算行收到“已拒绝”通知时，进行账务处理，其会计分录为：

借：吸收存款——××存款——××户　　　　(红字)

　贷：待清算支付款项　　　　(红字)

账务处理完成后，通知付款人付款失败。

(2) 付款清算行收到“已轧差”通知时，通知付款人付款成功。

(3) 付款清算行收到“已清算”通知时，进行账务处理，其会计分录为：

借：待清算支付款项

　贷：存放中央银行款项——准备金存款

2. 网银中心的处理

网银中心收到付款清算行发来的网银贷记报文，检查并核验数字签名无误后，转发收款清算行，同时标记该业务状态为“已转发”，检查未通过的，作拒绝处理。

3. 收款清算行的处理

收款清算行收到网银中心发来的网银贷记报文，检查并核验数字签名无误后，转发系统内业务系统，检查未通过的，作拒绝处理。

(二) 网银贷记业务回执的处理

1. 收款(清算)行的处理

收款清算行行内系统收到网银贷记报文，实时核验检查，根据检查结果组“已确认”或“已拒绝”的网银贷记回执报文，加编数字签名后实时发送网银中心。

待收款清算行收到各类通知时，相应修改业务状态，并进行账务处理。

(1) 收款清算行收到“已轧差”通知时，进行账务处理，其会计分录为：

借：待清算支付款项

　贷：吸收存款——××存款——××户

(2) 收款清算行收到“已清算”通知时，进行账务处理，其会计分录为：

借：存放中央银行款项——准备金存款

　贷：待清算支付款项

2. 网银中心的处理

网银中心收到付款清算行发来的网银贷记报文，检查并核验数字签名，对核验无误的“已确认”网银贷记业务回执报文，立即进行净借记限额检查，核验失败的，标记该业务状态为“已拒绝”，同时通知付款清算行和收款清算行；净借记限额通过的，实时纳入轧差状态，将该业务状态标记为“已轧差”，并将通知报文加编数字签名发送至付款清算行、收款清算行。

网银中心收到“已拒绝”网银贷记业务回执报文，标记该业务状态为“已拒绝”，通知付款清算行。网银中心在规定时点将本场轧差净额自动提交SAPS进行资金清算。待收到轧差净额“已清算”通知，标记该业务状态为“已清算”，并通知付款清算行、收款清算行。

四、网银借记业务的核算

（一）发起网银借记业务的处理

1. 收款（清算）行的处理

收款（清算）行受理收款请求，检查无误后组网银借记报文，加编数字签名发送网银中心，并标记该业务状态为“已发送”。

待收款清算行收到各类通知时，相应修改业务状态，并进行账务处理。

（1）收款清算行收到“已轧差”通知时，进行账务处理，其会计分录为：

借：待清算支付款项

　　贷：吸收存款——××存款——××户

账务处理完成后，通知收款人收款成功。

（2）收款清算行收到“已清算”通知时，进行账务处理，其会计分录为：

借：存放中央银行款项——准备金存款

　　贷：待清算支付款项

（3）收款清算行收到“已拒绝”通知时，通知收款人收款失败。

2. 网银中心的处理

网银中心收到付款清算行发来的网银借记报文，检查并核验数字签名无误后，转发付款清算行，同时标记该业务状态为“已转发”，检查未通过的，作拒绝处理。

3. 付款清算行的处理

付款清算行收到网银中心发来的网银借记报文，检查并核验数字签名无误后，转发系统内业务系统，检查未通过的，作拒绝处理。

（二）网银借记业务回执的处理

1. 付款（清算）行的处理

付款清算行行内系统收到网银借记报文，实时核验检查，核验检查通过的立即进行账务处理，其会计分录为：

借：吸收存款——××存款——××户

　　贷：待清算支付款项

账务处理成功后组网银借记回执报文（业务状态为“已付款”），加编数字签名后实时发送网银中心。

付款清算行核验检查未通过的，组网银借记回执报文（业务状态为“已拒绝”），加编数字签名后实时发送网银中心。

待付款清算行收到各类通知时，相应修改业务状态，并进行账务处理。

（1）付款清算行收到“已拒绝”通知时，进行账务处理，其会计分录为：

借：吸收存款——××存款——××户　　（红字）

　　贷：待清算支付款项　　（红字）

（2）付款清算行收到“已轧差”通知时，修改该业务状态为“已轧差”。

（3）付款清算行收到“已清算”通知时，进行账务处理，其会计分录为：

借：待清算支付款项

　贷：存放中央银行款项——准备金存款

2. 网银中心的处理

网银中心收到付款清算行发来的网银借记报文，检查并核验数字签名，对核验无误的"已确认"网银借记业务回执报文，立即进行净借记限额检查，核验失败的，标记该业务状态为"已拒绝"，同时通知付款清算行和收款清算行；净借记限额通过的，实时纳入轧差状态，将该业务状态标记为"已轧差"，并将通知报文加编数字签名发送至付款清算行、收款清算行。

网银中心收到"已拒绝"网银借记业务回执报文，标记该业务状态为"已拒绝"，通知付款清算行。网银中心在规定时点将本场轧差净额进行试算平衡坚持，检查无误后提交SAPS进行资金清算。待收到轧差净额"已清算"通知，标记该业务状态为"已清算"，并通知付款清算行、收款清算行。

五、第三方贷记业务的核算

(一) 发起第三方贷记业务的处理

1. 第三方机构的处理

第三方机构受理客户的付款或收款请求，组第三方贷记报文，加编数字签名后发送网银中心，并标记该业务状态为"已发送"。

待第三方机构收到各类通知时，相应修改业务状态，并进行以下处理。

(1) 第三方机构收到"已拒绝"通知时，通知客户业务处理失败。

(2) 第三方机构收到"已轧差"通知时，通知客户业务处理成功。

(3) 第三方机构收到"已清算"通知时，如通过网上支付跨行清算系统代收付款人手续费，则应进行相应账务处理，其会计分录为：

借：存放中央银行款项——准备金存款

　贷：手续费收入

2. 网银中心的处理

网银中心收到第三方机构发来的第三方贷记报文，检查并核验数字签名无误后，转发付款清算行，同时标记该业务状态为"已转发"，检查未通过的，作拒绝处理。

3. 付款清算行的处理

付款清算行收到网银中心发来的第三方贷记报文，检查并核验数字签名无误后，转发系统内业务系统，检查未通过的，作拒绝处理。

(二) 付款清算行发出回执的处理

1. 付款清算行的处理

付款清算行行内系统收到第三方贷记报文，核验、认证、检查通过的立即进行账务处理，其会计分录为：

借：吸收存款——××存款——××户

　贷：待清算支付款项

账务处理成功后组第三方贷记回执报文（业务状态为“已付款”），加编数字签名后实时发送网银中心。

付款清算行核验、认证、检查未通过的，组第三方贷记回执报文（业务状态为“已拒绝”），加编数字签名后实时发送网银中心。

待付款清算行收到各类通知时，相应修改业务状态，并进行账务处理。

(1) 付款清算行收到“已拒绝”通知时，进行账务处理，其会计分录为：

借：吸收存款——××存款——××户　（红字）

贷：待清算支付款项　（红字）

(2) 付款清算行收到“已轧差”通知时，修改该业务状态为“已轧差”。

(3) 付款清算行收到“已清算”通知时，进行账务处理，其会计分录为：

借：待清算支付款项

贷：存放中央银行款项——准备金存款

2. 网银中心的处理

网银中心收到第三方贷记回执报文，检查核验通过的，将“已付款”第三方贷记报文转发收款清算行；未通过的，标记业务状态为“已拒绝”，并通知付款清算行和第三方机构。

3. 收款清算行的处理

收款清算行前置机收到网银中心转发的第三方贷记报文，检查核验通过的，转发行内系统；未通过的，作拒绝处理。

(三) 收款清算行发出回执的处理

1. 收款清算行的处理

收款清算行行内系统收到第三方贷记报文，实时核验检查，根据检查结果组“已确认”或“已拒绝”的第三方贷记回执报文，加编数字签名后实时发送网银中心。

待收款清算行收到各类通知时，相应修改业务状态，并进行业务处理。

(1) 收款清算行收到“已轧差”通知时，进行账务处理，其会计分录为：

借：待清算支付款项

贷：吸收存款——××存款——××户

(2) 收款清算行收到“已清算”通知时，进行账务处理，其会计分录为：

借：存放中央银行款项——准备金存款

贷：待清算支付款项

2. 网银中心的处理

网银中心收到收款清算行发来的第三方贷记回执报文，检查并核验数字签名，对核验无误的“已确认”第三方贷记业务回执报文，立即进行净借记限额检查，核验失败的，标记该业务状态为“已拒绝”，同时通知付款清算行、收款清算行和第三方机构；净借记限额通过的，实时纳入轧差状态，如第三方机构未通过网上支付跨行清算系统代收收款人手续费，网银中心对收、付款清算行进行双边轧差；如第三方机构通过网上支付跨行清算系统代收收款人手续费，网银中心对收、付款清算行和第三方机构进行轧差，轧差完成后，将该业务状态标记为“已轧差”，并将通知报文加编数字签名发送至付款清算行、收款清算行。

网银中心收到“已拒绝”第三方贷记业务回执报文，标记该业务状态为“已拒绝”，通知付款清算行和第三方机构。网银中心在规定时点将本场轧差净额自动提交 SAPS 进行资金清算。待收到轧差净额“已清算”通知，标记该业务状态为“已清算”，并通知付款清算行、收款清算行和第三方机构。

关键术语

现代化支付系统　大额支付系统　小额支付系统　贷记业务　借记业务　网上支付跨行清算系统　第三方贷记业务

思考题

1. 简述中国现代化支付系统的主要应用系统。
2. 大、小额支付系统的参与者分为哪几种？
3. 什么是清算账户？清算账户由谁设置和管理？
4. 大、小额支付系统的业务种类和处理方式有何不同？
5. 网上支付跨行清算系统处理的支付业务种类有哪些？

第七章　外汇业务的核算

学习内容与目标

本章介绍外汇业务概述、外汇买卖业务的核算、外汇存款业务的核算、国际结算业务的会计核算、外汇贷款业务的核算。通过本章的学习应了解外汇业务特点及外汇分账制；掌握外汇业务概述、货币兑换科目、买方信贷的会计核算；熟练掌握外汇买卖业务的核算、外汇存款业务的核算、国际结算业务的核算、外汇贷款业务的核算、外贸融资业务的核算。

第一节　外汇业务概述

一、外汇与汇率

（一）外汇概念及分类

外汇是指国际汇兑中所使用的信用工具和有价证券，如可兑换的外国钞票、国外银行存款、银行汇票、外国政府国库券和长短期证券以及其他可在国外兑换的凭证等。国际货币基金组织对外汇的解释是：货币行政当局（中央银行、货币管理机构、外汇平准基金组织及财政部）以银行存款、财政部国库券、长短期有价证券等形式所保有的在国际收支逆差时可以使用的债权。

《中华人民共和国外汇管理条例》规定，外汇是指：外国货币，包括钞票、铸币等；外汇有价证券，包括政府公债、国库券、公司债券、股票、息票等；外币支付凭证，包括票据、银行存款凭证、邮政储蓄凭证等；其他外汇资金。

（二）外汇的分类

1. 按外汇的来源和用途，可分为贸易外汇和非贸易外汇

贸易外汇是来源于和用于进出口贸易的国际支付手段，包括对商品进出口及从属费用所收支的外汇，如货款、运输费、保险费、佣金等；非贸易外汇是指贸易外汇以外的不涉及商品进出口而收支的外汇，包括侨汇、旅游、铁路、海运、航空、邮电、银行、保险等。但贸易外汇和非贸易外汇的划分并不是绝对的。

2. 按能否自由兑换，可分为自由外汇和记账外汇

自由外汇是指不需要外汇管理当局批准，在国际金融市场上可自由兑换成其他国

家货币，同时在国际交往中能直接向第三国办理支付的外币及其支付手段。属自由外汇的币种很多，如美元、日元、英镑等。我国在贸易和非贸易结算中常用的外汇有美元(USD)、日元(JPY)、英镑(GBP)、瑞士法郎(CHF)、加元(CAD)、欧元(EUR)等。

记账外汇又称协定外汇，是两国政府在从事经济援助、开展经济合作或双边贸易中，为了节约自由外汇，通过缔结双边贸易支付协定进行清算的货币单位。所有进出口货物或其他有关债权债务的清算，只在双方指定的银行所开立的专门账户进行记载，不作现汇支付。到年终，一方发生的顺差(即另一方的逆差)通过协商来解决，原则上都订一个最高限额，超过限额部分以双方指定的或协商同意的自由外汇进行清算，这种在双方银行账户上记载的外汇，不能转给第三国使用，也不能兑换成自由外汇使用。记账外汇所使用的记账货币，可以是协定国的任一方的货币，也可以是第三国货币，记账外汇以在自由外汇的货币符号前加字母“CL”表示。

3. 按外汇交易交割期，可以分为即期外汇和远期外汇

即期外汇是指即期收付的外汇，一般交易双方在两个营业日内办理交割。远期外汇是指银行同业或银行与客户之间预先签订合同，商定外汇买卖数量、汇率和期限，到约定日期进行交割而收付的外汇。交割期限一般为1—6个月，最长不超过1年。

4. 按外汇形态，可以分为现汇和现钞

现钞是指各种钞票、铸币等；现汇是用于国际汇兑和国际间非现金结算的、用以清偿国际间债权债务的外汇。

(三) 汇率概念及分类

汇率(外汇行市)是指一国货币兑换成另一国货币的比率，或是以一种货币表示另一种货币的价格。汇率有直接标价法和间接标间法。

1. 直接标价法

直接标价法是以一定单位的外国货币为标准来计算应付多少单位的本国货币，如100美元=637.260 0人民币。除英国和美国外，世界上绝大多数国家和地区都使用直接标价法。

2. 间接标价法

间接标价法是以一定单位的本国货币为标准来计算应收多少单位的外国货币，目前只有英国和美国使用间接标价法，但美元对英镑使用直接标价法。

现钞汇率或现钞买卖价，是指银行买入或卖出外汇现钞时使用的汇率。一般国家都规定，不允许外国货币在本国流通，需要把外汇现钞运送到各发行国或能够流通的地区，要花费一定的运费和保险费，这些费用要客户来承担，因此银行在收兑外币现钞时使用的汇率，稍低于现汇的买入汇率，而银行卖出外币现钞时使用的汇率与现汇的卖出汇率相同。

从外汇买卖的角度划分，有买入汇率、卖出汇率、中间汇率。买入汇率或外汇买入价，是银行向客户买入外汇时使用的汇率，在直接标价法下，标出的两个汇率中较低的一个汇率是银行买入外汇的汇率，是银行买入外汇时付出的本币数。在间接标价法下，较高的一个是银行买入价。卖出汇率或外汇卖出价，是指银行向客户卖出外汇时使用的汇率。在直接标价法下，标出的两个汇率中较高的一个汇率是银行卖出外汇的汇

率，是银行卖出外汇时收进的本币数。在间接标价法下，较低的一个是银行买入价；中间汇是外汇买入价和外汇卖出价的平均价，通常在对第三种货币进行套算时用作套算汇率。

二、外汇业务的内容

外汇业务是指以记账本位币以外的货币进行的款项收付、往来结算等业务。经营外汇业务是商业银行业务经营的重要组成部分。办理外汇业务的商业银行根据国家的金融政策，从事国际金融活动，从资金等方面协助企业扩大出口贸易引进必需的物资和技术设备，吸收境外汇款，增加外汇收入，节约外汇支出，提高外汇使用效益，保证国际收支均衡，增进国际经济文化交流，促进国民经济稳定协调的发展。

目前我国商业银行的外汇业务包括：外币存款、贷款，以及经中国人民银行批准的与外汇业务有关的本币存款、贷款；对外贸易和非贸易的国际结算；华侨汇款和其他国际汇兑；国际银行间的存款和贷款；外汇（包括外币）的买卖、国际黄金买卖；组织或参加国际银团贷款；根据国家授权，发行对外债券和其他有家证券；在外国和中国港澳等地区投资或合资经营银行、财务公司或其他企业；国家许可和委托办理的其他外汇等。

三、外汇业务的记账方法

外汇业务的核算有两种方法：外汇统账制和外汇分账制。这两种方法账务处理程序不同，但结果即计算出的汇兑损益相同，且均计入当期损益。

（一）外汇统账制

外汇统账制又称本币记账法，是指以本国货币为记账单位，各种外国货币都按照一定的标准汇价，折合为本国货币再行记账的一种记账方法。在我国是以人民币为记账单位来记录所发生的外汇交易业务，将发生的多种货币的经济业务，折合成人民币加以反映，外币在账上仅作辅助记录。

使用外汇统账制记账法，所有外汇业务均按当时外汇市场价或按固定汇率折合成本币直接记账，如外汇价格有变，外汇业务会计核算中所反映的各种外币记账价值，将与各外币的实际价值不一致。

外汇统账制的特点是记账简单，只设立一种账簿，所有币种都以即期或当期汇率折算，便于加总核算，适合普通企业采用。但不能反映各种外币的存、欠增减变动情况，不便于外汇资金的调拨运用与管理。因此，我国商业银行一般不采用外汇统账制记账法。

【例 7-1】 3 月 1 日，甲企业销售一批商品，计 2 万美元，当日汇率为 1∶6.5（中间价），货款尚未收到。3 月 20 日收回以上货款，并转入该企业美元账户，当日的汇率为 1∶6.51。

3 月 1 日会计分录为：

借：应收账款——USD 20 000　　　　RMB 130 000

　贷：主营业务收入　　　　RMB 130 000

3 月 20 日会计分录为：

借：银行存款——USD 20 000　　　　RMB 130 200
　贷：应收账款——USD 20 000　　　　RMB 130 000
　　　财务费用——汇兑损益　　　　RMB 200

（二）外汇分账制

外汇分账制又称原币记账法，是指经营外汇业务的银行以原币为记账单位，按币种设置总账和明细账。其要点有：以各种原币分别立账。即平时以原币为记账货币，进行账务处理，每种货币各自成立账务系统；一笔业务涉及两种不同货币时，由于一个分录不能出现两种货币，应通过“货币兑换”科目进行核算，该科目是不同货币之间账务处理的桥梁。

(1) 以各种原币分别立账。即平时以原币为记账货币，进行账务处理，每种货币各自成立账务系统。

【例 7-2】 张某持交甲行 3 万美元现钞，要求银行作活期存款现钞户。甲行受理这笔外汇业务后，认定美元为有本位币牌价的货币，然后，直接以美元为记账货币办理账务处理。会计分录为：

借：库存现金　　　　USD 30 000
　贷：吸收存款——现钞户　　　　USD 30 000

(2) 一笔业务涉及两种不同货币时，由于一个分录不能出现两种货币，应通过“货币兑换”科目进行核算，该科目是不同货币之间账务处理的桥梁。

【例 7-3】 银行兑入 2 万美元，美元钞买价 1∶6.5，钞卖价为 1∶6.51。银行受理这笔业务后，银行收进 2 万美元，付出 13 万元人民币现钞。这笔业务发生后，涉及美元和人民币两种货币，因此应通过“货币兑换”科目来进行账务处理，其会计分录为：

借：库存现金　　　　USD 20 000
　贷：货币兑换——钞买价　　　　USD 20 000
借：货币兑换——钞买价　　　　RMB 130 000
　贷：库存现金　　　　RMB 130 000

(3) 资产负债表日，将所有以外币反映的“货币兑换”科目余额按期末即期汇率折算为记账本位币金额，并以该金额为准对“货币兑换(记账本位币)”科目余额进行调整，将调增或调减的金额(即汇兑差额)记入“汇兑损益”。调整后，“货币兑换”科目期末应无余额。

(4) 年终决算时，除按原币决算外，还对各种分账的货币按规定的方法将外币折成人民币，再与原人民币会计报表合并，形成本外币汇总的会计报表。

第二节　外汇买卖业务的核算

一、外汇买卖业务概述

外汇买卖业务是指银行在国际金融市场上按自由兑换货币间的汇率买卖外汇及国

内外汇指定银行按人民币外汇牌价为客户办理结售汇和套汇业务。前者是国际外汇市场的外汇交易；后者是商业银行经营的外汇买卖业务，主要包括自营外汇买卖、代客外汇买卖和临柜业务中的结售汇等。

商业银行临柜业务则主要表现为结汇、售汇、结售汇项下外汇与人民币平盘交易、外币兑换和套汇等形式。

（一）结汇

我国对经常项目下的外汇收入实行结汇制。境内企事业单位、机构和社会团体按国家外汇管理政策的规定，将各类外汇收入按商业银行挂牌汇结售给商业银行，商业银行购入外汇，付给人民币。

（二）售汇

境内企事业单位、机关和社会团体经常项目下的正常用汇，可以持有效凭证，用人民币到商业银行办理兑付。

（三）外币兑换

外币兑换是指商业银行从个人手中买入外币付给人民币，或者收进人民币兑出外币。

（四）套汇业务

套汇是银行根据客户的要求，将一种外汇（外币）兑换成另一种外汇（外币）的外汇买卖业务。商业银行业务中的套汇业务不同于国际金融市场上的套汇，后者是利用不同市场、不同的货币和不同的汇率进行投机，以牟取利益或规避汇率风险的行为，商业银行的套汇是指不同币别的套汇，由于不同币种间没有直接的汇价，或者客户拥有的某种外汇与其支付所要的币种不一样时，可以要求商业银行套算兑换。在我国两种不同外汇之间没有直接比价，一种外汇要兑换成另一种外汇，必须通过人民币折算。

二、会计科目设置

（一）"货币兑换"科目的性质

该科目是资产负债共同类科目。当买入外币时，商业银行借记有关科目（外币），贷记"货币兑换"科目（外币）；相应付出本币时，借记"货币兑换"科目（本币），贷记有关科目（本币）。当卖出外币时，商业银行借记"货币兑换"科目（外币），贷记有关科目（外币）；相应借记有关科目（本币），贷记"货币兑换"科目（本币）。在填制会计凭证、编制会计分录、记载账务时，"货币兑换"科目下外币和本币均应完整地加以反映。

（二）"货币兑换"科目的作用

设置"货币兑换"科目来核算企业（金融）采用分账制核算外币交易所产生的不同币种之间的兑换，并按币种进行明细核算。"货币兑换"科目是实行外汇分账制的特设科目，凡外汇业务涉及不同货币时，其账务处理均应通过此科目进行核算。在会计核算和账务处理中起联系和平衡作用。一方面，它是联系外币和人民币账务系统的桥梁；另一方面，它使原外币和人民币账务系统各自保持平衡。

(三)"货币兑换"科目的核算内容

"货币兑换"科目用于核算银行以赚取汇率差价为目的的外汇买卖业务,其核算内容有:银行对客户的外汇买卖(结售汇和套汇交易);银行结售汇项下的外汇/人民币平盘交易;银行的自营外汇买卖;在年度决算时结转各种外币损益的套汇处理等。

三、外汇买卖业务的核算

(一)结售汇的核算

1. 买入外汇

买入外汇,即结汇业务,是境内的企事业单位按外汇政策规定,将所得的外汇收入按牌价结售给商业银行,商业行买入外汇,给付人民币的业务。

当买入外汇时,外币金额记入"货币兑换"科目的贷方,与原币有关科目对转,相应的人民币金额记入该科目的借方,与人民币有关科目对转。买入外汇(包括结汇及外币兑本币业务)的基本账务处理为,其会计分录为:

借:××科目　　(外币)
　贷:货币兑换——(汇买价)　　(外币)
借:货币兑换　　(本币)
　贷:××科目　　(本币)

【例7-4】 某人持100美元来某商业银行兑换人民币。该业务发生时,美元现钞买入价为USD 100=RMB 686.46。其会计分录为:

借:库存现金　　USD 100
　贷:货币兑换——钞买价　　USD 100
借:货币兑换——钞买价　　RMB 686.46
　贷:库存现金　　RMB 686.46

2. 卖出外汇

卖出外汇,即所谓售汇,是境内企事业单位的经常项目下的正常对外付汇、持有关凭证,用人民币到商业银行兑换,商业银行收进人民币,支付外汇的业务。

当卖出外汇时,外币金额记入"货币兑换"科目的借方,与原币有关科目对转,相应的人民币金额记入该科目的贷方,与人民币有关科目对转卖出外汇(售汇、本币兑换外币)账务处理,其会计分录为:

借:××科目　　(本币)
　贷:货币兑换　　(本币)
借:货币兑换　　(外币)
　贷:××科目　　(外币)

【例7-5】 某进出口企业支付货款2 000港元汇往中国香港,该业务发生时汇卖价1∶0.95,其会计分录为:

借:吸收存款——某企业　　RMB 1 900
　贷:货币兑换——汇卖价　　RMB 1 900

借：货币兑换　　　　　　　　HKD 2 000
　贷：汇出汇款　　　　　　　　HKD 2 000

（二）套汇业务核算

1. 套汇业务种类

（1）两种不同币种现汇之间的套汇，是银行将一种外汇兑换成另一种外汇的外汇买卖活动。套汇的币种包括美元、港元、日元、英镑、瑞士法郎、欧元等可自由兑换货币。银行为客户办理不同币种现汇之间的套汇业务。

在核算时，必须先套算出卖出币种的金额，公式为：

卖出币种套汇金额＝买入币种金额×买入币种汇买价/卖出币种汇卖价

（2）现钞与现汇之间的套汇，是银行买进现汇卖出现钞或买进现钞卖出现汇的外汇买卖活动。银行为客户办理现汇与现钞之间的套汇业务。

在核算时，必须先套算出卖出币种的金额，汇买钞卖的计算公式是：

卖出币种现钞金额＝买入币种现汇金额×汇买价/汇卖价

钞买汇卖的计算公式是：

卖出币种现汇金额＝买入币种现钞金额×钞买价/汇卖价

2. 套汇业务的账务处理

（1）两种外币之间的套算。套汇业务的基本账务处理为：

借：××科目　　　　　　　　（A外币）
　贷：货币兑换——汇（钞）买价　　　　（A外币）
借：货币兑换——汇（钞）买价　　　　（本币）
　贷：货币兑换——汇（钞）卖价　　　　（本币）
借：货币兑换——汇（钞）卖价　　　　（B外币）
　贷：××科目　　　　　　　　（B外币）

【例7-6】 某客户用10万美元存款兑换成所需的欧元，以备支付货款。银行受理为客户办理此项业务，当日美元买入价1∶7.378，欧元卖出价1∶10.729。

应付欧元金额＝100 000.00×7.378/10.729＝EUR 68 766.89

其会计分录为：

借：吸收存款——××企业户　　　　USD 10 000.00
　贷：货币兑换——套汇户　　　　USD 10 000.00
借：货币兑换——美元套汇户　　　　RMB 737 800.00
　贷：货币兑换——欧元套汇户　　　　RMB 737 800.00
借：货币兑换——套汇户　　　　EUR 68 766.89
　贷：吸收存款——××企业户　　　　EUR 68 766.89

（2）同种货币之间的套算。套汇业务的基本账务处理为：

借：××科目　　　　　　　　（A外币）
　贷：货币兑换——汇（钞）买价　　　　（A外币）

借：货币兑换——汇(钞)买价　　(本币)
　贷：货币兑换——汇(钞)卖价　　(本币)
借：货币兑换——汇(钞)卖价　　(A 外币)
　贷：××科目　　(A 外币)

【例 7-7】 某客户因公出国，要求从其现汇账户上支付 1 万美元，银行办理此业务，卖出现钞，买进现汇，美元现汇买入价为 1∶7.366 5，现汇卖出价为 1∶7.385 0(与现钞卖出价相同)。

应付美元现钞金额＝10 000.00×7.366 5/7.385 0＝USD 9 974.95

此笔业务的会计分录为：

借：吸收存款——××企业户　　USD 10 000
　贷：货币兑换——套汇户　　USD 10 000
借：货币兑换——美元现汇套汇户　　RMB 73 665
　贷：货币兑换——美元现钞套汇户　　RMB 73 665
借：货币兑换——套汇户　　USD 9 974.95
　贷：库存现金　　USD 9 974.95

(三) 结售汇头寸平补交易的核算

我国对商业银行的结售汇综合头寸实行限额管理，结售汇综合头寸是指商业银行持有的因人民币与外币间交易形成的外汇头寸，包括由银行办理符合外汇管理规定的对客户结售汇业务，自身结售汇业务和参与银行间外汇市场交易而形成的外汇头寸。

结售汇综合头寸限额由国家外汇管理局根据国际收支状况和商业银行外汇业经营情况，按商业银行法人统一核定，并按日考核和监管。商业银行应按日管理全行头寸，使每个交易日结束时的头寸保持在核定限额内。对于临时超过限额的(即超过头寸上限或低于头寸下限)，商业银行应在下一个交易日结束前，由总行通过银行间外汇市场进行结售汇头寸平补。平补，即平盘补仓交易，是指商业银行根据国家外汇管理局对结售汇综合头寸限额管理的规定和自身对结售汇头寸风险管理的需要，在银行间外汇市场进行的外汇/人民币买卖交易。

(1) 商业银行购入外汇，平补结售汇头寸时，其会计分录为：

借：存放中央银行款项——准备金存款(或其他科目)　　(外币)
　贷：货币兑换　　(外币)
借：货币兑换　　(本币)
　贷：存放中央银行款项——准备金存款(或其他科目)　　(本币)

(2) 商业银行卖出外汇，平补结售汇头寸时，其会计分录为：

借：存放中央银行款项——准备金存款(或其他科目)　　(本币)
　贷：货币兑换　　(本币)
借：货币兑换　　(外币)
　贷：存放中央银行款项——准备金存款(或其他科目)　　(外币)

第三节 外汇存款业务的核算

一、外汇存款业务概述

外汇存款是商业银行以信用方式吸收的国内外单位和个人在经济活动中暂时闲置的并能自由兑换或在国际上获得偿付的外币资金，包括国外汇入汇款，携入或寄入的自由兑换外币，能立即付款的外币票据，以及其他经商业银行核准的外汇。外汇存款业务是单位或个人将其所有的外汇资金（国外汇入汇款、外币、外币票据等），以外币为计量单位存放在商业银行，并于以后随时或按约定期限支取的存款业务。

外汇存款按存款对象分为单位外汇存款和个人外汇存款；按存入资金形态分为现钞存款和现汇存款；其中现钞存款是指存款人将从境外携入或持有的可自由兑换外币现钞存放在银行形成的存款，现汇存款是指存款人将从境外汇入的外汇或携入的外币票据存入银行形成的存款；按存取方式分为活期存款、定期存款和通知存款等。

外汇存款的币种有美元、英镑、欧元、日元、瑞士法郎、加拿大元、澳大利亚元和新加坡元等。其他可自由兑换外币，可按存入日的外汇牌价兑换成上述货币存入。

二、会计科目设置

为便于外汇存款业务的会计核算，应设置以下两个会计科目。

（一）“吸收存款——外汇活期存款”科目

该科目属负债类科目，用于核算存款对象在商业银行1年以内的外汇存款。开户、存入外汇时，反映在该账户的贷方；支取外汇时，反映在该账户的借方，有余额反映在贷方，反映存款对象在商业银行外汇活期收存款的结存数。

（二）“吸收存款——外汇定期存款”科目

该科目属负债类科目，用于核算存款银行1年以上的外汇存款。开户、存入外汇时，反映在该账户的贷方；支取外汇时，反映在该账户的借方，有余额反映在贷方，反映存款对象在商业银行外汇定期吸收存款的结存数。

三、单位外汇存款业务核算

（一）单位外汇存款概述

单位外汇存款是银行吸收中国境内的企事业单位、国家机关、社会团体、部队、中资机构和外商投资企业和各国驻华外交代表机构、领事机构、商务机构、驻华的国际组织机构及民间机构外汇资金的业务。

单位外汇存款均为现汇账户，分为单位活期存款和单位定期存款两种：单位活期存款分存折户和支票户，起存金额为不低于人民币 1 000 元的等值外汇；单位定期存款是规定一定期限、到期支取的存款，起存金额为不低于人民币 10 000 元的等值外汇。

(二) 单位外汇存款的核算

银行根据存入的现汇、现钞、外币票据等不同情况，进行不同的会计处理。

1. 外币现钞存入现汇户

以外币现钞存入现汇户时，应以当日的现钞买入牌价和现汇卖出牌价折算入账。外币现钞存入现汇户时，其会计分录为：

借：库存现金　　　　　　　　　　　　　　　　（外币）
　贷：货币兑换——套汇户（钞买价）　　　　　　（外币）
借：货币兑换——××币种套汇户（钞买价）　　　（本币）
　贷：货币兑换——××币种套汇户（汇卖价）　　（本币）
借：货币兑换——套汇户（汇卖价）　　　　　　（外币）
　贷：吸收存款——××单位户　　　　　　　　　（外币）

2. 直接以国外收汇或国内转款存入

(1) 以汇入原币存入时，其会计分录为：

借：存放境外同业款项——境外账户行户　　　　（外币）
　　或：清算资金往来　　　　　　　　　　　　（外币）
　贷：吸收存款——××企业户　　　　　　　　　（外币）

(2) 汇入币种与存入币种不同时，其会计分录为：（以汇入美元转存港元为例）

借：汇入汇款（或有关科目）　　　　　　　　　（美元）
　贷：货币兑换——套汇户（汇买价）　　　　　　（美元）
借：货币兑换——美元套汇户（汇买价）　　　　（人民币）
　贷：货币兑换——美元套汇户（汇卖价）　　　（人民币）
借：货币兑换——套汇户（汇卖价）　　　　　　（港元）
　贷：吸收存款——××企业户　　　　　　　　　（港元）

(3) 境内机构汇入汇款结汇时，其会计分录为：

借：清算资金往来　　　　　　　　　　　　　　（外币）
　　或：有关科目　　　　　　　　　　　　　　（外币）
　贷：货币兑换——结售汇户（汇买价）　　　　　（外币）
借：货币兑换——××币种结售汇户（汇卖价）　　（本币）
　贷：吸收存款——××企业户　　　　　　　　　（本币）

【例 7-8】 甲企业持交 A 行 1 万美元现钞要求存入活期存款现汇户。当日钞买价 1∶6.50，汇卖价 1∶6.65。做该业务的会计分录。

借：库存现金　　　　　　　　　　　　　　USD 10 000
　贷：货币兑换——套汇户（钞买价）　　　　　USD 10 000
借：货币兑换——××币种套汇户（钞买价）　RMB 65 000
　贷：货币兑换——××币种套汇户（汇卖价）　RMB 65 000

借：货币兑换——套汇户(汇卖价)　　　　USD 9 774.44
　贷：吸收存款——××单位户　　　　USD 9 774.44

3. 外汇取款的核算

(1) 从现汇账户支取原币现钞时，银行做汇买钞卖套汇后，支取原币现钞，其会计分录为：

借：吸收存款——××企业户　　　　(外币)
　贷：货币兑换——套汇户(汇买价)　　　　(外币)
借：货币兑换——××币种套汇户(汇买价)　　　　(本币)
　贷：货币兑换——××币种套汇户(钞卖价)　　　　(本币)
借：货币兑换——套汇户(钞卖价)　　　　(外币)
　贷：库存现金　　　　(外币)

(2) 以原币汇往国外或国内异地时，其会计分录为：

借：吸收存款——××企业户　　　　(外币)
　贷：汇出汇款　　　　(外币)

(3) 支取原币与原存款货币不同时，会计分录为：(以存港元取美元为例)

借：吸收存款——××企业户　　　　(港元)
　贷：货币兑换——套汇户(汇买价)　　　　(港元)
借：货币兑换——港元种套汇户(汇买价)　　　　(人民币)
　贷：货币兑换——美元币种套汇户(汇卖价)　　　　(人民币)
借：货币兑换——套汇户(汇卖价)　　　　(美元)
　贷：库存现金　　　　(美元)

(4) 从活期存款账户转定期存款，会计分录为：

借：吸收存款——活期户——××单位户　　　　(外币)
　贷：吸收存款——定期——××单位户　　　　(外币)

4. 利息的计算

单位外汇活期存款按季结息，计息期间遇利率调整分段计息，每季末月 20 日为结息日。结息日结出的利息于次日以原币主动转入存款单位的外汇活期存款账户。若单位外汇活期存款账户销户，则利息的结计应采取利随本清的方法，即于销户时将利息与存款单位结清。

结息日计提出本计息期间的利息后于次日以原币结入存款单位的外汇活期存款账户，会计分录如下。

(1) 结息日计提利息时：

借：利息支出——外汇活期存款利息支出　　　　(外币)
　贷：应付利息——外汇活期存款应付利息　　　　(外币)

(2) 结息日次日以原币结入存款账户时：

借：应付利息——外汇活期存款应付利息　　　　(外币)
　贷：吸收存款——单位活期存款——××单位　　　　(外币)

单位外汇定期存款利息，按对年对月计息，不足一年或一月的天数折算成日计算。

存款到期，利随本清，一次计息。如遇利率调整，仍按存入日利率计算利息；存款到期续存，按续存日利率计算利息；存款到期未办理支取，逾期部分按取款日活期存款利率计算利息；如提前支取，按取款日活期存款利率计算。

资产负债表日，商业银行对吸收的单位外汇定期存款应按规定计提利息。其会计分录为：

借：利息支出——外汇定期存款利息支出户　　　　（外币）
　贷：应付利息　　　　　　　　　　　　　　　　（外币）

【例7-9】 甲公司于2017年4月25日以国外汇款10万美元存入A银行定期存款美元现汇户，存期半年，年息3%，2017年10月25日到期。甲公司于同年11月8日支取该笔定期存款，支取时活期存款利率为1.2%。做相应的会计分录（利息按利随本清核算）。

(1) 4月25日的会计分录为：

借：存放境外同业款项——境外账户行户　　　　USD 100 000
　贷：吸收存款——定期——甲公司户　　　　　USD 100 000

(2) 11月8日计算利息＝100 000×3%/2＋100 000×(7＋7)×1.2%/360＝USD 1 543.3，其会计分录为：

借：吸收存款——定期——甲公司户　　　　　USD 100 000
　利息支出——活期存款利息支出户　　　　　USD 1 543.3
　贷：吸收存款——活期——甲公司户　　　　USD 101 543.3

四、个人外汇存款业务的核算

（一）个人外汇存款概述

个人外汇存款，也称外币储蓄存款，是指商业银行吸收自然人的外汇资金而形成的存款。根据管理和核算的不同要求，个人外汇存款可以采用不同的标准进行分类。

1. 按存款对象分为乙种外汇存款和丙种外汇存款

乙种外汇存款的存款对象是居住在国外或我国港澳台地区的外国人、外籍华人、华侨，港澳台同胞和短期来华人员，以及居住在中国境内的外国人。其外汇的使用可以汇往中国境内外，可兑换人民币，在存款人出境时，根据存款人的要求，可支取外钞或直接汇出。

丙种外汇存款的存款对象是中国境内的居民，包括归侨、侨眷和港澳台同胞的亲属。该种存款汇往境外的金额较大时，须经国家外汇管理部门批准后方可汇出。

2. 按存入资金形态分为现汇存款和现钞存款

凡从境外汇入，携入和境内居民持有的可自由兑换的外汇，均可存入现汇账户。本息可以汇往境外，也可汇卖钞买兑换成现钞。凡从境外携入或境内居民持有的可自由兑换的外币现钞，均可存入现钞账户。本息可以支取外币现钞，如汇往境外，需经钞买汇卖，并按国家外汇管理有关规定办理。

个人既可以在银行开立现汇账户存入现汇，也可以在银行开立现钞账户存入外币现钞。现汇户可直接支取汇出，现钞户须经钞买汇卖处理方可支取汇出；现钞户可直接支取现钞。

3. 按存取方式分为活期储蓄存款、定期储蓄存款、定活两便储蓄存款和个人通知存款

外币活期储蓄存款的起存金额，乙种存款为不低于人民币 100 元的等值外币，丙种存款为不低于人民币 20 元的等值外币；外币定期储蓄存款的起存金额，乙种存款为不低于人民币 500 元的等值外币，丙种存款为不低于人民币 50 元的等值外币；定活两便储蓄存款的起存金额为不低于人民币 50 元的等值外币；个人 7 天通知存款的起存金额为不低于人民币 50 000 元的等值外币。外币活期储蓄存款为存折户；外币定期储蓄存款为记名式存单，整存整取，存期分为 1 个月、3 个月、半年、1 年、2 年五个档次。

（二）存款的核算

（1）存款人将外币现钞存入现钞户时，以外币现钞存人时，存款人应填写存款凭条，连同外币现钞及有效身份证件（护照、身份证等）一同提交银行。银行审查存款凭条、证件并清点外币现钞无误后，进行现金开户，其会计分录为：

借：库存现金　　（外币）
　贷：吸收存款——××户　　（外币）

（2）从境内、境外汇入的汇款或托收的外币票据存入现汇户时，其会计分录为：

借：存放境外同业款项——境外账户行户　　（外币）
　　或：清算资金往来——分行户　　（外币）
　贷：应解汇款　　（外币）
借：应解汇款　　（外币）
　贷：吸收存款——××户　　（外币）

（三）取款的核算

（1）支取现钞户的外币活期储蓄存款时，其会计分录为：

借：吸收存款——××户　　（外币）
　贷：库存现金　　（外币）

（2）支取原币与原存款货币不同时，其会计分录为（以存港元取美元为例）：

借：吸收存款　　（港元）
　贷：货币兑换（钞买价）　　（港元）
借：货币兑换（钞买价）　　（人民币）
　贷：货币兑换（钞卖价）　　（人民币）
借：货币兑换（钞卖价）　　（美元）
　贷：库存现金　　（美元）

（3）支取现钞户的定期储蓄存款时，计算存款利息，其会计分录为：

借：吸收存款——××户　　（外币）
　　应付利息——××户　　（外币）
　　利息支出——定期储蓄存款利息支出户　　（外币）
　贷：库存现金　　（外币）

(4) 以现汇户支取现钞时，若支取的现钞量较少，其分录与现钞户支取现钞相同，若支取的量较大时，其会计分录为：

借：吸收存款 (外币)
　贷：货币兑换——套汇户(汇买价) (外币)
借：货币兑换——××币种套汇户(汇买价) (本币)
　贷：货币兑换——××币种套汇户(钞卖价) (本币)
借：货币兑换——套汇户(钞卖价) (外币)
　贷：库存现金 (外币)

(四) 个人外汇储蓄存款的利息核算

1. 活期储蓄存款利息的核算

外币活期储蓄存款，每季末月 20 日为结息日，按实际天数计算，以结息日挂牌活期储蓄存款利率计付利息，其会计分录为：

借：利息支出——活期储蓄存款利息支出户 (外币)
　贷：吸收存款——××户 (外币)

储户要求销户时，应随时结清利息，其会计分录为：

借：吸收存款——××户 (外币)
　利息支出——活期储蓄存款利息支出户 (外币)
　贷：库存现金 (外币)

2. 定期储蓄存款利息的核算

外币定期储蓄存款，到期取本付息。外币定期储蓄存款如遇利率调整，仍按存入利率计算利息，外币定期储蓄存款到期续存，按续存日利率计息。过期部分按支取日的外币活期储蓄存款利率计息。外币储蓄存款如提前支取，提前支取部分，按支取日外币活期储蓄存款利率计息；未提前支取部分，仍按存入日利率计算，其会计分录为：

借：吸收存款——××户 (外币)
　应付利息——××户 (外币)
　利息支出——活期储蓄存款利息支出户 (外币)
　贷：库存现金 (外币)

3. 利息找零处理

外币储蓄存款计算支付辅币时，如确无辅币时，可按当日外汇牌价作外汇买卖处理，折付人民币，这个称为利息找零，其会计分录为：

借：应付利息——××户 (外币)
　贷：货币兑换——钞买价 (外币)
借：货币兑换——钞买价 (本币)
　贷：库存现金 (本币)

【例 7-10】 A 行支付某储户到期的定期储蓄存款美元，本息之和合计为203.68美元，其中本金 200 美元，利息 3.68 美元。由于该行缺 1 美元以下的辅币，0.68 美元按利息找零处理，即以当日美元钞买价 1∶6.45 折成人民币，其会计分录为：

借：吸收存款——定期储蓄存款——××户　　USD 200
　　应付利息　　USD 3.68
　贷：库存现金　　USD 203.68
借：库存现金　　USD 0.68
　贷：货币兑换——钞买价　　USD 0.68
借：货币兑换——钞买价　　RMB 4.39
　贷：库存现金　　RMB 4.39

第四节　国际结算业务的核算

国际结算是指不同国家(地区)的企业之间，通过银行办理货币收支，以结清商品交易所引起的债权债务关系的行为。国际结算主要有现汇结算和记账结算两种方式。在国际贸易结算实务中，以现汇结算为主，具体采用汇款、托收、信用证三种结算方式。

一、汇款业务的核算

(一) 汇款业务概述

国际汇兑是银行利用汇票和其他信用工具，通过境外联行或国外代理行相互间款项的划拨，以清算处理在不同国家或地区间的买卖双方债权债务关系或款项授受的一种结算方式。国际汇兑是银行办理外汇业务的主要内容，不仅可以取得手续费收入，而且汇款资金在托汇和解付之间有一段时间差，银行可以不付利息运用外币资金。

国际汇兑结算方法有两种：① 汇出法，也称顺汇。汇出法是由汇款人通过银行将款项汇给国外收款人或债权人以清偿债务的方式；主要是汇款结算方式，常用于非贸易结算和国际贸易中附属费用结算。② 出票法，也称逆汇。出票法是由收款人向汇款人签发汇票，委托银行代为收款的结算方式，主要有收结算方式和信用证结算方式，常用于国际收贸易结算。

在国际结算中，通常使用的汇款方式包括电汇、信汇和票汇，并且以电汇和票汇为主。电汇是汇出行受汇款人委托，通过电报、电传或 SWIFT 电文等方式发送汇款指令，授权汇入行解付汇款的结算方式，其结算流程如图 7-1 所示。

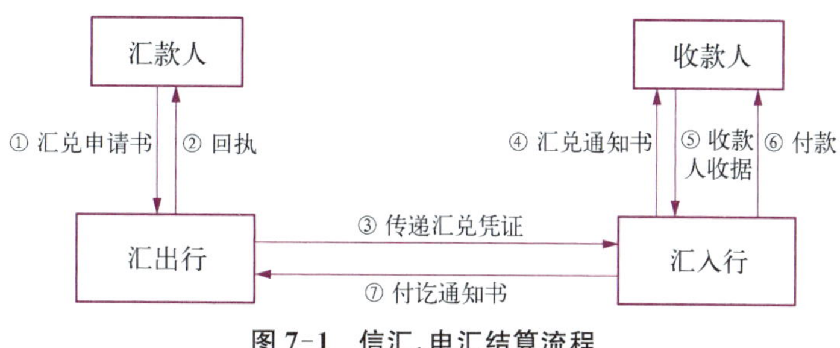

图 7-1　信汇、电汇结算流程

票汇是汇出行应汇款人的申请，代汇款人开立以另一家银行为付款人(付款行)的即期汇票，由汇款人将将汇票寄交收款人，收款人凭此票向付款行提示要求解付票款的汇款方式，其结算流程如图 7-2 所示。

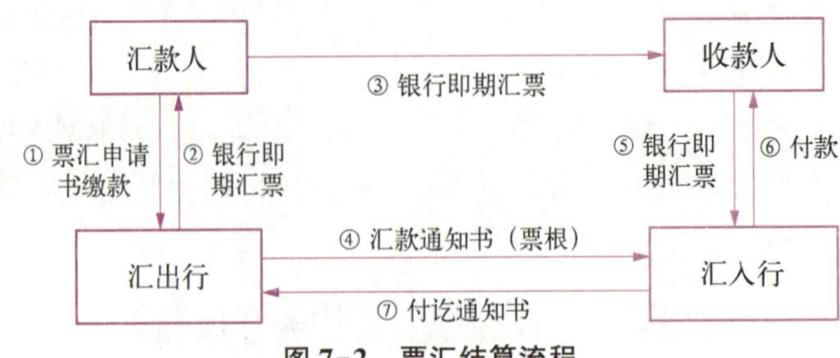

图 7-2　票汇结算流程

汇款结算方式按款项授受划分，可分为汇出汇款和汇入汇款两种。

(二) 汇出汇款的核算

汇出汇款是商业银行接受汇款人的委托，以电汇(M/T)、信汇(T/T)、票汇(D/D)的方式，将款项汇往国外收款人开户行的汇款方式。接受汇款人委托、汇出款项的商业银行称为汇出行，而将款项支付给收款人的银行为汇入行。

商业银行对汇出汇款业务主要通过“汇出汇款”科目进行核算。该科目属负债类科目，用于反映汇出行办理汇出汇款业务的情况。凡汇出行办理受理和结清汇出汇款资金时，用本科目核算。受理委托人的汇出汇款，贷记本科目；如汇入银行已将款项解付，结算汇出款项资金时，借记本科目。本科目余额应反映在贷方。汇出汇款科目应按汇款单位或个人逐笔登记明细账。

1. 电汇或信汇的核算

(1) 汇款人从其现汇账户中汇出汇款，其会计分录为：

借：吸收存款——活期存款——××企业户　　(外币)
　贷：汇出汇款　　(外币)

另外按照规定收取一定比例的手续费，其会计分录为：

借：库存现金　　(本币)
　　或：吸收存款——××企业户　　(本币)
　贷：手续费及佣金收入　　(本币)

(2) 汇款人购汇支付汇款时，其会计分录为：

借：吸收存款——××企业户　　(本币)
　贷：货币兑换——××币种结售汇户　　(本币)
借：货币兑换——结售汇户　　(外币)
　贷：汇出汇款　　(外币)

(3) 解付汇款时，汇出行收到汇入行解付通知书或借记报单，说明汇款头寸已拨交汇入行，其会计分录为：

借：汇出汇款　　(外币)
　贷：清算资金往来　　(外币)
　　　或：存放境外同业款项——××境外账户行　　(外币)

2. 票汇的核算

银行审核汇款人的《汇出汇款申请书》后，汇款金额到账后，汇出行即向汇款人开出一式五联《票汇凭证》，同时，汇出行以 SWIFT 电文通知账户已签发汇票，待汇出行收到汇入行的借记报单后，抽销汇出汇款卡片账。

3. 转汇的核算

如经办行不能直接办理境外汇款业务，须委托总行或其他行转汇，此种情况多为经办行在境外没有设立账户，经办行可通过总行或其他行转汇，总行或转汇行凭此办理转汇。

(1) 经办行办理转汇时，其会计分录为：

借：吸收存款——××企业户　　(外币)

　贷：清算资金往来——××转汇行户　　(外币)

(2) 转汇行办理汇出汇款时，其会计分录为：

借：清算资金往来——××经办行户　　(外币)

　贷：汇出汇款　　(外币)

4. 退汇的核算

退汇是汇款人或收款人任何一方，在汇款尚未解付之前要求撤销该笔汇款，其会计分录为：

借：汇出汇款　　(外币)

　贷：吸收存款——××企业户　　(外币)

　　或：其他科目——××企业户　　(外币)

或退回给汇款人的人民币存款账户，其会计分录为：

借：汇出汇款　　(外币)

　贷：货币兑换——结售汇户　　(外币)

借：货币兑换——××币种结售汇户　　(人民币)

　贷：吸收存款——××企业户　　(人民币)

【例 7-11】　2015 年 6 月 1 日 A 行从进口单位的美元账户支款 50 万美元，用 M/T 方式汇付货款，按汇出金额 1‰计收等值人民币手续费，从进口单位人民币户支付；6 月 7 日接花旗银行解讫汇款的“已借记通知书”，转销“汇出汇款”科目。作相应的会计分录。

(1) 2015 年 6 月 1 日，以 M/T 方式汇款时，其会计分录为：

借：吸收存款——活期存款——××公司户　　USD 500 000

　贷：汇出汇款　　USD 500 000

借：吸收存款——活期存款——××公司户　　RMB 4 000

　贷：手续费及佣金收入——结算手续费收入户　　RMB 4 000

(2) 2015 年 6 月 7 日接花旗银行解讫通知时，其会计分录为：

借：汇出汇款　　USD 500 000

　贷：存放境外同业款项　　USD 500 000

(三) 汇入汇款的核算

汇入汇款是指国外汇款人委托境外银行(汇出行)将款项汇入境内银行(汇入行)，

由汇入行根据汇出行的指示，将款项解付给指定的国内收款人的业务。

汇入汇款主要有电汇和票汇。电汇汇入汇款是境外汇款以电传或 SWIFT 电文等方式发送汇款指令，并将款项汇入境内银行的汇款方式。票汇汇入汇款是境外代理行出具以境内行为付款行或以境内行为收款人的银行汇票。

1. 电汇的核算

(1) 有现汇户的企业收汇时，其会计分录为：

借：存放境外同业款项——××境外账户行 (外币)
　贷：吸收存款——××企业户 (外币)

(2) 没有现汇账户的企业收汇时，其会计分录为：

借：存放境外同业款项——××境外账户行 (外币)
　贷：货币兑换——结售汇户 (外币)
借：货币兑换——××币种结售汇户 (人民币)
　贷：吸收存款——××企业户 (人民币)

2. 票汇的核算

(1) 汇入行收到汇出行的贷记报单或票据，经审核后，即办理转账，其会计分录为：

借：存放境外同业款项——××境外账户行 (外币)
　贷：应解汇款 (外币)

(2) 持票人前来取款时，应在汇票上签字，银行审核后，办理解付，其会计分录为：

借：应解汇款 (外币)
　贷：吸收存款——××企业户 (外币)

或结汇，计入人民币存款账户，其会计分录为：

借：应解汇款 (外币)
　贷：货币兑换——结售汇户 (外币)
借：货币兑换——××币种结售汇户 (人民币)
　贷：吸收存款——××企业户 (人民币)

3. 转汇的核算

汇入行收到境外汇入汇款，而收款人在汇入行没有开立账户时，汇入行应以原币转汇收款人所在地开户行办理解付。

(1) 经办行办理转汇时，其会计分录为：

借：应解汇款 (外币)
　贷：清算资金往来——××转汇行户 (外币)

(2) 解付行收到汇入行贷记报单时，其会计分录为：

借：清算资金往来——××经办行户 (外币)
　贷：吸收存款 (外币)

或者结汇到人民币存款账户，其会计分录为：

借：清算资金往来——××经办行户 (外币)
　贷：货币兑换——结售汇户 (外币)

借：货币兑换——××币种结售汇户　　　　　　　　　　（人民币）

　贷：吸收存款——××企业户　　　　　　　　　　　　（人民币）

4. 退汇的核算

退回未解付款项和重复款项，其会计处理于前退汇相同。

二、托收业务的核算

（一）托收概述

托收（collection）是银行根据委托人的指示处理金融单据或商业单据，目的是在于取得承兑或付款，并在承兑或付款后交付单据的行为，是债权人为向债务人收取款项，出具债权凭证（包括汇票、本票、支票等）委托银行代为收款的一种支付方式。根据是否附有票据，托收可以分为光票托收和跟单托收，也可以分为付款交单、承兑交单和凭其他条件交单。

托收业务中的委托人通常是出口商或卖方，是委托银行收取货款的人，又称为出票人；托收行是指接受委托人的委托通过代收行向付款人收取货款的银行；代收行是指接受托收行的委托向付款人收取款项的银行；付款人是根据托收指示被指示单据的债务人，其主要责任是按交易合同规定的付款期限付款赎单，以最终结清债权债务。

托收结算方式是国际贸易结算中较常用的结算方式，其流程包括出口商发货交单，出口托收银行寄单托收，进口代收银行提示单据，进口商承付或承兑，进口代收银行付款（D/P）或承兑（D/A）交单后偿付，出口托收银行收妥结汇等，如图 7-3 所示。

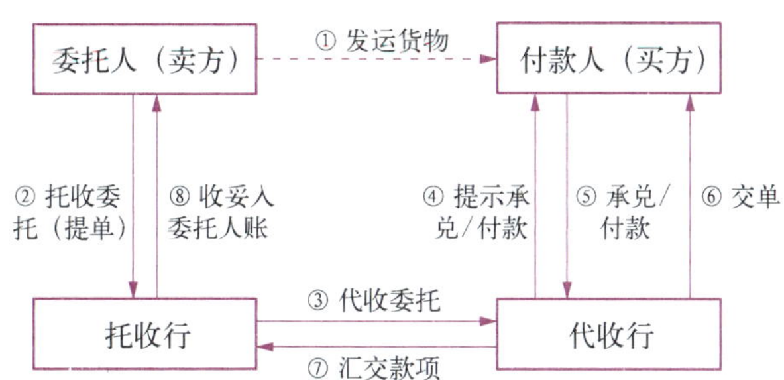

图 7-3　跟单托收结算流程

（二）出口托收的核算

出口托收是国内出口商发货后，将全套单据交其开户行（托收行）代办收取货款的一种结算方式。

1. 出口托收的受理

出口商委托银行代收货款时，应备妥出口托收单据，填具“出口托收申请书”，连同出口单据一开送交银行办理托收。银行审单后，根据申请书的要求，填制“出口托收委托书”，注明货款收妥后的处理办法，连同有关单据寄交国外代收银行委托收款。

银行在寄出托收委托书及有关单据时，为表示代表物权的单据已经寄出、货款尚未收妥对进出口各方的权责关系，应通过“应收出口托收款项”和“出口托收款项”对转科目来核算，其会计分录为：

借：应收出口托收款项　　　　　　　　　　　　　　（外币）
　　贷：出口托收款项　　　　　　　　　　　　　　　（外币）

其中，“应收出口托收款项”科目属于资产类科目，凡受出口商委托，代向进口商收取贸易或非贸易项下款项，均可用此科目核算。它表示银行对外拥有的收取票款的权益。

“出口托收款项”科目属于负债类科目，凡受出口商委托，代向进口商收取贸易或非贸易项下款项，均可用此科目核算。它表示银行对出口商所负的责任。

2. 出口托收的修改

委托行受理客户提交的托收修改联系单/或托收修改单据，检查核对后及时进行修改，并对外发电或打印修改面函，寄出修改单据。若索汇金额、币种或期限变更，还应完成记账并收取相关费用，其会计分录为：

借：应收出口托收款项　（外币）（减少金额用红、增加金额用蓝字）
　　贷：出口托收款项　　　（外币）（减少金额用红、增加金额用蓝字）

3. 收妥结汇的核算

托收行收到境外代收行的贷记报单，对委托人办理结汇或原币入账。

（1）办理结汇时，其会计分录为：

借：存放境外同业款项——××境外账户行　　　　　（外币）
　　贷：货币兑换——结售汇户　　　　　　　　　　　（外币）
借：货币兑换——××币种结售汇户　　　　　　　（人民币）
　　贷：吸收存款——××企业户　　　　　　　　　（人民币）

（2）以原币入账时，其会计分录为：

借：存放境外同业款项——××境外账户行　　　　　（外币）
　　贷：吸收存款——××企业户　　　　　　　　　　（外币）

4. 注销出口托收业务

委托行注销出口托收业务，会计分录为：

借：出口托收款项　　　　　　　　　　　　　　　（外币）
　　贷：应收出口托收款项　　　　　　　　　　　　（外币）

【例 7-12】 A 行的国际业务部（托收行）在加拿大某行（代收行）开立“存放境外同业款项”加元户，甲公司在 A 行开有加元户及人民币户，10 月 4 日，该公司按跟单托收合同规定，按期出运后，制妥交单条件为“即期 D/P”的出口托收跟单汇票 CAD 200 000，于 10 月 6 日送交托收行寄请代收行代收票款，经审核后，于 10 月 8 日寄出全套单据，随附“出口托收委托书”；嗣经进出口商洽妥，因故申请增额 CAD 10 000，通知代收行办理增额手续，并向甲公司计收修改费 RMB 80；寄单。等到代收行如数收妥代收款后，代收行从中扣除进口代收手续费 CAD 1 000 后划托收行，托收行于 10 月 27 日将货款净额 CAD 209 000 转入甲公司加元户，另按托收额 1.5‰计收等值人民币出口托收手续费，从甲公司人民币账户扣除（加元卖价 1∶4）。

（1）10 月 8 日，托收行寄出托收委托时，其会计分录为：

借：应收出口托收款项　　　　　　　　　　　CAD 200 000
　　贷：出口托收款项　　　　　　　　　　　　CAD 200 000

(2) 托收行接受修改托收金额时,其会计分录为:

借: 应收出口托收款项　　　　　　CAD 10 000

　贷: 出口托收款项　　　　　　　　CAD 10 000

同时计收修改费,其会计分录为:

借: 吸收存款——活期存款——甲公司户　　　　RMB 80

　贷: 手续费及佣金收入——结算手续费户　　　　RMB 80

(3) 10 月 27 日,托收行收妥款项时,其会计分录为:

借: 存放境外同业款项　　　　　　CAD 209 000

　贷: 吸收存款——活期存款——甲公司户　　　　CAD 209 000

同时计收手续费,其会计分录为:

借: 吸收存款——活期存款——司户　　　　RMB 1 260

　贷: 手续费及佣金收入——结算手续费户　　　　RMB 1 260

同时销记托收业务,其会计分录为:

借: 出口托收款项　　　　　　CAD 210 000

　贷: 应收出口托收款项　　　　　　CAD 210 000

(三) 进口代收的会计核算

进口代收是代收行接受托收行的委托,收到托收行寄来的托收单据(和汇票)后,向付款人提示单据并代为收取货款的一种结算方式。

1. 进口代收到单的核算

银行收到国外寄来的进口代收单据后,应将单据编列顺序号,并缮制“进口代收单据通知书”,将汇票和单据连同进口代收通知书送进口商审核,请其确认付款。同时,银行制有关凭证,运用对转科目进行账务处理,其会计分录为:

借: 应收进口代收款项　　　　　　(外币)

　贷: 进口代收款项　　　　　　(外币)

其中“应收进口代收款项”科目属于资产类科目。凡收到进口代收单据,接受托收行委托代为向进口商收取款项时,均可用此科目核算.它表示银行对进口商拥有收取托收款项的权益。

“进口代收款项”科目属于负债类科目。凡收到进口代收单据,接受托收行委托代为向进口商收取款项时,均可用此科目核算.它表示银行对国外委托人承担付款的责任。

2. 进口代收修改

银行收到托收行发来的进口代收修改电函和/或修改单据,经审核后进行登记,并将修改电函或修改单据连同相关文件交客户,其会计分录为:

借: 应收进口代收款项　(外币)(减少金额用红、增加金额用蓝字)

　贷: 进口代收款项　　　(外币)(减少金额用红、增加金额用蓝字)

3. 进口代收付款

进口单据经进口商确认付款或对远期汇票承兑并到期付款,代收行即按有关规定办理付款,同时转销对转科目,如果进口商不同意承付,应提出拒付理由书,由银行转告国外委托行,同时转销对转科目。

(1) 售汇付款时，其会计分录为：

借：吸收存款——××企业户　　（人民币）

　贷：货币兑换——××币种结售汇户　　（人民币）

借：货币兑换——结售汇户　　（外币）

　贷：存放境外同业款项——××境外账户行　　（外币）

(2) 以原币付款时，其会计分录为：

借：吸收存款——××企业户　　（外币）

　贷：存放境外同业款项——××境外账户行　　（外币）

(3) 代收行转销对转科目，注销代收业务，其会计分录为：

借：进口代收款项　　（外币）

　贷：应收进口代收款项　　（外币）

【例7-13】 A行在新加坡大华银行开立"存放境外同业款项"新加坡元户，2006年4月12日A行收到大华银行寄来D/P跟单汇票SGD 400 000，汇票付款人为A行所在的甲公司，A行为代收行，托收委托书上列明收妥托收款项的代收手续费由委托人(国外出口商)承担，货款净额电汇付款，A行按规定向甲公司提示单据，甲公司审单认可，于4月15日送A行"确认付款通知书"，确认全额付款，A行从付款人的人民币户支款按规定汇率售汇(SGD 1=RMB 2)，除内扣收妥货款的3‰原币代收手续费外，将货款净额电划大华行。做相应的会计分录。

(1) 4月12日收到D/P跟单汇票，其会计分录为：

借：应收进口代收款项　　SGD 400 000

　贷：进口代收款项　　SGD 400 000

(2) 4月15日公司付款时，其会计分录为：

借：吸收存款——活期存款——甲公司户　　RMB 800 000

　贷：货币兑换——汇买价　　RMB 800 000

借：货币兑换——汇买价　　SGD 400 000

　贷：存放境外同业款项　　SGD 398 800

　　　手续费及佣金收入——结算手续费收入　　SGD 1 200

同时销记进口代收业务，其会计分录为：

借：进口代收款项　　SGD 400 000

　贷：应收进口代收款项　　SGD 400 000

三、信用证项下的进出口贸易核算

(一) 信用证的概述

信用证(letter of credit)是银行作出的有条件的付款承诺。它是开证银行根据申请人(进口商)的要求和指示作出的在满足信用证要求和提交信用证规定的单据的条件下，向第三者(受益人、出口商)开立的承诺在一定期限内支付一定金额的书面文件。

信用证的特点是以开证银行信用保证代替商业信用保证，即开证银行以自己的信用作付款保证，承担第一性的、首要的付款责任。信用证是一项独立的保文件，它虽以买卖双方交易合同为基础，但又不依附于交易合同，开证银行只对信用证负责。信用证业务处理的是代表货物所有权或证明货物已发运的单据，而非货物，故信用证交易把合同的货物交易转变为只管单证是否相符的单据交易。开证银行对于信用证项下不能控制的一切事故免责，信用证主要是起保证作用和资金融通作用。

信用证处理流程包括进口商申请开证、开证行开出信用证、通知行通知信用证、受益人发货交单、议付行审单付款、议付行寄单索汇、开证行偿付款项、开证行通知付款和进口商付款赎单提货，如图 7-4 所示。

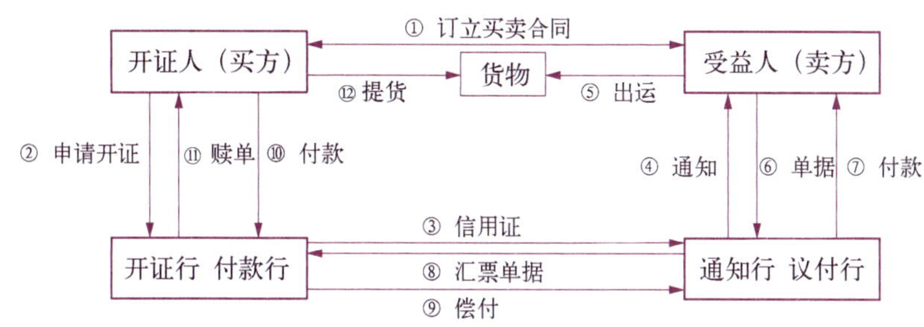

图 7-4　信用证结算流程

（二）信用证项下出口贸易结算的核算

信用证项下出口贸易结算是指出口商银行根据国外进口商银行开来的信用证中规定的条款，货物出运后将出口单据交给国内银行，由银行办理审单议付，审查出口商交来的单据，为出口商办理审单、寄单和收汇的结算方式。

1. 受理和通知的核算

银行受到境外开来的信用证，对进口方的资信、信用证的真实性、来证国家和地区风险、开证行的资信、信用证的性质、信用证的内容、汇票、货运单据、商品描述、运输和其他事项进行审核，除了对信用证要进行审核外，还必须对受益人提交的单据本身、单据之间、单据与信用证之间是否相符进行审核。

确认其表面真实性后，即编制信用证通知流水号，打印出口信用证通知面函，将信用证正本附上通知面函，通知受益人，议付行根据信用证副本，通过会计业务核算：

收：国外开来保证凭信　　　　（外币）

其中，“国外开来保证凭信”表外科目是用以核算境外联行及国外代理行开来委托国内商业银行代为通知各信用证受益人的保证凭信。该科目余额反映了一定时期商业银行经办出口结算业务的具体情况，是商业银行匡算待收外汇资金的依据，也是管理与监督出口商及时备货出运的手段。

2. 信用证项下融资

（1）出口银行收到来证，可做打包贷款。银行受理、审核信用证无误后，通知信用证受益人，受益人如缺乏备货资金，即可以信用证正本作抵押，向银行申请出口商品的进货、备料和装运等所需的人民币贷款。银行在这种情况下发放的贷款就是打包贷款。

（2）出口方银行买单，可做押汇。出口商按信用证条款的要求交来全套出口单据，经银行审核，达到“单证一致，单单一致”的要求，银行即缮制《议付通知书》，按一定的索汇方法向国外银行寄单收取款项。如出口商提出叙做出口押汇申请，银行同意以全套单据为抵押对出口企业发放贷款，即押汇贷款。

3. 交单议付的核算

国外开证银行履行信用证的付款责任，是以信用证规定的条款为依据，以单证相符、单单一致为前提。出口商如同意接受国外开来的信用证，必须严格按照信用证规定条款办理，备妥一切单证，按期运出商品。

银行议付信用证时，应认真审核出口商交来的单据，以保证顺利收汇。否则，如银行议付寄出的单据与信用证条款不符，应及时向出口商反映，以便及时修正。银行接受出口商送来办理议付的信用证和单据，应及时审核，要求单证相符、单单一致，以及单据内容正确完备，并经审核无误后，在信用证上批注议付日期及运输方式，并填制“出口寄单议付通知书”，销记表外科目。其会计分录为：

付：国外开来保证凭信　　　　（外币）

同时用对转科目来核算，其会计分录为：

借：应收信用证出口款项　　　　（外币）
　贷：代收信用证出口款项　　　　（外币）

其中“应收信用证出口款项”是资产类科目。凡出口商交来远(即)期信用证项下出口单证，经议付寄单行议付寄单时，用此科目核算，它反映议付寄单行对国外付款银行所拥有的收取出口款项的权益。

“代收信用证出口款项”是负债类科目。凡议付寄单行议付远(即)期信用证项下出口单证时，用此科目核算，它反映议付寄单行对出口商所负代收出口款的责任。以上两个科目为对转科目。

4. 出口收汇的核算

出口收汇是议付寄单银行办理出口信用证业务的最后环节，通常银行审核单据无误后，根据信用证规定的偿付方式、寄单办法和单据种类等不同情况，进行寄单索汇。经开证行审单相符，对外支付并与进口商办理付款赎单。出口方议付寄单行接到国外银行付款入账的“已贷记”或“请借记”通知书，办理出口汇手续。信用证项下出口业务的收汇，主要按收款企业的性质不同分别进行处理。

(1) 直接入账时，其会计分录为：

借：存放境外同业款项——××境外账户行　　　　（外币）
　贷：吸收存款——××企业户　　　　（外币）
　　手续费及佣金收入——结算手续费收入户　　　　（外币）

(2) 没有外汇账户的，必须按规定办理结汇，其会计分录为：

借：存放境外同业款项——××境外账户行　　　　（外币）
　贷：手续费及佣金收入——结算手续费收入户　　　　（外币）
　　货币兑换——结售汇户　　　　（外币）
借：货币兑换——××币种结售汇户　　　　（人民币）
　贷：吸收存款——××企业户　　　　（人民币）

(3) 转销对转科目,注销信用证业务,其会计分录为:

借: 代收信用证出口款项　　　　(外币)

　贷: 应收信用证出口款项　　　　(外币)

【例 7-14】 广州分行收到中国香港某代理行开来不可撤销的即期信用证 HKD 100 万购买甲企业产品,该企业在广州分行开有港元户和人民币户。嗣接开证行寄来修改通知书,经受益人同意修改增额 10 万港元,受益人于 11 月 6 日送交广州分行跟单汇票 110 万港元,经审查相符,于 11 月 8 日加计通知费、议付费、修改费、邮费 1 万港元连同票据一并寄单索汇,广州分行于 11 月 18 日办理结算,按受益人要求,将港元收入港元户,做会计分录。

(1) 广州分行收到中国香港行的信用证时,其会计分录为:

收: 国外开来保证凭信　　　　HKD 1 000 000

广州分行修改信用证时,其会计分录为:

收: 国外开来保证凭信　　　　HKD 100 000

(2) 11 月 16 日交单议付时,其会计分录为:

付: 国外开来保证凭信　　　　HKD 1 100 000

借: 应收信用证出口款项　　　　HKD 1 100 000

　贷: 代收信用证出口款项　　　　HKD 1 100 000

(3) 11 月 18 日结算时,其会计分录为:

借: 存放境外同业款项　　　　HKD 1 110 000

　贷: 吸收存款——活期存款——甲企业户　　　　HKD 1 100 000

　　手续费及佣金收入——结算手续费收入　　　　HKD 10 000

同时销记对转科目,其会计分录为:

借: 代收信用证出口款项　　　　HKD 1 100 000

　贷: 应收信用证出口款项　　　　HKD 1 100 000

(三) 信用证项下进口贸易结算的会计核算

信用证项下进口贸易核算是银行应信用证申请人的要求,向境外受益人开出信用凭证,保证在规定的时间内收到满足信用证要求的单据的前提下,对外支付信用证指定币种和金额的款项的结算方式。进口信用证结算业务主要包括开立信用证、修改信用证、审单与付款等三个环节。

1. 开立信用证的核算

进出口双方同意用跟单信用证支付后,进口商便有责任开证。首先填写开证申请表,并提交给商业银行,银行在开出信用证之前对开证申请人的审查,主要是对申请人的基本情况、资信情况和贸易背景进行审查,并对附属证明文件、《开证申请书》的审核、开证权限的审查等开证材料进行审核,同时经办行在开证前必须落实足额的付款保证,保证的形式有包括保证金、质押、抵押、担保和银行授信等。

经审核同意后,根据开证申请人的信誉状况,酌情收取一定比例的保证金,并选择资本实力雄厚的国外商业银行作为代理行,签发信用证。开证行应向申请人收取保证金,可是外币,也可以是人民币,同时进行账务处理,其会计分录为;

借：吸收存款——××开证企业户　　　　　（外币或人民币）
　贷：存入保证金——××开证企业户　　　　（外币或人民币）
借：应收开出信用证款项　　　　　　　　　（外币）
　贷：应付开出信用证款项　　　　　　　　　（外币）

其中“应收开出信用证款项”科目属于或有资产表外科目，反映开证行对开证申请人拥有的收取信用证款项的权利。

“应付开出信用证款项”科目属于或有负债表外科目，反映开证行对受益人承担了保证付款的责任。

按总行规定收取开证手续费，并进行相应的财务处理。

2. 信用证的修改、注销与撤销

信用证开出后，进口商因故要求修改信用证条款和金额时，应提出申请，开证行予以同意，将修改条款通知国外代理行或联行，其会计分录为：

借：应收开出信用证款项
　　　　　　（外币）（减少金额用红、增加金额用蓝字）
　贷：应付开出信用证款项
　　　　　　（外币）（减少金额用红、增加金额用蓝字）

3. 审单与付汇

开证行收到境外寄来的全套进口单据，与原信用证所要求的条款核对，符合“单证一致，单单一致”的要求后，缮制《单据达到通知书》送进口商，进口审核单据的时间一般为三个工作日。银行在进口商承付后，即办理付汇手续。进口付汇时，根据信用证性质及其支付方式的不同，分别处理：

（1）即期信用证项下付汇。

① 单到国内审单付汇。开证行收到议付行寄来的进口单据，经进口商审核确认承付后，缮制付款通知。通常开证行在议付行开立账户或开证行指示境外的账户行将款项以电报的形式拨付到议付行指定的账户上，同时按规定向开证申请人收取邮电费。付汇时，会计分录为：

借：存入保证金——××开证企业户　　　　　（外币）
　　吸收存款——××开证企业户　　　　　　（外币）
　贷：存放境外同业款项——××境外账户行　　（外币）
　　　手续费及佣金收入——结算手续费收入户　（外币）

同时转销对转科目，注销信用证业务，其会计分录为：

借：应付开出信用证款项——××开证企业户　（外币）
　贷：应收开出信用证款项——××开证企业户　（外币）

付汇后，将进口商确认付款及境外银行寄来的单据面函与《单据达到通知》留底联。

② 国外银行主动借记。受益人将全套单据交议付行审单后，如果单证、单单一致，议付行立即主动借记开证行在该行所开立的账户，并将单据连同借记报单一并寄送开证行，开证行收到后，填制借方传票与该报单对转，并填制《单据达到通知书》，另加计境外议付日到国内向进口单位收款日之间的外币垫付款利息，补充填制外汇垫款的外币

利息转账传票，其会计分录为：

借：存入保证金——××开证企业户　　　　　　　　（外币）
　　吸收存款——××开证企业户　　　　　　　　　（外币）
　贷：利息收入——贴现利息收入户　　　　　　　　（外币）
　　　存放境外同业款项——××境外账户行　　　　（外币）

同时，

借：应付开出信用证款项——××开证企业户　　　　（外币）
　贷：应收开出信用证款项——××开证企业户　　　（外币）

如进口单位没有现汇账户，可通过银行按规定办理购汇支付，其会计分录为：

借：吸收存款——××开证企业户　　　　　　　　（人民币）
　贷：货币兑换——××币种结售汇户　　　　　　（人民币）
借：货币兑换——结售汇户　　　　　　　　　　　（外币）
　贷：利息收入——贴现利息收入　　　　　　　　（外币）
　　　存放境外同业款项——××境外账户行　　　　（外币）

同时，

借：应付开出信用证款项——××开证企业户　　　　（外币）
　贷：应收开出信用证款项——××开证企业户　　　（外币）

③ 国外审单电报索汇。议付行审单后不能主动借记开证行账户，而是用加押电报向开证行索汇。开证行核押相符后，即用电汇方式向境外付汇，并向进口商收取货款，会计分录与单到国内审单付汇一样。

(2) 远期信用证项下付汇。远期信用证是为进口商提供远期付款的便利，由开证行对出口商提供的一种银行担保，保证出口商提交远期跟单汇票时，在单单、单证一致的情况下，银行给予承兑，并在信用证到期时付款。如果议付行要求开证行在承兑后将汇票退回，开证行应照办，但到期时，开证行必须收回汇票后才能付款，其会计分录为：

借：应收承兑汇票款项——××开证企业户　　　　（外币）
　贷：应付承兑汇票款项——××开证企业户　　　（外币）
借：应付开出信用证款项——××开证企业户　　　（外币）
　贷：应收开出信用证款项——××开证企业户　　（外币）

其中"应收承兑汇票款项"科目属于或有资产表外科目，反映开证行(承兑行)对国内进口商拥有的收取信用证款项的权利。"应付承兑汇票款项"科目或有负债表外科目，反映开证行(承兑行)对国外议付行承担了到期付款的责任。

承兑信用证到期日，抽出承兑汇票，在信用证留底联注明销账日期并办理转账，其会计分录为：

借：应付承兑汇票款项——××开证企业户　　　　（外币）
　贷：应收承兑汇票款项——××开证企业户　　　（外币）

其余对外付款会计处理与即期信用证相同。

(3) 进口押汇。开证行在收到议付行寄来的信用证项下汇票、单据及报单时，经核对无误，如进口商因缺乏短期周转资金，可向开证行提出叙做进口押汇的申请。

【例 7-15】 甲企业在A分行开立活期存款人民币户和美元户。A行应企业申请，于2015年9月6日开香港某行(代理行)不可撤销即期信用证100万美元，当即从企业美元户支款50%保证金，并按开证金额1.5‰计收等值人民币开证费(美元卖价1∶6.5)，从该企业人民币户支付，开证条款规定“单到国内审单付款”，香港某行受证后，审单相符，将跟单汇票100万美元连同议付费1万美元一并向A行索汇；单到开证行，经审单相符，于10月12日履行对外付款责任，除将存入保证金本息(按2%计息)抵付进口款外，余款当即从甲企业美元存款取付。做会计分录。

(1) 9月6日，A行收保证金时，其会计分录为：

借：吸收存款——活期存款——甲企业户　　USD 500 000
　贷：存入保证金——甲企业户　　USD 500 000

(2) A行开出信用证，其会计分录为：

借：应收开出信用证款项——甲企业户　　USD 1 000 000
　贷：应付开出信用证款项——甲企业户　　USD 1 000 000

(3) A行计收开证费，其会计分录为：

借：吸收存款——活期存款——甲企业户　　RMB 9 750
　贷：手续费及佣金收入　　RMB 9 750

开证费＝1 000 000×1.5‰×6.5＝RMB 9 750

(4) 10月12日，A行审单付款，其会计分录为：

借：存入保证金——甲企业户　　USD 500 000
　　吸收存款——活期存款——甲企业户　　USD 509 000
　　利息支出　　USD 1 000
　贷：存放境外同业款项　　USD 1 010 000

利息支出＝500 000×2%/360×36＝USD 1 000

同时结转对转科目，其会计分录为：

借：应付开出信用证款项——××开证企业户　　USD 1 000 000
　贷：应收开出信用证款项——××开证企业户　　USD 1 000 000

第五节　外汇贷款业务的核算

一、外汇贷款概述

外汇贷款业务是银行办理的以外币为计量单位的放款。外汇贷款是银行外汇资金的主要运用形式。银行利用其在境外筹措的资金、在国内吸收的外币存款以及国家拨付的外汇资金，贷款给需要外汇资金的企事业单位，用于支持国内生产、建设和进出口贸易等。外汇贷款根据融资方式及贷款性质的不同，可分为现汇贷款、票据贴现、进出口押汇、打包贷款、银团贷款、外资贷款、买方信贷等。

（一）外汇贷款的特点

外汇贷款除与其他贷款一样，具有共性特点外，还具有以下自身的特点。

（1）借什么货币，还什么货币，原币计算利息，贷款使用的货币由借款人决定，汇率风险由借款人承担。

（2）实行浮动利率，计收承担费利率按伦敦银行同业拆放利率（LIBOR）加上银行管理费计算，得出浮动利率不固定，随市场供求关系变化，按一个月、三个月、六个月浮动。

（3）贷款期限由提款期、宽限期、还款期组成。

（4）借款单位一定要有外汇来源。

（5）一般不发生派生存款，贷款发放是从贷款账户直接对外支付，不存在贷款转作存款后对外支付。

（二）外汇贷款的分类

外汇贷款的种类繁多，按不同的划分标准，有着不同类型的贷款。

（1）按外汇贷款期限的不同，外汇贷款可分为短期外汇贷款和中长期外汇贷款。短期外汇贷款是指期限在 1 年以内（含 1 年）的外汇贷款。贸易融资是短期外汇贷款的特殊形式，主要包括打包贷款、进出口押汇和票据融资。而中长期外汇贷款是指期限在 1 年（不含 1 年）以上的外汇贷款。

（2）按外汇贷款发放条件的不同，可分为信用贷款、担保贷款和保证贷款。

（3）按利率的不同，外汇贷款可以分为浮动利率贷款、固定利率贷款、优惠利率贷款、贴息贷款和特优利率贷款。

（4）按照按外汇贷款融资方式的不同，外汇贷款可分为国内外汇贷款和引进外资贷款和国际金融机构贷款。

二、现汇贷款核算

（一）现汇贷款概述

现汇贷款是企业根据业务需要在国际市场上采购适用商品，向银行申请的额度内外汇贷款或单笔外汇贷款。贷款到期，借款单位以外汇收入或其他外汇来源偿还贷款本息。包括外资企业现汇贷款、外贸企业现汇贷款、其他经外汇管理部门批准可以申请现汇贷款企业的贷款。

现汇贷款使用的货币由借款人选择，借什么货币，还什么货币，并收取原币利息。现汇贷款期限根据业务需要划分 1 月、3 月、半年、1 年、2 年和 3 年。

（二）现汇贷款的会计核算

1. 发放的核算

借款人向银行申请现汇贷款时，必须提交借款申请书。银行按规定权限审核后，双方签订借款合同。填具借款凭证，交由会计部门进行账务处理，会计部门根据企业递交的《现汇贷款专户及还本付息专户申请表》，认真审核申请表，审核合格后由会计主管签字确认，开立外汇贷款专户。

(1) 发放贷款时，直接转入借款单位的外汇存款账户，其会计分录为：

借：贷款——外币——借款人户　　(外币)

　贷：吸收存款——借款人外汇贷款专户　　(外币)

(2) 直接使用贷款对外付汇，其会计分录为：

借：贷款——××户　　(外币)

　贷：存放国外同业或其他有关科目　　(外币)

2. 偿还的核算

外汇贷款必须按期偿还，如遇特殊情况经批准可以展期，未经批准逾期或展期之后到期仍不能归还的，银行可按规定计收逾期息。会计部门应与信贷部门保持经常联系，督促借款人按期归还贷款。借款单位到期不能归还借款且其存款账户余额不足以偿还借，按照逾期贷款会计核算办法处理。

(1) 以原币归还借款。以原币归还借款的会计分录为：

借：吸收存款——借款人户　　(外币)

　贷：贷款——外币——借款人户　　(外币)

　　利息收入　　(外币)

(2) 以人民币归还外汇借款。以人民币归还外汇借款时，应凭外汇局还本付息核准件，按还款日挂牌汇率购汇后偿还。会计分录为：

借：吸收存款——借款人户　　(人民币)

　贷：货币兑换——××币种结售汇户(汇卖价)　　(人民币)

借：货币兑换——结售汇户(汇卖价)　　(外币)

　贷：贷款——外币——借款人户　　(外币)

　　利息收入　　(外币)

3. 利息的核算

外汇贷款利率可分为浮动利率、固定利率和优惠利率。现汇贷款的计息天数，按公历实际天数，算头不算尾。现汇贷款根据合同规定，按季或按月结息，每季末月的 20 日或每月 20 日为规定结息日。

在确定外汇贷款基准天数时，国内外汇贷款计息天数及办法参照人民币贷款相应办法执行，即以 360 天为基准天数，贷款计息按公历实际天数算头不算尾；对于引进外资贷款基准天数，由于各国计息方法不同，外资贷款必须遵循国际惯例，即英镑、澳大利亚元、港元等旧英联邦体系下的货币采用 365 天为基准天数，美元、欧元等其他货币采用 360 天为基准天数。

(1) 贷款利息的计算。浮动利率外汇贷款使用浮动利率一般参照伦敦银行间同业拆借利率(LIBOR)的浮动情况来确定。目前浮动利率分为按月浮动、按 3 个月浮动、按 6 个月浮动三个档次，每个档次又分 1 年以内(含 1 年)、1 年以上至 3 年(含 3 年)、3 年以上至 5 年(含 5 年)、5 年以上分别确定不同的利率标准。

确定浮动利率时先确定每季(月)末 20 日结息日分段计算利息的时间，然后确定浮动期内应使用的利率；最后确定浮动期满后应使用的利率。

而固定利率外汇贷款在借款期限内，不论市场贷款利率如何变动，贷款利率都不再变动。优惠利率贷款则按实际用款时的利率计息，在贷款期限内，优惠利率调整，该笔贷款利率也随之调整，采取分段计息的办法。

（2）利息的会计核算。

① 结息日，借款单位以还本付息专户的外汇存款偿付利息时，填制外汇贷款结息凭证交借款人，并扣收利息，其会计分录为：

借：吸收存款——借款人户　　（外币）

　贷：利息收入　　（外币）

② 结息日，借款单位不能主动偿付正常或逾期贷款利息，还本付息专户无足够余额时，不足部分的会计分录为：

借：应收利息　　（外币）

　贷：利息收入　　（外币）

借款单位付息时，会计分录为：

借：吸收存款——借款人专户　　（外币）

　贷：应收利息——借款人户　　（外币）

对于非应计贷款，计提的应收未收利息不再纳入表内核算，而是通过表外“应收未收利息”科目核算，其会计分录为：

收：应收未收利息——××借款人户　　（外币）

③ 非结息日，借款单位结清贷款本息时，贷款利息按贷款账户积数计收，会计分录为：

借：吸收存款——借款人户　　（外币）

　贷：利息收入　　（外币）

【例 7-16】 某公司 2005 年 6 月 3 日向银行借入半年期外汇贷款 10 万美元，利率定为按 3 个月浮动。假设 2005 年 6 月 3 日美元 3 个月浮动利率为 7.2%，2005 年 9 月 1 日美元 3 个月浮动利率为 7.92%。

1. 计算浮动利率贷款产生的利息

（1）确定分段计算利息的时间，从 6 月 3 日至 6 月 20 日为第一段，从 6 月 21 日至 9 月 20 日为第二段，从 9 月 21 日至 12 月 3 日为第三段。

（2）确定浮动期内使用的利率，即，第一个 3 个月浮动期从 6 月 3 日至 9 月 2 日，其利率按借款合同订立的当日利率 7.2%计算，这期间不管利率如何变化，均按 7.2%计算不变。

（3）确定浮动期满后使用的利率，即，第二个 3 个月浮动期从 9 月 3 日至 12 月 3 日，其利率按期满日利率 7.92%计算，这期间不管利率如何变化，均按 7.92%计算不变。

第一段，6 月 20 日结息日，从 6 月 3 日至 6 月 20 日，共 18 天，按 7.2%计算，即：

$$利息=100\ 000.00\times18\times7.2\%/360=\text{USD}\ 360.00$$

第二段，9 月 20 日结息日，从 6 月 21 日至 9 月 2 日，共 74 天，按 7.2%计算，即：

$$利息=100\ 000.00\times74\times7.2\%/360=\text{USD}\ 1\ 480.00$$

从 9 月 3 日至 9 月 20 日，共 18 天，按 7.92%计算，即

利息＝100 000.00×18×7.92%/360＝USD 396.00

第三段，12 月 3 日到期日，从 9 月 21 日至 12 月 3 日，共 73 天，按 7.92%计算，即：

利息＝100 000.00×73×7.92%/360＝USD 1 606.00

2. 会计分录

(1) 6 月 3 日会计分录为：

借：贷款——外币　　USD 100 000

　贷：吸收存款　　USD 100 000

(2) 6 月 20 日会计分录为：

借：吸收存款　　USD 360.00

　贷：利息收入　　USD 360.00

(3) 9 月 20 日会计分录为：

借：吸收存款　　USD 1 876.00

　贷：利息收入　　USD 1 876.00

(4) 12 月 3 日会计分录为：

借：吸收存款　　USD 101 606.00

　贷：利息收入　　USD 1 606.00

　　贷款——外币　　USD 100 000

三、贸易项下融资的核算

贸易项下融资是商业银行对进口商或出口商提供的与进出口贸易结算相关的短期融资(不包括短期外汇贷款)或信用便利。商业银行提供的贸易项下融资方式主要有授信开证、进口押汇、出口押汇、打包贷款、福费廷和国际保理等。

(一) 进口押汇的核算

1. 进口押汇概述

进口押汇是指进口商以进口货物物权作抵押，向商业银行申请的短期资金融通。商业银行必须按信贷资产风险管理原则实施风险控制，并要求借款人所提供的单据做到单单、单证相符。按结算方式的不同，进口押汇可分为信用证项下进口押汇和进口代收项下进口押汇。信用证项下进口押汇是开证银行根据其所开立的信用证，在单单、单证相符的条件下，对外付款，同时通知进口商付款赎单的一种融资垫款。开证行在收到议付行寄来的信用证项下汇票、单据及报单时，经核对无误，通知进口商付款赎单，如进口商因缺乏短期周转资金，可向开证行提出叙做进口押汇的申请，在企业还清进口押汇本息及费用后释放单据，进口商凭单报关提货。

进口代收项下进口押汇是代收银行以包括物权单据在内的托收单据为抵押向进口商提供的一种融资垫款。出口商根据合同向进口商发货后，委托银行向进口商收取货款；进口商银行收到托收单据后，根据进口商的押汇申请，垫款对外付款；进口商银行根据押汇协议释放单据，进口商凭单提货，加工、转卖后凭收回货款归还银行垫款。

2. 进口押汇的会计核算

(1) 信用证项下进口押汇的核算。进口商递交《进口押汇申请书》，开证行收到议付行寄来的信用证项下汇票、单据报单时，经核对单单、单证相符后，以《进口押汇申请书》借方传票联，叙做信用证项下进口押汇，对外付款，其会计分录为：

借：贷款——进口押汇 (外币)
　　存入保证金——××开证人户 (外币)
　贷：存放境外同业款项——××境外账户行 (外币)

进口商向银行偿付押汇本息，赎取单据时，银行抽出专夹保管的《进口押汇申请书》贷方传票联，同时核销卡片账，并扣除自进口押汇日起至赎单还款日止的利息，即进口押汇利息＝押汇金额×押汇天数×年利率/360，其会计分录为：

借：吸收存款——××开证人户 (外币)
　贷：贷款——进口押汇 (外币)
　　　利息收入——贸易贷款利息收入户 (外币)

进口押汇逾期时，应视同逾期贷款管理，并按规定加收逾期利息。

(2) 进口代收项下进口押汇。进口商银行收到出口商银行寄来托收单据，根据进口商的《进口押汇申请书》，经审核批准后，以《进口押汇申请书》借方传票联，叙做进口代收押汇，对外付款，其会计分录为：

借：贷款——进口押汇 (外币)
　贷：存放境外同业款项——××境外账户行户 (外币)
　　　或：清算资金往来 (外币)

进口商归还银行贷款时，银行从专夹中抽出《进口押汇申请书》贷方传票联，并核销卡片账，其会计分录为：

借：吸收存款——××借款人户 (外币)
　贷：贷款——进口押汇 (外币)
　　　利息收入——贸易贷款利息收入户 (外币)

进口代收项下进口押汇逾期时，应视同逾期贷款管理，并按规定加收逾期利息。

【例 7-17】 甲企业在 A 分行开立活期存款人民币户和美元户。A 分行在中国香港某银行开有美元户，A 分行应企业申请，于 2017 年 9 月 6 日开至香港某行不可撤销即期信用证 100 万美元，当即从企业美元户支款 50%保证金，开证条款规定“单到国内审单付款”，同年 10 月 12 日，单到开证行，经审核后，履行对外付款责任，除将存入保证金本息(按 2%计息)抵付进口款外，余款当即通过进口押汇科目垫付，并通知开证申请人备款赎单。10 月 17 日该公司送交开证行“确认付款通知书”，清偿“进口押汇”全部本息(按年息 7.5%计)，从甲企业美元存款取付。做 A 行会计分录。

(1) 10 月 12 日办理进口押汇，其会计分录为：

借：贷款——进口押汇——××进口押汇户 USD 499 000
　　存入保证金——××开证人户 USD 500 000
　　利息支出 USD 1 000
　贷：存放境外同业款项——××境外账户行户 USD 1 000 000

其中保证金利息＝500 000×36×2%/360＝USD 1 000。

(2) 10 月 17 日清偿出口押汇本息，其会计分录为：

借：吸收存款——××借款人户　　USD 499 519.79
　贷：贷款——进口押汇——××进口押汇户　　USD 499 000
　　利息收入——贸易贷款利息收入户　　USD 519.79

其中利息计算＝499 000×5×7.5%/360＝USD 519.79。

(二) 出口贸易项下融资

出口贸易项下融资主要有出口押汇、打包贷款和票据贴现等，这里介绍出口押汇、打包贷款的会计核算。

1. 出口押汇的核算

(1) 出口押汇概述。出口押汇又称买单结汇，是指出口商将全套出口单据提交议付行，由该行买入单据并按票面金额扣除从议付日到预计收汇日的利息及有关手续费，将净额预先付给出口商的一种出口融资方式。根据结算方式的不同，出口押汇可分为出口信用证项下出口押汇及出口托收项下出口押汇。

出口押汇的期限为押汇之日起，加上开证行合理工作日，加上邮程时间，加上票据期限。按照惯例，中国港澳地区按 12 天计算，东南亚、日本按 14 天计算，其他地区按 18 天计算。押汇的天数也可根据实际情况，经银企双方协商调整。

所以，押汇利息＝票据金额×押汇天数×年利率/360，而出口押汇贷款的实际入账金额＝票据金额－押汇利息－预扣国外银行费用－本行费用。

(2) 出口押汇的会计核算。出口押汇主要包括承做出口押汇和收回押汇垫款两个环节的核算。出口押汇申请人在向银行申请押汇时，必须与押汇银行签订《出口押汇质权书》，同时扣收从议付日到预计收汇日止的押汇利息以及收取议付费、邮电费并预扣国外银行费用，将其净额转入押汇人账户。承做出口押汇时，以原币入账为例，其会计分录为：

借：贷款——出口押汇　　(外币)
　贷：吸收存款——活期存款——××押汇人户　　(外币)
　　利息收入——贸易贷款利息收入户　　(外币)
　　手续费及佣金收入——结算手续费收入户　　(外币)
　　其他应付款——××境外行户(预扣国外银行费用)　　(外币)

收妥款项时，如实际收汇天数迟于固定天数，应补收利息，其会计分录为：

借：其他应付款——××境外行户(预扣国外银行费用)　　(外币)
　存放境外同业款项——××境外账户行户　　(外币)
　贷：贷款——出口押汇　　(外币)
借：吸收存款——××押汇人户　　(外币)
　贷：利息收入——贸易贷款利息收入户(不足部分)　　(外币)

如收妥款项不足以归还押汇款项时，还须从企业活期存款账户中扣收，或购汇补收。

【例 7-18】 某公司 2017 年 1 月 4 日把即期信用证项下全套单据金额 50 000 美

元，连同押汇申请书交某银行，经审核单据符合押汇要求，该银行当天即按6.5%的利率扣除15天的利息，并将余额按当日汇价（1美元买入价=6.689 5元人民币）折成人民币后，收该公司人民币存款户，1月20日，该银行（议付行）收到开证行的贷记通知，金额为50 100美元（其中100美元为银行费用），审核后转账，设两行有账户关系。

（1）承做出口押汇时，计算应收的利息=50 000×15×6.5%/360=USD 135.42。

（2）1月4日承做出口押汇时，其会计分录为：

借：贷款——出口押汇　　USD 50 000
　贷：利息收入　　USD 135.42
　　货币兑换　　USD 49 864.58
借：货币兑换　　RMB 333 569.11
　贷：吸收存款——活期存款　　RMB 333 569.11

（3）1月20日收到贷记通知时，其会计分录为：

借：存放境外同业款项——境外账户行户　　USD 50 100
　贷：贷款——出口押汇　　USD 50 000
　　手续费及佣金收入——结算手续费收入户　　USD 100

2. 打包贷款的核算

（1）打包贷款概述。打包贷款是商业银行以出口商（受益人）提交的国外银行开立的信用证正本为还款凭据，向出口商提供的一种装船前短期融资。

打包贷款属于出口信用证项下的本币流动资金贷款，当出口商收到国外进口商开来的信用证，可凭正本信用证申请打包贷款，用于购买或生产信用证项下出口商品，或支付装船等从属费用。与出口押汇相比，打包贷款属于交单前融资，存在出口商违约风险。

打包贷款期限是自放款之日起至信用证项下货款收妥或办理出口押汇日止，一般为3至6个月，原则上不超过信用证有效期后一个月。打包贷款一般以人民币发放，贷款金额不得超过信用证总金额的等值本币，贷款利率按本币同档次流动资金贷款利率确定。

（2）打包贷款的会计核算。企业申请打包贷款时，应填制《打包贷款申请书》，并提供国外银行开来的信用证正本；与国外客商签订的出口销售合同等。银行审查后，并填写《打包贷款审查意见表》，与出口商签订打包贷款合同，经商业银行核准，发放贷款并收入当事人有关账户。以人民币发放贷款时，以申请书借、贷方传票联作借、贷方凭证，并发放打包贷款时，其会计分录为：

借：贷款——打包贷款　　（人民币）
　贷：吸收存款——××借款人户　　（人民币）

收回打包贷款，抽出专夹保管的贷方传票联，同时销记卡片账。如果出口商以出口押汇归还打包贷款本息时，会计分录为：

借：贷款——出口押汇　　（外币）
　贷：货币兑换——结售汇户（汇买价）　　（外币）

借：货币兑换——××币种结售汇户(汇买价)　　(人民币)
　贷：贷款——打包贷款——××借款人户　　(人民币)
　　利息收入——打包贷款利息收入户　　(人民币)
　　吸收存款——××借款人户(剩余部分)　　(人民币)

如果出口商以收妥结汇款项归还打包贷款本息时，其会计分录为：

借：存放境外同业款项——××境外账户行户　　(外币)
　贷：货币兑换——结售汇户(汇买价)　　(外币)
借：货币兑换——××币种结售汇户(汇买价)　　(人民币)
　贷：打包贷款——借款人户　　(人民币)
　　利息收入——打包贷款利息收入户　　(人民币)
　　吸收存款——××借款人户(剩余部分)　　(人民币)

也可以选择以银行存款来归还，以存款归还打包贷款本息时，会计分录为：

借：吸收存款——××借款人户　　(人民币)
　贷：打包贷款——××借款人户　　(人民币)
　　利息收入——打包贷款利息收入户　　(人民币)

【例7-19】 广州分行收到中国香港某代理行开来不可撤销的即期信用证HKD 100万购买甲企业产品。嗣接开证行寄来修改通知书，经受益人同意修改增额10万港元，受益人于2017年10月7日持凭本信用证按规定借得打包贷款20万元人民币，利率为6‰，当即转入受益人人民币户，出运后，受益人于11月6日送交广州分行跟单汇票110万港元，经审查相符，于11月8日加计通知费、议付费、修改费、邮费1万港元连同票据一并寄单索汇，按事先约定的定期结汇日期10天，广州分行于11月18日办理结算，按受益人要求，将港元收入港元户，并从受益人人民币户支款清偿打包贷款本息。作会计分录。

(1) 2017年10月7日向受益人发放打包贷款，其会计分录为：

借：贷款——打包贷款　　RMB 200 000
　贷：吸收存款——活期存款　　RMB 200 000

(2) 11月18日定期结汇时，其会计分录为：

借：存放境外同业款项　　HKD 1 110 000
　贷：吸收存款——活期存款——甲企业户　　HKD 1 100 000
　　手续费及佣金收入——结算手续费收入　　HKD 10 000

同时收回打包贷款，其会计分录为：

借：吸收存款——活期存款　　RMB 201 680
　贷：贷款——打包贷款　　RMB 200 000
　　利息收入　　RMB 1 680

其中打包贷款利息＝20 000×6‰/30×42＝RMB 1 680。

四、买方信贷的核算

(一) 买方信贷概述

买方信贷是出口国银行直接向进口商或进口国银行提供的贷款，用以向出口国购买技术和设备，以及支付有关费用，解决买方一时筹集巨额资金的困难。买方信贷是出口信贷的一种。买方信贷分为出口买方信贷和进口买方信贷。目前我国商业银行办理的主要是进口买方信贷，即从出口国银行取得并按需要转贷给国内借款单位使用的信贷。

买方信贷是由出口商银行预先向进口商银行提供一个总的贷款额度，签订协议，贷款单位的项目落实需要使用买方信贷款时，向银行申请贷款，银行审查同意后，再向出口商银行按总协议规定使用买方信贷款。

买方贷款只能用于购买或支付出口国的货款、技术或劳务，出口商银行按进口商银行的指示，凭交货单据向出口商支付货款。买方信贷贷款金额不得超过贸易合同金额的85%，其余15%由进口商以现汇支付定金，支付定金后才能使用买方信贷款。贷款期限较长（一般在5年以上）的，可分期还款，贷款到期后，按等份金额每半年还本付息一次。

（二）会计科目设置

1.“借入买方信贷款”科目

该科目属于负债类科目。买方信贷项下向国外银行借款，由总行集中开户，集中记账核算。总行设置“借入买方信贷款”科目，核算获得买方信贷后借入款项的数额及到期偿还的情况。该科目属于负债类科目，借入款项时记入该科目贷方，归还款项时记入该科目借方，期末贷方余额反映尚未归还的款项。买方信贷项下向国外借入款的本息，由总行负责偿还。

2.“买方信贷外汇贷款”科目

该科目属于资产类科目。各分行对国内进口单位发放买方信贷外汇贷款，由各分行开户，在“贷款”总分类科目下设置“买方信贷外汇贷款”明细科目，核算买方信贷外汇贷款的发放和收回情况。该科目属于资产类科目，发放贷款时记入该科目借方，收回贷款时记入该科目贷方，期末借方余额反映尚未收回的贷款余额。各分行发放的买方信贷外汇贷款的本息，由各分行负责按期收回。总行、分行之间款项的划转，通过行内系统处理。

（三）买方信贷的会计核算

买方信贷的会计核算主要包括对外签订协议、支付定金、使用贷款、偿还贷款本息四个环节。

1. 对外签订协议

买方信贷总协议由总行统一对外谈判签订，分协议可由总行，亦可由总行授权分行，由分行对外签订。协议签订后，按协议商定的金额登记用款限额台账。同时作表外核算，其会计分录为：

收：买方信贷用款限额　　　　（外币）

在使用贷款时，按使用金额随时逐笔转销此表外科目，其会计分录为：

付：买方信贷用款限额　　　　（外币）

2. 支付定金的核算

买方信贷要支付定金后，才能使用贷款。借款单位如有现汇，须用现汇支付定金；

没有现汇的，可用人民币向银行购汇支付定金。

(1) 借款单位用现汇支付定金时，其会计分录为：

借：吸收存款——××借款人户　　(外币)
　贷：存放总行款项　　(外币)
　　或：存放境外同业款项——××境外账户行户　　(外币)

(2) 借款单位用人民币购买外汇支付定金时，其会计分录为：

借：吸收存款——活期存款——××借款人户　　(人民币)
　贷：货币兑换——××币种结售汇户(汇卖价)　　(人民币)
借：货币兑换——结售汇户(汇卖价)　　(外币)
　贷：存放总行款项　　(外币)
　　或：存放境外同业款项——××境外账户行户　　(外币)

3. 使用买方信贷款的核算

借款单位使用买方信贷向国外出口商开立信用证时，必须在信用证条款中注明“该笔款项系与国外贷款行签订的××贷款协议项下支付”，并办理对外开证手续。进口商银行收到国外代理行寄来的有关单据，经审核无误后，根据信贷协议规定，向出口商银行发出提款通知，办理支款手续，使用买方信贷款。

(1) 进口单位在总行营业部开户时，由总行直接发放买方信贷外汇贷款，总行会计分录为：

借：贷款——买方信贷外汇贷款——××进口单位　　(外币)
　贷：借入买方信贷款——××国外银行　　(外币)

同时，转销表外买方信贷用款限额，其会计分录为：

付：买方信贷用款限额　　(外币)

(2) 进口单位在异地分行开户时，由分行发放买方信贷外汇贷款，并通过行内系处发送报文划收总行。分行会计分录为：

借：贷款——买方信贷外汇贷款——××进口单位　　(外币)
　贷：上存系统内款项——上存总行备付金　　(外币)

总行收到异地分行上划报文后，其会计分录为：

借：系统内款项存放——××分行备付金　　(外币)
　贷：借入买方信贷款——××国外银行　　(外币)

同时，转销表外买方信贷用款限额，其会计分录为：

付：买方信贷用款限额　　(外币)

(3) 计提利息。资产负债表日，商业银行总行计提利息支出时，会计分录为：

借：利息支出——买方信贷利息支出　　(外币)
　贷：应付利息——买方信贷应付利息　　(外币)

资产负债表日，发放买方信贷外汇贷款的银行(商业银行总行或分行)计提利息收入时，其会计分录为：

借：应收利息——买方信贷应收利息　　(外币)
　贷：利息收入——买方信贷利息收入　　(外币)

(4) 偿还贷款本息。买方信贷外汇贷款在资金来源上,商业银行总行是债务人,买方信贷项下借入国外同业的贷款,由其统一偿还本息;若进口单位向商业银行取得了买方信贷外汇贷款,则商业银行总行是债权人,对国内进口单位发放的贷款应按期收回本息。

① 对外偿还贷款本息。商业银行总行对买方信贷项下借入国外银行的贷款,应按协议规定计算利息,并补提上一计提日至偿还日的利息后,办理偿付贷款本息手续。商业银行总行对外偿还贷款本息时,其会计分录为:

借:借入买方信贷——××国外银行　　(外币)
　应付利息——买方信贷应付利息　　(外币)
　贷:存放同业或其他科目　　(外币)

② 对内收回贷款本息。若进口单位向商业银行取得了买方信贷外汇贷款,商业银行应按借款合同时规定计算利息,并补提上一计提日至收回贷款本息日的利息后,办理收回贷款本息手续。商业银行对内收向贷款本息,区分不同情况进行处理:

如果进口单位直接以现汇偿还时,其会计分录为:

借:吸收存款——单位活期存款——××进口单位　　(外币)
　贷:贷款——买方信贷外汇贷款——××进口单位　　(外币)
　　应收利息——买方信贷应收利息　　(外币)

或者进口单位以人民币购汇偿还时,其会计分录为:

借:吸收存款——单位活期存款——××进口单位　　(人民币)
　货币兑换　　(人民币)
　贷:货币兑换　　(外币)
　　贷款——买方信贷外汇贷款——××进口单位　　(外币)
　　应收利息——买方信贷应收利息　　(外币)

如借款单位不能按期归还贷款本息,应于到期日将贷款本息转入"短期外汇贷款"明细科目核算,并按短期外汇贷款利率计息。

【例7-20】 A总行与法国里昂信贷银行签订买方信贷总协议,确定贷款总额度为3亿欧元。H公司申请1 000万欧元买方信贷。根据规定H公司应交5%现汇定金,由总行通过里昂信贷银行账户划交,并由总行按95%金额开出信用证,信用证付款条件为"单到国内审单付汇";其中10%金额属于应交现汇定金部分,另85%使用里昂信贷银行的买方信贷。设贷款期限为十年,每年还本付息一次,利率为8%。相应会计分录如下。

(1) A总行与里昂信贷银行签订买方信贷总协议时,通过表外科目予以反映:

收:买方信贷用款限额　　EUR 300 000 000

(2) A总行转出定金,从H公司欧元户中转出,其会计分录为:

借:吸收存款——活期存款——H公司　　EUR 500 000
　贷:存放境外同业款项　　EUR 500 000

开出信用证时,其会计分录为:

借:应收开出信用证款项　　EUR 9 500 000
　贷:应付开出信用证款项　　EUR 9 500 000

(3) 当单到国内审单付汇时10%以现汇划出，而85%以买方信贷解决，其账务处理如下。

① 现汇转出时的会计分录为：

借：吸收存款——活期存款——H公司　　　　EUR 1 000 000

　贷：存放境外同业款项　　　　EUR 1 000 000

② 利用买方信贷的会计分录：

借：贷款——买方信贷外汇贷款——H公司　　　　EUR 8 500 000

　贷：借入买方信贷款——里昂信贷银行　　　　EUR 8 500 000

③ 同时转销表外买方信贷用款限额，其会计分录为：

付：买方信贷用款限额　　　　EUR 8 500 000

④ 同时注销信用证，会计分录为：

借：应付开出信用证款项　　　　EUR 9 500 000

　贷：应收开出信用证款项　　　　EUR 9 500 000

(4) 总行每年向H公司等额收本收息一次，并将本息对外偿付，以第一年为例，其会计分录为：

借：吸收存款——活期存款——H公司　　　　EUR 1 266 766.02

　贷：贷款——买方信贷外汇贷款——H公司　　　　EUR 486 766.02

　　利息收入　　　　EUR 680 000

收到贷款单位还款后，偿还买方信贷，对外付款，其会计分录为：

借：借入买方信贷款——里昂信贷银行　　　　EUR 486 766.02

　利息支出　　　　EUR 680 000

　贷：存放境外同业款项——××境外账户行户　　　　EUR 1 266 766.02

关键术语

外汇分账制　外汇统账制　外汇买卖　货币兑换　外汇存款　汇款　托收　信用证　现汇贷款　进口押汇　出口押汇　打包贷款

思考题

1. 什么是外汇？什么是汇率？汇率有哪些种类？
2. 什么是外汇分账制？其会计核算的基本程序是什么？
3. 货币兑换科目的主要内容有哪些？
4. 什么是现钞存款和现汇存款？什么是现汇贷款？
5. 什么是贸易项下融资？主要有哪些方式？
6. 简述信用证结算的处理流程及特点。
7. 简述托收的种类、托收业务的处理流程及特点。
8. 简述汇款的种类、汇款业务的处理流程及特点。

第三篇　非银行金融企业会计

■ 第八章　证券公司会计核算
■ 第九章　保险公司会计核算
■ 第十章　信托投资公司会计核算
■ 第十一章　期货公司会计核算
■ 第十二章　证券投资基金公司会计核算
■ 第十三章　金融租赁公司会计核算

第八章　证券公司会计核算

学习内容与目标

本章介绍证券业务概述、证券经纪业务的核算、证券自营业务的核算、证券承销业务的核算和融资融券业务的核算。通过本章的学习了解证券业务种类及特点；掌握证券业务概述、融资融券业务以及证券承销业务的核算；熟练掌握证券经纪业务的核算、证券自营业务的核算。

第一节　证券公司业务概述

一、证券与证券市场

（一）证券的概念

证券是指各类记载并代表一定权利的法律凭证，用以证明持有人有权依其所持凭证记载的内容而获得应有的权益。从一定意义上说，证券是用以证明或设定权利所做成的书面凭证，它表明证券持有人或第三者有权取得该证券拥有的特定权益。

按性质不同，证券可以分为凭证证券和有价证券。凭证证券又称无价证券或证据证券，是证券本身不能给持有人或第三者带来一定收入的证券，只是起到证据作用，如各种借据、收据等；有价证券是指具有一定票面金额，代表或证明财产所有权的书面凭证，持票人有权按照凭证取得一定的收入。

（二）证券市场概念

证券市场是股票、债券、投资基金等有价证券发行和交易的场所。从广义上说，证券市为对象的交易关系的总和，是通过自由竞争的方式，根据供求关系决定有价证券价格的一种交易机制。证券市场即是价值直接交换的场所，也是财产权利直接交换的场所，还是风险直接交换的场所。

证券市场又分为一级市场和二级市场。一级市场又称为初级市场，即证券发行市场，是新发行证券的销售场所；二级市场又称为证券交易市场，是已发行证券的转让、流通场所。

二、证券公司业务种类

证券公司是指经国务院证券监督管理机构批准成立的从事证券经营业务的公司制

企业，证券公司不仅是证券市场上必要的中介机构，还是证券市场的重要的组成部分，承担着证券代理发行、代理买卖、资产管理以及证券咨询等重要的职能。

证券公司按其经营业务的不同，可分为经纪类证券公司和综合类证券公司。综合类证券公司的证券业务有证券经纪业务、证券自营业务、证券承销业务和经国务院证券监督管理机构核定的其他证券业务四种。经纪类证券公司只允许专门从事证券经纪业务，即只能从事客户代理客户买卖股票、债券、基金、可转换企业债券、期权等。

目前我国证券公司经营的业务主要有以下七种。

(1) 证券经纪业务，是指公司代理客户(投资者)买卖证券的活动，包括代理买卖证券业务、代理兑付证券业务和代保管证券业务。

(2) 证券自营业务，是指公司以自己的名义，用公司的资金买卖证券，以达到获取利润目的的证券业务，包括买入证券和卖出证券。

(3) 证券承销业务，是指在证券发行过程中，公司接受发行人的委托，代理发行人发行证券的活动。按承销方式不同分为全额包销方式进行承销业务、余额包销方式进行承销业务、代销方式进行承销业务。

(4) 融资融券业务，是指证券公司向客户出借资金，使他们得以用资金购买上市证券或者出借上市证券供他们卖出，而证券公司则收取担保物。

(5) 证券投资咨询业务，是指证券公司及其咨询人员为证券投资人或者客户提供证券投资分析、预测或者建议等直接或间接的有偿咨询服务。

(6) 证券资产管理业务，是指证券公司作为资产管理人，为投资者提供证券及其他金融产品的投资管理服务，实现资产收益最大化。

(7) 财务顾问业务，是指与证券交易、证券投资活动有关的咨询、建议、策划业务。

第二节　证券经纪业务的核算

一、证券经纪业务核算的概述

(一) 证券经纪业务的范围

证券经纪业务是指证券经营机构通过其设立的证券营业部，接受客户委托，按照客户要求，代理客户买卖证券的业务。证券经纪业务是证券公司最基本的一项业务，包括代理买卖证券业务、代理兑付证券业务和代理保管证券业务。具体包括：① 证券的代理买卖；② 代理证券的还本付息、分红派息；③ 证券代保管；④ 代理登记开户。

(二) 会计科目设置

1. “代理买卖证券款”科目

该科目属于负债类科目，核算公司接受客户委托，代客户买卖、债券、和基金等有价证券而收到的款项。公司代客户认购新股的款项、代理客户领取的现金股利和债券利息、代客户向证券交易所支付的配股款等，也是在本科目中核算。该科目属于负债类，其贷方登记收到客户交来的款项，借方登记支付的款项，余额在贷方，反映公司接受客户存放的代理买卖证券资金。该科目按客户类别设置明细账。

2.“结算备付金”科目

该科目属于资产类科目，核算证券公司为进行证券交易的资金清算与交收而存入指定清算代理机构的款项。证券向客户收取的结算手续费、向证券交易所支付的结算手续费，也在该科目核算。该科目属于资产类科目，其借方登记存入清算代理机构的资金，贷方反映从清算代理机构收回的资金，余额在借方，反映公司存放在指定清算代理机构的款项。该科目可按清算代理机构，分别“自有”和“客户”等设置明细账。

3.“代理兑付证券”科目

该科目属于资产类科目，核算证券公司接受委托，代理兑付到期的证券。该科目属于资产类，其借方登记已兑付的证券，贷方登记向委托单位交回已兑付的证券，余额在借方，反映公司已兑付但尚未收到委托单位兑付资金的证券余额。该科目应按委托单位和证券种类设置明细账。

4.“代理兑付证券款”科目

该科目属于负债类科目，核算公司接受委托代理兑付证券业务而收到的兑付资金。该科目属于负债类科目，其贷方登记收到委托单位的兑付资金，借方登记代理兑付的资金，余额在贷方，反映公司已收到但尚未兑付的代理兑付证券款项。该科目应该委托单位和证券种类设置明细账。

二、代理买卖证券业务的核算

（一）交易结算资金专户的核算

证券公司代理客户买卖证券收到的代理买卖证券款，必须全额存入指定的商业银行的资金专户，不能与本公司的存款混淆。其账务处理如下。

（1）收到客户交来款项，在存款银行开设客户交易结算资金专用存款账户时，其会计分录为：

借：银行存款——客户

　贷：代理买卖证券款——××客户

（2）客户日常存款时的分录与上述交来存款的会计分录相同，取款和销户的会计分录则相反。

（3）资产负债日计提利息时，其会计分录为：

借：利息支出

　贷：应付利息——××客户

（4）按季统一结息时，其会计分录为：

借：应付利息——××客户　　　　（已提利息部分）

　　利息支出　　　　　　　　　（未提利息部分）

　贷：代理买卖证券款——××客户

（5）证券公司为客户在证券交易所指定清算代理机构（中国证券登记结算公司）开

设用于证券交易资金清算与交收的备付金专用存款账户,以及客户交易资金从存管银行划转到备付金账户时,其会计分录为:

借:结算备付金——客户

贷:银行存款——客户

(二)代理买卖证券的核算

(1)公司接受客户委托,通过证券交易所代理买卖证券,与客户清算时,如果买入证券总额大于卖出证券成交总额,会计分录为:

借:代理买卖证券款——××客户

(买卖证券成交价的差额+代扣代交的相关税费+应向客户收取的佣金等)

贷:结算备付金——客户

同时:

借:手续费及佣金支出——代理买卖证券手续费支出(公司应负担的交易费用)

结算备付金——自有

贷:手续费及佣金收入——代理买卖证券手续费收入(应向客户收取的佣金等)

(2)公司接受客户委托,通过证券交易所代理买卖证券,与客户清算时,如果卖出证券总额大于买入证券成交总额,会计分录为:

借:结算备付金——客户

(买卖证券成交价的差额－代扣代交的相关税费－应向客户收取的佣金等)

贷:代理买卖证券款——××客户

同时:

借:手续费及佣金支出——代理买卖证券手续费支出(公司应负担的交易费用)

结算备付金——自有

贷:手续费及佣金收入——代理买卖证券手续费收入(应向客户收取的佣金等)

【例8-1】 2016年8月某证券公司代理买卖证券资料如下。

(1)8月2日接受李某委托代其进行证券买卖,收到客户资金200 000元,开设资金专户存款账户。证券公司应编制会计分录:

借:银行存款——客户　　200 000

贷:代理买卖证券款——李某　　200 000

(2)8月2号将客户存入款项,划转清算代理机构时:

借:结算备付金——客户　　200 000

贷:银行存款——客户　　200 000

(3)8月6号,李某委托购买A股票10 000股,每股限价3.5元。次日办理交割手续。代扣代交的交易税费为70元,应向客户收取的佣金为80元,证券公司应负担的交易费用为50元,其会计分录为:

借:代理买卖券款——李某　　35 150(35 000+70+80)

贷:结算备付金——客户　　35 150

借：手续费及佣金支出——代理客户买卖手续费支出　　　　50

　结算备付金——自有　　　　　　　　　　　　　　　30

　贷：手续费及佣金收入——代理买卖证券手续费收入　　　　80

(4) 8 月 18 日，李某委托购买 B 股票 10 000 股，每股限价 5 元。同时，委托卖出 A 股票 8 000 股，每股限价 4 元，次日办理交割手续。代扣代交的税费为 180 元，应向客户收取的佣金为 300 元，证券公司应负担的交易费用为 120 元，其会计分录为：

借：代理买卖证券款——李某　　18 480(50 000−32 000+180+300)

　贷：结算备付金——客户　　　　　　　　　　　　18 480

借：手续费及佣金支出——代理买卖证券手续费支出　　　120

　结算备付金——自有　　　　　　　　　　　　　　180

　贷：手续费及佣金收入——代理买卖证券书续费用收入　　300

(5) 8 月 28 日，李某委托购买 C 股票 5 000 股，每股限价 6 元。同时，委托卖出 B 股票 8 000 股，每股限价 5.80 元，次日办理交割手续。代扣代交的交易税费为 150 元，应向客户收取的佣金为 270 元，证券公司应负担的交易费用为 160 元，其会计分录为：

借：结算备付金——客户　　15 980(46 400−30 000−150−270)

　贷：代理买卖证券款——李某　　　　　　　　　　15 980

借：手续费及佣金支出——代理买卖证券手续费支出　　　160

　结算备付金——自有　　　　　　　　　　　　　　110

　贷：手续费及佣金收入——代理买卖证券手续费收入　　　270

(6) 8 月 31 日，公司对客户的存款计提利息 540 元，其会计分录为：

借：利息支出　　　　　　　　　　　　　　　　　　540

　贷：应付利息——李某　　　　　　　　　　　　　　540

在统一结息日，应将计提的应付客户资金利息转入“代理买卖证券款”账户。

(三) 代理申购新股的账务处理

从 2016 年开始，A 股新股发行改为新股申购，采用市值申购的方法，投资者只要有市值就能申购，中签之后才缴款，强调新股申购自主决策、自担风险、自负盈亏，券商不得接受投资者全权委托申购新股。

(1) 证券交易所公布中签结果，客户办理缴款，其会计分录为：

借：银行存款——客户

　贷：代理买卖证券款

(2) 公司与证券交易所清算时，其会计分录为：

借：代理买卖证券款——××客户

　贷：结算备付金——客户

(3) 收到证券交易所转来发行公司支付的手续费时，其会计分录为：

借：银行存款——自有

　贷：手续费及佣金收入——代理买卖证券手续费收入

【例 8-2】 某证券公司代理客户王某申购新股，证券交易所公布中签结果，王某中签交付的认股款项为 1 800 000 元，手续费率 0.4%，由发行公司支付并已收取。证券公司应编制如下会计分录。

（1）证券交易所公布中签结果，客户办理缴款，其会计分录为：

借：银行存款——客户　1 800 000

　贷：代理买卖证券款　1 800 000

（2）公司与证券交易所清算时，其会计分录为：

借：代理买卖证券款——××客户　1 800 000

　贷：结算备付金——客户　1 800 000

（3）收到证券交易所转来发行公司支付的手续费时，其会计分录为：

借：银行存款——自有　7 200

　贷：手续费及佣金收入——代理买卖证券手续费收入　7 200

（四）代理配股派息的账务处理

1. 代理配股的核算

代理客户办理配股业务，有以下两种情况。

（1）当日向证券交易所解交配股款的，在客户提出配股要求时，其会计分录为：

借：代理买卖证券款——××客户

　贷：结算备付金——客户

（2）定期向证券交易所解交配股款的，在客户提出配股要求时，其会计分录为：

借：代理买卖证券款——××客户

　贷：其他应付款——应付客户配股款

与证券交易所清算配股款时：

借：其他应付款——应付客户配股款

　贷：结算备付金——客户

2. 代理客户领取现金股利和利息结算

借：结算备付金——客户

　贷：代理买卖证券款——××客户

三、代理兑付证券业务的核算

代理兑付证券业务是指证券公司接受客户的委托兑付到期的国债、企业债券及金融债券等，并向发行单位收取手续费的业务。代理兑付证券的证券公司一般不垫付资金，而先由债券发行人拨付一部分资金。代兑付证券业务结束后，证券公司将已兑付的债券交付债券发行人，还应收取手续费。

（一）接受委托代国家或企业兑付到期的无记名债券的账务处理

（1）收到委托单位的兑付资金时，其会计分录为：

借：银行存款

　贷：代理兑付证券款——××委托单位

（2）收到客户交来的实物债券，按兑付金额（证券本息）予以兑付时，其会计分录为：

借：代理兑付证券——××委托单位

　贷：库存现金或银行存款

(3) 向委托单位交回已兑付的实物债券时，其会计分录为：

借：代理兑付证券款——××委托单位

　贷：代理兑付证券——××委托单位

(4) 如果委托单位尚未拨付兑付资金，并由公司垫付的，收到兑付债券等时按兑付金额予以兑付时，其会计分录为：

借：代理兑付证券——××委托单位

　贷：银行存款(或其他科目)

向委托单位交回已兑付的证券并收回垫付的资金时，其会计分录为：

借：银行贷款(或其他科目)

　贷：代理兑付证券——××委托单位

(二) 接受委托代国家或企业兑付到期的记名债券的账务处理

(1) 收到委托单位的兑付资金时，其会计分录为：

借：银行存款

　贷：代理兑付证券款——××委托单位

(2) 兑付债券本息时，其会计分录为：

借：代理兑付证券款

　贷：库存现金或银行存款

(三) 收取的代兑付手续费收入的账务处理

(1) 如果向委托单位单独收取，按应收或已收的手续费，其会计分录为：

借：应收手续费及佣金或银行存款

　贷：手续费及佣金收入——代理兑付证券手续费收入

(2) 如果手续费及兑付款一并汇入，其会计分录为：

借：银行存款

　贷：代理兑付证券款——××委托单位

　　其他应付款——预收代兑付证券手续费

兑付债券业务完成后，确认手续费收入时：

借：其他应付款——预收代兑付证券手续费

　贷：手续费及佣金收入——代理兑付证券手续费收入

【例 8-3】 某证券公司接受委托，代理某公司兑付到期的无记名债券。11 月 11 日该公司拨来兑付资金 200 万元，其中手续费 1.5 万元，至 11 月底共兑付债券 198.5 万元。证券公司应编制如下会计分录。

(1) 收到某公司的兑付资金时，其会计分录为：

借：银行存款	2 000 000	
贷：代理兑付证券款——某公司		1 985 000
其他应付款——预收代兑付证券手续费		15 000

(2) 按兑付金额予以兑付时,其会计分录为:

借:代理兑付证券——某公司　　1 985 000

　贷:银行存款　　1 985 000

(3) 兑付期结束,向光大公司交回已兑付的实物债券时,其会计分录为:

借:代理兑付证券款——某公司　　1 985 000

　贷:代理兑付证券——某公司　　1 985 000

同时,确认手续费收入,其会计分录为:

借:其他应付款——预收代兑付证券手续费　　15 000

　贷:手续费及佣金收入——代理兑付证券手续费收入　　15 000

四、代保管证券业务的核算

代保管业务是指证券公司接受客户委托、代客户保管证券业务,它是一项便利客户的服务项目,因此,证券公司一般收取少量手续费;对于代保管的证券,因其不属于证券公司的财产,只需在"代保管证券"表外科目中单方登记即可。

【例 8-4】 某证券公司代理某公司保管某企业债券 500 张,面值 5 000 000 元。5 月份债券到期,公司保管服务完成,向某公司收取保管费 500 元,款项收到并存入银行。应编制如下会计分录。

(1) 收到代保管债券时,公司应当在表外账簿中进行如下登记:

收:代保管证券——某公司(某企业债券,500 张,面值 5 000 000 元)

(2) 到期归还债券时,应当在表外账簿中进行登记:

付:代保管债券——某公司(某企业债券,500 张,面值 5 000 000 元)

(3) 收到手续费时,其会计分录为:

借:银行存款　　500

　贷:手续费及佣金收入——代保管证券手续费收入　　500

第三节　证券自营业务的核算

一、证券自营业务核算的概述

(一) 证券自营业务概述

证券自营业务是证券公司为本企业买卖证券、赚取差价并承担相应风险的行为。自营证券业务包括买入证券和卖出证券。自营证券业务主要有自营买入证券、自营证券配股派息、自营认购新股、自营卖出证券等。

证券公司自营买入的证券应按取得时的实际成本计价,其实际成本包括买入时成交的价款和交纳的各种税费。证券公司自营卖出的证券应在与证券交易所清算时,按成交价扣除相关税费后的净额确认收入。

公司在买入自营证券后，应当结合自身业务特点和风险管理要求。将取得的证券进行分类，划分为以公允价值计量的交易性金融资产、或持有至到期投资、可供出售金融资产。分类一经确认不得随意变更。

（二）会计科目设置

1.“交易性金融资产”科目

该科目属于资产类科目，核算公司为交易目的所持有的债券投资、股票投资、基金投资等交易性金融资产的公允价值，包括企业持有的直接指定为公允价值计量且变动计入当期损益的金融资产。该科目属于资产类科目，其借方登记取得交易性金融资产的公允价值以及资产负债日交易性金融资产的公允价值高于其账面余额的差额，贷方登记出售交易性金融资产实际收到的金额及资产负债日交易性金融资产的公允价值低于其账面余额的差额，余额在借方，反映公司持有的交易性金融资产的公允价值。

该科目应按交易性金融资产的类别和品种，分别“成本”“公允价值变动”等设置明细账。

2.“持有至到期投资”科目

该科目属于资产类科目，核算公司持有至到期投资。该科目属于资产类科目，其借方登记取得的持有至到期投资成本及利息调整，贷方登记出售持有至到期投资的账面余额及利息调整，余额在借方，反映持有至到期投资的摊余成本。

该科目应按持有至到期投资的类别和品种，分别“成本”“利息调整”“应计利息”设置调整细账。

3.“可供出售金融资产”科目

该科目属于资产类科目，核算公司持有可供出售金融资产的公允价值，包括划分为可供出售的股票投资、债券投资等金融资产。该科目属于资产类科目，其借方登记取得的可供出售金融资产的成本及利息调整，贷方登记出售可供出售金融资产的账面余额及利息调整，余额在借方，反映可供出售金融资产的公允价值。

该科目应按可供出售金融资产的类别和品种，分别“成本”“利息调整”“应计利息”“公允价值变动”设置明细账。

4.“公允价值变动损益”科目

该科目属于损益类科目，核算公司交易性金融资产、交易性金融负债，以及采用公允价值模式计量的投资性房地产、衍生工具、套期保值业务等公允价值变动形成的应计入当期损益的利得或损失。该科目属于损益类科目，对于交易性金融资产，其贷方登记资产负债日交易性金融资产的公允价值高于其账面余额的差额以及出售交易性金融资产转出的交易性金融资产的公允价值低于其账面余额的差额，借方登记企业资产负债日交易性金融资产低于其账面余额的差额以及出售交易性金融资产转出的交易性金融资产的公允价值高于其账面价值余额的差额。

期末将其余额转入“本年利润”科目，结转后该科目无余额。该科目应按交易性金融资产、交易性金融负债、投资性房地产等设置明细账。

5."应收股利"科目

该科目属于资产类科目，核算公司应收取的现金股利和应收其他单位分配的利润。该科目属于资产类科目，其借方登记公司应收取的现金股利或利润，贷方登记收到的现金股利或利润，余额在借方，反映公司尚未收回的现金股利或利润。该科目应按被投资单位设置明细账。

6."应收利息"科目

该科目属于资产类科目，核算因债券投资等已到付息日但尚未领取的利息。该科目属于资产类科目，其借方登记购入债券时实际支付价款中包含的已到付息日但尚未领取的利息，贷方登记收到的应收利息和已经确认为坏账的应收利息，余额在借方，反映公司尚未收回的利息。该科目应按应收利息种类设置明细科目。

7."投资收益"科目

该科目属于损益类科目，核算公司确认的投资收益或损失。该科目属于损益类(收入)类科目，其贷方登记公司投资取得的收益，借方登记公司投资发生的损失，期末将"投资收益"科目的净收益或净损失换入"本年利润"科目，结转后该科目无余额。该科目应按投资项目设置明细账。

二、交易性金融资产的核算

交易性金融资产主要是指公司为了近期内出售或回购，比如公司以赚取差价为目的从二级市场购入的股票、债券、基金等。

(一) 交易性金融资产取得的会计处理

企业在取得交易性金融资产时，应当按照取得金融资产的公允价值作为初始确认金额，计入"交易性金融资产——成本"科目。如果取得交易性金融资产所支付价款中包含了已宣告但尚未发放的现金股利或已到付息期但尚未领取的债券利息的，应当单独确认为"应收股利"或"应收利息"；同时取得交易性金融资产所发生的相关交易费用应当在发生时计入投资收益。

借：交易性金融资产——成本　　(按其公允价值)
　　投资收益　　(按发生的交易费用)
　　应收利息　(实际支付的价款中含已到付息期但尚未领取的利息)
　　应收股利　(实际支付的价款中含已宣告但尚未发放的现金股利)
　贷：结算备付金——自有　　(按实际支付的金额)

(二) 交易性金融资产持有期间的核算

(1) 被投资单位宣告现金股利或利息时。企业持有期间被投资单位宣告现金股利或在资产负债表日按分期付息债券投资的票面利率计算的利息收入，应当确认为应收项目，计入"应收股利"或"应收利息"项目，并计入"投资收益"。

① 对于持有股票作为交易性金融资产，持有期间对于被投资单位宣告发放的现金股利，会计分录为：

借：应收股利

贷：投资收益

② 对于持有债券作为交易性金融资产，持有期间，在资产负债表日按分期付息、一次还本债券投资的票面利率计算的利息，会计分录为：

借：应收利息　　　　　　　　　　　　　（面值×票面利率）

贷：投资收益

（2）对于收到的属于取得交易性金融资产支付价款中包含的已宣告发放的现金股利或债券利息，会计分录为：

借：结算备付金——客户

贷：应收股利

应收利息

（三）交易性金融资产期末计量的会计处理

资产负债表日，交易性金融资产应当按照公允价值计量，公允价值与账面余额之间的差额计入当期损益。

（1）资产负债表日，交易性金融资产的公允价值高于其账面余额的差额：

借：交易性金融资产——公允价值变动

贷：公允价值变动损益

（2）资产负债表日，交易性金融资产的公允价值低于其账面余额的差额：

借：公允价值变动损益

贷：交易性金融资产——公允价值变动

（四）交易性金融资产处置的会计处理

出售交易性金融资产时，应将出售时的公允价值与其账面余额之间的差额确认为当期投资收益；同时调整公允价值变动损益（同时将已计入“公允价值变动损益”的金额转入“投资收益”科目中）。

企业应按实际收到的金额，借记“银行存款”等科目，按该金融资产的账面余额，贷记“交易性金融资产”科目，按其差额，贷记或借记“投资收益”科目。同时，将原计入该金融资产的公允价值变动转出，借记或贷记“公允价值变动损益”科目，贷记或借记“投资收益”科目，会计分录为：

借：结算备付金——客户

交易性金融资产（公允价值变动）

投资收益

贷：交易性金融资产（成本）

交易性金融资产（公允价值变动）

投资收益

同时，将原记入“公允价值变动损益”的累积金额转出，其会计分录为：

借：公允价值变动损益

贷：投资收益

或者相反会计分录。

【例8-5】 2016年1月1日，甲证券公司从二级市场支付价款1 020 000元（含已到付息期但尚未领取的利息20 000元）购入某公司发行的债券，另发生交易费用20 000元。该债券面值1 000 000元，剩余期限为2年，票面年利率为4%，每半年付息一次，该证券公司将其划分为交易性金融资产。甲证券公司其他资料如下。

(1) 2016年1月5日，收到该证券2015年下半年利息20 000元。

(2) 2016年6月30日，该债券的公允价值为1 150 000元（不含利息）。

(3) 2016年7月5日，收到该债券半年利息。

(4) 2016年12月31日，该债券的公允价值为1 100 000元（不含利息）。

(5) 2017年1月5日，收到该债券2016年下半年利息。

(6) 2017年3月31日，甲证券公司将该债券出售，取得价款1 180 000元（含一季度利息10 000元）。

假定不考虑其他因素，则甲公司应编制会计分录如下。

(1) 2016年1月1日，购入债券，其会计分录为：

借：交易性金融资产——成本 1 000 000
　　应收利息 20 000
　　投资收益 20 000
　贷：结算备付金——自有 1 040 000

(2) 2016年1月5日，收到该债券2015年下半年利息，其会计分录为：

借：结算备付金——自有 20 000
　贷：应收利息 20 000

(3) 2016年6月30日，确认公允价值变动和投资收益，其会计分录为：

借：交易性金融资产——公允价值变动 150 000
　贷：公允价值变动损益 150 000
借：应收利息 20 000
　贷：投资收益 20 000

(4) 2016年7月5日，收到债券半年利息，其会计分录为：

借：结算备付金——自有 20 000
　贷：应收利息 20 000

(5) 2016年12月31日，确认债券公允价值变动损益和投资收益：

借：公允价值变动损益 50 000
　贷：交易性金融资产——公允价值变动 50 000
借：应收利息 20 000
　贷：投资收益 20 000

(6) 2017年1月5日，收到该债券2016年下半年利息，其会计分录为：

借：结算备付金——自有 20 000
　贷：应收利息 20 000

(7) 2017年3月31日，将该债券予以出售，其会计分录为：

借：应收利息　　　　　　　　　　　　　　　　　10 000
　贷：投资收益　　　　　　　　　　　　　　　　　10 000
借：结算备付金——自有　　　　　　　　　　　1 170 000
　　公允价值变动损益　　　　　　　　　　　　100 000
　贷：交易性金融资产——成本　　　　　　　　　1 000 000
　　　　　　　　　　——公允价值变动　　　　　　100 000
　　　投资收益　　　　　　　　　　　　　　　　170 000
借：结算备付金——自有　　　　　　　　　　　　10 000
　贷：应收利息　　　　　　　　　　　　　　　　　10 000

三、持有至到期投资的核算

持有至到期投资是指到期日固定、回收金额固定或可确定，且公司有明确意图和能力持有至到期的非衍生金融资产。通常情况下，能够划分为持有至到期投资的金融资产，主要是债权性投资，比如从二级市场上购入的固定利率国债、浮动利率金融债券等。股权投资因其没有固定的到期日，因而不能划分为持有至到期投资。持有至到期投资通常具有长期性质，但期限较短（1 年以内）的债券投资，符合含有至到期投资条件的，也可将其划分为持有至到期投资。

（一）持有至到期投资取得的会计处理

（1）企业取得的持有至到期投资，应按该投资的面值，借记本科目（成本），按支付的价款中包含的已到付息期但尚未领取的利息，借记“应收利息”科目，贷记“银行存款”等科目，按其差额，借记或贷记本科目（利息调整），其会计分录为：

借：持有至到期投资　　　　　　　　　　　　　（成本）
　　应收利息　　　　　　　　（已到付息期但尚未支付的利息）
　　持有至到期投资　　　　　　　　　　（利息调整）（溢价）
　贷：结算备付金——自有　　　　　　　（公允价值＋交易费用）
　　　持有至到期投资　　　　　　　　　（利息调整）（折价）

（2）支付的价款中包含已宣告发放债券利息的，在随后收到这部分利息时，直接冲减应收利息，其会计分录为：

借：结算备付金——自有
　贷：应收利息

（3）取得时实际利率的确定。实际利率是指将金融资产或金融负债在预期存续期间或适用的更短期间的未来现金流量，折现为该金融资产或金融负债当前账面价值所使用的利率。对于持有至到期投资来说，能够使该投资的未来现金流量的现值等于目前账面价值（买价＋税费）的利率就是实际利率。

（二）持有至到期投资持有期间的计量

（1）资产负债表日，持有至到期投资为分期付息、一次还本债券投资的，应按票面利率计算确定的应收未收利息，借记“应收利息”科目，按持有至到期投资摊余成本和实际利率计算确定的利息收入，贷记“投资收益”科目，按其差额，借记或贷记本科目（利息调整）。溢价时，其会计分录为：

借：应收利息
　贷：投资收益
　　持有至到期投资（利息调整）

折价时，其会计分录为：

借：应收利息
　持有至到期投资（利息调整）
　贷：投资收益

收到取得持有至到期投资支付的价款中包含的已到付息期的债券利息，借记“银行存款”科目，贷记“应收利息”科目。

（2）持有至到期投资为一次还本付息债券投资，应于资产负债表日按票面利率计算确定的应收未收利息，借记本科目（应计利息），持有至到期投资摊余成本和实际利率计算确定的利息收入，贷记“投资收益”科目，按其差额，借记或贷记本科目（利息调整）。

① 溢价时，其会计分录为：

借：持有至到期投资（应计利息）
　贷：投资收益
　　持有至到期投资（利息调整）

② 折价时，其会计分录为：

借：持有至到期投资（应计利息）
　持有至到期投资（利息调整）
　贷：投资收益

收到分期付息、一次还本持有至到期投资持有期间支付的利息，借记“银行存款”，贷记“应收利息”科目。

（三）持有至到期投资期末计量的会计处理

企业应当在资产负债表日对持有至到期投资的账面价值进行检查，有客观证据表明该金融资产发生减值的，应当计提减值准备。以摊余成本计量的金融资产发生减值时，应当将该金融资产的账面价值减记至预计未来现金流量（不包括尚未发生的未来信用损失）现值，减记的金额确认为资产减值损失，计入当期损益。预计未来现金流量现值，应当按照该金融资产的原实际利率折现确定，并考虑相关担保物的价值（取得和出售该担保物发生的费用应当予以扣除）。

资产负债表日，企业根据金融工具确认和计量准则确定持有至到期投资发生减值的，按应减记的金额，作会计分录为：

借：资产减值损失
　贷：持有至到期投资减值准备

已计提减值准备的持有至到期投资价值以后又得以恢复，在原已计提的减值准备金额内，按恢复增加的金额，作会计分录为：

借：持有至到期投资减值准备
　贷：资产减值损失

（四）持有至到期投资收回的会计处理

持有至到期投资到期收回时，其会计分录为：

借：持有至到期投资减值准备

　贷：资产减值损失

借：结算备付金——自有

　贷：持有至到期投资（成本）

　　持有至到期投资（应计利息）（应收利息）

而折溢价在到期时已经摊销完毕，所以不涉及。一般情况下，能正常按时收回的投资不应计提减值，所以一般不会有减值的问题。

（五）持有至到期投资处置的会计处理

出售持有至到期投资时，应按实际收到的金额，借记“银行存款”等科目，已计提减值准备的，借记“持有至到期投资减值准备”科目，按其账面余额，贷记本科目（成本、利息调整、应计利息），按其差额，贷记或借记“投资收益”科目，其会计分录为：

借：结算备付金——自有

　持有至到期投资减值准备

　贷：持有至到期投资（成本）

　　持有至到期投资（利息调整）（折价在借方）

　　持有至到期投资（应计利息）

　　投资收益（损失在借方）

（六）持有至到期投资重新分类的会计处理

企业因持有意图或能力发生改变，使某项投资不再适合划分为持有至到期投资的，应当将其重分类为可供出售金融资产，并以公允价值进行后续计量。企业将尚未到期的某项持有至到期投资在本会计年度内出售或重分类为可供出售金融资产的金额，相对于该类投资在出售或重分类前的总额较大时，应当将该类投资的剩余部分重分类为可供出售金融资产，且在本会计年度及以后两个完整的会计年度内不得再将全融资产划分为持有至到期投资。

重新分类日，该投资的账面价值与公允价值之间的差额计入所有者权益（资本公积），在该可供出售金融资产发生减值或终止确认时转出，计入当期损益。企业将持有至到期投资重分类为可供出售金融资产的，应在重分类日按该项持有至到期投资的公允价值，其会计分录为：

借：可供出售金融资产（成本）

　可供出售金融资产（利息调整）

　可供出售金融资产（应计利息）

　持有至到期投资减值准备

　贷：持有至到期投资（成本）

　　持有至到期投资（利息调整）

　　持有至到期投资（应计利息）

　　资本公积——其他资本公积（也可能在借方）

将可供出售金融资产重分类为采用成本或摊余成本计量的金融资产，应在重分类日按可供出售金融资产的公允价值，其会计分录为：

借：持有至到期投资（成本）
　　持有至到期投资（利息调整）
　　持有至到期投资（应计利息）
　　可供出售金融资产减值准备
　贷：可供出售金融资产（成本）
　　　可供出售金融资产（利息调整）
　　　可供出售金融资产（应计利息）
　　　资本公积——其他资本公积（也可能在借方）

【例 8-6】 某证券公司 2016 年 1 月 1 日购买了一项债券，剩余年限 5 年，划分为持有至到期投资，公允价值为 90，交易成本为 5，每年按票面利率可收得固定利息 4。该债券在第五年兑付（不能提前兑付）时可得本金 100。

(1) 取得时的会计分录：

借：持有至到期投资（成本）　　100
　贷：结算备付金——自有　　95
　　　持有至到期投资（利息调整）　　5

(2) 实际利率的确定。能使"未来现金流量的现值＝目前账面价值（不含已到付息期尚未发放的利息）"的利率即为实际利率。

$$4\times(P/A,\ r,\ 4)+104\times(P/F,\ r,\ 5)=95$$

运用插值法，计算 $r=5.17\%$，即实际利率为 5.17%，则用实际利率计量如表 8-1 所示。

表 8-1　摊余成本计算

年　度	A	B	C	D	E
	年初摊余成本	实际利息收入（A×5.17%）	收到的利息	利息调整（B−C）	摊余成本（A+D）
2016.12.31	95	4.911 5	4	0.911 5	95.911 5
2017.12.31	95.911 5	4.958 6	4	0.958 6	96.870 1
2018.12.31	96.870 1	5.008 2	4	1.008 2	97.878 3
2019.12.31	97.878 3	5.060 3	4	1.060 3	98.938 6
2020.12.31	98.938 6	5.061 4	4	1.061 4	100
合　计	—	25	20	5	—

注：表 8-1 中的 1.061 4＝100−98.938 6；5.061 4＝4＋1.061 4，这样做是为了解决计算过程中四舍五入导致的误差。即最后一年需要先倒挤计算溢折价摊销额，再确定实际利息收入。

(3) 2016 年 12 月 31 日时的会计分录为：

借：应收利息　　4
　　持有至到期投资（利息调整）　　0.911 5
　贷：投资收益　　4.911 5

其他各年分录与2016年相同，只是数据不同。

(4) 假定2018年末该投资的预计未来现金流量的现值为95，则应计提减值准备，2018年末该项投资的账面余额为97.878 3(其中“成本”明细账的余额为借方100，“利息调整”明细账的余额为贷方的2.121 7)，则应计提的减值为2.878 3。其会计分录为：

借：资产减值损失　　2.878 3
　贷：持有至到期投资减值准备　　2.878 3

(5) 假定2019年末的预计未来现金流量的现值为98，则价值恢复，冲减减值准备，其会计分录为：

借：持有至到期投资减值准备　　1.939 7
　贷：资产减值损失　　1.939 7

其中 1.939 7=2.878 3−(98.938 6−98)

(6) 2020年12月31日债券到期收回本金100和最后一期利息4，其会计分录为：

借：持有至到期投资减值准备　　0.938 6
　贷：资产减值损失　　0.938 6
借：结算备付金——自有　　104
　贷：持有至到期投资(成本)　　100
　　应收利息　　4

(7) 假定在2020年2月10日将该项投资出售，取得收入102，其会计分录为：

借：结算备付金——自有　　102
　持有至到期投资减值准备　　0.938 6
　持有至到期投资(利息调整)　　1.061 4
　贷：持有至到期投资(成本)　　100
　　投资收益　　4

四、可供出售金融资产的核算

可供出售金融资产，是指初始确认时即被指定为可供出售的非衍生金融资产，以及除下列各类资产以外的金融资产：① 贷款和应收款项；② 持有至到期投资；③ 以公允价值计量且其变动计入当期损益的金融资产。例如，公司购入的在活跃市场上有报价的股票、债券、基金等，没有划分为以公允价值计量且其变动计入当期损益的金融资产或持有至到期投资等金融资产的可归为此类。

(一) 可供出售金融资产取得的会计处理

1. 企业取得可供出售金融资产为股票投资

企业取得可供出售金融资产(股票)时，应按可供出售金融资产的公允价值与交易费用之和进行核算，其会计分录为：

借：可供出售金融资产——成本
　　　　　　　　（应按其公允价值与交易费用之和）
　　应收股利
　　　　（按支付价款中包含的已宣告但尚未发放的现金股利）
　贷：结算备付金——自有　　　　　　　（按实际支付的金额）

2. 企业取得可供出售金融资产为债券投资

企业取得可供出售金融资产(债券)时,应按可供出售金融资产的公允价值与交易费用之和,其会计分录为:

借：可供出售金融资产——成本　　　　　　（按债券的面值）
　　应收利息(支付价款中包含的已到付息期但尚未领取的利息)
　　可供出售金融资产——利息调整　　　　　　（按差额）
　贷：结算备付金——自有　　　　　　（按实际支付的金额）
　　　可供出售金融资产——利息调整　　　　　（按差额）

(二) 可供出售金融资产持有期间的会计处理

收到的属于取得可供出售金融资产支付价款中包含的已宣告发放的债券利息或现金股利,其会计分录为:

借：结算备付金——自有
　贷：应收股利或应收利息

在持有可供出售金融资产(股票)期间收到被投资单位宣告发放的现金股利,其会计分录为:

借：结算备付金——自有
　贷：投资收益

(三) 可供出售金融资产公允价值变动的会计处理

1. 公允价值暂时性变动的会计处理

资产负债表日,可供出售金融资产的公允价值高于其账面余额的差额,其会计分录为:

借：可供出售金融资产(公允价值变动)
　贷：资本公积——其他资本公积

公允价值低于其账面余额的差额,其会计分录为:

借：资本公积——其他资本公积
　贷：可供出售金融资产(公允价值变动)

2. 公允价值非暂时性变动,即计提减值的会计处理

分析判断可供出售金融资产是否发生减值,应当注重该金融资产公允价值是否持续下降。通常情况下,如果可供出售金融资产的公允价值发生较大幅度下降(通常是指达到或超过20%的情形),或在综合考虑各种相关因素后,预期这种下降趋势属于非暂时性的(通常是指该资产的公允价值持续低于其成本达到或超过6个月的情形),可以认定该可供出售金融资产已发生减值,应当确认减值损失。

(1) 按照应计提的减值金额,其会计分录为:

借：资产减值损失
　贷：可供出售金融资产(减值准备)

同时，按应从所有者权益中转出的累计损失，其会计分录为：

借：资产减值损失

　贷：资本公积——其他资本公积

（2）已确认减值损失的可供出售债务工具在随后的会计期间公允价值上升的，应在原已计提的减值准备金额内，按恢复增加的金额，其会计分录为：

借：可供出售金融资产（减值准备）

　贷：资产减值损失

（3）已确认减值损失的可供出售权益工具在随后的会计期间公允价值上升的，应在原已计提的减值准备金额内，按恢复增加的金额，其会计分录为：

借：可供出售金融资产（减值准备）

　贷：资本公积——其他资本公积

（四）可供出售金融资产重新分类的会计处理

企业将持有至到期投资重分类为可供出售金融资产的，应在重分类日按该项持有至到期投资的公允价值，会计分录为：

借：可供出售金融资产（成本）

　　可供出售金融资产（利息调整）

　　可供出售金融资产（应计利息）

　　持有至到期投资减值准备

　贷：持有至到期投资（成本）

　　　持有至到期投资（利息调整）

　　　持有至到期投资（应计利息）

　　　资本公积——其他资本公积（也可能在借方）

根据金融工具确认和计量准则将可供出售金融资产重分类为采用成本或摊余成本计量的金融资产，应在重分类日按可供出售金融资产的公允价值，会计分录为：

借：持有至到期投资（成本）

　　持有至到期投资（利息调整）

　　持有至到期投资（应计利息）

　　可供出售金融资产减值准备

　贷：可供出售金融资产（成本）

　　　可供出售金融资产（利息调整）

　　　可供出售金融资产（应计利息）

　　　资本公积——其他资本公积（也可能在借方）

（五）可供出售金融资产处置的会计处理

出售可供出售金融资产时，应按实际收到的金额，其会计分录为：

借：结算备付金——自有

　贷：可供出售金融资产（成本、公允价值变动）

　　　投资收益（也可能在借方）

按原记入资本公积——其他资本公积科目的金额，

借：资本公积——其他资本公积

　　贷：投资收益

或者，

借：投资收益

　　贷：资本公积——其他资本公积

【例8-7】 2017年4月25日，A证券公司购入100万股甲公司公开交易的普通股股票，直接确定为可供出售的金融资产。买价为每股4.8元，其中包含每股0.2元的已宣告尚未发放的现金股利，另支付4万元的相关税费。

(1) 2017年4月25日取得时，其会计分录为：

借：可供出售金融资产(成本)　　464

　　应收股利　　20

　　贷：结算备付金——自有　　484

(2) 2017年5月10日，收到已宣告的现金股利，其会计分录为：

借：结算备付金——自有　　20

　　贷：应收股利　　20

(3) 2017年6月30日，甲公司股票的收盘价格为4.82元每股，则公允价值变动为4.82×100－464＝18万元，其会计分录为：

借：可供出售金融资产(公允价值变动)　　18

　　贷：资本公积——其他资本公积　　18

(4) 假定2017年12月31日，甲公司股票的收盘价格为4.45元每股，则公允价值变动为4.45×100－(464＋18)＝－37，其会计分录为：

借：资本公积——其他资本公积　　37

　　贷：可供出售金融资产(公允价值变动)　　37

(5) 2018年5月12日收到现金股利每股0.3元，其会计分录为：

借：结算备付金——自有　　30

　　贷：投资收益　　30

(6) 2018年6月30日，甲公司股票的收盘价格为3.58元，且根据分析，这种股价的下跌并非暂时性的，则应对该项投资计提减值准备。应计提的减值准备为(464＋18－37)－3.58×100＝87万元，其会计分录为：

借：资产减值损失　　87

　　贷：可供出售金融资产减值准备　　87

借：资产减值损失　　19(37－18)

　　贷：资本公积——其他资本公积　　19

(7) 2018年12月31日，甲公司股票的收盘价格为4.08元，则应恢复的减值为4.08×100－(464＋18－37－87)＝50万元，其会计分录为：

借：可供出售金融资产减值准备　　50

　　贷：资本公积——其他资本公积　　50

(8) 2019年2月14日，将甲公司股票全部出售，售价410万元(已扣除交易费用)，其会计分录为：

借：结算备付金——自有　410
　可供出售金融资产(减值准备)　37
　可供出售金融资产(公允价值变动)　19
　贷：可供出售金融资产(成本)　464
　　投资收益　2
借：资本公积——其他资本公积　50
　贷：投资收益　50

五、自营认购新股的核算

(一) 网上认购新股的核算

(1) 公司通过网上认购新股，申购款被证券交易所从账户中划出并冻结时，其会计分录为：

借：其他应收款——应收认购新股占用款
　贷：结算备付金——自有

(2) 认购新股中签，与证券交易所结算中签款项时，按中签的股票的公允价值入账，其会计分录为：

借：交易性金融资产——成本
　贷：其他应收款——应收认股新股占用款

(3) 收到退回的未中签款项时，其会计分录为：

借：结算备付金——自有
　贷：其他应收款——应收认购新股占用款

【例 8-8】 某证券公司通过网上认购甲公司发行的新股，证券交易所从该公司的账户中划出 1 000 000 元作为申购款，中签款项为 600 000 元。证券公司应编制会计分录如下：

(1) 划拨申购款时，其会计分录为：

借：其他应收款——应收认股新股占用款　1 000 000
　贷：结算备付金——自有　1 000 000

(2) 认购新股中签，与证券交易所阶段中签款项时，其会计分录为：

借：交易性金融资产——成本　600 000
　贷：其他应收款——应收认购新股占用款　600 000

(3) 收到退回时的未中签款项时，其会计分录为：

借：结算备付金——自有　400 000
　贷：其他应收款——应收认购新股占用款　400 000

(二) 网下认购新股的核算

(1) 公司通过网上认购新股时，其会计分录为：

借：其他应收款——应收认购新股占用款
　贷：银行存款

（2）认购新股中签时，按中签的股票的公允价值入账，其会计分录为：

借：应收金融资产——成本

贷：其他应收款——应收认购新股占用款

（3）收到退回的未中签款项时，其会计分录为：

借：银行存款

贷：其他应收款——应收认购新股占用款

第四节 证券承销业务的核算

一、证券承销业务核算概述

（一）证券承销业务概述

证券承销业务是指在发行证券过程中，证券公司接受证券发行人的委托，代理发行人发行证券的活动。证券公司在证券承销业务中只有一个中介业务。证券承销业务主要有全额包销、余额包销和代销三种。

全额承购包销业务是指证券公司与证券发行单位签订合同或协议，由证券公司按合同或协议确定的价格将证券从发行单位购进，并向发行单位支付全部款项，然后按一定价格在证券一级市场发售的一种代理发行方式。这种发行方式证券公司应承担全部发行风险，从中赚取买卖差价，发行公司不干预。

余额承购包销业务是指证券公司与证券发行单位签订合同或协议，由证券公司代理发行证券，在发行期内未售出的证券由证券公司按照合同确定的价格认购的一种代理发行方式。

代销业务是证券公司到代发行人发售的证券时，按委托方约定的价格同时确认一项资产和一项负债，代销的手续费收入，应于发行期结束后，与发行人结算发行价款时确认收入。

（二）会计科目设置

应设置“代理承销证券款”科目，该科目属于负债类科目，核算证券公司接受委托，采用承购包销方式或代销方式承销证券所形成的、应付证券发行人的承销资金。该科目属于负债类科目，其贷方登记在约定的期限内售出证券的约定承销价，借方登记发行期结束与委托单位清算的承销价，余额在贷方，反映公司承销证券应付未付给委托单位的款项。该科目应按照委托单位和证券种类设置明细账。

二、全额承购包销业务的核算

证券公司以全额包销的方式进行承销业务的，应在按承购价格购入待发售的证券时，确认为一项资产。证券公司将证券转售给投资者时，按发行的价格确认为证券发行收入，按已发行证券的承购价格结转代发行证券的成本。发行期结束后，如有未售出的证券，应按承购价格转为公司的自营证券或长期投资。

(1) 先将证券全部认购，并向发行单位支付全部证券款项，按承购价认购，确定为一项资产，其会计分录为：

借：交易性金融资产(或可供出售金融资产)

　贷：银行存款

(2) 按承销价将证券转售给投资者，承销价与承购价之间的差额确认为投资收益，其会计分录为：

借：银行存款或结算备付金——自有

　贷：交易性金融资产(或可供出售金融资产)

　　投资收益

(3) 发行期结束，将未售出的证券转为公司自营证券进行管理。

【例 8-9】 某证券公司与客户签订协议，采用全额承购包销的方式代为发行股票1 000万元，股票面值为1元，公司承购价为1.2元，并于收到股票时一次付清。公司收到股票时，将其划分为交易性金融资产，并委托上交所发行股票，自定对外发售价为1.6元，发行期为20天，发行期内共售出股票800万股。

(1) 全额承购股票时，其会计分录为：

	借方	贷方
借：交易性金融资产	12 000 000	
贷：银行存款		12 000 000

(2) 发行期内，按承销价将赠券转售给投资者时，其会计分录为：

	借方	贷方
借：结算备付金——自有	12 800 000	
贷：交易性金融资产		8 000 000
投资收益		4 800 000

将未售出的200万股票转为公司的自营证券进行管理和核算。

三、余额承购包销业务的核算

公司以余额包销方式进行承销业务的，应在收到代发行人发售的证券时，按委托方约定的发行价格同时确认为一项资产和一项负债，发行期结束后，如有未售出的证券，应按约定的发行价格转为公司的金融资产，代发行证券的手续费收入，应于发行期结束后，与发行人结算发行价款时确认收入。

(一) 承销无记名证券的账务处理

(1) 收到委托单位委托发行的证券时，应在备查簿中记录承销证券的情况，不必编制会计分录。

(2) 按约定的期限内售出证券时，按承销价格做会计分录为：

借：银行存款

　贷：代理承销证券款——××委托单位

(3) 承销期结束时如有未售出证券，要依据合同规定按照承销价格进行认购，将未售出的证券转为公司的金融资产管理，证券公司需要根据金融资产的性质及在本公司的用途，将

其归类为“交易性金融资产”“可供出售金融资产”等类型进行记账和管理，其会计分录为：

借：交易性金融资产或可供出售金融资产

　贷：代理承销证券款——××委托单位

(4) 承销期结束，将募集资金付给委托单位并收取手续费，其会计分录为：

借：代理承销证券款——××委托单位

　贷：银行存款

　　手续费及佣金收入——代理承销证券手续费收入

同时，冲销备查簿中登记的承销证券。

【例 8-10】 某证券公司与某公司签订合同采用余额承购包销方式代客户发行股票。公司交来股票 2 000 万股，每股面值 1 元。代发行手续费为 0.2%。发行期结束时尚有 100 万元未出售，公司将其转变为交易性金融资产处理。证券公司应编制会计分录如下。

(1) 承销证券时，其会计分录为：

借：银行存款　　19 000 000

　贷：代理承销证券款——某公司　　19 000 000

(2) 承销期结束后，尚未售出的 100 万元转作公司金融资产处理，其会计分录为：

借：交易性金融资产　　1 000 000

　贷：代理承销证券款——云海公司　　1 000 000

(3) 承销期结束后，将代发行证券交给客户，并从中扣取手续费，其会计分录为：

借：代理承销证券款——云海公司　　20 000 000

　贷：银行存款　　19 960 000

　　手续费及佣金收入——代理承销证券手续费收入　　40 000

(二) 承销记名证券的账务处理

(1) 证券公司通过证券交易所网上交易上网发行的，在上网发行日，按承销价格在备查簿中记录承销债券的情况。

(2) 证券公司与证券交易所交割清算时，按实际收到的金额做会计分录：

借：结算备付金——自有

　贷：代理承销证券款——××委托单位

(3) 承销期结束时如有未售出的证券，应由证券公司认购，其会计分录为：

借：交易性金融资产或可供出售金融资产

　贷：代理承销证券款——××委托单位

(4) 承销期结束后，将募集资金付给委托单位并收取手续费，其会计分录为：

借：代理承销证券款——××委托单位

　贷：银行存款

　　手续费及佣金收入——代理承销证券手续费收入

同时，冲销备查账簿中登记的承销证券。

四、代销业务的核算

证券公司如以代销方式进行承销业务，其会计处理与余额承购包销方式的处理基本相同，唯一不同的地方是，在代销方式中，证券公司只负责出售，如果发行结束后仍有未出售的证券，则将其退还给发行单位。

（一）网上代销的账务处理

(1) 通过证券交易所上网发行的，在证券上网发行日根据承销合同确认的证券发行总额，按承销价格，在备查账簿中记录承销证券的情况。

(2) 网上发行结束后，与证券交易所交割清算，按网上发行数量和发行价格计算的发行款项减去上网费用，做会计分录为：

借：结算备付金——自有

　　其他应收款——应收代垫委托单位上网费

　贷：代理承销证券款——××委托单位

(3) 将发行证券交给委托单位，并收取发行手续费和代垫上网费用时，其会计分录为：

借：代理承销证券款——××委托单位

　贷：其他应收款——应收代垫委托单位上网费

　　　结算备付金——自有

　　　手续费及佣金收入——代理承销证券手续费收入

同时，冲销备查账簿中登记的承销证券。

(4) 承销期结算如有未售出的证券，将未售出的代发行证券退还委托单位。

（二）柜台代销的账务处理

(1) 通过柜台代理发行证券，收到委托单位委托发行的证券，按约定的承销价格，在备查簿中记录承销证券的情况。

(2) 证券售出，按承销价格做如下会计分录：

借：银行存款

　贷：代理承销证券款——××委托单位

(3) 将发行证券款项交委托单位，并收取手续费，会计分录为：

借：代理承销证券款——××委托单位

　贷：银行存款

　　　手续费及佣金收入——代理承销证券手续费收入

(4) 发行期结束后，将未售出的代理承销证券退还委托单位。同时，冲销备查账簿中登记的承销证券。

第五节　融资融券业务的核算

一、融资融券业务核算概述

（一）融资融券业务

融资融券业务是指证券公司向客户出借资金供其买入证券或出具证券供其卖出证券

的业务，由融资融券业务产生的证券交易称为融资融券交易。融资融券交易分为融资交易和融券交易两类，客户向证券公司借资金买证券叫融资交易，客户向证券公司卖出为融券交易。融资交易就是投资者以资金或证券作为质押，向券商借入资金用于证券买卖，并在约定的期限内偿还借款本金和利息；融券交易是投资者以资金或证券作为质押，向券商借入证券卖出，在约定的期限内，买入相同数量和品种的证券归还券商并支付相应的融券费用。简而言之，融资是借钱买证券；而融券是借证券来卖，然后以证券归还，即卖空。

（二）会计科目设置

1.“融出资金”科目

该科目属于资产类科目，核算因融资融券业务向客户融出的资金。

2.“融出证券”科目

该科目属于资产类科目，核算因融资融券业务向客户融出的证券。融出证券下设“融出证券成本”和“融出证券公允价值变动”两个明细会计科目，核算出借证券的成本及公允价值变动情况。公司应于出借日在资产负债表内将出借的证券转入本科目，于归还日由本科目转回。出借证券在“融出证券”科目中的会计核算与可供出售金融资产中相关证券的会计核算保持一致。

3.“存出保证金——信用保证金”明细科目

该科目属于资产类科目，核算因办理融资融券业务而存出或交纳的各种保证金款项。

4.“代理买卖证券款——信用交易”明细科目

该科目属于负债类科目，核算公司开展融资融券业务接受客户委托存入信用担保资金等而形成的负债。客户卖出信用证券所得资金，在归还融资本金后的余款以及融券卖出所得资金也在本科目核算。

二、融资业务的核算

（一）融资买券的核算

(1) 证券公司将拟融出的自有资金转入融资专用资金账户，其会计分录为：

借：银行存款——自有信用资金

　贷：银行存款——自有资金

(2) 证券公司为开展融资融券业务而向上海和深圳登记结算公司交纳交易保证金，其会计分录为：

借：存出保证金——信用保证金

　贷：银行存款——客户信用资金存款

(3) 客户要办理融资融券业务，按要求要存入一定比例的担保资金，将担保资金划入(出)本人信用资金账户时，其会计分录为：

借(贷)：银行存款——客户信用资金

　贷(借)：代理买卖证券款——信用交易

如果客户将担保证券划入(出)本人信用证券账户，不作账务处理，在备查簿登记。

证券公司对于客户提交的担保证券应采用逐日盯市的原则进行每日评估，当担保证券的余额不足时，有权要求客户立刻补足担保品。

(4) 客户可以利用“客户信用资金账户”中的资金普通买入股票。

① 买入证券，资金交收时，其会计分录为：

借：代理买卖证券款——信用交易

　　手续费及佣金支出——融资融券代理买卖证券支出

　贷：结算备付金——信用备付金

　　　手续费及佣金收入——融资融券代理买卖证券收入

② 资金划拨时，其会计分录为：

借：结算备付金——信用备付金

　贷：银行存款——客户信用资金

卖出股票时做相反分录。

(5) 客户向证券公司申请融资买入证券。证券公司在与证券登记结算公司交收时，通过信用交易结算备付金账户为客户垫付资金。

① 证券公司向客户融资供其买入证券，其会计分录为：

借：融出资金

　贷：代理买卖证券款——信用交易

② 客户动用信用资金买入证券时，其会计分录为：

借：代理买卖证券款——信用交易

　　手续费及佣金支出——融资融券代理买卖证券支出

　贷：结算备付金——信用备付金

　　　手续费及佣金收入——融资融券代理买卖证券收入

③ 资金划拨时，其会计分录为：

借：结算备付金——信用备付金

　贷：银行存款——自有信用资金

(二) 卖券还款的核算

1. 客户卖券还款

客户信用证券账户证券卖出(包括证券公司根据合同约定对担保证券采取强制平仓)，卖出证券资金先归还证券公司融资款，余额转入客户信用资金账户。

(1) 客户卖出信用证券，资金交收时，其会计分录为：

借：结算备付金——信用备付金

　　手续费及佣金支出——融资融券代理买卖证券支出

　贷：代理买卖证券款——信用交易

　　　手续费及佣金收入——融资融券代理买卖证券收入

(2) 客户还款时。

① 扣减信用交易代理买卖证券款，归还融出资金时，其会计分录为：

借：代理买卖证券款——信用交易

　贷：融出资金

② 客户归还融资款,划拨资金时,其会计分录为:

借:银行存款——自有信用资金

银行存款——客户信用资金

贷:结算备付金——信用备付金

2. 客户用其信用资金存款还款

客户直接用其信用资金存款归还融资时,其会计分录为:

借:代理买卖证券款——信用交易

银行存款——自有信用资金

贷:融出资金

银行存款——客户信用资金

(三) 计收融资客户利息、罚息及其他费用

(1) 计提客户融资利息、罚息及其他费用时,其会计分录为:

借:应收利息——融资融券业务利息

其他应收款——应收融资融券客户款

贷:利息收入——融资利息收入

其他业务收入——融资业务收入

(2) 收取客户融资利息、罚息及其他费用。

① 公司收取客户融资利息、罚息及其他费用时,其会计分录为:

借:银行存款——自有信用资金

贷:应收利息——融资融券业务利息

其他应收款——应收融资融券客户款

② 客户划付融资利息、罚息及其他费用时,其会计分录为:

借:代理买卖证券款——信用交易

贷:银行存款——客户信用资金

(四) 客户融资买入证券的权益处理

1. 派发现金红利

(1) 收到资金时,其会计分录为:

借:结算备付金——信用备付金

贷:代理买卖证券款——信用交易

(2) 资金划转时,其会计分录为:

借:银行存款——客户信用资金

贷:结算备付金——信用备付金

2. 客户配股

(1) 用客户信用资金配股,比照客户普通买入证券账务处理。

(2) 客户向公司融资配股,比照客户融资买入证券账务处理。

(五) 强制平仓的核算

对未按期缴纳保证金或者合约终止后经强制平仓,仍未收到资金时,其会计分录为:

借：其他应收款——应收客户融资融券款
　贷：融出资金
　　应收利息——融资融券业务利息

（六）计提坏账准备的核算

期末，计提融资业务坏账准备时，其会计分录为：

借：资产减值损失——坏账准备——融资融券
　贷：坏账准备——融资融券坏账准备

【例 8-11】 2018 年 4 月 1 日甲证券公司融出资金 100 万元，A 客户融入资金 100 万元，年利率为 8%，A 客户向甲证券公司支付 50%的保证金 50 万元。

1. 客户办理融资业务

（1）客户存入资金甲证券公司收取客户 50%的保证金的会计分录为：

借：银行存款——客户信用资金　　500 000
　贷：代理买卖证券款——信用交易　　500 000

（2）2018 年 4 月 1 日甲证券公司融出资金（形成一项资产）会计分录为：

借：融出资金　　1 000 000
　贷：代理买卖证券款——信用交易　　1 000 000

（3）资金划拨时，其会计分录为：

借：结算备付金——信用备付金　　1 000 000
　贷：银行存款——自有信用资金　　1 000 000

（4）客户动用信用资金买入证券。A 客户通过交易所撮合交易以 5 元/股的价格购买了 A 股 20 万股，假设佣金率为 1‰，手续费及佣金支出综合费率 0.2‰，会计分录为：

借：代理买卖证券款——信用交易　　1 001 000
　贷：结算备付金——信用备付金　　1 001 000
借：手续费及佣金支出——代理买卖证券支出　　200
　贷：结算备付金　　200
借：结算备付金　　1 000
　贷：手续费及佣金收入——代理买卖证券收入　　1 000

2. 客户卖券还款的账务处理

（1）2018 年 10 月 31 日，A 客户通过交易所撮合交易以 10 元/股的价格卖出 A 公司股票 10 万股，假设佣金率为 1‰，手续费及佣金支出综合费率 0.2‰，会计分录为：

借：结算备付金——信用备付金　　999 000
　贷：代理买卖证券款——信用交易　　999 000
借：手续费及佣金支出——融资融券代理支出　　200
　贷：结算备付金　　200
借：结算备付金　　1 000
　贷：手续费及佣金收入——融资融券代理收入　　1 000

(2) 同日,A客户归还2018年4月1日融入资金100万元。

① 扣减信用交易代理买卖证券款,归还融出资金,其会计分录为:

借:代理买卖证券款——信用交易　　1 000 000

　贷:融出资金　　1 000 000

② 资金划拨,客户还融资款,其会计分录为:

借:银行存款——自有信用资金　　1 000 000

　贷:结算备付金——信用备付金　　1 000 000

三、融券业务的核算

(一) 融券卖出的核算

1. 客户将担保资金划入(出)信用保证金业务

与融资业务相关会计分录一致。

2. 客户向公司申请借入证券以卖出

(1) 客户卖出融入证券时,其会计分录为:

借:融出证券——融出证券成本

借(或贷):融出证券——融出证券公允价值变动

　贷:可供出售金融资产——成本

　贷(或借):可供出售金融资产——公允价值变动

(2) 卖出证券资金交收时,其会计分录为:

借:结算备付金——信用备付金

　　手续费及佣金支出——融资融券代理买卖证券支出

　贷:代理买卖证券款——信用交易

　　　手续费及佣金收入——融资融券代理买卖证券收入

(3) 资金划拨时,其会计分录为:

借:银行存款——客户信用资金

　贷:结算备付金——信用备付金

(二) 客户还券的核算

1. 客户直接还券

客户直接还券时,其会计分录为:

借:可供出售金融资产——成本

借(或贷):可供出售金融资产——公允价值变动

　贷:融出证券——融出证券成本

　贷(或借):融出证券——融出证券公允价值变动

2. 客户买券还券

(1) 资金划拨时,其会计分录为:

借:结算备付金——信用备付金

　贷:银行存款——客户信用资金

(2) 资金交收时,其会计分录为:

借: 代理买卖证券款——信用交易

手续费及佣金支出——融资融券代理买卖证券支出

贷: 结算备付金——信用备付金

手续费及佣金收入——融资融券代理买卖证券收入

(3) 客户还券时,其会计分录为:

借: 可供出售金融资产——成本

借(或贷): 可供出售金融资产——公允价值变动

贷: 融出证券——融出证券成本

贷(或借): 融出证券——融出证券公允价值变动

期间计收融券利息及其他费用,比照融资业务账务处理。

(三) 融券期间的权益处理

客户融入证券后,归还证券前,证券发行人分配投资收益、向证券持有人配售或无偿派发证券、发行证券持有人有优先认购权的证券的,公司应当按照融资融券合同的约定,在权益发生或者客户以约定的形式对公司就上述权益进行补偿时,参照日常类似的交易进行会计处理。

1. 融出证券派发现金红利

一般情况下,证券公司应根据合同约定,于分红除权日确认融出证券的投资收益(证券发行人以证券形式分派投资收益的,公司应于分红除权日更新融出证券的数量及单位成本)。

(1) 确认投资收益时,其会计分录为:

借: 应收股利

贷: 投资收益

(2) 归还证券现金红利。客户以信用资金归还融出证券的现金红利时,其会计分录为:

借: 代理买卖证券款——信用交易

贷: 银行存款——客户信用资金

借: 银行存款——自有信用资金

贷: 应收股利

2. 融出证券发生配股

融出证券发生配股,根据合同约定公司按配股价出资,客户归还可配股份。

(1) 公司出资配股时,其会计分录为:

借: 融出证券——融出证券成本

贷: 银行存款——自有资金存款

(2) 客户收取配股款时,其会计分录为:

借: 银行存款——客户信用资金存款

贷: 代理买卖证券款——信用交易

如根据合同约定,公司放弃配股权益的,则不作任何会计处理。

（四）期末价格变化的处理

(1) 期末确认融出证券价格变动时，其会计分录为：

借(或贷)：融出证券——融出证券公允价值变动

贷(或借)：资本公积——其他资本公积

(2) 期末计提融出证券减值损失时，其会计分录为：

借：资产减值损失——融出证券

贷：融出证券——融出证券公允价值变动

贷：资本公积——其他资本公积

(3) 期末计提融券业务坏账准备，比照融资业务相关会计分录。

（五）强制平仓的核算

对未按期缴纳保证金或者合约终止后经强制平仓，仍未收到资金时，其会计分录为：

借：其他应收款——应收客户融资融券款

贷：融出证券——融出证券成本

贷(或借)：融出证券——融出证券公允价值变动

应收利息——融资融券业务利息

【例 8-12】 2010 年 4 月 1 日，甲证券公司将自营账户的证券 100 亿元(其中成本 90 亿元，公允价值变动 10 亿元)划转到融券专用证券账户上，当天客户 B 办理融券业务并卖出融入证券某公司股票 10 万股，每股 10 元，计 100 万元，年利率为 8%，期限：6 个月，首期交割日：2010-4-1，到期交割日：2010-10-31，假设佣金率为 1‰，手续费及佣金支出综合费率 0.2‱。

1. 客户融券

(1) 证券公司自营账户的证券划转到融券专用证券账户上，其会计分录为：

借：可供出售金融资产——融券专用证券(成本)　　9 000 000 000

贷：可供出售金融资产——成本　　9 000 000 000

借：可供出售金融资产——融券专用证券(公允价值变动)

1 000 000 000

贷：可供出售金融资产——公允价值变动　　1 000 000 000

(2) 证券公司融券转账时，其会计分录为：

借：融出证券——成本　　900 000

融出证券——公允价值变动　　100 000

贷：可供出售金融资产——融券专用证券(成本)　　900 000

可供出售金融资产——融券专用证券(公允价值变动)　　100 000

(3) 融券卖出，其会计分录为：

借：结算备付金——信用备付金　　999 000

贷：代理买卖证券款——信用交易　　999 000

借：手续费及佣金支出——代理买卖证券支出　　200

贷：结算备付金——自有　　200

借：结算备付金——自有　1 000
　贷：手续费及佣金收入——代理买卖证券收入　1 000

(4) 客户存入资金，甲证券公司收取客户50%的保证金的会计分录为：

借：银行存款——客户信用资金　500 000
　贷：代理买卖证券款——信用交易　500 000

2. 客户还券

(1) 2010年10月31日，客户B购买A公司股票10万股，每股9.5元，用于归还融入证券，会计分录为：

借：代理买卖证券款——信用交易　950 950
　贷：结算备付金——信用备付金　950 950
借：手续费及佣金支出——融资融券代理买卖证券支出　190
　贷：结算备付金——自有　190
借：结算备付金——自有　950
　贷：手续费及佣金收入——融资融券代理买卖证券收入　950

(2) 2010年10月31日，客户B归还A公司股票10万股，每股9.5元，会计分录为：

借：可供出售金融资产——融券专用证券(成本)　900 000
借(或贷)：可供出售金融资产——融券专用证券(公允价值变动)　50 000
　贷：融出证券——成本　900 000
　贷(或借)：融出证券——公允价值变动　50 000

(3) 证券转账，其会计分录为：

借：可供出售金融资产——成本　900 000
借(或贷)：可供出售金融资产——公允价值变动　50 000
　贷：可供出售金融资产——融券专用证券(成本)　900 000
　贷(或借)：可供出售金融资产——融券专用证券(公允价值变动)　50 000

关键术语

证券　证券市场　证券公司　自营证券业务　经纪业务　承销业务　融资融券　交易性金融资产　持有至到期投资　可供出售金融资产

思考题

1. 如何理解有价证券的概念及基本特征？
2. 综合类证券公司的主要业务有哪些？
3. 自营证券业务如何核算？证券公司自营证券期末如何计价？
4. 代理买卖证券如何核算？
5. 简述证券承销业务中全额包销、余额包销和代销三种方式的概念及各自的核算处理。

第九章　保险公司会计核算

学习内容与目标

本章介绍保险业务概述、财产保险业务的核算、人身保险业务的核算和再保险业务的核算，通过本章学习了解保险业务的种类，保险业务核算的特点；掌握保险业务的种类，再保险业务的核算；熟练掌握财产保险业务的核算、人身保险业务的核算。

第一节　保险业务概述

一、保险与保险公司

保险是投保人依据合同约定，向保险人支付保险费，保险人对合同约定的可能发生的事故因其发生所造成的财产损失承担赔偿保险金责任，或者当被保险人死亡、伤残、疾病或者达到合同约定的年龄、期限时承担给付保险金责任的商业行为，其实质是由全部投保人分摊部分投保人的经济损失。

保险公司是指专门从事风险管理并为保险客户提供风险保障服务的企业，它通过向投保人收取保费来建立保险基金，履行其根据保险合同与保险客户约定的赔款或给付的责任。

二、财产保险业务

财产保险是指以财产(包括建筑物、货物、运输工具、农作物等有形财产)或其他有关利益(运费、预期利益、权益、责任、信用等无形财产)为标的的各种保险。主要有以下十种。

1. 普通财产保险

普通财产保险是以物质财产及其有关利益为保险标的，以火灾及其他自然灾害、意外事故为保险责任的保险。火灾是财产面临的最基本和最主要的风险。

2. 运输工具保险

运输工具保险是承保运输工具因遭受自然灾害和意外事故造成的运输工具本身的

损失及第三者责任。包括机动车辆保险(包括车辆损失险和第三者责任险)、飞机保险、船舶保险等。

3. 货物运输保险

货物运输保险是承保货物运输过程中因自然灾害和意外事故引起的财产物资损失。主要有海洋货物运输保险、路上货物运输保险、航空货物运输保险等。

4. 农业保险

农业保险是承保农业生产过程中因自然灾害和意外事故所致的损失。主要有种植业保险、养殖业保险等。

5. 工程保险

工程保险是对建筑工程、安装工程及各种机器设备因自然灾害和意外事故造成物质财产损失和第三者责任进行赔偿的保险,包括建筑工程一切险、安装工程一切险、机器损坏险和船舶建造险等。

6. 责任保险

责任保险是以被保险人的民事损害赔偿责任或经过特别约定的合同责任为保险标的的保险,它承保被保险人由于疏忽、过失等行为造成他人的人身伤亡或财产损毁,依法或依合同应承担的经济赔偿责任。主要有公共责任险、产品责任险、职业责任险、雇主责任险。

7. 特殊风险保险

特殊风险保险是指以高新技术开发与应用过程中可能产生的高风险作为保险责任而开放的一类新险种。主要有航天保险、核电站保险和海洋石油开发保险等。

8. 信用保险

信用保险是投保人和被保险人作为权利人为了维护自己的利益,避免因债务人违约而受损,而以债务人的信用为保险标的向保险公司投保。我国开办的信用保险种类有出口信用保险、投资保险等。

9. 意外伤害保险

意外伤害保险是指保险期限在 1 年或 1 年以下的以被保险人的身体作为保险标的的保险。它是以被保险人遭受意外伤害造成残疾、死亡为给付保险金条件的非寿险业务。

10. 短期健康保险

短期健康保险是指保险期限在 1 年或 1 年以下的以被保险人的疾病、分娩所致残疾或死亡为保险标的的保险。

三、人身保险业务

人身保险是以人的生命和身体为保险标的,以被保险人的生、死、残废为保险事故的保险。主要有以下三种。

1. 人寿保险

人寿保险是指以被保险人在某一期间内生存或死亡为保险事故,给付约定保险金的保险,包括生存保险、死亡保险、两全保险、年金保险等。

2. 健康保险

健康保险是指补偿被保险人因疾病或身体残疾所致使的损失的保险。它分为短期健康险和长期健康险,划分的标准以 1 年为界。

3. 意外伤害险

意外伤害险是指被保险人是因意外事故(外来的、偶然的、急剧的、非本意的)导致死亡或伤残时,保险人依照合同约定给付保险金。

四、再保险业务

再保险也称分保,是保险人在原保险合同的基础上,通过签订分保合同,将其所承担的部分风险和责任向其他保险人进行保险的行为。原保险人通常通过签订再保险合同,支付规定的分保费,将其承担的风险和责任的一部分转嫁给一家或多家保险或再保险公司,以分散责任风险。

再保险按照责任限额计算基础不同,可以分为比例再保险和非比例再保险。比例再保险又可分为成数分保和溢额分保。非比例再保险又可分为超额赔款再保险和超额赔付率再保险。再保险按照安排方式分为临时再保险、合同再保险和预约再保险。

1. 临时再保险

临时再保险是分出公司根据业务需要将有关风险或责任临时与分入公司协商签订合同的再保险安排。对于临时再保险业务,分出和分入公司均有自由选择权。

2. 合同再保险

合同再保险是分出公司就某类业务与分入公司预先签订合同,分出公司按照合同的约定将有关风险或责任转让给分入公司的再保险安排。合同一经签订,双方就不再有自由选择的权利。合同再保险是在保险市场上最主要的安排方式。

3. 预约再保险

预约再保险是介于合同和临时再保险业务之间的一种安排方式。预约再保险对于分出公司具有临时再保险性质,对分入公司则具有合同再保险性质,一般适用于特定地区的特定风险或巨额累积责任。

第二节　财产保险业务的核算

一、财产保险业务核算概述

(一) 财产保险业务核算内容

财产保险业务核算的内容主要有保费收入、赔款支付和财产保险准备金的核算。保费收入核算包括保费的计算、保费收入的确认和保费收入的账务处理等;赔款支出核算包括赔款的计算和账务处理等；财产保险准备金核算包括准备金的计算和账务处理等。

保费收入是保险公司的主要收入项目，是保险公司销售保险产品取得的收入。保险公司依靠其收取的保费收入建立有关保险责任准备金，从而实现对被保险人因保险事故所受损失的经济补偿。缴付保费是投保人的基本义务，只有投保人按约缴付保费，保险公司才能承担保险合同所订明的保险责任。

保险赔款支出是指短期保险业务（包括财产保险业务、意外伤害险业务和短期健康险业务），因保险标的发生了保险责任范围内的保险事故后，保险人根据合同规定向被保险人支付的赔款、给付，以及在理赔过程中发生的律师费、诉讼费、损失检验费、相关理赔人员的薪酬等理赔费用。在实际发生理赔费用的当期，按实际发生的理赔费用金额计入当期损益。

财产保险准备金是保险公司未履行其承担的保险责任或者备付未来的赔款，从所收取的保险费中提存的资金准备，是一种资金的积累。可以保证保险人有足够的资金来履行自己的保险责任。财险公司提存的准备金包括未到期责任准备金和未决赔款准备金。

（二）会计科目设置

1. “保费收入”科目

该科目属于损益类科目，核算保险公司直接承保业务所取得的收入。保险业务以储金利息为保费收入的，也在本科目核算。该科目应按险种进行明细核算，也可根据需要增设“收保费”“退保费”两个二级科目。企业确认的保费收入，借记“应收账款”“预收账款”“银行存款”“库存现金”“利息支出”“投资收益”等科目，贷记本科目。期末，应将本科目余额转入“本年利润”科目，结转后本科目无余额。保费收入应在利润表中单独列示，此外，还需单独列示退保费和已赚保费。

2. “应收保费”科目

该科目属于资产类科目，核算保险公司应向投资人收取但尚未收到的保险费，其借方登记公司当期发生的应收保费及已经确认坏账并转销的以前年应收保费当期又收回的金额，贷方登记收回的应收保费及确认为坏账而冲销的应收保费，期末借方余额表明公司有尚未收回的保费。本科目应按照险种、投保人进行明细核算。也可根据需要增设“即期”和“逾期”两个二级科目。

3. “预收保费”科目

该科目属于负债类科目，核算公司在保险合同成立并开始承担保险责任前向投保人预收的保险费，其贷方登记预收的保费，借方登记保险责任生效保费收入实现后转出的保费收入金额。期末余额一般在贷方，反映公司预收的保费。该科目应按投保人设置明细。

4. “保户储金”科目

该科目属于负债类的科目，核算公司以储金利息作为投保费的保险业务，收到投保人缴存的应返还的储金本金。其贷方登记收到的投保人的储金，贷方则核算保户储金的返还，期末余额一般在贷方，反映保户缴存的尚未返还的储金。该科目应按储金类型、投保人及险种设置明细。

二、财产保险保费收入的核算

(一) 保费收入的核算

财险业务保费收入的核算主要包括保费的计算、保费收入的确认和保费收入的账务处理等内容。

保费收入确认条件包括：① 原保险合同成立并承担相应保险责任；② 与原保险合同相关的经济利益能够流入；③ 与原保险合同相关的收入能够可靠地计量。而确认时间是签单日与承担保险责任日一致时，于签单时确认保费收入；否则，于承担保险责任时确认保费收入。

1. 签发保单时保费一次付清的核算

保费收入一般是指入账保费，是指在会计核算上已记录为本期的保费收入。入账保费是保险公司在一定时期内签发的保险单已经收到或尚未收到的保费总额。签发保险单时，直接交纳保费时，其会计分录为：

借：银行存款——活期户

　贷：保费收入——财产基本险

2. 预收保费核算

当保险客户提前缴费或缴纳保费在前、承担保险责任在后时，保险公司应将收取的保费作为预收保费入账，到期再转入保费收入。会计部门根据业务部门交来的财产险保费日报表和保费收据存根，以及银行收账通知进行账务处理。

(1) 向投保人预收保费时，会计分录为：

借：银行存款

　贷：预收保费——某企业

(2) 保费收入实现时，会计分录为：

借：预收保费——某企业

　贷：保费收入——货运险

3. 分期交费的保费核算

对于一些大保户或保额高的保户，经保险公司同意，可以分期交纳保费。保险单一经签单，则全部保费均应作为保费收入，未收款的部分则作为“应收保费”递延，待下期收款时再冲销。经确认为坏账的应收保费，则通过冲销“坏账准备”予以处理。收回已确认坏账并转销的应收保费时，再转回坏账准备和应收保费。

(1) 首期收款并发生应收保费时，其会计分录为：

借：银行存款——活期户

　　应收保费——某企业

　贷：保费收入

(2) 以后每期收到应收保费时，其会计分录为：

借：银行存款——活期户

　贷：应收保费——某企业

(3) 最后一期应收保费未收到已有三年以上，经确认为坏账，则应按批准的坏账转销凭证冲销坏账准备时，其会计分录为：

借：坏账准备

　贷：应收保费——某企业

(4) 上述已转销的应收保费以后又收回时，其会计分录为：

借：应收保费——某企业

　贷：坏账准备

借：银行存款——活期户

　贷：应收保费——某企业

【例 9-1】 某企业投保财产综合险，与某财产保险公司签订保险单，双方约定保费100 000 元分期付款。首期通过银行贷记凭证收款通知已收到 50 000 元，其余保费分 5 期每期 10 000 元收取。应编制会计分录如下。

(1) 首期收款并发生应收保费时，其会计分录为：

	借方	贷方
借：银行存款——活期户	50 000	
应收保费——某企业	50 000	
贷：保费收入		100 000

(2) 以后每期收到应收保费，其会计分录为：

	借方	贷方
借：银行存款——活期户	10 000	
贷：应收保费——某企业		10 000

(3) 最后一期应收保费未收到已有三年以上，经确认为坏账，则应按批准的坏账转销凭证冲销坏账准备，其会计分录为：

	借方	贷方
借：坏账准备	1 000	
贷：应收保费——某企业		1 000

(4) 上述已转销的应收保费以后又收回时，其会计分录为：

	借方	贷方
借：应收保费——某企业	1 000	
贷：坏账准备		1 000
借：银行存款——活期户	1 000	
贷：应收保费——某企业		1 000

4. 保户储金收益转作保费收入核算

这种保费收入形式是财产保险业务中的两全保险(家财两全险)，具有保险和储蓄双重性质，保险期满，如果没有发生保险事故，投保人到保险公司领回投保时所缴纳的全部保险储金的本金。两全保险将所收取的保费作为储金，并将储金作为定期存款存入银行或用于购买债券，将其所滋生的利息或投资收益作为保费收入。

投保人在投保时，按保险金额与保险公司规定的储金比例一次交存保险储金，保险公司将该保险储金作为定期存款存入银行或进行债券投资，按保户储金额及预定利率计算利息或投资收益作为保费收入。及每期期末，保险公司根据保户储金的平均月乘以预定利率计算当期保费收入。

【例 9-2】 某财产保险公司会计部门收到业务部门交来三年期家财两全险保户储

金日结汇总表、储金收据及银行储金专户收账通知计 2 000 000 元，预订年利率为 2.25%，不计复利，3 年后一次还本付息。应编制会计分录如下。

收到保户储金存入银行专户时，其会计分录为：

借：银行存款——储金专户　　2 000 000
　贷：保户储金——家财两全险　　2 000 000

按预定年利率计算保户储金每年应计利息 45 000 元，转作保费收入，其会计分录为：

借：应收利息　　45 000
　贷：保费收入——家财两全险　　45 000

第三年，家庭财产两全保险的保单到期，3 年期专户存储的定期存单转为活期存款，并将银行存款归还保户储金，其会计分录为：

借：银行存款——活期户　　2 135 000
　贷：银行存款——储金专户　　2 000 000
　　应收利息　　90 000
　　保费收入——家财两全险　　45 000
借：保户储金——家财两全险　　2 000 000
　贷：银行存款——活期户　　2 000 000

5. 中途加保核算

保险合同成立并开始承担保险责任后，在保单有效期内，保险事项若有变化，比如保险标的升值、财产重估等原因，所以保户在中途会要求加保。中途加保的保费收入核算与投保时保费收入的账务处理相同。

借：银行存款——活期户
　贷：保费收入——财产综合险

6. 中途退保核算

中途退保或者部分退保，应按已保期限与剩余期限的比例计算退保费，退保费直接冲减保费收入。退保是保户必须将保费收据、保险单正本退回，尚结欠的应收保费则直接从退保费中扣除，其会计分录为：

借：保费收入——财产基本险
　贷：银行存款——活期户

三、财产保险赔款支出核算

（一）会计科目设置

1. “赔付支出”科目

该科目属于损益类科目，核算保险公司财产保险、意外伤害险、1 年期以内（含 1 年）的健康保险业务按保险合同约定支付的赔付款项和实际发生的理赔勘查费用。企业也可以分别设置“赔款支出”“分保赔付支出”科目，分别核算支付的赔款支出、分保赔付支出。本科目应按险种和原保险合同设置明细账。

保险公司在确定支付赔付款项金额或实际发生理赔费用的当期，借记“赔付支出”科目，贷记“库存现金”“银行存款”等科目。承担赔付保险金责任应当确认的代为追偿款，借“应收代为追偿款”科目，贷记本科目。收到应收代位追偿款时，应按实际收到的金额，借记“库存现金”“银行存款”等科目，原已计提还账准备的，借记“坏账准备”科目，按应收代位追偿款的账面余额，贷记“应收代位追偿款”科目，按其差额，借记或贷记本科目。

承担赔偿保险金责任取得的损余物资，应按同类或类似资产的市场价格计算确定的金额，借记“损余物资”，贷记本科目。处置损余物资，应按实际收到的金额，借记“库存现金”“银行存款”等科目，按损余物资的账面余额，贷记“损余物资”科目，按其差额，借记或贷记本科目。再保险接受人收到分保业务账单的当期，应按账单标明的分保赔付款项金额，借记本科目，贷记“应付分保账款”科目。

期末将本科目的余额转入“本年利润”科目，结转后本科目无余额。赔付支出需在利润表上单独披露。

2. “应付赔付款”科目

该科目属于负债类科目，核算保险公司应付未付的保险赔款，可以按照债权人进行明细核算。公司确认赔付但尚未付款时，借记“赔付支出”科目，贷记本科目。实际付款时，借记本科目，贷记“银行存款”。

3. “预付赔款”科目

该科目属于资产类科目，核算保险公司在没有确定赔款金额的情况下预先支付给投保人的保险金在没有确定赔款金额的情况下预先支付给投保人的保险金，本科目应按受益人进行明细核算。企业预付的赔款，借记本科目，贷记“银行存款”等科目，转销预付的赔款时，借记“赔付支出”“应付分保账款”等科目，贷记本科目。

4. “应收代为追偿款”科目

该科目属于资产类科目，核算企业(保险)按照财产保险原保险合同约定承担赔付保险金责任确认的应收代位追偿款。其借方登记应收的代位追偿款；贷方登记收回的代位追偿款；期末余额在借方，反映公司尚未收回的代位追偿款。本科目按照被追偿单位(或个人)设置明细账。保险人承担赔付保险金额责任应收取的代位追偿款，冲减当期赔付成本。

5. “损余物资”科目

该科目属于资产类科目，核算公司按照原保险合同约定承担赔偿保险金责任后取得的损余物资成本。其借方登记公司承担赔偿保险金责任后取得的损余物资成本；贷方登记处置损余物资时转出的账面余额；期末余额在借方，反映公司承担赔偿保险金责任后取得的损余物资成本。本科目按照损余物资种类设置明细账。损余物资发生减值的，在本科目设置“跌价准备”明细科目进行核算，也可以单独设置“损余物资跌价准备”科目进行核算。

(二) 赔款支出核算

1. 结案赔款支出的核算

根据保险合同约定给被保险人或受益人的赔款，应在实际支付赔款时确认收入，直接记入相关险种的成本。当时结案的赔款支出时，其会计分录为：

借：赔款支出

  贷：库存现金或银行存款

2. 预付赔款的核算

有些保险理赔的理赔过程旷日持久，由于种种原因不能当时或短时间内核实损失确定赔款金额。为使被保险人能及时恢复生产或生活秩序，保险公司可按估赔的一定比例，先预付一部分赔款，待核实结案时再一次结清。一般说来，预付赔款金额不是超过估损金额的50%，而且不能跨年度使用，结案率至少在85%以上。

(1) 支付预付款项时，其会计分录为：

借：预付赔付款——×险种

  贷：库存现金或银行存款

(2) 结案确定赔款支出时，其会计分录为：

借：赔款支出

  贷：预付赔付款——××险种

    库存现金或银行存款

【例9-3】 某工厂厂房失火，造成重大损失，一时不能结案，但是为了使工厂尽快恢复生产，保险公司按预计损失的50%，以支票预付赔款800 000元，应编制会计分录如下：

借：预付赔款——企业财产险　　800 000

  贷：银行存款　　800 000

3个月后，保险公司调查核实确定该厂损失为2 000 000元，于是开出支票1 200 000元结清此案。会计分录为：

借：赔付支出——赔款支出

    ——企业财产险　　2 000 000

  贷：预付赔款——企业财产险　　800 000

    银行存款　　1 200 000

3. 理赔勘查费的核算

理赔勘查费包括直接理赔勘查费和间接理赔勘查费，直接理赔勘查费是保险事故勘查理赔过程中发生的能准确分清到赔案的相关费用，包括专家、律师费、诉讼费、损失检验费、公估费和举报人奖励以及其他直接费用；间接理赔勘查费是指保险事故勘查理赔过程中发生的与保险事故勘查定损直接有关但不能准确分清到赔案的相关费用，包括车辆使用费、差旅费、调查取证费以及其他理赔人员薪酬等其他相关费用，按当期赔案件数或其他合理的方法，分摊记入相关险种的赔款支出。在理赔过程中发生的直接和间接的理赔勘查费用，按实际发生额，直接记入赔款支出，其会计分录为：

借：赔付支出——赔款支出——企业财产险

  贷：银行存款

4. 损余物资的核算

保险财产遭受保险事故后，损余物资一般应合理作价归被保险人，并在赔款中予以扣除，如果被保险人不愿接受，保险公司可按全额赔付，损余物资归保险公司处理，处理损余物资的收入冲减赔款支出。损余物资在没有处理之前，要妥善保管并设"损余物资登记簿"，登记损余物资的数量和金额。

(1) 结案赔付，处理损余物资的收入冲减赔款支出时，其会计分录为：

借：损余物资

　贷：赔付支出

(2) 处置损余物资时，其会计分录为：

借：银行存款

　　赔付支出

　贷：损余物资

【例9-4】 华太保险公司承保某公司仓库的存货，由于意外失火造成重大损失，存货的80%损毁，金额为60 000元，华太保险公司决定全额理赔40 000元。华太公司按照上述理赔方案结案，同时收回存货20 000元，归华太公司所有，则华太保险公司在确定赔付支出时应该将20 000元的损余物资价值冲减成本。假设20日后保险公司以18 000元的价格将损余物资卖出，则与原先确认价值相差的2 000元应该于处置日调增赔付支出(准备金核算略)。华太保险公司应编制如下会计分录。

(1) 财险公司支付赔款60 000元，其会计分录为：

	借方	贷方
借：赔付支出	60 000	
贷：银行存款		60 000

(2) 结案赔付，并收回损余物资存货20 000元，其会计分录为：

	借方	贷方
借：损余物资	2 000	
贷：赔付支出		2 000

(3) 处置损余物资，其会计分录为：

	借方	贷方
借：银行存款	18 000	
赔付支出	2 000	
贷：损余物资		20 000

5. 代位追偿款的核算

代位追偿款是针对某些保险事故的发生是由第三者造成的情况下，保险公司实现按照保险合同约定向投保人支付赔款。与此同时从投保人处取得对标的价款进行追偿的权利，由此追回的价款，归保险公司所有。

保险人承担赔付保险金责任应收取的代位追偿款冲减当期赔付支出。收到应收代位追偿款时，保险人应当按照收到的金额与相关应收代位追偿款账面价值的差额，调整当期赔付支出。

(1) 确认代位追偿款时，其会计分录为：

借：应收代位追偿款

　贷：赔付支出

(2) 收到代位追偿款时，其会计分录为：

借：银行存款

　　赔付支出

　贷：应收代位追偿款

【例 9-5】 2017 年 8 月，胡某驾车时由于过失而与在其前面行驶的大地公司货运汽车发生追尾事故，造成该公司的货车及载运货物受到重大损失，估计金额为 80 000 元。该货运公司已将其财产投保，保险人在调查定损后，决定全额理赔，并给付了 80 000 元的保险金。但此事故是胡某的过失引起的，因此，保险人在给付保险金后就自动获得了向胡某代位追偿的权利。假设保险人预计从胡某处可以获得 45 000 元的补偿款，则其应该将 45 000 元作为代位追偿款，冲减当期的赔付支出。实际上保险人承担的保险金只有 35 000 元，而在追偿过程中，双方经协商以胡某向保险人支付 30 000 元结案，则保险人将少收的差额 15 000 元调增赔付支出，计入当期损益。该保险公司应编制如下会计分录。

(1) 保险公司支付赔款 80 000 元，其会计分录为：

借：赔付支出	80 000	
贷：银行存款		80 000

(2) 结案赔付，确认应收代位追偿款 45 000 元，其会计分录为：

借：应收代位追偿款	45 000	
贷：赔付支出		45 000

(3) 收到代位追偿款

借：银行存款	30 000	
赔付支出	15 000	
贷：应收代位追偿款		45 000

在保险理赔过程中，一经发生错赔或骗赔案件要认真查处并追回赔款。对于追回的赔款要冲减相应的赔付支出。

四、财产保险公司责任准备金核算

(一) 未到期责任准备金的核算

未到期责任准备金是指保险公司为承担 1 年期内(含 1 年)保险业务的未来保险责任，从本期尚未到期的保费提取的、以备下年度发生赔款的准备金。

1. 会计科目设置

(1) "未到期责任准备金"科目。该科目属于负债类科目，核算公司为承担 1 年期以内(含 1 年)保险业务的未来保险责任而提存的准备金，属于负债类科目，其贷方登记提存的未到期责任准备金，借方登记转回的未到期责任准备金，余额在贷方，反映公司本期提存尚未转回的未到期责任准备金。本科目应按险种设置明细账，并应在报表中单列项目反映。

(2) "转回未到期责任准备金"科目。该科目属于损益类科目，核算保险公司转回上年同期提存的未到期责任准备金。贷方登记转回上年同期提存的准备金数额，借方登记结转"本年利润"科目的数额，期末结转后，本科目无余额。本科目应按险种设置明细核算。

(3) "提取未到期责任准备金"科目。该科目属于损益类科目，是核算公司按照规定提存的未到期责任准备金。公司提存的分出分保业务的未到期责任准备金也在本科目核算。其借方登记提存的未到期责任准备金数额，贷方登记提存的分包未到期责任准备金和期末结转"本年利润"科目的数额，结转后本科目没有余额。本科目应该按照险种设置明细核算，并在利润表中单独核算。

2. 会计核算

由于保险合同的年度和会计年度通常是不一致的，因此在会计核算期末时，不能把所收取的保险费全部当作保费收入处理，对于保险责任尚未届满，应属于下年度的部分保险费，必须以准备金的形式提存出来。

(1) 未到期责任准备金的计提。保险公司应当在确认非寿险收入的当期，按照保险精算确定的金额，提取未到期责任准备金，作为当期保费收入的调整，并确认未到期责任准备金负债，其会计分录为：

借：提取未到期责任准备金

　贷：未到期责任准备金

(2) 资产负债表日的处理。保险公司应当在资产负债表日，按照保险精算重新计算确定的未到期责任准备金金额与已确认的未到期责任准备金余额的差额，调整未到期责任准备金余额，其会计分录为：

借：未到期责任准备金

　贷：提取未到期责任准备金

(3) 未到期责任准备金的转销。原保险合同提前解除的，保险公司应当转销相关未到期责任准备金余额，计入当期损益，其会计分录为：

借：未到期责任准备金

　贷：提取未到期责任准备金

(4) 提取未到期责任准备金的期末结转。期末，应将"提取未到期责任准备金"科目的余额结转"本年利润"科目，其会计分录为：

借：本年利润

　贷：提取未到期责任准备金

【例 9-6】 2018 年 3 月 19 日，甲财产保险公司与 A 工厂签订一份财产基本险合同，根据精算部门的计算结果，该保险单 3 月末应提取的未到期责任准备金为 483 500 元；4 月 30 日，保险精算部门计算确定该份保险单 4 月末未到期责任准备金余额应为 442 400 元。

(1) 2018 年 3 月 31 日，确认未到期责任准备金时，其会计分录为：

借：提取未到期责任准备金　　483 500

　贷：未到期责任准备金　　483 500

(2) 2018 年 4 月 30 日，调减未到期责任准备金时，其会计分录为：

借：未到期责任准备金　　41 100

　贷：提取未到期责任准备金　　41 100

(二) 未决赔款准备金的核算

未决赔款准备金是保险人为非寿险保险事故已发生尚未结案的索赔案提取的准备

金。保险人应当在非首先保险事故发生的当期，按照保险精算确定的金额，提取未决赔款准备金，并确认未决赔款准备金负债。未决赔款准备金包括已发生已报案未决赔款准备金，已发生未报案未决准备金和理赔费用准备金。

已发生、已报案未决赔款准备金是保险人为非寿险事故已发生并已向保险人提出索赔而尚未结案的赔案提取的准备金。已发生、未报案未决赔款准备金是保险人为非寿险事故已发生但尚未向保险人提出索赔的赔案提取的准备金。理赔费用准备金是保险人为非寿险保险事故已发生但尚未结案的可能发生的费用而提取的准备金。

1. 会计科目设置

(1) "未决赔款准备金"科目。该科目属于负债类科目，核算保险公司由于已经发生保险事故并已提出保险赔款以及已经发生保险事故但尚未提出保险赔款而按规定提存的未决赔款准备金。贷方登记提存的准备金数额，借方登记转回的准备金数额，余额在贷方，反映保险公司本期提存但尚未转回的未决赔款准备金。本科目应按险种设置明细核算。

(2) "转回未决赔款准备金"科目。该科目属于损益类科目，核算保险公司转回上期提存的未决赔款准备金。贷方登记转回上期提存的准备金数额，借方登记结转"本年利润"科目的数额，期末结转后，本科目无余额，本科目应按险种设置明细核算。

(3) "提存未决赔款准备金"科目。该科目属于损益类科目，核算保险公司由于已经发生保险事故并已提出保险赔款以及已经发生保险事故但尚未提出保险赔款而按规定提存的未决赔款准备金。在本科目下还应设置"已提出赔款的准备金"和"未提出赔款的准备金"两个明细科目。借方登记提存的准备金数额，贷方登记结转"本年利润"科目的数额，期末结转后，本科目无余额，本科目应按险种设置明细核算。

2. 会计核算

(1) 未决赔款准备金的计提。投保人发生非寿险保险合同约定的保险事故当期，保险公司应按保险精算确定的未决赔款准备金金额，提取未决赔款准备金，并确认未决赔款准备金负债，其会计分录为：

借：提取未决赔款准备金
　贷：未决赔款准备金

(2) 未决赔款准备金充足性测试。保险公司至少应当于每年年度终了，对未决赔款准备金进行充足性测试。保险公司按照保险精算重新计算确定的未决赔款准备金金额超过充足性测试日已提取的未决赔款准备金余额的，应当按照其差额补提未决赔款准备金；保险公司按照保险精算重新计算确定的未决赔款准备金金额小于充足性测试日已提取的未决赔款准备金余额的，不调整未决赔款准备金。

(3) 未决赔款准备金的冲减。保险公司确定支付赔付款项金额或实际发生理赔费用的当期，应冲减相应的未决赔款准备金余额。会计分录为：

借：未决赔款准备金
　贷：提取未决赔款准备金

(4) 提取未决赔款准备金的期末结转。期末，应将"提取未决赔款准备金"科目的余额结转"本年利润"科目，其会计分录为：

借：本年利润

贷：提取未决赔款准备金

【例 9-7】 2017 年 3 月 20 日，甲财产保险公司承保的货物运输险出险，按保险精算确定的未决赔款准备金为 1 600 000 元。2017 年 12 月 31 日，保险公司对未决赔款准备金进行充足性测试，按保险精算重新计算确定的未决赔款准备金为 8 500 000 元，充足性测试日已提取的未决赔款准备金余额为 8 000 000 元。

(1) 2017 年 3 月 20 日，提取未决赔款准备金时，其会计分录为：

借：提取未决赔款准备金 1 600 000

贷：未决赔款准备金 1 600 000

(2) 2017 年 12 月 31 日进行充足性测试补提未决赔款准备金时，其会计分录为：

借：提取未决赔款准备金 500 000

贷：未决赔款准备金 500 000

第三节 人身保险业务的核算

人身保险是以人的生命和身体作为保险标的的一种保险。它是保险人与投保人签订保险合同，在向投保人收取一定的保险费后，在被保险人因疾病或遭遇意外事故而致伤残或死亡，或保险期满时给付医疗费用或保险金的保险业务。人身保险按照保险范围，可以分为人寿保险、意外伤害险和健康保险三大类。

一、人寿保险业务的核算

(一) 寿险保费收入的核算

1. 寿险保费收入的确认

寿险合同一般应于收到保费时确认保费收入。保费收入的确认，应同时满足前述三个确认条件。同时，对寿险原保险合同，分期收取保费的，根据当期应收取的保费确定保费收入；一次性收取保费的，根据一次性应收取的保费确定保费收入。

但是对于分期收款保险合同，即使在合同规定的收款期内因被保险人的原因没有收到保费，如果收到保费的可能性大于不能收到保费的可能性，可以于应收保费时确认保费收入，而不一定要在实际收到时确认。在采用以保户储金利息作为保费收入的收款方式下，可以按期确认保费收入。

2. 会计科目设置

(1) “保费收入”科目。该科目属于损益类科目，核算企业(保险)确认的保费收入，期末，应将本账户的余额转入“本年利润”账户，结转后无余额，本科目可按保险合同和险种进行明细核算。

(2) “预收保费”科目。该科目属于负债类科目，核算企业(保险)收到为满足保费收入确认条件的保险费，本科目按投保人进行明细核算。

(3)“保户储金”科目。该科目属于负债类科目,核算企业(保险)收到投保人以储金本金增值作为保费收入的储金,本科目可按投保人进行明细核算。

(4)“退保金”科目。该科目属于损益类科目,核算企业(保险)寿险原保险合同提前解除时按照约定应当退换投保人的保单现金价值,本科目可按险种进行明细核算。

3. 寿险保费收入的会计核算

(1)保险业务发生时收取保费的核算。投保人缴费,经审核核对时间、金额无误后编制如下会计分录:

借:库存现金或其他相关科目

　贷:保费收入

(2)投保人提前预缴保费的核算。收到投保人预缴保费时,其会计分录为:

借:库存现金或其他相关科目

　贷:预收保费——××险

到该保单缴费日时,预收保费转入保费收入,其会计分录为:

借:预收保费——××险

　贷:保费收入

【例 9-8】 李某投保个人养老金保险,约定每月交费 100 元,为了方便节省时间,在年初 1 月 5 日,他预交了全年的保费 1 200 元。

(1)预收保费时,其会计分录:

借:库存现金	1 200	
贷:保费收入——年金保险(个人养老金险)		100
预收保费——李某		1 100

(2)以后每个月份,将预收保费转为实现的保费收入时,其会计分录:

借:预收保费——李某	100	
贷:保费收入——年金保险(个人养老金险)		100

(3)应收保费的核算。对于寿险保费,保单宽限内欠缴的保费,其保费金额可以可靠地流入公司,同时公司在宽限期仍承担责任,因此,应计提应收保费并确认保费收入,其会计分录为:

借:库存现金

　　应收保费

　贷:保费收入——终身寿险

(4)失效保单的核算。根据寿险条款的规定,宽限外仍为缴费的保单丧失保单效力。如投保人在 2 年之内提出急需保险的要求,并经业务部门的审核批准,保单可以复效,复效除补缴保费外,还必须依据规定补偿保险人在失效期间的利息损失,其会计分录为:

借:库存现金

　贷:保费收入

　　利息收入

【例 9-9】 投保人张某因经济困难未能按期缴纳保费使得保单失效,1 年后即在复效期内该投保人申请复效，保险公司同意并要求投保人补缴 5 000 元保费和利息 1 000 元，投保人缴纳现金，该保险公司编制如下会计分录：

借：库存现金　　5 000
　贷：保费收入　　4 000
　　利息收入　　1 000

（二）人寿保险金给付的核算

保险金给付是寿险公司对投保人在保险期满或期中支付保险金，以及对保险期内发生保险责任范围内的意外事故按规定给付保险金。寿险业务的保险金给付方式一般分为满期给付、死伤医疗给付和年金给付三种，它们是寿险业务的最大的开支项目，也是影响寿险业务损益的一个关键因素。

1. 会计科目设置

（1）“死伤医疗给付”科目。该科目属于损益类科目，核算公司因人寿保险及长期健康保险业务的被保险人在保险期内发生保险责任范围内的保险事故，公司按保险合同的约定支付被保险人（或受益人）的保险金。其借方登记所发生的死伤医疗给付金额；贷方登记按规定冲减的死伤医疗给付金额；期末应将本科目余额转入“本年利润”科目，结转后本科目无余额。本科目按保险合同和险种设置明细账。

（2）“满期给付”科目。该科目属于损益类科目，核算公司因寿险业务的被保险人生存至保险期满，公司按保险公司的约定支付给被保险人的保险金。其借方登记所发生的满期给付金额；贷方登记按规定冲减的满期给付金额；期末应按本科目余额转入“本年利润”科目，结转后本科目无余额。本科目按保险合同和险种设置明细账。

（3）“年金给付”科目。该科目属于损益类科目，核算公司因年金保险业务的被保险人生存至规定的年龄，公司按保险合同的约定支付给被保险人的给付金额。其借方登记所发生的年金给付金额；贷方登记按规定冲减的年金给付金额；期末应按本科目余额转入“本年利润”科目，结转后本科目无余额。本科目按保险合同和险种设置明细账。

2. 会计处理

（1）满期给付会计核算。被保险人生存到保险期满时，保险公司给付的保险金称作满期给付。如我国开办的养老保险，因人寿保险业务的被保险人生存至保险期满，公司按保险合同约定支付给被保险人的满期保险金。

① 被保险人生存至期满，按保险条款规定支付保险金时，会其计分录为：

借：满期给付
　贷：库存现金（银行存款）

② 在满期给付时，如有贷款本息未还清者，应将其未还清的贷款本息从应支付的保险金中扣除，其会计分录为：

借：满期给付　　（应给付金额）
　贷：保户质押贷款　　（未收到的保户质押贷款本金）
　　利息收入　　（欠息金额）
　　库存现金（银行存款）　　（实际支付金额）

③ 在保险合同规定的缴费宽限期内发生满期给付时，其会计分录为：

借：满期给付　　　　　　　　　　　　　　（应给付金额）
　贷：保费收入　　　　　　　　　　　（投保人未缴保费金额）
　　　利息收入　　　　　　　　　　　　　　　（欠息金额）
　　　库存现金（银行存款）　　　　　　　　（实际支付金额）

④ 期末，将“满期给付”科目的余额转入“本年利润”科目时，其会计分录为：

借：本年利润
　贷：满期给付

【例 9-10】 某客户投保保险金额为 50 000 元的两全保险满期，尚有 8 000 元的保单质押贷款未归还，该笔贷款应付利息为 406 元，会计部门将贷款及利息扣除后办理给付，其会计分录为：

借：满期给付　　　　　　　　　　　　50 000
　贷：保户质押贷款　　　　　　　　　　8 000
　　　利息收入　　　　　　　　　　　　　406
　　　库存现金　　　　　　　　　　　　41 594

（2）死伤医疗给付核算。死伤医疗给付包括死亡给付，即保险公司对被保险人因保险事故死亡时的给付；伤残给付，即保险公司对被保险人因保险事故永久性全部丧失劳动能力时的给付；医疗给付，即保险公司对被保险人因保险事故进行医疗时的给付，年金给付通过设置“死伤医疗给付”科目核算。具体账务处理基本同满期给付业务的处理。

（3）年金给付核算。保险公司年金保险业务的被保险人生存至规定的年龄，公司按保险合同的约定支付给被保险人的给付金额称为年金给付。年金给付通过设置“年金给付”科目核算。具体账务处理基本同满期给付业务的处理。

（三）加保与退保业务的核算

人寿保险业务是长期性业务，在保险期限内，往往会发生保户要求加保或退保的情况。无论加保或退保，均要求符合保险合同的规定，按一定的程序来进行。如果被保险人要求加保，就需要修改原保险合同，并进行账务处理。不过，寿险加保业务的凭证手续与会计核算和新参保寿险的业务会计核算相同。

退保则是指被保险人在保险期未满的情况下要求并获保险公司同意的业务，如被保险人迁移外地，就可按有关规定退保。退保时，由被保险人提出申请，交还保险证和交费凭证簿，由保险公司业务部门根据不同险种的具体规定核定其已交费年期和退保金额，连同有关单证交财务部门据以付款并记账。需要注意的是，寿险退保属于保单产生的现金价值的部分通过“退保金”核算，而寿险退保产生的现金价值的部分和非寿险业务的退保则直接冲减“保费收入”，其会计分录为：

借：退保金——简易人身险
　　保费收入——简易人身险
　贷：库存现金
　　　应收保费——简易人身险

【例 9-11】 某简易人身险保户因工作调动迁移外地要求退保，业务部门按规定标准计算应退 7 000 元，假设其中属于保单现金价值的为 5 000 元，不属于保单现金价值的为 2 000 元，且该保户尚有一期保费未交，金额为 100 元，其会计分录为：

借：退保金——简易人身险　　5 000
　　保费收入——简易人身险　　2 000
　贷：库存现金　　6 900
　　　应收保费——简易人身险　　100

二、意外伤害保险和健康保险业务的核算

意外伤害保险是以被保险人在保险期内因遭受意外伤害造成死亡、残疾、医疗、暂时丧失劳动能力由保险公司承担给付保险金责任的保险。健康保险也称疾病保险，指被保险人在患病时发生医疗费用支出，或因疾病致残或死亡，或因疾病伤害不能工作而减少收入时，由保险公司承担给付保险金责任的保险。

为了反映意外伤害保险和健康保险收取保费和保险金给付的情况，应分别设置“保费收入”“应收保费”“赔款支出”“死亡医疗给付”等科目。

意外伤害险保险业务的核算与财产保险业务相同；短期健康保险业务的核算与财产保险业务相同；而长期健康保险业务的核算与人寿保险业务相同。

三、人寿保险责任准备金的核算

（一）人寿保险责任准备金概述

人寿保险责任准备金是指公司售出的保单中约定的保险责任，在向受益人支付赔偿或给付前，公司提取的偿付准备，包括寿险责任准备金和长期健康险责任准备金。寿险责任准备金是指人寿保险业务为了承担将来未到期责任而提存的准备金；长期健康险责任准备金是指金融企业对长期性健康保险业务为承担未来保险责任而按规定提的存准备金，其责任准备金类似于寿险责任准备金的性质。

（二）会计科目设置

1. “保险责任准备金”科目

该科目属于负债类科目，核算企业（保险）提取的保险责任准备金，包括寿险责任准备金、长期健康险责任准备金。企业也可设置“寿险责任准备金”“长期健康险责任准备金”等科目，分别核算提取的寿险责任准备金、长期健康保险责任准备金。本科目期末贷方余额反映企业提取的保险责任准备金结余。本科目应当按照保险责任准备金类别、原保险合同或者再保险合同进行核算，并在报表中分类别单独列示。

2. “提取保险责任准备金”科目

该科目属于损益类科目，核算企业（保险）提取的保险责任准备金，包括提取的寿险责任准备金、提取的长期健康险责任准备金。企业也可以设置“提取寿险责任准备金”“提取长期健康险责任准备金”等科目，分别核算提取寿险责任准备金、提取长期健康险责任准备金。期末，应将本科目余额转入“本年利润”科目，结转后本科目无余额。本科

目应当按照保险责任准备金类别、险种和原保险合同或再保险合同进行明细核算，并在报表中分类别单独核算。

（三）会计核算

人寿保险责任准备金是指保险公司为尚未终止的人寿保险责任提取的准备金。保险公司应当在确认人寿保险保费收入的当期，按照保险精算确定的金额，提取人寿保险责任准备金，并确认人寿保险责任准备金负债。

1. 人寿保险责任准备金的计提

保险公司应当在确认人寿保险保费收入的当期，按照保险精算确定的金额，提取人寿保险责任准备金，并确认人寿保险责任准备金负债。会计分录为：

借：提取保险责任准备金

　贷：保险责任准备金

2. 人寿保险责任准备金充足性测试

保险公司至少应当于每年年度终了，对人寿保险责任准备金进行充足性测试。保险公司按照保险精算重新计算确定的人寿保险责任准备金金额超过充足性测试日已提取的人寿保险责任准备金余额的，应当按照其差额补提人寿保险责任准备金；如果小于充足性测试日已提取的人寿保险责任准备金余额的，不调整人寿保险责任准备金。

3. 人寿保险责任准备金的冲减

保险公司确定支付赔付款项金额或实际发生理赔费用的当期，应冲减相应的人寿保险责任准备金余额，其会计分录为：

借：保险责任准备金

　贷：提取保险责任准备金

4. 人寿保险责任准备金的转销

人寿保险原保险合同提前解除的，保险公司应将相关人寿保险责任准备金余额予以转销，其会计分录为：

借：保险责任准备金

　贷：提取保险责任准备金

5. 提取人寿保险责任准备金的期末结转

期末，应将“提取保险责任准备金”科目的余额结转“本年利润”科目，其会计分录为：

借：本年利润

　贷：提取保险责任准备金

第四节　再保险业务的核算

一、再保险业务核算概述

再保险亦称分保，是保险公司将其经营业务的一部分分给其他保险公司或者再保险公司的保险业务，从而是一种间接保险业务。在再保险业务中，分出保险业务的保险人称为原保险人或再保险分出人，亦即为再保险合同的投保人；接受分保业务的保险人称为再保险人或再保险接受人（分入人）。原保险是发生在投保人和保险公司之间的业务活动，称为直接保险业务，当原保险公司承担的直接保险业务金额较大且风险过于集中时，就有必要进行再保险。

再保险可以分为比例再保险和非比例再保险，其中比例再保险是原保险人与再保险人以保险金额为基础，计算比例，分担保险责任限额的再保险，有成数再保险和溢额再保险；而非比例再保险又称为超额再保险，是一种以赔款为基础，计算自赔限额和分保责任限额的再保险，有超额赔款再保险和超额赔付率再保险。

再保险业务核算包括分出业务核算、分入业务的核算。要求合理组织分保核算；正确编制分保账单，定期清算往来账款；按业务年度核算，实行三年结算损益；涉外业务采用外币分账制核算。

二、分出业务的核算

（一）分出业务核算内容

分出业务的核算内容包括向分保业务分入人分出保费、摊回分保赔款、摊回费用等。

1. 分出保费核算

再保险分出人应当在确认原保险合同保费收入的当期，按照相关再保险合同的约定，计算确定分出保费，计入当期损益。

2. 摊回分保费用核算

再保险分出人应当在确认原保险合同保费收入的当期，按照相关再保险合同的约定，计算确定应向再保险接受人摊回的分保费用，计入当期损益。

3. 摊回赔付成本核算

再保险分出人应当在确定支付赔款金额的当期，按照相关再保险合同的规定，计算确定应向再保险接受人摊回的赔付成本，计入当期损益。

4. 应收分保准备金核算

再保险分出人应当按照相关再保险合同的约定，计算确认相关的应收分保未到期责任准备金资产。再保险分出人应在提取原保险合同未决赔款准备金、寿险责任准备金、长期健康险责任准备金的当期，按照相关再保险合同的约定，计算确定应向再保险接受人摊回的相应准备金，确认当期损益，并同时确认相应的应收分保准备金资产。

（二）会计科目设置

1. “分出保费”科目

该科目属于损益类科目，反映再保险分出人向再保险接受人分出的保费，其借方登记分出的保费，贷方登记转入“本年利润”数额，结转后该科目无余额。该科目应按险种设置明细账。

2.“摊回分保费用”科目

该科目属于损益类科目，反映再保险分出人向再保险接受人摊回的分保费用，其贷方登记应向在保险接受人摊回的费用，借方登记期末结转“本年利润”的数额，结转后该科目无余额。该科目应按险种设置明细账。

3.“摊回赔付成本”科目

该科目属于损益类科目，反映再保险分出人向再保险接受人摊回的赔付成本，其贷方登记应向再保险接受人摊回的赔付成本，借方登记期末结转“本年利润”的数额，结转后该科目无余额。该科目应按险种设置明细账。另外，再保险分出人也可以单独设置“摊回赔款支出”“摊回年金给付”“摊回满期给付”“摊回死伤医疗给付”等科目。

4.“应收分保合同准备金”科目

该科目属于资产类科目，核算再保险分出人从事再保险业务确认的应收分保未到期责任准备金，以及应向再保险接受人摊回的保险责任准备金。该科目属于资产类科目，其借方登记应收的分保合同准备金，贷方登记冲减的应收分保合同准备金，余额在借方，反映再保险分出人从事再保险业务确认的应收分保合同准备金余额。

再保险分出人也可单独设置“应收分保未到期责任准备金”“应收分保未决赔款准备金”“应收分保寿险责任准备金”“应收分保长期健康险责任准备金”等科目进行核算，也可以按再保险接受人和再保险合同设置明细账。

5.“摊回保险责任准备金”科目

该科目属于损益类科目，核算反映再保险分出人从事再保险业务应向在保险接受人摊回的保险责任准备金。其贷方登记应向再保险接受人摊回的保险证人准备金，借方登记期末结转“本年利润”的数额，结转后该科目无余额。

再保险分出人也可单独设置“摊回未决赔款准备金”“摊回寿险责任准备金”“摊回长期健康险责任准备金”等科目进行核算，也可以按保险责任准备金类别和险种设置明细账。

（三）会计核算

1. 分出保费核算

(1) 再保险分出人应当在确认原保险合同保费收入的当期，按照相关再保险合同的约定，计算确定分出保费，计入当期损益，其会计分录为：

借：分出保费

　　贷：应付分保账款

(2) 对于超额赔款再保险等非比例再保险合同，应按再保险合同的约定，计算确定分出保费，计入当期损益，其会计分录为：

借：分出保费

　　贷：应付分保账款

调整分出保费时，如分出保费调整增加，其会计分录为：

借：分出保费

　　贷：应付分保账款

如分出保费调整减少，则做相反的会计分录。

2. 应收分保未到期责任准备金的核算

(1) 原保险合同为非寿险原保险合同的，再保险分出人在确认原保费收入的当期，还应按相关再保险合同的约定，计算确认相关的应收分保未到期责任准备金资产，并冲减提取未到期责任准备金，其会计分录为：

借：应收分保未到期责任准备金

　贷：提取未到期责任准备金

(2) 资产负债表日，再保险分出人在调整原保险合同未到期责任准备金余额时，应相应调整应收分保未到期责任准备金余额。即按相关再保险合同约定计算确定的应收分保未到期责任准备金的调整金额，其会计分录为：

借：提取未到期责任准备金

　贷：应收分保未到期责任准备金

3. 摊回分保费用的核算

(1) 再保险分出人应当在确认原保险合同保费收入的当期，按照相关再保险合同的约定，计算确定应向再保险接受人摊回的分保费用，计入当期损益，其会计分录为：

借：应收分保账款

　贷：摊回分保费用

(2) 再保险分出人应当根据相关再保险合同的约定，在能够计算确定应向再保险接受人收取的纯益手续费时，将该项纯益手续费作为摊回分保费用，计入当期损益，其会计分录为：

借：应收分保账款

　贷：摊回分保费用

4. 摊回保险责任准备金的核算

(1) 再保险分出人应当在提取原保险合同未决赔款准备金、寿险责任准备金、长期健康险责任准备金的当期，按照相关再保险合同的约定，计算确定应向再保险接受人摊回的相应准备金，确认为相应的应收分保准备金资产。

应收分保未决赔款准备金、应收分保寿险责任准备金和应收分保长期健康险责任准备金均属于再保险分出人预期从再保险接受人处获得补偿的金额，确认时应作为摊回相应准备金处理。

① 摊回未决赔款准备金时，其会计分录为：

借：应收分保未决赔款准备金

　贷：摊回未决赔款准备金

② 摊回寿险责任准备金时，其会计分录为：

借：应收分保寿险责任准备金

　贷：摊回寿险责任准备金

③ 摊回长期健康险责任准备金时，其会计分录为：

借：应收分保长期健康险责任准备金

　贷：摊回长期健康险责任准备金

(2) 对原保险合同保险责任准备金进行充足性测试补提保险责任准备金时，应按相关再保险合同约定计算确定的应收分保保险责任准备金的相应增加额，调整增加相关应收分保准备金余额，其会计分录为：

借：应收分保未决赔款准备金

（应收分保寿险责任准备金、应收分保长期健康险责任准备金）

贷：摊回未决赔款准备金

（摊回寿险责任准备金、摊回长期健康险责任准备金）

（3）再保险分出人应当在确定支付赔付款项金额或实际发生理赔费用而冲减原保险合同相应保险责任准备金余额的当期，冲减相应的应收分保准备金余额。会计分录为：

借：摊回未决赔款准备金

（摊回寿险责任准备金、摊回长期健康险责任准备金）

贷：应收分保未决赔款准备金

（应收分保寿险责任准备金、应收分保长期健康险责任准备金）

5. 摊回赔付支出的核算

（1）再保险分出人应当在确定支付赔付款项金额或实际发生理赔费用而确认原保险合同赔付成本的当期，按相关再保险合同的约定，计算确定应向再保险接受人摊回的赔付成本，计入当期损益，其会计分录为：

借：应收分保账款

贷：摊回赔付支出

在因取得和处置损余物质、确认和收到应收代位追偿款等而调整原保险合同赔付成本的当期，应按相关再保险合同的约定，计算确定摊回赔付成本的调整金额，计入当期损益。

① 摊回赔付成本调整增加时，其会计分录为：

借：应收分保账款

贷：摊回赔付支出

② 摊回赔付成本调整减少时，做相反的会计分录。

（2）对于超额赔款再保险等非比例再保险合同，再保险分出人应当在能够计算确定应向再保险接受人摊回的赔付成本时，将该项应摊回的赔付成本计入当期损益。会计分录为：

借：应收分保账款

贷：摊回赔付支出

6. 存入分保保证金的核算

再保险分出人从应付给再保险接受人的分保费中以一定比例扣存，作为再保险接受人履行分保未了责任的保证金。保证金留存期一般为 12 个月，至次年同期归还，归还时要支付利息。

再保险分出人应当在发出分保业务账单时，将账单标明的扣存本期分保保证金确认为存入分保保证金，其会计分录为：

借：应付分保账款

贷：存入保证金

同时，按照账单标明的返还上期扣存分保保证金转销相关存入分保保证金。会计分录为：

借：存入保证金

贷：应付分保账款

再保险分出人根据相关再保险合同的约定，按期计算存入分保保证金利息，计入当期损益，其会计分录为：

借：利息支出

贷：应付分保账款

7. 原保险合同提前解除的核算

再保险分出人应当在原保险合同提前解除的当期，按照相关再保险合同的约定，计算确定分出保费、摊回分保费用的调整金额，计入当期损益；同时，转销相关应收分保准备金余额。

(1) 再保险分出人按计算确定的分出保费的调整金额，调整分出保费时，按计算确定的分出保费的调整金额，其会计分录为：

借：应付分保账款

贷：分出保费

(2) 再保险分出人按计算确定的摊回分保费用的调整金额，调整摊回分保费用时，按计算确定的摊回分保费用的调整金额，其会计分录为：

借：摊回分保费用

贷：应收分保账款

(3) 再保险分出人在原保险合同提前解除而转销相关未到期责任准备金余额的当期，转销相关应收分保准备金余额。

① 转销相关应收分保未到期责任准备金余额时，其会计分录为：

借：提取未到期责任准备金

贷：应收分保未到期责任准备金

② 转销相关应收分保寿险责任准备金余额时时，其会计分录为：

借：摊回寿险责任准备金

贷：应收分保寿险责任准备金

③ 转销相关应收分保长期健康险责任准备金余额时时，其会计分录为：

借：摊回长期健康险责任准备金

贷：应收分保长期健康险责任准备金

8. 结算分保账款的核算

再保险分出人、再保险接受人结算分保账款时，按应付分保账款金额，借记“应付分保账款”科目，按应收分保账款金额，贷记“应收分保账款”科目，按借贷方差额，借记或贷记“银行存款”科目。

9. 期末结转

期末，再保险分出人将损益类科目的余额转入“本年利润”科目，结转后损益类科目无余额，其会计分录为：

借：本年利润
　贷：分出保费
　　利息支出
借：摊回分保费用
　摊回赔付支出
　摊回未决赔款准备金
　摊回寿险责任准备金
　摊回长期健康险责任准备金
　贷：本年利润

【例 9-12】 A公司当期航空险业务保费收入为1 000万元，将其中的30%分保给B公司，在分保期间，根据分保账单，需从B公司摊回分保赔款200万元，摊回分保费用30万元，并向B公司支付结算资金。其账务处理如下。

(1) 计算分保费、分保准备金和结算资金。

分保费＝保费收入×分保比例＝1 000×30%＝300(万元)
分保准备金＝分出保费×准备金扣存比例＝300×40%＝120(万元)
结算资金＝300－200－30＝70(万元)

(2) 当A公司分出保费时，其会计分录为：

借：分出保费——航空险　　3 000 000
　贷：应付分保账款——某公司　　3 000 000

(3) 当A公司按规定扣存分保准备金时，其会计分录为：

借：应付分保账款——某公司　　1 200 000
　贷：存入保证金——B公司　　1 200 000

(4) 次年归还分保准备金时，其会计分录为：

借：存入保证金——B公司　　1 200 000
　贷：应付分保账款——B公司　　1 200 000

(5) 当A公司按规定从B公司摊回分保赔款时，其会计分录为：

借：应收分保账款——B公司　　2 000 000
　贷：摊回赔款支出　　2 000 000

(6) 当A公司按规定从B公司摊回分保费用时，其会计分录为：

借：应收分保账款——B公司　　300 000
　贷：摊回分保费用　　300 000

(7) 向B公司支付结算资金时，其会计分录为：

借：应付分保账款——B公司　　3 000 000
　贷：应收分保账款——B公司　　2 300 000
　　银行存款　　700 000

【例 9-13】 2015年6月30日，某保险公司在提取原保险合同未决赔款准备金、寿险责任准备金、长期健康险责任准备金时，根据相关再保险合同约定计算确定的应向再

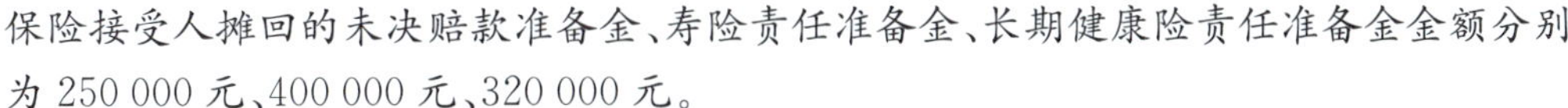

保险接受人摊回的未决赔款准备金、寿险责任准备金、长期健康险责任准备金金额分别为 250 000 元、400 000 元、320 000 元。

(1) 摊回未决赔款准备金时，其会计分录为：

借：应收分保未决赔款准备金　　250 000
　贷：摊回未决赔款准备金　　250 000

(2) 摊回寿险责任准备金时，其会计分录为：

借：应收分保寿险责任准备金　　400 000
　贷：摊回寿险责任准备金　　400 000

(3) 摊回长期健康险责任准备金时，其会计分录为：

借：应收分保长期健康险责任准备金　　320 000
　贷：摊回长期健康险责任准备金　　320 000

三、分入业务的核算

(一) 分入业务核算内容

再保险接受人应当在再保险合同生效当期，根据相关再保险合同的约定，计算确定分保费收入金额；在确认分保费收入的当期，根据相关再保险合同的约定，计算确定分保费用，计入当期损益；在收到分保业务账单时，按照账单标明的金额对相关分保费收入、分保费用进行调整，调整金额计入当期损益。

对于分入业务的核算内容包括分保费收入的确认与核算、分保赔款和费用的核算、提存准备金核算三项内容。分保费用是指再保险接受人向再保险分出人支付的分保费用；再保险接受人提取分保未到期责任准备金、分保未决赔款准备金、分保寿险责任准备金、分保长期健康险责任准备金，以及进行相关分保准备金充足性测试，再保险接受人应当在收到分保业务账单的当期，按照账单标明的分保付款项金额，作为分保赔付成本，计入当期损益，同时冲减相应的分保准备金余额。

(二) 会计科目设置

1. "分保费用"科目

该科目属于损益类科目，反映分保费用的发生情况。其借方登记应承担的分保费用，贷方登记期末结转"本年利润"科目的数额，结转后该科目无余额。该科目要求按险种设置明细账。

2. "赔付支出"科目

该科目属于损益类科目，为了反映分保的赔付支出发生情况，再保险接受人应在"赔付支出"科目下按分保险合同和险种设置明细账，也可单独设置"分保赔付支出"科目。其借方登记应承担的分保赔款数，贷方登记期末结转"本年利润"科目的数额，结转后该科目无余额。

3. "存出保证金"科目

该科目属于资产类科目，核算再保险接受人按合同约定存出的分保保证金。该科目借方登记存出的分保保证金，贷方登记收回的分保保证金，期末借方余额，反映再保险接受人存出的分保保证金。

（三）会计核算

1. 分保费收入的核算

分保费收入同时满足下列条件的，才能予以确认：再保险合同成立并承担相应保险责任；与再保险合同相关的经济利益很可能流入；与再保险合同相关的收入能够可靠地计量。

（1）再保险接受人根据相关再保险合同的约定，计算确定分保费收入金额，计入当期损益，其会计分录为：

借：应收分保账款

　贷：保费收入

（2）再保险接受人在收到分保业务账单时，按账单标明的金额对分保费收入进行调整，调整金额计入当期损益。

① 调整增加时，其会计分录为：

借：应收分保账款

　贷：保费收入

② 调整减少时，做相反的会计分录。

2. 分保费用的核算

（1）再保险接受人应当在确认分保费收入的当期，根据相关再保险合同的约定，计算确定分保费用，计入当期损益，其会计分录为：

借：分保费用

　贷：应付分保账款

再保险接受人应当在收到分保业务账单时，按照账单标明的金额对分保费用进行调整，调整金额计入当期损益。

① 调整增加时，其会计分录：

借：分保费用

　贷：应付分保账款

② 调整减少时，做相反的会计分录。

（2）再保险接受人应当根据相关再保险合同的约定，在能够计算确定应向再保险分出人支付的纯益手续费时，将该项纯益手续费作为分保费用，计入当期损益。会计分录为：

借：分保费用

　贷：应付分保账款

3. 分保准备金的核算

（1）再保险接受人提取分保未到期责任准备金、分保未决赔款准备金、分保寿险责任准备金、分保长期健康险责任准备金的核算，以及进行相关分保准备金充足性测试的处理，与原保险业务中的核算与处理基本相同。

（2）再保险接受人应当在收到分保业务账单确认分保赔付成本的当期，冲减相应的分保准备金余额，其会计分录为：

借：未决赔款准备金

（寿险责任准备金、长期健康险责任准备金）

贷：提取未决赔款准备金

（提取寿险责任准备金、提取长期健康险责任准备金）

4. 分保赔付支出的核算

再保险接受人应当在收到分保业务账单的当期，按照账单标明的分保赔付款项金额，作为分保赔付成本，计入当期损益，其会计分录为：

借：分保赔付支出

贷：应付分保账款

5. 存出分保保证金的核算

再保险接受人应当在收到分保业务账单时，将账单标明的扣存本期分保保证金确认为存出分保保证金，其会计分录为：

借：存出保证金

贷：应收分保账款

同时，按照账单标明的再保险分出人返还上期扣存分保保证金转销相关存出分保保证金，其会计分录为：

借：应收分保账款

贷：存出保证金

再保险接受人根据相关再保险合同的约定，按期计算存出分保保证金利息，计入当期损益，其会计分录为：

借：应收分保账款

贷：利息收入

6. 结算分保账款的核算

再保险接受人、再保险分出人结算分保账款的核算在再保险分出业务的核算中已述。

7. 期末结转

期末，再保险接受人将损益类科目的余额转入“本年利润”科目，结转后损益类科目无余额，其会计分录为：

借：本年利润

贷：分保费用

分保赔付支出

提取未到期责任准备金

提取未决赔款准备金

提取寿险责任准备金

提取长期健康险责任准备金

借：保费收入

利息收入

贷：本年利润

【例 9-14】 2017 年 3 月 31 日，甲再保险公司收到 A 保险公司的分保业务账单，该分保业务账单上标明的非寿险保险合同分保赔付款项金额为 50 000 元，相应的分保保险合同准备金为 45 000 元。甲再保险公司应编制会计分录为：

借：分保赔付支出　　50 000
　贷：应付分保账款　　50 000
借：未决赔款准备金　　45 000
　贷：提取未决赔款准备金　　45 000

关键术语

寿险业务　非寿险业务　未到期责任准备金　未决赔款准备金　充足性测试　退保金　寿险责任准备金　长期健康险责任准备金　再保险

思考题

1. 寿险业务和非寿险业务是如何划分的？
2. 非寿险业务的已赚保费应如何计算？
3. 如何进行未到期责任准备金的核算？
4. 未决赔款准备金包括哪些内容？
5. 保险收入的确认原则是什么？
6. 再保业务应如何处理？

第十章 信托投资公司会计核算

学习内容与目标

本章介绍信托业务概述、信托存款与委托存款业务的核算、信托贷款与委托贷款业务的核算、信托投资与委托投资业务的核算、其他信托业务的核算。通过本章的学习了解信托的概念、种类；掌握信托及信托业务的种类、信托投资与委托投资业务的核算、其他信托业务的核算；熟练掌握信托存款与委托存款业务的核算、信托贷款与委托贷款业务的核算。

第一节 信托业务概述

一、信托的概念

信托是指委托人基于对受托人的信任，将其财产委托给受托人，由受托人按委托人的意愿以自己的名义，为受益人的利益或者特定目的进行管理或者处分的行为。信托是指社会经济发展到一定阶段的产物，是随着商品货币关系的发展而发展的。它是以资产为核心，以信任为基础，以委托为方式的财产管理制度。

信托是多边信用关系，必须具备委托人、受托人、受益人三方当事人。委托人是信托财产的所有者，他提出信托要求，是信托行为的起点；受托人是有经营能力的信托机构，他通过自身经营的信托业务，满足委托人的要求，使受益人获利，他是信托行为的桥梁；受益人是信托关系中得到实际利益的一方，他可以是委托人自身，也可以是委托人指定的第三者或不确定的多数人，或者同时为委托人和第三者，他是信托行为的终点。

信托有广义和狭义之分。广义信托包括商品信托和金融信托，狭义信托就是指金融信托。金融信托是一种具有融资和融物以及融资与财产管理相结合的金融性质的信托业务，是金融业的一个重要组成部分，标的物主要是委托人的资金或财产等。本章主要介绍金融信托。

二、信托业务的种类

（一）按性质不同划分

按性质不同划分，可以分为信托业务和代理业务。信托业务，即财产所有者作为信托行为当事人的一方，为实现其指定人或者自己的利益，将财产托付给可信任的另一方，要求按交办信托的目的，代行有效管理或妥善处理。代理业务，即信托行为的一方依其既定的信托目的，授权另一方代为办理一定的经济事务。

（二）按信托受益对象不同划分

按信托受益对象不同划分，可以分为私益信托和公益信托。私益信托，是委托人为了自己和其他特定人的利益而设立的信托。私益信托的目的是为了实现私人利益，是为了实现受托人或其他某个或某些特定的人的利益。公益信托，在英美法系中也被称为慈善信托，是指委托人为了社会公共利益而设立的信托。公益信托的目的是使整个社会或社会公众的一个显著重要的部分获益。

（三）按信托服务对象不同划分

按信托服务对象不同划分，可以分为个人信托和法人信托。个人信托，即以个人身份委托受托人办理信托业务。个人信托又分为生前信托和身后信托。生前信托是个人在世时就已委托人身份与受托人建立了信托关系，其信托契约限于委托人在世时有效；身后信托则根据个人遗嘱办理身后的有关信托事项，如执行遗嘱、管理财产、为保寿险者在身后代领赔款等，仅限于委托人去世后生效。法人信托，又称公司信托，即委托人不是某个人，而是单位或者公司等具备资格的法人委托受托人办理信托业务。

（四）按信托财产种类不同划分

按信托财产种类不同划分，可以分为资金受托、实物受托、债权信托和经济事务信托。资金信托，又称金钱信托，是一种以货币资金为标的物的信托业务，如单位资金信托、公益资金信托、劳保基金信托、个人特约信托等。实物信托，是一种以动产或不动产为标的物的信托业务。动产指原材料、设备、物资、交通工具；不动产指厂房、仓库和土地等。债权信托是一种以债权凭证为标的物的信托业务，如代为清理和代为收付款项、代收人寿保险公司赔款。经济事务信托，是一种以委托代办各种经济事务为内容、委托凭证为标的物的信托业务。如委托转让、委托审查、委托代理会计事务等。

（五）按信托是否跨国划分

按信托是否跨国划分，可以分为国内信托和国际信托。国内信托，即信托关系人及信托行为在国内进行，其业务主要有信托、委托、代理、租赁、咨询等。国际信托，即信托关系人及信托行为跨国进行。其业务主要有国际信托投资、国际租赁、代理发行外币有价证券、对外担保见证及国际咨询业务等。

三、信托投资公司会计核算的特点

(1) 信托投资公司因接受信托而取得的财产，以及因信托资产的管理、处分或者其他情形而取得的财产叫信托资产。信托资产不属于信托投资公司的自有财产，也不属于信托投资公司对收益人的负债。信托投资公司终止时，信托资产不属于其清算资产。

(2) 信托投资公司的自有资产与信托资产应分开管理,分别核算。信托投资公司管理不同类型的信托业务,应分别按项目设置信托业务明细账进行核算管理。

(3) 资产来源类科目应按类别、委托人等设置明细账,具体分为短期信托资产来源、长期信托资产来源。短期信托资产来源指不超过一年的信托资产来源,包括短期信托存款、代扣代缴税金、待分配信托收益、应付受托人收益及应付其他收益人款项等;长期信托资产来源指一年以上的信托资产来源,包括长期信托存款、委托存款、财产信托、公益信托、投资基金信托、有价证券信托等。

(4) 资产运用类科目应按其类别、使用人和委托人等设置明细账,具体分为短期信托资产运用、长期信托资产运用。短期信托资产运用是指不超过一年的信托资产运用,包括信托货币资金、拆出信托资金、短期信托贷款、短期信托投资、信托财产等;长期信托资产运用是指一年期以上的资金运用,包括长期信托贷款、委托贷款、长期信托投资、信托租赁资产等。

第二节 信托存款与委托存款业务的核算

一、信托存款与委托存款

(一) 信托存款

信托存款是在特定的资金来源范围内,由金融机构办理的存款。吸收信托存款的资金来源一般是指那些游离于生产和流通环节之外的非经营性资金,而且委托人对其有自主支配权,并非生产和流通领域的暂时闲置资金和预算内资金。例如,财政部门可以有偿使用的预算外资金,各企业主管部门可自主支配和有偿使用的资金,劳动保险机构的劳保基金,科研单位的科研基金,各种学会、基金会的基金等。信托存款一般为定期1年以上的定期存款。

信托存款每笔资金都单独管理、独立核算。信托机构对存款的运用效益决定信托存款的收益,并且其收益由信托机构按合同规定支付委托人本人或委托人指定的第三人。委托人保本之外,收取固定收益。信托机构的收益则来自支付委托利息外的资金营运的多余收入,而不是收取的手续费。

(二) 委托存款

委托存款是指委托人将定额资金委托给信托机构,由其在约定期限内按规定用途进行营运。营运收益时扣除一定信托报酬后全部归委托人所有的信托业务,与一般的信托货币资金存在许多实质性的差异。

二、信托存款的核算

客户提出申请,填写“存款委托书”后,信托机构应审查其资金来源,审查合乎规定后，与客户签订“信托存款协议书”，写明信托存款金额、期限、信托收益支付方法、指定受益人、手续费率等。信托机构为委托人开立账户，委托人将信托存款划转到信托机构开立的银行账户，信托机构相应签发存款凭证给委托人。

（一）会计科目设置

1.“代理业务负债——信托负债”科目

该科目属于负债类科目，核算企业不承担风险的代理业务收到的款项，包括受托投资和受托贷款资金等。

2.“应付利息”科目

该科目属于负债类科目，贷方反映应计提的存款利息，借方反映实际支付的存款利息，期末贷方余额反映应付未付利息，本科目应按存款客户设置明细科目。

3.“营业费用——利息支出”科目

该科目属于损益类科目，借方反映预提的应付利息或实际支付的各项利息，会计期末应将本科目借方发生额从贷方转入“本年利润”科目借方，期末无余额，本科目应按存款客户设置明细科目。

（二）账务处理

1. 开户

当信托投资公司接受客户委托，收到客户存入信托存款时，其会计分录为：

借：银行存款（或存放中央银行款项或吸收存款）

　　贷：代理业务负债——××单位信托存款户

2. 计息

信托存款是定期存款，原则上在期满后利随本清，但在存款期内根据权责发生制原则定期计算应付利息，其会计分录为：

借：营业费用——××信托存款利息支出户

　　贷：应付利息——××单位户

3. 到期支取

存款单位在信托存款期满后，凭信托存款单向信托机构提取存款，并结清利息。如果存款单位因各种客观原因，与信托机构协商后，可提前支取，但利率按银行同期活期存款利息计算，其会计分录为：

借：代理业务负债——××单位信托存款户

　　应付利息——××单位户

　　营业费用——××信托存款利息支出户

　　贷：银行存款

【例 10-1】 2017 年 3 月 1 日，甲信托投资公司收到 A 公司存入信托存款 500 万元，存期 1 年，年利率 3%，采取利随本清的结息方式，2018 年 3 月 1 日 A 公司前来支取存款本金（单位：万元）。

（1）信托投资公司接受存款的会计分录为：

借：银行存款　　500

　　贷：代理业务负债——A 公司信托存款户　　500

(2) 2018 年 3 月 1 日支付 A 公司到期存款的会计分录为：

借：代理业务负债——A 公司信托存款户 500
　　营业费用——信托存款利息支出 15
　贷：银行存款 515

三、委托存款的核算

客户与信托机构商定办理委托业务后，双方应签订“委托存款协议书”，标明存款的资金来源、金额、期限及双方的责任等。信托机构根据协议书为客户开立委托存款账户，由客户将委托存款资金存入到信托机构开立的银行账户里，信托机构则向客户开出“委托存款单”。

（一）会计科目设置

信托机构为全面反映和监督委托存款业务情况，应设置“代理业务负债——委托存款”“利息支出——委托存款利息支出”等科目。其中“代理业务负债——委托存款户”科目，该科目属于负债类科目，贷方反映公司代客户向指定的单位或项目进行贷款或投资而收到客户存入的款项，借方反映归还的委托资金，期末贷方余额反映尚未归还的委托存款资金。委托存款按委托业务持续时间不同，分为长期委托存款和短期存款，本科目应按存款客户设置明细账目。

（二）账务处理

客户与信托机构商定办理委托业务后，双方应签订“委托存款协议书”，标明存款的资金来源、金额、期限及双方的责任等。信托机构根据协议书为客户开立委托存款账户，由客户将委托存款资金存入到信托机构开立的银行账户里，信托机构则向客户开出“委托存款单”。

1. 开户

当信托投资公司接受客户委托，收到客户存入的委托存款时，其会计分录为：

借：银行存款
　贷：代理业务负债——××单位户委托存款户

2. 计息

信托机构按银行同期活期存款利率，按季给委托存款计息，计息的基数是委托存款与委托贷款余额的轧差数。

借：营业费用——××委托存款利息支出户
　贷：应付利息——××单位委托存款户

3. 支取

委托人对于委托存款随时可以支取，但对已发放委托贷款，在收回贷款之前不能支取。因此，对于委托存款的支取只限于委托存款大于委托贷款的部分，或者是在委托贷款收回之后，支取委托存款，信托机构收到委托人支取委托存款的通知后，将款项划入委托人的银行账户，其会计分录为：

借：代理业务负债——××单位委托存款户
　贷：银行存款

【例 10-2】 2018 年 3 月 2 日，甲信托公司接受 B 公司委托存款 200 万元，会计分录为（单位：万元）：

借：银行存款　　200

　贷：代理业务负债——B 公司委托存款户　　200

第三节　信托贷款与委托贷款业务的核算

一、信托贷款与委托贷款

（一）信托贷款

信托贷款是指信托机构运用自有资金、信托存款或筹集的其他资金，对自行审定的企业和项目，自助发放贷款的业务。贷款的对象、用途、期限和利率等都由信托机构根据国家政策自行确定，贷款的风险责任也由信托投资公司承担。它的性质与用途与银行贷款相似，但更灵活、方便、及时。信托贷款的用途主要是解决企业单位某些正当、合理，而银行限于制度规定无法支持的资金需求。

（二）委托贷款

委托贷款是信托投资公司按照委托人指定的对象、项目、用途、期限、金额、利率而发放的贷款。委托贷款的发放必须有与之对应的委托存款作为资金来源，并且贷款额不能超过存款额。信托机构监督使用并到期回收本息的业务。由于信托资金的运用对象、运用范围等均由委托人事先指定，信托机构对委托贷款能否达到预期收益以及到期能否收回不负任何经济责任。

二、信托贷款的核算

借款单位向信托机构提出申请后，由信托机构进行审查。审查决定贷款后，由借款单位出具借据，并按要求出具贷款担保，然后与信托机构签订“信托借款合同”，合同写明贷款的金额、期限、利率等。贷款到期，信托机构收回本息。如借款单位确有困难不能还款，应在到期前提出申请，有担保的还需原担保单位承诺担保，然后经信托机构审查同意办理一次续展，续展期最长不超过半年。

（一）会计科目设置

1. “贷款——信托贷款”科目

该科目属于资产类科目，本科目核算信托项目管理运用、处分信托财产而持有的各项贷款。借方登记信托机构发放的信托贷款本金，贷方登记收回的信托贷款本金，期末借方余额表示发放的信托贷款的余额，具体分为期限不超过一年的短期信托贷款和一年期以上的长期信托贷款，本科目应按贷款单位进行明细核算。

2. “应收利息”科目

该科目属于资产类科目，本科目核算信托项目应收取的利息，包括债权投资、拆出资金、贷款、买入返售证券、买入返售信贷资产计提的利息等，借方登记信托机构应向借款单位收取的利息，贷方登记实际收回或预收的利息，期末借方余额表示应收未收利息，本科目应按往来客户设置明细账。

3. “利息收入”科目

该科目属于损益类科目，贷方登记发生的各项贷款利息收入，期末贷方余额结转“本年利润”贷方，结转之后无余额，本科目应按往来客户设置明细账。

（二）账务处理

1. 开户

借：贷款——××单位信托贷款户

　贷：银行存款或吸收存款

2. 计息

信托机构按季根据每个借款单位的借款基数分别计算，其会计分录为：

借：应收利息

　贷：利息收入——××贷款利息收入户

3. 收回

信托贷款到期后，信托机构要及时收回信托贷款本金，其会计分录为：

借：银行存款

　贷：贷款——××单位信托贷款户

　　应收利息——××贷款利息收入户

【例 10-3】 甲信托公司贷放给华发公司信托贷款 300 万元，年利率 6.5%，期限 1 年，采取利随本清的计息方式。

(1) 发放贷款的会计分录为(单位：万元)：

借：贷款——华发公司信托贷款户　　300

　贷：银行存款　　300

(2) 到期回收贷款本利的会计分录为：

借：银行存款　　319.5

　贷：贷款——华发公司信托贷款户　　300

　　利息收入——华发公司信托贷款利息　　19.5

三、委托贷款的核算

由委托人向信托机构提出办理委托贷款的申请，信托机构审查同意后与委托人签订委托贷款合同。委托人按合同向信托机构交存委托基金，信托机构为其开立委托存款户，专项存储。信托机构按委托人要求发放贷款，并督促借款单位按期归还贷款。委托期满，信托机构将以收回的委托贷款和尚未发放的委托存款退回委托人，并收取规定的手续费。手续费按委托金额和期限征收，手续费率每月最高不超过 3%，付款方式、时间由双方商定。需要注意的是，如有到期未收回的委托存款，信托机构应保留相应委托存款资金，待委托款全部收回再予以全部归还。

（一）会计科目设置

1.“代理业务资产——委托贷款”科目

该科目属于资产类科目，核算信托机构接受客户委托代理发放的贷款。借方反映委托贷款的发放，贷方反映委托贷款的收回，期末借方余额反映委托贷款实有额。本科目应按委托单位设置明细账。

2.“应付账款——应付委托贷款利息”科目

该科目属于负债类科目，贷方反映受贷方交来的应付给委托方的贷款利息（不含受托方按合同规定收取的手续费），借方反映交付给委托人的委托贷款利息，期末贷方余额反映已收回但尚未交给委托方的委托贷款利息，是公司的一项短期债务，本科目应按委托单位设置明细账。

3.“手续费及佣金收入——委托贷款手续费收入”科目

属于损益类科目，核算信托机构收取的手续费，贷方反映各项手续费收入，期末将贷方余额结转“本年利润”科目贷方，结转之后应无余额。

（二）账务处理

1. 发放贷款

委托贷款的发放，事先要由委托人通过书面形式通知信托机构，内容包括贷款单位名称，贷款用途、贷款金额、贷款时间、贷款利率等。借款单位按规定要向信托机构报送有关资料，并填写借据，签订借款合同。然后，信托机构将贷款款项划到借款单位的银行账户里，其会计分录为：

借：代理业务资产——××单位委托客户
　　贷：银行存款

2. 收取手续费

信托机构按委托人的要求发放贷款应收取手续费作为收入。手续费率要根据银行承担责任大小，按贷款额的一定比例确定。如在发放贷款时向委托人收取手续费，则应通过委托人在银行的存款账户收取，其会计分录为：

借：银行存款
　　贷：手续费及佣金收入——委托贷款手续费收入

如果按存贷利差收取手续费，则是在按季计算贷款利息时一并收取，其会计分录为：

借：银行存款
　　贷：应付账款——应付委托贷款利息户
　　　　手续费及佣金收入

3. 收回

委托贷款到期，由信托投资公司负责收回贷款的，其会计分录为：

借：银行存款
　　贷：代理业务资产——××单位委托贷款户

4. 委托

如果协议规定在贷款收回后终止委托行为，则应将委托存款及利息划转到委托人在银行开立的账户中。会计分录为：

借：代理业务负债——××单位户

　贷：银行存款

【例 10-4】 甲信托公司接受B公司委托，贷放给A公司委托贷款150万元，贷款期限1年，年利率为7%。双方约定信托公司在放款时按照贷款金额的1.5%收取手续费。

(1) 放款时，其会计分录为(单位：万元)：

	借方	贷方
借：代理业务资产	150	
贷：银行存款		150

(2) 收取手续费时，其会计分录为：

	借方	贷方
借：银行存款	2.25	
贷：手续费及佣金收入——委托贷款手续费收入		2.25

(3) 贷款到期时，信托公司代为收回贷款利息，会计分录为：

	借方	贷方
借：银行利息	160.25	
贷：代理业务资产——金贸公司委托贷款		150
应付利息——B公司		10.5

第四节　信托投资与委托投资业务的核算

一、委托投资与信托投资

(一) 委托投资

委托投资是指委托人将资金事先存入信托机构作为委托投资基金，委托信托机构按其指定的对象、方式进行投资，并对资金的使用情况、被投资企业的经营管理和利润分配等进行管理和监督的业务。信托机构要对受托资金进行单独管理、单独核算，按期结清损益，在扣除规定的费用后，损益归委托人所有。委托投资既可以直接投资于企业，也可用于购买股票、债券等有价证券。

(二) 信托投资

信托投资是信托机构以自有资金或未指定使用对象和范围的信托存款进行投资，使信托机构以投资者身份，直接参与企业的投资及其经营成果的分配，并承担相应的经济责任的业务。信托机构与被投资单位签订投资合同，合同一般应写明投资项目的内容、规模、方式、投资金额、参与投资的方式和具体条件，投资各方受益的分配方法等。信托机构将认定的投资资金按期足额划入合资企业账户，并定期或不定期对资金的使用进行检查，促使投资项目按时施工、按时投产、按时竣工，尽快产生效益。信托投资的收益全部归信托机构，风险亦由其承担。

信托投资包括短期信托投资和长期信托投资。短期信托投资指能够随时变现并且持有时间不准备超过一年的信托投资，包括股票、债务、基金等；长期信托投资是指短期信托投资外的信托投资，包括股权投资、债券投资等。

二、委托投资的核算与管理

委托投资是信托机构接受企业的委托资金，按其指定的对象、范围和用途进行投资，信托机构受托监督投资资金的使用、被投资企业经营状况及利润分配等。委托投资的收益全部归委托人所有，信托机构一般只收取一定比例的手续费，投资风险也由委托人承担。

（一）会计科目设置

1."代理业务资产——委托投资"科目

该科目属于资产类科目，核算信托机构接受客户委托代理客户进行的投资，借方反映受客户委托投出的资金，贷方反映收回的投资，期末借方余额反映尚未收回的委托投资，本科目按委托单位和投资设置明细账。

2."其他收入——委托投资手续费收入"科目

该科目属于损益类科目，核算信托机构收取的手续费。贷方反映各项手续费收入，期末将贷方余额结转"本年利润"科目贷方，结转之后无余额。

（二）账务处理

1.委托投资

信托投资公司接受委托，收到委托资金并对外投资时，其会计分录为：

借：银行贷款

　贷：代理业务负债——××单位委托存款户

借：代理业务资产——委托投资——××投资单位户

　贷：银行存款

2.取得投资收益

委托投资的资金分得的红利划到信托投资机构的银行账户，并转入委托人的委托存款账户时，其会计分录为：

借：银行存款

　贷：代理业务负债——××单位委托存款户

3.收取手续费

开办委托投资业务，信托公司收取手续费的核算与经办委托贷款业务手续费的核算相同。

借：银行存款

　贷：其他收入——委托投资手续费收入

【例10-5】　甲信托投资公司接受A公司存入资金300万元投资于D公司，经协商，信托投资公司收取投资额2%的手续费。具体会计分录为(单位：万元)：

（1）收到投资资金时，其会计分录为：

借：银行存款　　300

　贷：代理业务负债——A公司委托存款　　300

（2）对外投资时，其会计分录为：

借：代理业务资产——委托投资——D公司　　300

　贷：银行存款　　300

（3）收取手续费时，其会计分录为：

借：银行存款　　6

　贷：其他收入——委托投资手续费收入　　6

三、信托投资的核算

信托投资通过“交易性金融资产”和“可供出售金融资产”进行核算。详细核算可以参看第八章证券公司会计中的相关内容。

第五节　其他信托业务的核算

信托公司其他信托业务包括财产信托、投资基金信托、公益信托、拆出信托资金、代理、咨询、担保等业务。

一、财产信托的核算

财产信托是指委托人将现存资产或财产性权利，如房产、股权、信贷资产、利得财富、路桥、工业森林、加油站收益等委托给信托公司，再向投资者转让信托权益。财产信托应按委托人、财产种类进行明细核算。

（1）接受信托资产时，其会计分录为：

借：固定资产

　贷：代理业务负债

（2）终止财产信托时，其会计分录为

借：代理业务负债

　贷：固定资产

（3）信托财产租赁的核算。

① 如果是经营性租赁，其会计分录为：

借：经营租赁资产

　贷：固定资产

收到经营性租赁的租金收入，其会计分录为：

借：应收经营租赁款

贷：租赁收入——经营租赁收入

② 如果是融资租赁，会计分录为：

借：融资租赁资产

贷：固定资产

租赁期开始日，出租人将租赁资产租给承租人，其会计分录为：

借：应收融资租赁款

未担保余额

贷：融资租赁资产

银行存款

未实现融资收益

(4) 计提应付委托人受益时，其会计分录为

借：营业费用

贷：应付受托人报酬

(5) 支付收益时，其会计分录为：

借：应付受托人报酬

贷：银行存款

二、投资基金信托的核算

投资基金信托是信托投资公司受托经办国家有关法规允许从事的投资基金业务。具体账务处理如下。

(1) 批准办理时，其会计分录为：

借：银行存款

贷：投资基金信托

(2) 终止时，其会计分录为：

借：投资基金信托

应付受托人报酬

贷：银行存款

三、公益信托

公益信托是信托投资公司为公益目的而设立的信托，公益项目包括救济贫困，救助残疾人，发展教育、科技、体育、文化、艺术事业，发展医疗卫生事业、维护生态环境，发展其他有利于社会的公共事业。

当信托投资公司办理公益信托业务时，按实际收到的金额或财产价值入账，其会计分录为：

借：银行存款

贷：公益信托

公益信托应按信托类别、委托人进行明细分类核算。

四、拆出信托资金的核算

当信托公司拆出信托资金时，其会计分录为：

借：拆出资金——××单位户

　贷：银行存款

收到拆出信托资金利息时，其会计分录为：

借：银行存款

　贷：信托收入——拆出资金利息收入

收回拆出信托资金时，其会计分录为：

借：银行存款

　贷：拆出资金——××单位户

五、代理、咨询、担保等业务

1. 办理代理业务

信托投资公司接受客户的委托，以代理人身份，代为办理其指定的经济事项的业务称为代理业务。代理业务不要求委托人转移其财产所有权，一般是发挥财务管理职能的信用服务。信托机构办理的代理类业务主要有：代理收付款业务、代理有价证券业务、代保管业务、代理保险业务、担保签证业务、代理会计事务业务等。

信托公司办理代理业务，在一定程度上会影响信托机构的资产负债情况，如代收、代付款项，要涉及公司银行账户的变动，担保业务也可能会形成公司的一项负债和或有负债，因此有必要对这些业务进行核算。

当办理代理业务收取手续费时，其会计分录为：

借：银行存款

　贷：其他收入——××业务收入

2. 办理代付业务

(1) 当委托人拨来代付资金时，其会计分录为：

借：银行存款

　贷：代理收付款项——代理付款——××单位户

(2) 办理代付业务，付出款项时，其会计分录为：

借：代理收付款项——代理付款——××单位户

　贷：代理收付款项——代理收款——××单位户

(3) 将款项交付委托人时，其会计分录为：

借：代理收付款项——代理付款——××单位户

　贷：银行存款

3. 代保管业务

信托公司开办代保管业务所保管资产的所有权仍属委托者，应作为账外保管物品进行核算，进行备查登记。

4. 担保业务

信托机构办理担保业务，承担较大的风险，一旦被担保单位不能支付款项，信托机构就必须承担连带责任。因此，担保额形成信托机构的一项或有负债，在资产负债表外披露。信托机构必须对此类或有负债加强管理，在备查簿中按担保类别主笔登记期限、金额等。

发生担保赔款时，其会计分录为：

借：其他收入——其他信托收入

　贷：银行存款

六、信托损益的核算

1. 信托收入的核算

信托收入包括信托投资收入、信托贷款利息收入、信托租赁收入、拆出信托资金利息收入、手续费收入等。信托投资公司发生信托收入时，其会计分录为：

借：银行存款

　贷：利息收入

　　　投资收益

2. 信托费用的核算

信托费用分为可直接归集于某项信托资产的费用和不可直接归集于某项信托资产的费用两种。前者属于因办理某项信托资产业务而发生的费用，可直接归集于该项信托资产，由该项信托资产承担；后者不属于因办理某项信托资产业务而发生的费用，不可直接归集于该项信托资产，由信托投资公司承担。

发生由信托资产承担的费用时，其会计分录为：

借：利息支出

　贷：银行存款

3. 信托损益的结转

期末，信托收入和信托费用转入信托损益科目，其会计分录为：

借：信托收入

　贷：本年利润

借：本年利润

　贷：信托费用

期末，信托投资公司应将未分配给受益人和委托人的信托收益结转为待分配信托收益，其会计分录为：

借：本年利润

　贷：利润分配

【例 10-6】 中企港信托投资公司 2005 年度共获得信托投资收入 600 万元，其中信托贷款利息收入 500 万元，手续费收入 550 万元，发生办公费用 800 万元，利息支出 90 万元。

结转损益的会计分录如下：

分录	借方	贷方
借：本年利润	8 900 000	
贷：业务及管理费		8 000 000
利息支出		900 000
借：投资收益	6 000 000	
利息收入	5 000 000	
手续费及佣金收入	5 500 000	
贷：本年利润		16 500 000
借：本年利润	7 600 000	
贷：利润分配		7 600 000

关键术语

信托　信托存款　委托存款　委托贷款　信托贷款　信托投资　委托投资　信托收入　公益信托

思考题

1. 对何理解信托业务？信托业务有哪些类型？
2. 信托存款与委托存款有哪些异同点？如何来核算？
3. 信托贷款与委托贷款有哪些异同点？如何来核算？
4. 信托投资与委托投资有哪些异同点？如何来核算？

第十一章　期货公司会计核算

学习内容与目标

本章介绍期货公司业务概述、期货经纪业务的核算和期货投资业务的核算。通过本章学习要求了解期货的概念、期货交易制度、期货公司会计核算的特点；掌握衍生工具的核算和期货投资业务的核算；熟练掌握期货经纪业务的核算。

第一节　期货公司业务概述

一、期货公司业务内容

期货公司是代理客户从事期货交易的企业法人或由企业法人设立的分支机构。期货公司接受期货投资者的委托，按照客户下达的指令，以自己的名义为投资者的利益进行期货交易并收取佣金。按目前的政策规定，期货公司只能代理客户进行期货交易，不得进行期货自营业务。

期货公司作为代理客户在期货交易所进行交易的中介交易机构，它的主要职能为：接受客户的委托，按照客户下达的指令代客户买卖期货合约，办理各种交易手续，按客户的要求提供期货服务；向客户收取保证金，向期货交易所保证客户的履约责任，并随时向客户报告合约的交易情况和保证金的变化情况；为客户提供市场行情，充当客户的交易顾问，为客户提供咨询服务或培训等，代理客户进行实物交割。

二、期货公司的结算制度

期货公司的介入，使期货交易分成两步：一是期货公司与客户之间的委托买卖关系，期货公司接受客户的买卖指令；二是将指令传到期货交易所的交易场内，由其场内出市代表利用交易所提供的设施和服务进行交易，相应地，经纪人与客户之间发生一系列有关的保证金和手续费的收取及支付业务。

作为期货交易与客户的中介，期货公司在期货交易所负有双重责任。期货公司的这种特殊地位决定它在期货交易中面临的风险不容忽视，为此期货公司都建有完善的结算制度。这些制度主要包括以下五类。

（一）保证金制度

保证金是确保买卖双方履约的一种财力担保，不仅期货交易所要求期货公司交纳一定数量的保证金，期货公司也会要求客户为每一笔交易交纳保证金，以保证合约履行。

保证金包括基础保证金和交易保证金。基础保证金是期货公司预先向期货交易所交纳一笔巨额的基础保证金，在一般情况下，这笔保证金不得用作交易保证金或结算款项。在期货公司退出期货交易所时，这笔基础保证金也随之归还。

交易保证金是期货公司要向期货交易所交纳持仓合约占用的保证金，主要包括：① 初始保证金是在新开仓时用以担保初始买卖期货合约的保证金，其数额由期货交易所规定。② 维持保证金。这是期货交易所规定交易者必须维持的最低保证金水平。一旦持仓合约价值变化，导致存入结算账户的资金余额低于维持保证金水平，必须补交保证金以达到初始保证金水平。③ 追加保证金。补交的保证金就是追加保证金。

（二）每日结算制度

在每日收市时，期货交易所对每位会员进行交易核算，计算出各结算会员当日的盈亏。若期货公司代理的业务发生亏损，必须补交差额资金；反之，若为盈余，则期货交易所会将超过规定保证金水平的款项在第二天自动支付给期货公司。

（三）违约处理制度

若期货公司破产或不能履约，期货交易所将根据违约处理制度来限制风险，保证履约。一般来说，期货交易会用交易保证金和结算准备金抵债，若仍不能完全弥补，则用期货公司的基础保证金补足差额。

（四）强制平仓制度

若客户在规定的时间内没有追加保证金，则期货公司有权将客户的未平仓合约进行强制平仓，直到账户中的保证金余额能够维持剩余头寸为止。

（五）手续费制度

无论交易者是买还是卖都必须交付一笔手续费，其金额由期货交易所规定，有的按成交金额的比例收取，有的按合约张数收取。期货公司向客户收取的手续费构成了期货公司的主要业务收入来源。

三、期货公司会计核算的内容

期货交易是保证金交易，从参与期货交易的资金来讲，都是先以资金形态存在，然后因持仓而转化为合约占用状态，通过买进或卖出合约平仓了结交易，合约占用形态的资金又转化为货币资金形态。

期货公司获得期货交易所会员资格后，期货公司即可开办代理业务，在替客户下单开始交易前，首先要求客户交纳一笔保证金，为即将开始的期货交易做担保。客户交来这笔资金后，期货公司要将其作为结算准备金转交给期货交易所。客户下达指令开始交易后，期货公司则根据客户的持仓和结算情况调整保证金。具体来说，期货公司会计核算包括以下三个部分。

（一）与期货交易所有关的业务核算

与期货交易所有关的业务核算包括与会员席位有关的业务核算和与日常核算有关的业务核算。与会员席位有关的业务包括期货公司为取得期货资格交纳的会员资格费；会员资格进行转让时取得的损益；需要缴纳的基本席位以外的席位占用费及退还席位时收回的席位占用费；期货公司每年对期货交易所缴纳年会费的核算。与期货交易所日常交易业务有关的核算包括期货公司将期货保证金存入期货交易所；保证金的划回及提取；客户平仓后代扣的手续费；当不能用货币资金补充保证金时，提交质押物进行融资的业务；代理客户对未平仓合约进行实物交割；交易盈亏的结转。

（二）对客户业务的核算

对客户业务的核算包括吸收客户保证金的核算，客户保证金清退的核算，平仓后从保证金中收取代理手续费的核算，对客户不能用货币资金追加保证金时接受保证金质押业务的核算，代理客户进行实物进行交割业务的核算，客户平仓盈亏的核算。

（三）其他业务的核算

其他业务的核算包括期货公司按规定提取风险准备金及其支用的核算，由于各种原因形成的错单交易的核算，对期货公司存在结算差异的核算，客户违约处罚的核算等。

第二节　期货经纪业务的核算

一、期货经纪业务概述

期货经纪公司是指依法设立的、接受客户委托、按照客户的指令、以自己的名义为客户进行期货交易并收取交易手续费的中介组织。期货经纪公司不能从事自营业务，只能为客户进行代理买卖期货合约、办理结算和交割手续；对客户账户进行管理，控制客户交易风险；为客户提供期货市场信息，进行期货交易咨询，充当客户的交易顾问等。

期货经纪业务包括商品期货经纪业务和金融期货经纪业务。商品期货又分为工业品[可细分为金属商品（贵金属与非贵金属商品）、能源商品]、农产品、其他商品等。金融期货主要是传统的金融商品（工具）如股指、利率、汇率等，各类期货交易包括期权交易等。

二、会计科目设置

根据《期货交易管理条例》《期货公司会计科目设置及核算指引》等规定，期货公司可以设置的会计科目如表 11-1 所示。

表 11-1　期货公司主要会计科目

资产类	负债类	损益类
期货保证金存款	应付货币保证金	手续费收入
应收货币保证金	应付质押保证金	佣金收入
应收质押保证金	应付手续费	佣金支出
应收结算担保金	应付佣金	提取期货风险准备金
应收风险损失款	期货风险准备金	
应收佣金	应付期货投资者保障基金	业务及管理费—监管费、年会费、席位使用费、客户服务费、提取期货投资者保障基金等
期货会员资格投资		
	所有者权益类	
	一般风险准备金	

（一）“期货保证金存款”科目

该科目属于资产类科目，核算期货公司收到客户（或分级结算制度下全面结算会员收到非会员）缴存的货币保证金以及期货公司存入期货保证金账户的款项，可按银行存款账户进行明细核算。

（二）“应收货币保证金”科目

该科目属于资产类科目，核算期货公司向期货结算机构（经中国证监会批准，期货交易所可以实行全面结算制度或者会员分级结算制度，期货结算机构是指交易所或分级结算制度下的特别结算会员与全面结算会员，下同）划出的货币保证金以及期货业务盈利形成的货币资金，可按期货结算机构进行明细核算。

（三）“应收质押保证金”科目

该科目属于资产类科目，核算期货公司代客户向期货交易所办理有价证券冲抵保证金业务形成的可用于期货交易的保证金，可按期货结算机构进行明细核算。

（四）“应收结算担保金”科目

该科目属于资产类科目，核算分级结算制度下结算会员（包括全面结算和交易结算，下同）按规定向期货交易所交纳的结算担保金，可按期货交易所进行明细核算。

（五）“应收风险损失款”科目

该科目属于资产类科目，核算期货公司为客户垫付尚未收回的风险损失款，可按客户进行明细核算。

（六）“应收佣金”科目

该科目属于资产类科目，核算期货公司应收取的与其经营活动相关的佣金，可按佣金支付对象进行明细核算。

（七）“应付货币保证金”科目

该科目属于负债类科目，核算期货公司收到客户（或分级结算制度下会员收到非结算会员）缴存的货币保证金以及期货业务盈利形成的货币保证金，可按客户或分级结算制度下非结算会员进行明细核算。

（八）"应付质押保证金"科目

该科目属于负债类科目，核算期货公司带客户向期货交易所办理有价证券冲抵保证金业务形成的可用于期货交易的保证金，可按客户（或分级结算制度下非结算会员）和有价证券类别进行明细核算。

（九）"应付手续费"科目

该科目属于负债类科目，核算期货公司为期货结算机构代收尚未支付的手续费，可按期货结算机构进行明细核算。

（十）"应付佣金"科目

该科目属于负债类科目，核算期货公司应支付的与其经营活动相关的佣金，可按佣金支付对象进行明细核算。

（十一）"期货风险准备金"科目

该科目属于负债类科目，核算期货公司按规定以手续费收入的一定比例提取的期货风险准备金。

（十二）"应付期货投资者保障基金"科目

该科目属于负债类科目，核算期货公司按规定提取的期货投资者保障基金

（十三）"一般风险准备"科目

该科目属于权益类科目，核算期货公司按规定以本年实现净利润的一定比例提取一般风险准备金。

（十四）"手续费收入"科目

该科目属于损益类科目，核算期货公司向客户收取的交易手续费。代理结算手续费、交割手续费、有价证券充抵保证金业务手续费收入以及期货公司收到期货交易所返还、减收的手续费收入、可按交易手续费、代理结算手续费、交割手续费、有价证券充抵保证金业务手续费、交易所手续费返还、交易所手续费减免等类别进行明细核算。

（十五）"佣金收入"科目

该科目属于损益类科目，核算期货公司确认的佣金收入，可按佣金收入类别进行明细核算。

（十六）"佣金支出"科目

该科目属于损益类科目，核算期货公司发生的与其经营活动相关的佣金支出。

（十七）"提取期货风险准备金"科目

该科目属于损益类科目，核算期货公司按规定以手续费收入的一定比例提取的期货风险准备金。

三、期货经纪业务的账务处理

（一）会员资格费的核算

期货公司要取得会员资格必须向期货交易所认缴会员资格费。它是期货公司进入

期货交易所交易的资格，也就是取得经纪资格和营业权利的代价。

由于期货交易中会员资格费的特殊性，设置"期货会员资格投资"科目，用于核算期货公司为取得会员资格而以交纳会员资格费的形式对期货交易所形成的投资。

（1）期货公司为取得交易所会员资格而缴纳会员资格费时，应按实际支付的款项做会计分录：

借：期货会员资格投资

　贷：银行存款

（2）期货公司转让会员资格，其会计分录为：

借：银行存款

　贷：期货会员资格投资

　　投资收益

（3）被取消会员资格，其会计分录为：

借：银行存款

　投资收益

　贷：期货会员资格投资

（二）席位占用费的核算

企业在期货交易所认购了会员资格后，就成为期货交易所的一名会员，并取得了一个基本交易席位。若一个席位费不能满足交易需要，期货公司还想取得更多的席位，则必须申请，并缴纳席位占用费。

对于期货公司支付的席位占用费，应通过"业务及管理费——席位使用费"科目，核算企业为取得基本席位之外的席位而缴纳的席位占用费。当期货公司因经营的需要，认为无须占用太多的交易席位时，可以向交易所退还申请增加的交易席位。此时，交易所应全额归还原来向会员收取的席位占用费。

期货公司为取得基本席位之外的席位而向交易所缴纳席位占用费，其会计分录为：

借：业务及管理费——席位占用费

　贷：银行存款

如果期货公司退还席位，在收到交易所退还的席位占用费时，做相反的会计分录。

（三）缴纳会费的核算

期货公司应定期(一般是每年)向交易所缴纳年会费，以维持交易所会员服务所必需的费用开支。年会费按占用席位和期货交易所理事会审议通过的标准向期货交易所缴纳。

期货公司向交易所缴纳年会费时，按实际支付的款项做如下会计分录：

借：业务及管理费——年会费

　贷：银行存款

（四）开仓、持仓与货币保证金的核算

1. 公司与期货交易所的保证金核算

期货交易所对会员实行严格的保证金制度，要求每一个会员单位必须在交易所结算部门存入一定的资金。期货公司向交易所交纳的保证金按是否被合约占用可分为两

类：结算准备金和交易准备金。

(1) 结算准备金及其核算。结算准备金是指期货公司在期货交易所存入的、为交易结算预先准备的款项，是尚未被合约占用的保证金，包括为基础保证金和可用保证金。期货公司将基础保证金一次性存入保证金账户，在正常交易过程中一般不动用基础保证金，也不允许交易所动用。可用保证金是期货公司在下单买卖合约前存入交易所的款项，再加上尚未提取的平仓盈利款和期货公司为将来交易需要增加存入的款项，期货公司对这部分保证金拥有支配权，可以随时划回。

期货公司可以将基础保证金和用于结算准备的保证金都作为结算准备金，设一个账户进行管理。这样交易所只要确定一个基本金额，在正常交易中不允许正常使用，只有在会员单位其他保证金不足时方可动用。交易所对会员单位可开仓头寸的控制是按结算准备金账户中的金额扣除基础保证金部分后的差额确定的。

根据持仓合约的变化及浮动盈亏情况，交易所会减少结算准备金余额，并增加交易保证金余额，或者相反。在交易所追加保证金时，期货公司应尽快补足被动用的基础保证金。

期货公司向交易所支付基础保证金或追加保证金的会计分录为：

借：应收货币保证金

　贷：银行存款(或期货保证金存款)

【例 11-1】 甲期货公司在交易所下单买卖合约之前，存入 A 交易所的保证金账户 80 万元。A 交易所要求会员单位存入的保证金中应保持 50 万元不可动用，只能在追加保证金不足时才可以运用这笔资金。

甲期货公司的会计账户为：

借：应收货币保证金——A 交易所　　　800 000

　贷：银行存款(或期货保证金存款)　　　800 000

如果甲期货公司在期货交易所做多，但买入合约后价格一路下跌，在某一结算日形成的浮动亏损为 20 万元。甲期货公司存入的保证金总额为 80 万元，已被合约占用 20 万元，基础保证金占用 50 万元，还有 10 万元可用于支付浮动亏损。

在这种情况下，如果甲期货公司不能及时追加保证金，交易所就会动用基础保证金先抵补这部分浮动亏损。甲期货公司向交易所支付追加保证金的会计分录为：

借：应收货币保证金　　　100 000

　贷：银行存款(或期货保证金存款)　　　100 000

(2) 交易保证金及其核算。交易保证金是被合约占用的保证金，它随着交易量及结算价的变动而变动。交易保证金的增加一般是由期货公司开新仓或持仓合约发生异常变化，交易所要求增加交易保证金(如接近交割期，交易所为了保证合约履行，一般要求增加保证金的水平)。交易保证金的减少是通过对冲平仓或实物交割了结期货交易，导致合约占用的保证金被退回结算准备金账户而实现的。

客户向期货公司下达开仓指令后，若开仓合约成交，则期货交易所结算部门就会根据成交合约市价的一定比例，将结算准备金账户中的可用保证金划转到交易保证金账户中。对应这部分被划转的保证金，期货公司失去了对其的使用权，不能再将其用于开新仓或弥补交易亏损。开新仓的经纪业务不涉及期货公司的账务处理，只需通过结算部门的每日结算反映到结算单据上。

在客户持仓过程中，合约市价处于不断变化中，形成浮动盈亏。当浮动亏损达到一定程度时，可能会导致可用保证金低于结算准备金的最低水平，此时交易所就会发出追加保证金通知，期货公司需要追加保证金。

在每天交易结束后，交易所要计算每个会员的当日结算准备金金额，当会员的结算准备金低于最低结算准备金余额时，该结果就被视为交易所向会员发出的追加保证金通知，交易所通过结算银行从会员的专用资金账户中划扣。期货公司支付追加的保证金时，其会计分录为：

借：应收货币保证金

　贷：银行存款（或期货保证金存款）

2. 期货公司与客户的保证金核算

根据规定目前我国期货公司一般不要求客户缴纳基础保证金，只要求客户缴纳交易保证金。因此，期货公司收到的客户开户金实际上就是客户最初存入期货公司准备用于下单买卖合约的保证金。期货公司对客户的开户金额一般规定一个下限，客户可以根据自己将要进行交易的数量向期货公司预存一定数额的保证金。期货公司必须为每一个客户开设保证金账户，进行明细分类核算。

期货公司对收到的客户保证金应通过"应付货币保证金"科目核算，收到客户划入的保证金时，期货公司应按实际划入的款项做如下会计分录：

借：期货保证金存款

　贷：应付货币保证金

客户划出保证金时，作相反的分录。

期货公司代客户下单成交后，将成交合约应占用的保证金从客户缴存的保证金账户中划出，形成交易保证金。期货公司划转的客户交易保证金数额一般是在交易所划转的基础上略有增加。交易保证金的划转只是结算需要，已确定是否需要追加保证金，并不涉及期货公司与客户之间的真实资金运动，因此不需要进行账务处理。

在每日收盘后，期货公司将根据客户当日的盈亏情况调整客户保证金账户，将盈利增加保证金余额，将亏损减少保证金余额。按规定会员的交易保证金账户必须维持最低额度，期货公司对客户也有相似的风险管理要求。若客户保证金账户在划转交易保证金后出现亏损，或其因持有未平仓数量过多或合约价格向不利于客户的方向变动而使客户出现浮动亏损，导致其保证金数额低于维持保证金水平，该客户就必须在规定的时间内追加保证金，使保证金数额达到应有的水平。

【例 11-2】　甲期货公司代理 A 客户在大连商品交易所从事大豆期货。5 月 20 日，甲期货公司收取客户保证金 12 万元。5 月 28 日，甲期货公司接受客户指令以 2 300 元/吨的价格新开仓卖出 9 月份期货合约 100 手，每手 10 吨，共计 1 000 吨。期货公司按 5%的比例收取保证金。5 月 28 日的结算价与成交价相同，5 月 29 日的结算价为 2 270 元/吨（不考虑手续费）。5 月 20 日客户存入保证金时，甲期货公司的会计分录为：

借：期货保证金存款　　　　　　　　　　　　　　120 000

　贷：应付货币保证金——A客户　　　　　　　　　　120 000

5月28日开新仓，按成交价计算，开新仓合约占用的保证金为115 000元（2 300×100×10×5%），由于当日收盘价与成交价相同，所以当日可用的保证金大于合同占用的保证金，故无须追加保证金，不需要进行账务处理。

5月29日发生浮动亏损，即期货价格下跌发生的浮动亏损＝(2 270－2 300)×100×10＝－30 000(元)，当日保证金余额＝120 000－115 000－30 000＝－25 000(元)。

由于浮动亏损，该客户在期货公司的保证金可运用部分已成负数，期货公司要求该企业在5月30日开盘前补交发生的浮动亏损30 000元。甲期货公司收到追加保证金的会计分录为：

借：期货保证金存款　　　　　　　　　　　　　　30 000

　贷：应付货币保证金——A客户　　　　　　　　　　30 000

3. 结算准备金存款利息的核算

期货公司存入交易所的结算准备金是尚未被期货合约占用的保证金，对期货公司来讲相当于在交易所的一种存款，因此交易所应支付存款利息。通常交易所是按同期银行活期存款利率向期货公司支付结算准备金的存款利息。

交易所向期货公司支付的结算准备金存款利息是通过会员的保证金账户直接划转的。期货公司收到交易所划转的保证金存款利息时，其会计分录为：

借：应收货币保证金

　贷：利息收入

【例11-3】 在第二季度末，甲期货公司在A交易所存入的结算准备金余额为80万元。其中，基础保证金60万元，可用保证金20万元，期货公司收到交易所支付的第二季度利息2 000元（设按年利率1%支付）。

借：应收货币保证金——A交易所　　　　　　　　　2 000

　贷：利息收入　　　　　　　　　　　　　　　　　2 000

期货公司将该笔存款利息从保证金账户中划出，会计分录为：

借：银行存款　　　　　　　　　　　　　　　　　2 000

　贷：应收货币保证金——A交易所　　　　　　　　　2 000

（五）平仓盈亏的核算

通过买入或卖出而建仓的合约，以对冲的形式予以平仓是期货交易中最普通的业务，持仓合约通过对冲平仓可能出现三种情况：一是平仓价等于开仓价，交易不盈不亏；二是多头平仓价高于开仓价或空头平仓价低于开仓价，实现平仓盈利；三是多头平仓价低于开仓价或空头平仓价高于开仓价，实现平仓亏损。期货交易所对会员单位合约所实现的平仓盈亏通过准备金账户进行保证金的划转。

当不盈不亏，交易所对期货公司的结算业务只是将原合约占用的交易保证金划转为不被合约占用的结算准备金。因此，期货公司不需要对这类业务进行账务处理，只需要将结算单据作为资料备查即可。

当平仓盈利，交易所对期货公司的结算包括两部分：一是将平仓合约实现的盈利增加其结算准备金；二是将原合约占用的交易保证金划转为不被合约占用的结算准备金，此举不需作账务处理。

期货公司对平仓实现的盈利通过“应收货币保证金”和“应付货币保证金”科目核算，按期货交易所结算单据载明的平仓盈利金额作会计分录为：

借：应收货币保证金

　贷：应付货币保证金

【例 11-4】 甲期货公司代理一家客户在郑州商品期货交易所从事大豆期货交易。3 月 5 日，甲期货公司按客户指令买入 5 月份到期的大豆合约 40 手共 200 吨，成交价为 2 400 元/吨。持仓到 5 月 15 日，客户下达平仓指令，将大豆合约全部平仓了结。大豆合约的平仓成交价为 2 500 元/吨(不考虑手续费)。

(1) 计算客户的平仓盈利＝(2 500－2 400)×200＝20 000(元)。

(2) 甲期货公司的会计分录为：

	借方	贷方
借：应收货币保证金——郑州	20 000	
贷：应付货币保证金——客户		20 000

当平仓亏损时，交易所对期货公司的结算包括两部分：一是将平仓会员实现的亏损减少其结算准备金；二是将原合约占用的交易保证金转为不被合约占用的结算准备金，此举无须进行账务处理。

期货公司对平仓实现的亏损通过“应收货币保证金”和“应付货币保证金”科目核算，按期货交易所结算单据载明的平仓亏损金额做会计分录：

借：应收货币保证金

　贷：应付货币保证金

【例 11-5】 乙期货公司代理某客户在上海期货交易所从事铜期货交易。3 月 5 日，乙期货公司按客户指令卖出 8 月份到期的铜期货 20 手共 100 吨，成交价为 17 000 元/吨。3 月 15 日，8 月铜期货因国际市场影响价格上扬，该客户为减少风险决定先平掉 10 手，平仓成交价为 18 000 元/吨(不考虑手续费)。

客户的平仓亏损＝(17 000－18 000)×50＝－50 000(元)。

乙期货公司的会计分录为：

	借方	贷方
借：应付货币保证金——某客户	50 000	
贷：应收货币保证金——上海期货交易所		50 000

(六) 结算差异的核算

结算差异是由于交易所与期货公司的平仓范围、顺序和结算方法不同而产生的差异，会计上通过设置“结算差异”科目进行核算。当期货公司与交易所及客户办理结算时，对应收保证金与应付保证金之间的差异通过本科目进行核算。根据结算差异形成原因的不同，其会计核算分以下两种情况。

(1) 由于交易所是按时间顺序平仓，而期货公司是根据客户指定的交易价位进行平仓，导致两者计算的平仓盈亏不同而出现差额。由此原因形成的结算差异一般数额较小。

【例 11-6】 甲期货公司某客户持有小麦合约 100 手共计 1 000 吨，买入时间分别

是3月10日和3月15日，买入价格分别是1 400元/吨和1 350/吨，每次均购入50手。3月20日，客户指示平掉3月15日买入的合约，平仓价为1 600元/吨。

按交易所结算单计算的平仓盈利＝(1 600－1 400)×50＝10 000(元)

按客户指令计算的平仓盈利＝(1 600－1 350)×50)＝12 500(元)

不考虑手续费，结算差异为：12 500－10 000＝2 500(元)

不考虑因浮动盈亏产生的结算差异，会计分录为：

借：应收货币保证金　　10 000

　　结算差异　　2 500

　贷：应收货币保证金　　12 500

(2) 结算差异形成的另一个原因是期货交易所与期货公司的结算方式不同而形成的。交易所与期货公司之间实行每日结算和逐日盯市制度。交易所每天在交易结算后按当天的结算价与上一交易日的结算价格逐日盯市，不再区分浮动盈亏和平仓盈亏，统一进行保证金的结算和划拨。期货公司对客户保证金的核算是按照客户的开仓价和平仓价计算平仓盈亏，对浮动盈亏不入账，月末仅对平仓盈亏入账，并调整保证金账户。这样交易所和期货公司计算出的保证金因对盈亏的计算口径不同而产生差异，这部分差异实质是就是浮动盈亏。

对于期货合约当日计算的盈利，期货公司根据与客户结算的平仓盈利金额和交易所结算单据列明的盈利金额(包括平仓盈利和浮动盈利)进行比较，作相应的会计分录：

借：应收货币保证金

　　结算差异(交易所结算金额小于期货公司与客户结算金额的差额)

　贷：应付货币保证金

　　　或结算差异(交易所结算金额大于期货公司与客户结算金额的差额)

对于期货合约当日结算的亏损，期货公司按照与客户结算的平仓亏损金额和交易所结算单据列明的亏损金额进行比较，并作相应的会计分录：

借：应付货币保证金

　　结算差异(交易所结算金额大于期货公司与客户结算金额的差额)

　贷：应收货币保证金

　　　或结算差异(交易所结算金额小于期货公司与客户结算金额的差额)

【例11-7】 甲期货公司在A交易所进行期货交易，12月13日收到交易所的结算单据，显示当日的结算结果为盈利50万元，其中持仓合约的盈利为40万元，当日的平仓盈利为10万元；期货公司与客户的结算结果为平仓盈利10万元，对客户的浮动盈亏不划拨资金。

甲期货公司的会计分录为：

借：应收货币保证金——A交易所　　500 000

　贷：应付货币保证金——客户　　100 000

　　　结算差异　　400 000

为了反映期货公司整体的持仓风险情况，期货公司应在资产负债表日，按结算价计算出全体客户持仓合约所形成的浮动盈亏金额，在会计报表补充资料中予以披露。

（七）手续费的核算

手续费是由期货交易服务提供方向服务接受方收取的报酬。期货交易所按成交情况向其会员单位收取手续费，期货公司也按成交情况向客户收取手续费。在我国期货交易中，手续费是单边收取，不管交易者是买入还是卖出，是开新仓还是对冲平仓，只要合约成交都必须按一定标准缴纳手续费。交易所对不同期货品种收取的手续费标准不同，不同的期货公司向客户收取的手续费的标准也不一样。

期货公司向客户收取交易手续费、交割手续费时，按实际划转的款项进行账务处理，会计分录为：

借：应付货币保证金

　贷：手续费收入（属于期货公司收入部分）

　　应付手续费（属于为交易所代收代付部分）

向交易所支付手续费时，应按结算单据列明的金额，其会计分录为：

借：应付手续费

　贷：应收货币保证金

（八）实物交割的核算

实物交割是指期货合约到期时，交易双方通过该期货合约所载商品所有权的转移，完成未平仓合约的过程。大部分期货交易是通过对冲来平仓合约的，实物交割只占全部期货交易的2%—3%。由于期货交易是标准化合约的交易，所有作为交割的货物必须符合合约规定的商品标准和数量标准。

实物交割程序可分为两步：第一步，实物交割双方先按最后交易日的交割结算价将合约对冲平仓，完成期货交易过程；第二步，实物交割双方按最后交易日的实物结算价进行实物商品的现货交易。在最后交易日结束后、买卖双方发生实物交割时，均按最后的交易结算价作为双方应收或应付的货款。对于以实物交割平仓的合约，应按交割结算价先进行对冲平仓处理。

期货公司代理客户进行实物交割的，应按交易所计算的实物交割货款全额向客户收取。收到交易所转来的由卖方提供的实物仓单及增值税专用发票应及时转交给买方客户。期货公司代理卖方客户进行实物交割的，应按交易所的交割规定及时向交易所提供实物仓单，并向买方开出增值税发专用发票。在收到交易所结转的实物交割货款时，应及时划转给客户。

代理买方客户进行实物交割的，依据交易所提供的交割单据，按实际划转支付的交割贷款金额（含增值税额，下同），其会计分录为：

借：应付货币保证金

　贷：应收货币保证金

代理卖方客户进行实物交割的，依据交易所交割单据，按实际划转收到的交割货款，其会计分录为：

借：应收货币保证金

　贷：应付货币保证金

实物交割中有时会出现交割违约,如卖方客户不能按时向交易所提交货物单、提供的提货凭单因手续不全提不到货、所交的实物质量不符合规定等都属于交割违约,而买方客户不能及时足额地将货款汇入交易所账户、不按提货日规定的期限提货等也属于交割违约。对于交割违约行为,交易所往往对违约方处以交易金额一定比例的违约金和罚款。

期货公司在代理客户进行实物交割时发生的违约罚款,通过"应收风险损失款——客户罚款"科目进行核算。代理客户向交易所交纳的违约罚款支出,其会计分录为:

借:应收风险损失款——客户罚款

　贷:应收货币保证金

实际从客户保证金中划转违约罚款支出,其会计分录为:

借:应付货币保证金

　贷:应收风险损失款——客户罚款

【例 11-8】 某期货公司代理甲客户在大连商品交易所从事大豆期货的套期保值,5 月 15 日买入 10 月份到期合约 100 手,每手 10 吨,共计 1 000 吨,成交价为 2 200 元/吨,保证金率 5%。进入交割月后,甲客户准备进行实物交割,有关资料如下。

(1) 第一通知日后,交易所将保证金比例一次性提高到 30%。第一通知日前的保证金累计金额为 60 万元。

(2) 第一通知日的结算价为 2 220 元/吨,最后交易日的结算价为 2 300/吨,前一交易日的结算价为 2 280 元/吨。

(3) 交易所要求支付的交割手续费为 25 元/手。

(4) 甲客户未能按时将交割款汇入交易所,按规定被处以交易额 1%的罚款。

期货公司对以上经济业务的账务处理如下。

(1) 5 月 15 日收到甲客户支付的保证金 110 000 元。设甲客户在期货公司的保证金专户中有足额存款,足够支付新开仓合约的保证金,期货公司与客户间无账务处理的必要。

(2) 第一通知日后,按交易所规定追加交割保证金。甲客户应交保证金=2 220×1 000×30%=666 000(元)。

期货公司的会计分录为:

借:应收货币保证金——大连商品交易所

66 000(666 000−600 000)

　贷:银行存款　　66 000

(3) 按最后交易日的交割结算价将合约作对冲平仓处理,对客户而言,平仓盈利=(2 300−2 200)×1 000=20 000(元)。

该期货公司的会计分录为:

借:应收货币保证金——大连商品交易所　　20 000

　结算差异　　80 000

　贷:应付货币保证金——甲客户　　100 000

(4) 实际应向交易所支付交割货款 230 万元,期货公司代甲客户存在交易所结算账户中的保证金总额为 766 000 元(666 000+100 000),尚需追加 1 534 000 元。期货公司收到客户追加的货款后划转给交易所，会计分录为：

借：银行存款　　1 534 000
　贷：应付货币保证金——甲客户　　1 534 000
借：应付货币保证金——甲客户　　1 534 000
　贷：应收货币保证金——大连商品交易所　　1 534 000

(5) 设该期货公司未能按时将交割款汇入交易所被处以罚款，交易所先从其结算准备金账户中扣除。此时，该期货公司的会计分录为：

借：应收风险损失款——客户罚款　　15 340
　贷：应收货币保证金——大连商品交易所　　15 340

收到客户缴纳的交割违约款时，该期货公司的会计分录为：

借：应付货币保证金——甲客户　　15 340
　贷：应收风险损失款——客户罚款　　15 340

（九）提取和使用期货风险准备

按现行制度规定，期货公司应按向客户收取的手续费收入(即手续费收入总额扣除为交易性所代收代付部分余额)的5%提取风险准备金。期货公司按规定以手续费收入的一定比例提取风险准备时，按实际提取的金额，其会计分录为：

借：提取期货风险准备金
　贷：期货风险准备金

期货公司代理客户进行期货交易，发生错单的事情是不可避免的，如将买单下成了卖单，以及输错数量及价格等。按现行财务制度的规定，错单合约平仓产生的亏损，按结算单据列明的金额，其会计分录为：

借：期货风险准备金
　贷：应付货币保证金

错单平仓实现的盈利，做相反的会计分录。

期货公司出现风险事故应分清责任。因期货公司自身原因造成的风险损失，应按照相关规定追究相关当事人的责任，按应由当事人负担的金额，借记“其他应收款”科目，按应由期货公司负担的金额，借记“期货风险准备金”科目；按实际向交易所或客户划转的金额，贷记“应收货币保证金”或“应付货币保证金”科目。

因客户责任造成的风险损失，需要期货公司代为垫付时，按实际向交易所划转的金额，其会计分录为：

借：应收风险损失款——客户垫付
　贷：应收货币保证金

向客户收回垫付的风险损失款时，其会计分录为：

借：应付货币保证金
　贷：应收风险损失款——客户垫付

按规定对难以收回的风险损失垫付款予以核销时，其会计分录为：

借：期货风险准备金
　贷：应收风险损失款——客户罚款

因客户有违约、违规等行为对其实施的罚款，在客户支付罚款前，其会计分录为：

借：应收风险损失款——客户罚款

贷：营业外收入

实际收到客户支付的罚款时，其会计分录为：

借：银行存款

贷：应收风险损失款——客户罚款

期货公司应按规定以本年实现净利润的一定比例提取一般风险准备。按提取的一般风险准备的金额，其会计分录为：

借：利润分配——提取一般风险准备

贷：一般风险准备金

期货公司发生风险损失，使用一般风险准备弥补的，其会计分录为：

借：一般风险准备

贷：利润分配——一般风险准备补亏

【例 11-9】 某期货公司10月份代理期货业务得到的手续费净收入为80万元，按5%的比例提取风险准备金。该期货公司的会计分录为：

借：提取期货风险准备金　　40 000

贷：期货风险准备金　　40 000

【例 11-10】 某期货公司代理客户在上海期货交易所进行铝期货交易，因客户对市场变化判断失误，导致损失60万元，由期货公司先为客户垫付。

(1) 期货公司为客户垫付交易损失款时，其会计分录为：

借：应收风险损失款——客户垫付　　600 000

贷：应收货币保证金——上海期货交易所　　600 000

(2) 为客户垫付款确实无法收回，期货公司予以核销时，其会计分录为：

借：期货风险准备金　　600 000

贷：应收风险损失款——客户垫付　　600 000

(十) 质押保证金的核算

期货交易所与期货公司间的资金往来一般是采用货币资金进行结算。根据交易所规定，会员单位也可采用质押的形式取得保证金。质押只可用于会员保证金的担保，会员发生的交易亏损、费用、税金等，只能用货币资金结算。

期货公司也可以代客户向期货交易所办理有价证券充抵保证金。客户委托期货公司向交易所提交有价证券办理充抵保证金业务时，期货公司应按期货交易所核定的充抵保证金金额，其会计分录为：

借：应收质押保证金

贷：应付质押保证金

有价证券价值发生变化，期货交易所相应调整核定的充抵保证金金额；如果期货交易所将有价证券退还给客户时，期货公司按期货交易所核定的充抵保证金金额进行解押，并作相应的账务处理。

客户到期不能及时追加保证金，期货交易所处置有价证券时，期货公司按期货交易所核定的充抵保证金金额，其会计分录为：

借：应付质押保证金

　贷：应收质押保证金

按处置有价证券所得款项金额，其作会计分录：

借：应收货币保证金

　贷：应付货币保证金

第三节　期货投资业务的核算

一、期货投资业务概述

期货投资是期货交易者以期货合同为对象，利用市场价格波动，以自投资金、承担风险的方式，通过买卖期货合同而牟取利润的交易行为。

对于期货交易，投资者在初始时按照合同确定金融资产和金融负债，同时还应确认缴纳的保证金。当期货合同的公允价值发生变动时，应该相应调整其账面价值，变动带来的利得或损失应计入当期损益，并且补交或退还保证金，当期货合同的交易参与者在合约到期前转手或合同到期前进行实际交割时，应将此时期货合同公允价值变动带来的利得或损失计入当期损益，并且结算保证金。期货市场中的投机完全是买卖期货合同，不进行实物交割，因此，其价格的变动数额直接记入"公允价值变动损益"账户。

在确定期货交易的实际损益时还要考虑其手续费支出。期货交易会发生相应的手续费，交易性期货合同发生的相应费用，应于发生时计入当期损益，而不计入作为期货合同的衍生工具的价值。

二、会计科目设置

（一）"衍生工具"科目

"衍生工具"科目属于共同类科目，如果余额在借方就表示资产，期末余额在贷方就表示负债。核算企业交易性衍生工具的公允价值及其变动形成的衍生资产或负债。该科目按衍生工具类别分户进行明细分类核算。

企业取得衍生工具时，按其公允价值，借记本科目，按发生的交易费用，借记"投资收益"科目，按实际支付的金额，贷记"银行存款"等科目。资产负债表日，衍生工具的公允价值高于其账面余额的差额，借记或贷记本科目，同时贷记或借记"公允价值变动损益"科目；公允价值低于其账面余额的差额，做相反的会计分录。衍生工具终止确认时，应借记或贷记本科目。本科目期末借方余额，反映企业衍生金融工具形成的资产的公允价值；本科目期末贷方余额，反映企业衍生金融工具形成的负债的公

允价值。

(二)"公允价值变动损益"科目

"公允价值变动损益"科目属于损益类科目,核算企业交易性金融资产、交易性金融负债,以及采用公允价值模式计量的投资性房地产、衍生工具、套期保值业务中公允价值变动形成的应计入当期损益的利得或损失。资产负债表日,若衍生工具表现为金融资产,则其公允价值高于其账面余额的差额,借记"衍生工具"科目,贷记本科目;公允价值低于其账面余额的差额,做相反的会计分录。资产负债表日,若衍生工具表现为金融负债,则其公允价值高于其账面余额的差额,借记本科目,贷记"衍生工具"科目;公允价值低于其账面价值的差额,做相反的会计分录。

衍生工具履约和终止确认时,若该衍生工具表现为金融资产,应将实际收到的金额借记"银行存款"科目,按照衍生工具的账面价值贷记"衍生工具"科目,差额借记或贷记"投资收益",同时,将原在"公允价值变动损益"科目中反映的衍生工具公允价值变动额转出,借记或贷记"公允价值变动损益"科目,贷记或借记"投资收益"科目。

衍生工具履约和终止确认时,若该衍生工具表现为金融负债,应按金融负债的账面价值借记"衍生工具"科目,贷记"银行存款"科目,差额贷记或借记"投资收益"科目;同时,将原在"公允价值变动损益"科目中反映的衍生工具公允价值变动额转出,贷记或借记"公允价值变动损益"科目,借记或贷记"投资收益"科目。

三、期货投资业务的账务处理

(一)交存保证金

期货投资者(客户)从事期货交易,需要向期货公司缴纳保证金,保证金属于投资者所有,除下列可划转的情形外,严禁挪作他用:依据客户的要求支付可用资金;为客户交存保证金,支付手续费、税款;国务院期货监督管理机构规定的其他情形。

以机构投资者为例,期货公司交存保证金或者持仓期间,根据每日结算产生浮动亏损追加保证金,其会计分录为:

借:期货保证金——期货公司
　贷:银行存款

当产生浮动盈利,因不需要追加保证金,故不作账务处理。

(二)开仓

开仓买卖期货合约,投资者在开仓时,其会计分录为:

借:衍生工具——××期货合约
　　投资收益——期货手续费
　贷:期货保证金——非套保合约

(三)浮动盈亏

虽然浮动盈亏并未真正实现,但在期末(一般为月末),企业将对合计浮动盈亏与上期已经确认的累计数进行比较,并将差额部分计入本期公允价值变动损益。

（1）产生浮动亏损时，其会计分录为：

借：公允价值变动损益

　贷：衍生工具

（2）产生浮动盈利时，做相反的会计分录。

（四）平仓盈亏

平仓盈亏是投资者根据平仓结算单据已经实现的盈亏。

（1）发生平仓盈利时，其会计分录为：

借：期货保证金——期货公司

　贷：投资收益——平仓盈利

（2）支付手续费时，其会计分录为

借：投资收益——手续费

　贷：期货保证金——期货公司

（3）当发生平仓亏损时，作反向账务处理。

（五）交割

（1）卖方投资者。卖方投资者需通过期货公司将标准仓单与增值税专用发票交给期货交易所，同时收到交割货款时，其会计分录为：

借：期货保证金

　贷：主营业务收入

（2）买方投资者。买方投资者按交割结算价支付货款时，其会计分录为。

借：材料采购等

　贷：期货保证金——期货公司

【例 11-11】 2015 年 12 月 18 日，甲期货公司签订了一份两个月前的债券期货合同，合同规定为购入债券期货 1 000 000 元，交易所的规定保证金缴存比例为 13%，每个月月末根据期货价格的变动补交或退回保证金。2015 年 12 月 31 日该项债券期货的市价为 1 200 000 元。2016 年 1 月 10 日，甲期货公司以 1 250 000 元的价格转手，并支付交易费 10 000 元。根据以上业务甲期货公司应该做如下具体会计分录。

（1）2015 年 12 月 18 日，交纳保证金时，其会计分录为：

借：期货保证金——债券　　　　130 000(1 000 000×13%)

　贷：银行存款　　　　130 000

同时买入债券期货合同，其会计分录为：

借：衍生工具——金融期货(债券)　　　　130 000

　贷：期货保证金　　　　130 000

（2）2015 年 12 月 31 日，该债券期货的市价为 1 200 000 元，公允价值增加了 200 000 元，该利得应计入当期损益，其会计分录为：

借：衍生工具——金融期货(债券)　　　　200 000

　贷：公允价值变动损益　　　　200 000

（3）2016 年 1 月 10 日，东方期货公司以 1 250 000 元的价格把该债券期货转手，并支付交易费 10 000 元。此时这项期货合同的公允价值增加了 50 000 元，该利得应计入

当期损益,其会计分录为:

借:衍生工具——金融期货(债券) 50 000

贷:公允价值变动损益 50 000

支付的交易费应作为当期损益处理,甲期货公司还要对期货合同进行终止确认,通过保证金进行差额计算,其会计分录为:

借:期货保证金 370 000

投资收益 10 000

贷:衍生工具——金融期货(债券) 380 000

【例 11-12】 根据中国金融期货交易所(中金所)金融期货交易细则、结算细则等有关的规定,将推出深沪 300 指数期货合约,沪深 300 指数合约价值乘数为 300,最低保证金比例为 10%。交易手续费水平为交易金额的万分之三。假设某投资者看多,10 月 29 日在指数 3700 点时购入 1 手指数合约,10 月 30 日股指期货下降 1%,11 月 1 日该投资者在此指数水平下卖出股指合约平仓。

(1) 10 月 29 日开仓时,交纳保证金 111 000 元(3 700×300×10%),其会计分录为:

借:期货保证金 111 000

贷:银行存款 111 000

交纳手续费 333 元(3 700×300×0.000 3)。会计分录如下:

借:衍生工具——股指期货合同 111 000

投资收益——期货手续费 333

贷:期货保证金 111 333

(2) 由于是多头,10 月 30 日股指期货下降 1%,该投资者发生亏损,需要按交易所要求补交保证金。亏损额=3 700×1%×300=11 100(元),补交保证金=3 700×99%×300×10%-(111 000-11 100)=9 990(元)。

借:期货保证金 9 990

贷:银行存款 9 990

借:公允价值变动损益 11 100

贷:衍生工具——股指期货合同 11 100

在 10 月 30 日编制的资产负债表中,"衍生工具——股指期货合同"科目借方余额作为资产列示于资产负债表的"其他流动资产"项目中。

(3) 11 月 1 日平仓并交纳平仓手续费,手续费金额为 330 元(3 700×99%×300×0.000 3)。其会计分录为:

借:期货保证金 99 570

投资收益 330

贷:衍生工具——股指期货合同 99 900

关键术语

保证金制度　质押保证金　结算担保金　期货风险准备金　期货会员资格投资

公允价值变动损益　衍生工具

思　考　题

1. 如何理解期货公司会计业务的主要特征?
2. 期货公司主要通过哪些科目进行会计核算?
3. 期货经纪业务与如何核算?
4. 期货投资业务如何核算?

第十二章 证券投资基金公司会计核算

学习内容与目标

本章介绍了证券投资基金概述、证券投资基金业务发行核算、证券投资基金投资业务核算。通过本章的学习掌握证券投资基金的概念、种类和投资基金净值计算方法以及证券投资基金投资业务的核算；熟练掌握开放式基金的发行与赎回核算，买入返售证券和卖出回购证券的核算。

第一节 证券投资基金会计概述

一、证券投资基金概念

证券投资基金是集中众多投资者的资金，交由专业的基金管理公司对股票、债券等进行分散投资，以谋求使投资风险最小化和投资收益最大化的一种金融工具。

(一) 按照基金单位是否可以增加或赎回，基金可以分为开放式基金和封闭式基金

封闭式基金的发行总额和存续期是事先确定的，在发行完毕后的规定期限内，除非发生扩募等特殊情况，基金单位总数保持不变；开放式基金的发行总额不固定，基金单位可以根据基金发展需要追加发行，投资者也可根据市场情况和自己的投资决策决定卖出或买入该基金单位份额。投资者可以在国家规定的营业场所，依据基金单位净值申购或者赎回一定数量的基金单位，开放式基金必须保持足够的现金或国家债券，以备支付赎金。

(二) 按照组织形式的不同，基金可以分为公司型基金和契约型基金

公司型基金是一种专门的股份公司，依法成立，以营利为目的，通过发行股票将集中起来的资本投资于各种有价证券。公司型基金在组织结构、筹资、利润分配等方面与股份有限公司类似；契约型基金又称信托型基金，契约型基金不成立公司，一般由基金管理公司、基金托管机构和投资者签订基金契约，并依据基金契约发行收益凭证，同时设立基金并运作。契约型基金筹集方式一般是发行基金收益券或者基金单位，表明投资人对基金资产的所有权，投资人借以参与投资收益的分配。与公司型基金相比，契约型基金不具有法人资格，不能通过向银行借款来扩大基金运营规模。

（三）按照基金经营目标的不同，基金可以分为积极成长型基金、成长型基金、成长及收入型基金、平衡型基金、收入型基金等

积极成长型基金也称高成长投资基金、最大成长投资基金，这类基金把追求最大资本里的作为投资目标，当期收入不在其考虑范围之内，通常投资风险很大；成长型基金又称长期成长基金，这类基金追求资本的长期增值，因此将资产主要投资于具有资本增值潜力、运转良好的公司；成长及收入型基金以既能提高当期收入又能实现资本长期成长为目标，兼顾长期资本增值与稳定的股利收入；平衡型基金是指具有多重投资目标的投资基金。这类基金主要有三个投资目标，即确保投资者的投资本金、支付当期收入、资本与收入的长期成长；收入型基金不以资本增值为目标，它追求能为投资者带来高水平的当期收入，其投资对象主要是能带来稳定收入的各种证券。

（四）按照投资对象的不同，基金可以分为股票基金、债券基金、货币市场基金、期货基金和期权基金

股票基金是以股票为主要投资对象的基金，包括优先股和普通股；债券基金以债券为投资对象；货币市场基金是指货币市场上，以短期有价债券作为投资对象的一种基金。期货基金是以各类期货市场为主要投资对象的一种基金。期权基金是指以分配鼓励的股票期权作为投资对象的基金。

二、证券投资基金当事人

（一）基金发起人

基金发起人是以基金的设立和组建为目的，采取必要的措施和步骤来设立和组建基金的法人。契约型基金的发起人在基金成立后一般成为该基金的管理人，或组建一家专门的基金管理公司来管理公司的主要股东。在公司型基金中，发起人是基金管理公司的主体，它发行股票筹措资金，股东就是基金持有人。

（二）基金持有人

基金持有人是基金单位的持有者，他们是基金投资人，是基金资产的最终拥有人，享有基金资产的一切权益，并对此资产负有限责任。基金持有人的权利是通过在基金持有人大会上行使表决权来实现的。

（三）基金管理人

基金管理人是根据法律、法规及基金章程或基金契约的规定，运用基金资产，凭借专门的知识与经验，进行科学的投资组合决策，以期所管理的基金资产不断增值，使基金持有人获得尽可能多收益的机构。

（四）基金托管人

设立的投资基金，应当委托商业银行作为基金托管人托管基金资产。基金管理公司只负责基金的日常管理和操作，对投资者提供基金买卖和咨询服务，下达投资决策指令。基金托管人必须将其托管的基金与托管人的自有资产严格分开，对不同基金分别设置账户，实行分账管理，根据基金管理公司的指令对基金资产进行处理。

三、证券投资基金会计特点

（一）建立独立的会计核算体系

证券投资基金会计以证券投资基金为会计核算主体。基金会计的责任主体是基金管理人和基金托管人。基金管理人和基金托管人对所管理、托管的基金应当以基金为会计核算主体，单独建账、独立核算，单独编制财务会计报告。不同基金之间在名册登记、账户设置、资金划拨、账簿记录等方面应当相互独立。

基金管理人和基金托管人进行基金会计确认、计量和报告应以权责发生制为基础，并遵循实质重于形式原则、重要性原则、谨慎性原则和及时性原则，确保对外提供的财务会计报告的信息真实、可靠、完整、相关、明晰、可比。

（二）以公允价值来计价

基金持有的金融资产和承担金融负债通常分类为以公允价值计量且其变动计入当期损益的金融资产和金融负债。公允价值计量可以随时跟踪金融资产和金融负债的价值变动及其风险，有利于投资者对基金价值和风险的判断。

对存在活跃市场的金融资产和金融负债，如估值日有市价的，应采用市价确定公允价值；估值日无市价，但最近交易日后经济环境未发生重大变化且证券发行机构未发生影响证券价格的重大事件的，应采用最近交易市价确定公允价值。

（三）计算和公告基金单位净值

基金会计核算的目的是反映证券投资基金财务状况和基金管理公司运作业绩，因此在初次发行时即将基金总额分成若干个等额的整数份，每一份即为一“基金单位”。在基金的运作过程中，基金单位价格会随着基金资产值和收益的变化而变化。

为了比较准确地对基金进行计价和报价，使基金价格能较准确地反映基金的真实价值，就必须对某个时点上每基金单位实际代表的价值予以估算，并将估值结果以资产净值公布。

第二节　证券投资基金发行与赎回的核算

一、证券投资基金发行概述

证券投资基金发起人要发起设立或者扩募基金必须要向中国证监会提交必要的文件，在其设立或者扩募基金的申请被中国证监会批准后，就要向投资者推销基金单位、募集资金，这就称为基金发行。按其基金在存续期的基金规模是否变化可以分为封闭式基金和开放式基金。

（一）封闭式基金的发行

封闭式基金事先确定发行总额，在封闭期内基金单位总数不变。基金成立时，实收基金按实际收到的基金单位发行总额入账。基金发行费收入扣除相关费用后的结余，

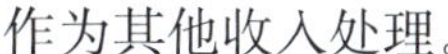

作为其他收入处理。

（二）开放式基金发行

开放式基金的基金单位总额不固定，基金单位总数随时增减。基金成立时，实收基金按实际收到的基金单位发行总额入账。

二、基金发行和赎回的科目设置

（一）“实收基金”科目

该科目属于持有人权益类科目，用以反映基金管理公司实际发行的基金数。本科目贷方反映实际发行基金数，借方反映基金赎回数。本科目贷方余额表示基金管理公司发行在外尚未赎回的基金数。

（二）“应收申购款”科目

该科目属于资产类科目，用以反映基金发行过程中应收申购款和申购款结清情况。本科目借方反映应收未收的基金申购款，贷方反映应收申购款减少数。本科目应按办理申购业务的机构设置明细账，进行明细核算。期末，“应收申购款”科目借方余额反映尚未收回的有效申购款。

（三）“应付赎回款”科目

该科目属于负债类科目，用以反映基金赎回过程中应付未付款项。本科目贷方反映应付赎回款的增加数，借方反映应付赎回款的减少数。本科目按办理赎回业务的销售机构或申请赎回业务的投资人设置明细账，进行明细核算，期末贷方余额反映尚未支付的基金收回款。

（四）“应付赎回费”科目

该科目属于负债类科目，用以反映基金赎回过程中，按照基金契约和招募说明书中载明的相关事项计算的，应付给办理赎回业务的机构的赎回费。应按办理赎回业务的机构设置明细账，进行明细核算，期末贷方余额反映尚未支付的基金赎回费用。

（五）“未实现利得”科目

该科目属于持有人权益类科目，用以反映开放式基金申购和赎回过程中形成的尚未实现的利得或损失。本科目贷方反映未实现利得，借方反映未实现损失。本科目借方余额表示未实现的损失；贷方余额则表示未实现的利得。

（六）“损益平准金”科目

该科目属于持有人权益类科目，用以反映开放式基金发行和赎回款中含有的未分配收益情况。本科目贷方反映申购款中含有的未分配收益，借方反映基金赎回款中含有的未分配收益。资产负债表日，本科目余额应全部转入“收益分配”科目，结转后本科目的期末余额为零。

三、封闭式基金发行的核算

对于封闭式基金而言，实收基金核算比较简单，主要核算在基金募集期间投资者投入的资本。封闭式基金募集发行期结束，按照实际收到的金额，做会计分录为：

借：银行存款(按基金单位发行总额)

　贷：实收基金(按其差额)

　　其他收入

【例 12-1】 A证券投资基金管理公司发行10亿份基金单位，基金单位发行价为2.04元，支付费用1 600万元。其会计分录如下：

借：银行存款	2 040 000 000
贷：实收基金	2 024 000 000
其他收入——基金发行费收入	16 000 000

四、开放式基金申购和赎回的核算

(一) 开放式基金申购和赎回概述

开放式基金的基金单位总额不固定，基金单位可以根据基金发展需要追加发行，投资者也可根据市场状况和自己的投资决策决定赎回或购买该基金单位份额。基金单位总数可能随时增减。开放式基金可以在规定的场所和开放时间内，由投资人向基金管理人申购基金单位，或者应基金投资人的要求，由基金管理人赎回投资人持有的基金单位。开放式基金每周至少有一天应为基金的开放日，办理基金投资人申购、赎回、变更登记、基金之间转换等业务申请。开放式基金的申购价格和赎回价格是依据申购日或赎回日基金单位资产净值加、减有关费用计算得出的。

(二) 基金净值和基金单位资产净值计算

基金资产净值是指在某一基金估值时点上，对全部基金资产进行估值的过程，就是按照公允价值计算基金资产价值的过程。基金单位资产净值是每一基金单位所代表的基金资产的净值，应当按照开放日闭市后基金资产净值除以当日基金单位的余额数量来计算。

基金单位资产净值的计算公式为：

$$基金单位资产净值=(总资产-总负债)/基金单位总数$$

其中，总资产是指基金所持有的所有资产，总负债是指基金在运作过程中所形成的各种应付款项、短期借款等。总资产按照当日的公允价值进行计算。基金单位总数是指开放日发行在外的基金单位的总量。

开放式基金的基金管理人应于估值日计算基金净值和基金单位净值，并于每个开放日的第二天公告开放日基金单位资产净值。基金单位资产净值计算错误时，基金管理人应立即通报基金托管人并报中国证监会备案。

(三) 开放式基金申购的核算

开放式基金申购金额中包含了申购费用和净申购金额。投资者在进行申购时要交纳申购费，我国《开放式证券投资基金试点办法》规定申购费率不得超过申购金额的5%。申购费可以在申购基金时收取，也可以在赎回时从赎回金额中扣除。办理申购业务的机构按规定收取申购费：如在基金申购时收取的，由办理申购业务的机构直接向投资人收取，不纳入基金会计核算范围；如在基金赎回时收取的，待基金投资人赎回时从赎回款中抵扣。对某一笔申购金额可以买到的基金单位计算方法为：

申购费用＝申购金额×申购费率
净申购金额＝申购金额－申购费用
申购份数＝净申购金额÷申购当日基金单位资产净值

基金管理公司应当接受基金投资人有效申请之日起3个工作日内收回申购款项，尚未收回之前作为“应收申购款”入账。

(1) 申购确认日，按有效申购款，其会计分录为：

借：应收申购款　　　　　　　　　　　　(有效申购款)
　贷：实收基金　　　　　　　　(有效申购款中含有的实收基金)
　　未实现利得　　　　　　　(有效申购款中含有的未实现利得)
　　损益平准金　　　　　　　(有效申购中含有的未分配收益)

(2) 收到有效申购款时，其会计分录为：

借：银行存款
　贷：应收申购款

【例12-2】 2017年3月2日，某投资者向A证券投资基金管理公司申购开放式基金2 100万元，当日该基金单位资产净值为2元，申购费为100万元。按照契约规定，高于基金单位的部分在扣除费用后，将3/5作为未实现利得，2/5作为未分配收益。其核算过程如下。

计算投资者用2 100万元可以买到的基金单位：

净申购金额＝申购金额－申购费用
＝21 000 000－1 000 000＝20 000 000(元)
可申购份数＝净申购金额/申购当日基金单位资产净值
＝20 000 000/2＝10 000 000份(每基金单位为1元)

根据计算结果，编制基金申购环节的会计分录如下：

借：应收申购款　　　　　　　　　　20 000 000
　贷：实收基金　　　　　　　　　　10 000 000
　　未实现利得　　　　　　　　　　6 000 000
　　损益平准金　　　　　　　　　　4 000 000

目前我国基金采取t+1交割方式，即在交易日的第二天进行款项的交割，则3月3日款项交割时的会计分录为：

借：银行存款　　　　　　　　　　　20 000 000
　贷：应收申购款　　　　　　　　　20 000 000

(四) 开放式基金赎回的核算

1. 赎回份额计算

开放式基金可以根据基金管理运作的实际需要收取赎回费，赎回费率一般不超过

赎回金额的 3%,赎回费收入在扣除基本手续费后,余额归基金所有。基金赎回时按份额赎回,即投资者在提出赎回申请时是按卖出份额提出申请,而不是按卖出的金额提出。基金赎回时投资者所得到的金额是赎回总额扣除赎回费用的部分,计算公式是:

赎回总额=赎回份数×赎回当日基金单位净值

赎回费用=赎回金额×赎回费率

赎回金额=赎回总额-赎回费用

2. 会计核算

基金管理公司应当在接受基金投资人有效申请日起 7 个工作日内支付赎回款项,并按规定收取的赎回费,其中基本手续费部分归办理赎回业务的机构所有,尚未支付额之前作为应付赎回费入账;赎回费在扣除基本手续费后的余额归基金所有,作为其他收入入账。

(1) 基金赎回确认日,其会计分录为:

借:实收基金　　(赎回款中含有的实收基金)

　　未实现利得　　(赎回款中含有的未实现利得)

　　损益平准金　　(赎回款中含有的未分配收益)

　贷:应付赎回款　　(应付投资人的赎回款)

　　　应付赎回费　　(赎回费中属于销售机构所有的部分)

　　　其他收入　　(赎回费扣除基本手续费后的余额)

(2) 付投资人赎回款,其会计分录为:

借:应付赎回款

　贷:银行存款

向办理赎回业务的机构支付赎回费时,其会计分录为:

借:应付赎回费

　贷:银行存款

【例 12-3】 某投资者 T 日在华安基金管理公司直销点赎回基金 10 000 份,T 日基金单位净值为 1.111 1 元,该基金净值构成同上例。假设基金契约规定,T+3 日为赎回款划出日,赎回费率为 0.5%,则会计处理如下。

(1) 计算基金赎回金额=赎回份数×T 日基金单位净值=10 000×1.111 1=11 111(元)。

计算基金赎回金额中含有的实收基金、未实现利得和损益平准金分别为:9 999.90,666.66,444.44。

(2) T+2 日编制如下会计分录:

借:实收基金　　9 999.90

　　未实现利得　　666.66

　　损益平准金　　444.44

　贷:应付赎回款　　11 055.44

　　　应付赎回费　　55.56

应付赎回费＝赎回金额×赎回费率＝11 111×0.5％＝55.56(元)

应付赎回款＝赎回金额－赎回费＝11 111－55.56＝11 055.44(元)

(3) T＋3 日支付赎回款时，编制如下会计分录：

借：应付赎回款　　11 055.44

　贷：银行存款　　11 055.44

定期向销售机构支付赎回费时，编制如下会计分录：

借：应付赎回费　　55.56

　贷：银行存款　　55.56

第三节　证券投资基金投资业务的核算

一、证券投资基金投资业务概述

证券投资基金以投资业务为主营业务，基金资产主要以上市流通的股票和债券等短期投资为主，没有存货、固定资产等实物资产。基金投资的限制性规定：一个基金投资于股票、债券的比例，不得低于该基金资产总值的 80％；一个基金持有一家上市公司的股票，不得超过该基金净值的 10％；同一基金管理人管理的全部基金持有一家公司发行的证券不得超过该证券的 10％；一个基金投资于国家债券的比例，不得低于该基金净值的 20％。

二、会计科目设置

(一)“交易性金融资产”科目

该科目属资产类科目，核算基金管理公司为获得证券买卖价差收入等交易目的的债券投资、股票投资、基金投资、权证投资等交易性金融资产的公允价值。借方登记买入证券的公允价值(不含支付的价款中所包含、已到付息期但尚未领取的利息或已宣告但尚未发放的现金股利及相关的交易费用)，公司因持有股票而享有的配股权，通过网上或网下配股时实际支付的配售的公允价值；贷方登记售出证券时，结转已售证券的公允价值。本科目期末借方余额反映证券公司持有的交易性金融资产的公允价值。本科目应当按照交易性金融资产的类别和品种，分别按“成本”“公允价值变动”进行明细核算。

(二)“证券清算款”科目

该科目属于资产负债共同类科目，用以反映基金管理公司因买卖证券与债券经营机构间发生的资金账务往来情况。本科目借方反映应收未收证券经营机构款项，贷方反映应付未付证券经营机构款项。余额可能在借方，表示应收尚未收回的款项；余额也可能在贷方，表示应付尚未支付的款项。

（三）"应付佣金"科目

该科目属于负债类科目，用以反映基金管理公司买卖证券应付未付的佣金费。本科目贷方反映应付未付佣金数，借方反映应付佣金的减少数。余额在贷方，表示尚未支付的应付佣金数。

（四）"结算备付金"科目

该科目属于资产类科目，用以反映基金管理公司在证券经营机构的备付金存款增减情况。本科目借方反映备付金的增加数，贷方反映备付金的减少数。余额在借方，表示基金管理公司在证券经营机构的实存尚未收回的存款资金。

（五）"公允价值变动损益"科目

该科目属于损益类科目，核算基金管理公司持有的交易性金融资产的公允价值变动形成的应计入当期损益的利得或损失。贷方登记企业持有的交易性金融资产的公允价值高于其账面余额的差额，借方登记企业持有的交易性金融资产的公允价值低于其账面余额的差额。本科目应当按照交易性金融资产、交易性金融负债、投资性房地产等进行明细核算。

（六）"买入返售金融资产"科目

该科目属于资产类科目，核算按照返售协议约定先买入再按固定价格返售的证券等金融资产所融出的资金，按买入返售证券的种类设置明细账，进行明细核算。期末，"买入返售金融资产"科目借方余额反映已经买入但尚未到期返售证券的实际成本。

（七）"卖出回购金融资产款"科目

该科目属于负债类科目，核算基金按照回购协议先卖出再按固定价格买入的票据、证券等金融资产所融入的资金。应按证券种类设置明细账，进行明细核算，期末贷方余额反映卖出尚未回购的证券款。

三、基金证券投资业务的核算

（一）买入证券的核算

1. 买入上市证券

买入上市证券应于成交日按照公允价值确认为基金管理公司的交易性金融资产。如果购进证券支付的价款中，包含已到付息期但尚未领取的利息或已宣告但尚未发放的现金股利，应作为"应收利息"或"应收股利"单独核算，不构成证券投资成本。与证券投资相关的交易费用，直接作为当期损益处理，也不构成证券投资成本。资金交收日，按实际支付的价款与证券登记结算机构进行资金交收，其会计分录为：

借：交易性金融资产（成本）
　　应收股利
　　（或应付利息）
　　投资收益
　贷：证券清算款——××证券中央登记结算公司
　　　应付佣金

2. 买入非上市证券

买入非上市证券与买入上市证券相比，对证券投资成本的核算是一致的，只是在资金交收日，基金管理公司需通过银行办理资金转账结算，其会计分录为：

借：交易性金融资产(成本)
　　应收股利
　　(或应收利息)
　　投资收益
　贷：银行存款(或其他应付款)

【例 12-4】 2009 年 3 月 1 日，E 基金管理公司从上海证券中央登记结算公司购入 150 万股 A 股票，购入价格为 10 元/股，应付佣金为 12 750 元，其他各项费用为 3 000 元，印花税税率为 0.2%。

(1) 3 月 1 日，购入股票时，其会计分录为：

借：交易性金融资产——A 股票——成本　　15 000 000
　　投资收益　　45 750
　贷：证券清算款——上海证券中央登记结算公司　　15 033 000
　　　应付佣金　　12 750

(2) 3 月 2 日，资金交收时，其会计分录为：

借：证券清算款——上海证券中央登记结算公司　　15 033 000
　贷：结算备付金——上海证券中央登记结算公司　　15 033 000

(二) 申请新股的核算

1. 网上认购新股

基金管理公司通过网上认购新股，公司无须缴付认购资金，T+2 日确认中签后需确保 16:00 有足够资金用于新股申购的资金交收。

公司认购新股中签，申购款被证券交易所从账户中划出用于新股认购，其会计分录为：

借：证券清算款——认购新股占用款
　贷：结算备付金

与证券交易所结算中签款项时，按中签的股票的公允价值入账，其会计分录为：

借：交易性金融资产——成本
　贷：证券清算款——认购新股占用款

2. 网下认购新股

其会计分录与网上认购有所不同，认购新股中签，与证券交易所结算中签款项时，按中签的股票的公允价值入账，其会计分录为：

借：其他应收款——应收认购新股占用款
　贷：银行存款
借：交易性金融资产——成本
　贷：其他应收款——应收认购新股占用款

【例 12-5】 E 基金管理公司通过网上认购 F 股份有限公司发行的新股，确定中签，向深圳证券交易所从该公司的账户中划出中签款项为 320 000 元。

(1) 划拨中签款时，其会计分录为：

借：证券清算款——认购新股占用款　　320 000

　贷：结算备付金　　320 000

(2) 中签认购新股，其会计分录为：

借：交易性金融资产——E 股票——成本　　320 000

　贷：证券清算款——认购新股占用款　　320 000

(三) 持有期间业务的核算

1. 发放股利的核算

股票股利的核算。股票持有期间上市公司分派的股票股利(包括送红利和公积金转增股本)，应于除权日根据上市公司股东大会决议公告，按股权登记日持有的古树及送股或转增比例，计算确定增加的股票数量，在“交易性金融资产——股票”账户“数量”栏进行记录。

(1) 现金股利的核算。股票投资应分派的现金股利，在除息日按照上市公司宣告的分红派息比例确认股利收入，做会计分录如下：

借：应收股利

　贷：投资收益

实际收到现金股利时，做会计分录如下：

借：结算备付金

　贷：应收股利

(2) 买入的分期付息、到期还本的债券，其持有期间分期取得的利息，应按实际利率计算的金额进入当期损益，做如下会计分录：

借：结算备付金或银行存款

　贷：投资收益

【例 12-6】 E 基金管理公司持有 B 公司股票 100 000 股，B 公司于 2018 年 4 月 5 日宣布分派现金股利，每 1 股 0.15 元。2018 年 4 月 10 日 E 基金管理公司收到 B 公司发放的现金股利 15 000 元。应做如下分录。

(1) 2018 年 4 月 5 日(宣告日)，其会计分录为：

借：应收股利　　15 000

　贷：投资收益　　15 000

(2) 2018 年 4 月 10 日(派息日)，其会计分录为：

借：结算备付金　　15 000

　贷：应收股利　　15 000

2. 证券投资估值日的核算

基金单位资产净值是制定基金单位交易价格的依据，而证券市场每天都在波动，基金资产净值也随之变化，对基金资产进行适时的估值，能够客观、准确地反映基金资产是否增值、保值，同时也能够真实地反映基金当时的实际价值，便于基金单位在市场上交易。估值日是指对基金资产进行估值的实际日期，大部分基金每个开放日都对基金资产进行估值，即每个开放日都是估值日。在估值日，按照基金契约和招募说明书载明的估值事项，对资产估值是所估价值与其成本的差额在“公允价值变动损益”科目核算。对证券投资和配股权证进行估值时产生的估值增值或减值，应确认为未实现利得。

在估值日对基金持有的股票、债券估值时，若估值为增值，按所估价值与上一日所估价值的差额，其会计分录为：

借：交易性金融资产——公允价值变动

　贷：公允价值变动损益

若估值为减值，按所估价值与上一日所估价值的差额，其会计分录为：

借：公允价值变动损益

　贷：交易性金融资产——公允价值变动

【例 12－7】 G 基金管理公司持有 H 公司股票 200 000 股，持有 I 公司股票 400 000 股，2008 年 3 月 1 日，H 公司股票的收盘价为 5 元/股，I 公司股票的收盘价为 11 元/股。3 月 2 日，H 公司股票的收盘价为 6 元/股，I 公司股票的收盘价为 12 元/股。

H 公司股票估值增值＝200 000 股 6 元/股－200 000 股 5 元/股＝200 000(元)

I 公司股票估值增值＝400 000 股 12 元/股－400 000 股 11 元/股＝400 000(元)

据此，当日对证券投资价值变动，编制如下会计分录：

借：交易性金融资产——H 公司股票——公允价值变动　200 000

　贷：公允价值变动损益　200 000

借：交易性金融资产——I 公司股票——公允价值变动　400 000

　贷：公允价值变动损益　400 000

四、卖出证券的核算

基金管理公司卖出证券，将成交日实际收到的总额、账存成本、交易手续费与差额收益，做如下会计分录：

借：证券清算款

　贷：交易性金融资产——成本

　　应付佣金

　　投资收益

如果考虑公司出售的该笔证券在持有期间存在公允价值变动损益，则会计分录如下：

借：证券清算款

　交易性金融资产——公允价值变动(持有期间发生公允价值变动损失)

　贷：交易性金融资产——成本

　　交易性金融资产——公允价值变动

　　应付佣金

　　投资收益

【例 12-8】 2009 年 3 月 2 日,A 基金管理公司以 6 元/股的价格卖出 J 公司股票 75 万股,其购入价格为 5 元/股,在此期间没有公允价值变动损益,应支付的佣金为 2 600 元,印花税税率为 0.2%。

(1) 应收取的证券清算款=750 000 股 6 元/股-750 000 股 6 元/股 0.2%=4 491 000(元)。

(2) 卖出时的会计分录为:

借:证券清算款	4 491 000
贷:交易性金融资产——A 股票——成本	3 750 000
应付佣金	2 600
投资收益	738 400

(3) 资金交收日,其会计分录为:

借:结算备付金	4 491 000
贷:证券清算款	4 491 000

五、买入返售证券和卖出回购证券的核算

(一) 买入返售证券业务的核算

通过国家规定的场所进行融券业务和证券回购业务,实质上是通过卖出(或购入)债券并约定由卖出证券的乙方在约定的日期回购证券来实现资金的融通。发生这种交易时,通常由买卖双方实现约定好回购日期和利息,并由双方按照约定的利息和日期逐日计提利息。

(1) 通过证券交易所进行融券业务,按成交日应付金额做如下会计分录:

借:买入返售金融资产

　投资收益(核算与交易有关的手续费)

　贷:证券清算款

资金交收日,按实际支付金额做如下会计分录:

借:证券清算款

　贷:结算备付金

因取得票据、证券、贷款等资产发生的交易费用,除划分为交易性金融资产的以外,均应计入取得资产的初始确认金额。

(2) 基金管理公司需要逐日计提利息,计息利率应按合同约定的名义利率计算确定每日买入返售金融资产的利息收入,合同约定的名义利率与实际利率差异较大的,应采用实际利率计算确定利息收入,其会计分录为:

借:应收利息(或应收股利)

　贷:投资收益

收到支付的买入返售金融资产的利息、现金股利等,其会计分录为:

借:证券清算款

　贷:投资收益

(3) 证券到期返售，按返售证券的应收金额，其会计分录为：

借：证券清算款

　贷：买入返售金融资产

　　投资收益

资金交收日，按实际收到金额，其会计分录为：

借：结算备付金

　贷：证券清算款

如果上述交易是通过银行间市场进行的，则通过商业银行来转账支付款项，其核算过程一样。

【例 12-9】 2017 年 3 月 1 日，中企基金管理公司从上海证券中央登记结算公司买入返售金融资产 1 000 万元，其他费率为 0.000 4%，3 日后返售，利息为 21 000 元。

(1) 3 月 1 日，记录该笔业务，其会计分录为：

	借方	贷方
借：买入返售金融资产——3 日返售证券	10 000 000	
投资收益	40	
贷：证券清算款——上海证券中央登记结算公司		10 000 040

(2) 3 月 1 日、2 日和 3 日分别计提应收利息，其会计分录为：

	借方	贷方
借：应收利息	7 000	
贷：投资收益		7 000

(3) 3 月 4 日，证券到期返售，其会计分录为：

	借方	贷方
借：证券清算款——上海证券中央登记结算公司	10 021 000	
贷：买入返售金融资产——3 日返售证券		10 000 000
应收利息		21 000

(二) 卖出回购证券业务的核算

(1) 通过证券交易所卖出证券成交时，按成交日应收金额，其会计分录为：

借：证券清算款

　贷：卖出回购金额资产款

资金交收日，按实际收到的价款，其会计分录为：

借：结算备付金

　贷：证券清算款

(2) 在融资期限内逐日计提融资利息支出，计息利率应按合同约定的名义利率计算确定每日买入返售资产的利息支出，合同约定的名义利率与实际利率差异较大的，应采用实际利率确定利息支出，其会计分录为：

借：利息支出

　贷：卖出回购金融资产款

(3) 卖出回购金融资产协议到期时，其会计分录为：

借：卖出回购金融资产款

　贷：证券清算款

资金交收日，按实际支付金额，做如下会计分录：

借：证券清算款

　　利息支出

　　贷：结算备付金

通过银行间市场卖出回购证券，则通过商业银行来转账支付款项，其核算过程一样。

【例 12-10】 2017 年 4 月 1 日，中企基金管理公司向上海证券中央登记结算公司卖出回购证券 2 000 万元，手续费率为 0.000 4%，2 日后回购，利息支出为 10 000 元，其会计分录如下。

(1) 4 月 1 日，记录该笔业务，其会计分录为：

借：证券清算款——上海证券中央登记结算公司　　19 999 920

　　贷：卖出回购金融资产款——2 日回购证券　　19 999 920

(2) 4 月 1 日、2 日和 3 日分别计提应付利息，其会计分录为：

借：利息支出　　5 000

　　贷：卖出回购金融资产款——2 日回购证券　　5 000

(3) 4 月 3 日到期，其会计分录为：

借：卖出回购金融资产款——2 日回购证券　　20 009 920

　　贷：证券清算款——上海证券中央登记结算公司　　20 009 920

关键术语

证券投资基金　开放式基金　股票投资　债券投资　证券投资估值　基金收益净值　赎回　买入返售资产　卖出回购金融资产

思考题

1. 投资基金由哪些具体种类构成？不同投资基金具有何种特点？
2. 投资基金有哪些具体当事人？对于不同的当事人存在何种制度规定？
3. 对证券投资进行估值应遵循哪些原则？
4. 开放式基金赎回如何核算？

第十三章　金融租赁公司会计核算

学习内容与目标

本章介绍金融租赁业务概述、经营租赁业务的核算和融资租赁业务的核算，通过本章的学习掌握租赁的概念、种类和经营租赁业务的核算和融资租赁业务的核算；熟练掌握融资租赁判断标准、融资租赁的出租人和承租人的会计核算。

第一节　金融租赁业务概述

一、租赁的概念与特征

（一）租赁的概念

租赁，从字面上来解释，“租”是指把物件借给他人而收取报酬，“赁”是指租用他人物件而支付费用，因此“租赁”是指物件的所有者和使用者之间的一种有偿的借贷关系。《企业会计准则第21号——租赁》定义为：“在约定的期间内，出租人将资产使用权让与承租人，以获取租金的协议。”

（二）租赁的特征

租赁业务与其他业务相比，具有以下特征。

1. 租赁是财产的所有权和使用权相分离的交易

无论是经营租赁还是融资租赁，在租赁期间，出租人始终持有租赁资产的所有权，承租人只获得相关资产的使用权，从而使资产的所有权和使用权相分离。

2. 租赁以分期支付租金的形式偿付本息

租赁交易中，出租人将租赁资产使用权让与承租人后，主要通过定期收取租金的方式来完成租赁资产的价值补偿。租赁的这一特征在融资租赁业务中表现得尤为突出。

3. 租赁的形式比较灵活

承租人可以根据实际需求灵活选择租赁形式。从租赁费的高低方面考虑，可以选择经营租赁或者融资租赁；从租赁长短考虑，可以选择短期租赁和长期租赁；在租赁资产的处理方式上承租人可以在租赁期满时，选择延期续租、退换给出租人或者购买该资产。

二、租赁业务的种类

(一) 按租赁的性质进行分类

按租赁的性质不同可以将租赁分为融资租赁和经营租赁。此分类是以与租赁资产所有权有关的风险和报酬是否转移为依据来划分的。

1. 融资租赁

融资租赁是指实质上转移了与资产所有权相关的全部风险和报酬的租赁,其所有权最终可能转移,也可能不转移。"风险"是指由于资产闲置或技术陈旧而发生的损失以及由于经营情况变化致使有关收益发生变动。所谓的"报酬",是指在资产有效使用年限内直接使用它而获得的收益,资产本身的增值以及处置所实现的收益。一项租赁只有实质上转移了与租赁资产所有权有关的全部风险和报酬才能被认定为融资租赁。

2. 经营租赁

经营租赁是指融资租赁以外的租赁,即承租方为生产经营中的短期需要或季节性需要向出租人短期租赁某类资产的行为。采用经营租赁形式,承租人的目的只是想获得资产的短期内使用权,而不想取得资产的所有权,通常在租赁期届满后,将租赁资产退还给出租人。

(二) 按是否享有纳税优惠进行分类

按是否享有纳税优惠,可将租赁划分为节税租赁和非节税租赁。

1. 节税租赁

节税租赁是指一项能够真正享受税收优惠待遇的租赁,出租人和承租人都能从国家提供的税收优惠中得到好处。例如,在一项租赁行为中,出租人可以从加速折旧及投资优惠等税收优惠中得到好处;承租人支付的租金可以作为当期费用处理,减少了应纳税所得额,从而享受纳税优惠政策。

2. 非节税租赁

非节税租赁又称为销售式租赁,是指出租人通过租赁方式把资产分期售给承租人而获得收益的租赁形式。出租人可以从销售资产和获取利息两个途径获取收益。销售是租赁在合同中通常由承租人享受留购权条款,或者承租人支付的租金中包括获取租赁资产所有权的部分。承租人向出租人支付的租金,不能作为费用从成本中扣除。

(三) 按出租人资产来源不同进行分类

1. 直接租赁

直接租赁是指由出租人在资金市场上筹集资金并向资产的制造商支付货款后取得该项资产,然后直接出租给承租人的一种租赁方式。采取直接租赁方式,租赁双方应签订租赁合同,并根据承租人的订货要求,出租人与制造商签订资产的买卖合同。

2. 转租赁

转租赁是指由出租人从另外一家租赁公司或直接从制造商租入资产后,再转租给承租人的一种租赁形式。这种租赁方式通常签订两种合同:一是租赁公司之间签订的租赁合同;二是租赁公司与承租人之间签订的转租合同。

3. 售后租回

售后租回是指卖主(承租人)将一项自制或外购的资产出售后,又将该项资产从买主(出租人)租回,通过售后租回交易,资产的原所有者(承租人)在保留对资产的占有权、使用权和控制权的前提下,分期支付租金,减少了当前的财务压力。资产的新所有者(出租人)通过售后租回交易,获得了新的投资机会。售后租回中的资产出售合租回由一揽子合同签订,实质上是同一项交易。

(四) 按照租赁交易涉及的地理区域不同进行分类

1. 国内租赁

国内租赁是指租赁交易只涉及国内区域,即租赁交易中涉及的当事人同属于一国居民。国内租赁是融通国内资金的形式。

2. 跨国租赁

跨国租赁是指租赁交易的范围扩展到国外,即租赁交易中涉及的当事人分别属于不同的国家。跨国租赁是进行国际融资、扩大进出口贸易的一种手段。跨国租赁又分为进口租赁和出口租赁。

(五) 按照出租人的不同进行分类

1. 厂商租赁

厂商租赁是指由设备生产厂商作为出租人为客户办理的,以自身生产的设备为租赁标的物的租赁交易。

2. 委托租赁

委托租赁是指出租人接受委托人的资金或租赁标的物,根据委托人的书面委托,向委托人指定的承租人办理融资租赁业务。在租赁期内租赁标的物的所有权归委托人,出租人只收取手续费,不承担风险。

3. 风险租赁

风险租赁是以风险企业为承担对象的租赁形式,风险租赁的出租人不仅可以得到租金和设备残值的收入,而且可以获得认购承租人股份的优先权。

4. 联合租赁

联合租赁类似银团贷款,即由两家以上租赁公司共同对一个项目进行联合融资,提供租赁服务。联合的方式可以是紧密的,也可以是松散型的。联合的主体可以是融资租赁公司,也可以是非融资租赁公司或其他战略投资人。

(六) 按融资货币不同进行分类

1. 本币租赁

本币租赁是指以人民币为基础计算租金的租赁服务。

2. 外币租赁

外币租赁是以外币为基础计算租金的租赁服务。

(七) 按照租赁的对象进行分类

1. 动产租赁

动产租赁是指以各种动产,如机器设备、运输工具、计算机为对象进行的租赁。

2. 不动产租赁

不动产租赁是指以房屋、土地等不动产为对象进行的租赁。

第二节　经营租赁业务的核算

经营租赁是指除融资租赁以外的其他租赁。经营租赁资产的所有权不转移，租赁期满后，承租人有退租或续租的选择权，而不存在优惠购买选择权。

一、出租人的会计核算

（一）出租人科目设置

1.“应收经营租赁款”科目

该科目属于资产类科目，用来核算企业采用经营租赁方式租出资产而应向承租人时收取的租金以及向承租人收取的手续费。

2.“经营租赁资产”科目

该科目属于资产类科目，用来核算企业未开展经营租赁构建的资产的实际成本，包括租赁资产的价款、贸易手续费、银行手续费、运输费、运输保险费、财产保险费、增值税等税款以及租前借款费用等。如果租赁资产是从境外购入的，还应包括境外运输费、境外运输保险费和进口关税。本科目下设置“已出租资产”和“未出租资产”两个二级科目，并按承租单位相应设置明细账。

3.“经营租赁资产累计折旧”科目

该科目属于资产类科目，用来核算企业采用经营租赁方式租出资产的折旧的计提情况。折旧发生时计入贷方，在资产最终报废清理时记入借方转销。期末余额在贷方，表明企业开展经营租赁资产的折旧总额。租赁资产的折旧应按同类资产所采用的正常的折旧政策进行计提。

4.“租赁收入”科目

该科目属于损益类科目，用来核算企业（租赁）确认的租赁收入。凡确认的租赁收入，记入该科目的贷方，期末，应将本科目余额转入“本年利润”科目，结转后本科目无余额。

（二）出租人的核算过程

出租人购置用于租赁的资产时，应按实际支付的成本记账，其会计分录为：

借：经营租赁资产——未出租资产

　　贷：银行存款

出租人与承租人签订租赁合同时，根据租赁合同出租资产，其会计分录为：

借：经营租赁资产——已出租资产

　　贷：经营租赁资产——未出租资产

出租人为专业租赁公司的，其基本业务就是从事资产的租赁，因此在确认租赁收益时，计入租赁收入。出租人为非专业租赁公司的，将其业务收支在其他业务收支项目中核算，其会计分录为：

借：应收经营租赁款（或银行存款）

　贷：租赁收入——租金收入

出租人对购入的租赁资产必须视同自有资产，每期应按企业自有的固定资产计提折旧，其会计分录为：

借：业务及管理费

　贷：经营租赁资产累计折旧

出租人在租赁期内发生的直接费用，如修理费用等应计入损益进行核算，其会计分录为：

借：业务及管理费用

　贷：银行存款

经营租赁资产租金的构成因素主要包括租赁资产的原价、租赁资产折旧、租赁期间的利息、租赁资产的维护费用、税金、保险金等。当出租人收到租金时，其会计分录为：

借：银行存款

　贷：应收经营租赁款

租赁期满收回资产时，其会计分录为：

借：固定资产

　贷：经营租赁资产——已出租资产

【例 13-1】 某租赁公司将一台设备出租给某企业，价值为 500 000 元，使用年限为 10 年，租赁期为 5 年，每年年末收取租金 30 000 元，租赁过程发生直接费用为 15 000 元，该租赁公司的会计分录如下。

(1) 支付直接费用时，其会计分录为：

借：业务及管理费　　15 000

　贷：银行存款　　15 000

(2) 交付设备使用权时，其会计分录为：

借：经营租赁资产——已出租资产　　500 000

　贷：经营租赁资产——未出租资产　　500 000

(3) 每年确认租金时，其会计分录为：

借：应收经营租赁款　　30 000

　贷：租赁收入　　30 000

(4) 每年收到租金时，其会计分录为：

借：银行存款　　30 000

　贷：应收经营租赁款　　30 000

(5) 各年计提折旧时(每年的折旧额＝500 000/10＝50 000)，其会计分录为：

借：业务及管理费　　50 000

　贷：经营租赁资产累计折扣　　50 000

二、承租人会计核算

在经营租赁中，由于租赁资产所有权有关的风险和报酬并未发生转移，而是由出租人承担，所以承租人的会计处理比较简单。

经营租赁的租金应当在租赁期内的各期间按直线法确认费用，承租人发生的直接费用，应当认为当期费用。

（一）承租人科目设置

1. “业务及管理费——租赁费”科目

该科目属于损益类科目，用来核算应由承租人支付的各种费用，在期末应结转到“本年利润”的借方。

2. “应付经营租赁款”科目

该科目属于负债类科目，用来核算每期应付而未付的租赁款，在期末支付租金的情况下使用。

3. “长期待摊费用”科目

该科目属于资产类科目，用来核算租赁初期预付租金以待日后摊销的余额。

（二）承租人的核算过程

（1）承租人期初预付租金时，其会计分录为：

借：长期待摊费用

　　贷：银行存款

（2）分期摊销预付的租金时，其会计分录为：

借：业务及管理费

　　贷：长期待摊费用

（3）按期支付租金时，其会计分录为：

借：业务及管理费

　　贷：银行存款

【例 13-2】 某金融企业采用经营租赁方式租入管理用设备一台，租期为 3 年。设备价值为 2 000 000 元，预计使用年限 10 年，无残值。合同规定，租赁开始日租赁公司向该企业收取租金 140 000 元，第一年与第二年末各收取租金 100 000 元，第三年收取 80 000 元，租赁期满时，租赁公司收回设备。

（1）预付租金时，其会计分录为：

借：长期待摊费用　　140 000

　　贷：银行存款　　140 000

（2）租金计算与会计核算

租金总额＝140 000＋100 000＋100 000＋80 000＝420 000（元）。

每期应负担的租金费用＝420 000/3＝140 000（元）。

第一年、第二年年末支付租金并摊销时，其会计分录为：

借：业务及管理费用——租赁费　　140 000
　贷：银行存款　　100 000
　　长期待摊费用　　40 000

第三年年末支付租金并摊销：

借：业务及管理费——租赁费　　140 000
　贷：银行存款　　80 000
　　长期待摊费用　　60 000

第三节　融资租赁业务的核算

一、融资租赁业务概述

（一）融资租赁的性质

融资租赁实质上是一种融贸易、金融、租借为一体的综合性金融产品。出租人提供的是金融服务，而不是单纯的租借服务。承租人通过租入资产使其在没有资金的条件下取得了资产的使用权，扩大了生产。融资租赁所租赁的资产由承租人确定，出租人根据承租人的要求购入资产并拥有租赁资产的所有权，承租人根据租赁合同支付租金并取得资产的使用权。在租赁期间，承租人应承担租赁资产的保险费、维修费及折旧，租赁资产本身及其产生的损益和风险均由承租人承担。

融资租赁业务通常涉及出租人、承租人和供应商三方，租赁资产价值高、租赁期长，租赁的程序也较为复杂。企业采用融资租赁时，首先要在对各个租赁公司资信情况有较深了解的基础上，选信誉好的租赁公司，并向确定的租赁公司提出申请，说明租赁资产的名称、数量、性能、规格、交货期、付款方式等。租赁公司收到承租人的申请后，租赁双方将在租赁的程序及需要办理的相关手续、租赁的计算方式、租金的支付期和支付方式等方面达成初步协议，在通过租赁项目审查以后，双方签订租赁合同。租赁资产的供货商根据供货合同规定的日期，将租赁的资产直接转交给承租人，承租人根据合同中规定的租金金额、支付日期、支付方式等条款，按期向租赁公司支付租金。在租赁期满时，租赁公司与承担人应根据租赁合同规定的有关条款，对租赁资产采取续租、留购或退还租赁公司等相应处理措施。

（二）融资租赁业务相关概念

1. 租赁开始日

租赁开始日是指租赁协议日与租赁各方就主要租赁条款作出承诺日中的较早者。在租赁开始日，承租人和出租人应当就租赁认定为融资租赁或经营租赁。

2. 租赁期开始日

租赁期开始日是指承租人有权行使其使用租赁资产权利的日期，表明租赁行为的开始。在租赁期开始日，承租人应当对租入资产、最低租赁付款额和未确认融资费用进行初始确认；出租人应当对应收融资租赁款、未担保余值和未实现租赁收益进行初始确认。

3. 租赁期

租赁期是指租赁合同规定的不可撤销的租赁期间。租赁合同签订后一般不可撤销，但下列情况除外：① 经出租人同意；② 承租人与原出租人就同一资产或同类资产签订了新的租赁合同；③ 承租人支付一笔足够大的额外款项；④ 发生某些很少会出现的或有事项。

承租人有权选择续租该资产，并在租赁开始日就可以合理确定承租人将会行使这种选择权，不论是否再支付租金，续租期也包括在租赁期内。

4. 最低租赁付款额

最低租赁付款额是指在租赁期内，承租人应支付或可能被要求支付的款项(不包括或有租金和履约成本)，加上由承租人或与其有关的第三方担保的资产余值。承租人有购买租赁资产选择权，所订立的购买价款预计将远低于行使选择权时租赁资产的公允价值，因而在租赁开始日就可以合理确定承租人将会行使这种选择权额，购买价款应计入最低租赁付款额。

5. 或有租金

或有租金是指金额不固定、以时间长短以外的其他因素(如销售量、使用量、物价指数等)为依据计算的租金。

6. 履约成本

履约成本是指租赁期内为租赁资产支付的各种使用费用，如技术咨询和服务费、人员培训费、维修费、保险费等。

7. 最低租赁收款额

最低租赁收款额是指最低租赁付款额加上独立于承租人和出租人的第三方对出租人担保的资产余值。

8. 租赁内含利率

租赁内含利率是指在租赁开始日，使最低租赁收款额的现值与未担保余值的现值之和等于租赁资产公允价值与出租人的初始直接费用之和的折现率。

9. 担保余值

担保余值就承租人而言，是指由承租人或与其有关的第三方担保的资产余值；就出租人而言，是指就承租人而言的担保余值加上独立于承租人和出租人的第三方担保的资产余值。

10. 资产余值

资产余值是指在租赁开始日估计的租赁期届满时租赁资产的公允价值。未担保余值是指租赁资产余值中扣除就出租人而言的担保余值以后的资产余值。

(三) 融资租赁的判断标准

在实际的租赁业务发生时，满足下列一条或者数条标准时，就要将其视为融资租赁。

(1) 在租赁期届满时，租赁资产的所有权转移给承租人。这种情况通常是指在租赁合同中已经约定,或者租赁开始日根据相关条件作出合理判断,租赁期届满时出租人能够将资产的所有权转移给承租人。

(2) 承租人有购买租赁资产的选择权,所订立的购买价预计将远低于行使选择权时租赁资产的公允价值,因而在租赁开始日就可以合理地确定承租人将会使用这种选择权。

(3) 即使资产的所有权不转移,但租赁期占租赁资产使用寿命的大部分。其中“大部分”,通常掌握在租赁期占租赁资产使用寿命的75%以上(含75%)。

(4) 承租人在租赁开始日最低租赁付款的现值,几乎相当于租赁开始日租赁资产公允价值;出租人在租赁开始日的最低付款额现值,几乎相当于租赁开始日租赁资产公允价值。其中“几乎相当于”通常掌握在90%以上(含90%)。

租赁资产性质特殊,如果不作较大改造,只有承租人才能使用。

二、融资租赁出租人的核算

(一) 出租人的核算内容及要求

1. 租赁开始日租赁债权的确认

在租赁开始日,出租人应当将租赁开始日最低租赁收款额与初始直接费用之和作为应收融资租赁款的入账价值,同时记录未担保余值;将最低租赁收款额、初始直接费用及未担保余值之和的差额确认为未实现融资收益。出租人在租赁期开始日按照上述规定转出租赁资产,租赁资产的公允价值与其账面价值如有差额,应当计入当期损益。

2. 未实现融资收益分配的账务处理

未实现融资收益应当在租赁期内各个期间进行分配。出租人应当采用实际利率法计算确认当期的融资收入。出租人采用实际利率法分配未实现融资收益时,应当将租赁内含利率作为未实现融资收益的分配率。

3. 关于未担保余值

出租人至少应当于每年年终,对未担保余值进行复核。未担保余值增加的,不作调整;有证据表明未担保余值已经减少的,应当重新计算租赁内含利率。将由此引起的租赁投资净额的减少计入当期损益;以后各期根据修正的租赁投资净额和重新计算的租赁内含利率确认为融资收入。租赁投资净额是融资租赁中最低收款机未担保余值之和与未实现融资收益之间的差额。

已确认损失的未担保余值得以恢复的,应当在原已确认的损失金额内转回,并重新计算租赁内含利率,以后各期根据修正后的租赁投资金额和重新计算的租赁内含利率确认融资收入。

4. 关于或有租金

或有租金应当在实际发生时计入当期损益。

5. 关于融资租赁的列报

出租人应当在资产负债表中,将应收租赁款减去未实现融资收益的差额,作为

长期债权列示。出租人应当在附注中披露与融资租赁有关的下列信息：① 资产负债表在日后连续 3 个会计年度将收到的最低租赁收款额，以及以后年度将收到的最低租赁收款额总额。② 未实现融资收益的余额，以及分配未实现融资收益所采取的方法。

（二）出租人科目设置

1.“融资租赁资产”科目

该科目属于资产类科目，核算企业（租赁）未开展融资租赁业务取得资产的成本。企业购入和以其他方式取得融资租赁资产时，借记本科目；在租赁开始日，按融资租赁资产的公允价值（最低租赁收款额与未担保余值的现值之和），贷记本科目。融资租赁资产的公允价值与其账面价值有差额的，还应借记“营业外支出”科目或贷记“营业外收入”科目。

本科目期末借方余额，反映企业融资租赁资产的成本。本科目可按承租人、租赁资产类别和项目进行明细核算。

2.“长期应收款”科目

该科目属于资产类科目，核算企业的长期应收款项，包括融资租赁产生的应收款项等。出租人融资租赁产生的应收租赁款，在租赁期开始时，应按租赁开始日最低租赁收款额与初始直接费用之和，借记本科目；以后各期收到租金时，贷记本科目。

本科目的期末借方余额，反映企业尚未收回的长期应收款。本科目可按债务人进行明细核算。

3.“未担保余值”科目

该科目属于资产类科目，核算企业（租赁）采用融资租赁方式租出资产的未担保余值。未担保余值发生减值的，可以单独设置“未担保余值减值准备”科目。

出租人在租赁期开始日，在确认应收租赁款的同时，按未担保余值，借记本科目；租赁期限届满，承担人行使了优惠购买选择权，且租赁资产存在未担保余值的，按未担保余值借记“租赁收入”，贷记本科目；承租人未行使优惠购买选择权的，企业（租赁）收到承租人交还租赁资产，存在未担保余值的，借记“融资租赁资产”，贷记本科目。

资产负债表日，确定未担保余值发生减值的。按应减记的金额，借记“资产减值损失”科目，贷记“未担保余值减值准备”科目。未担保余值价值以后又得以恢复的，应在原已计提的未担保余值减值准备金额内，按恢复增加的金额，借记“未担保余值减值准备”科目，贷记“资产减值损失”科目。

本科目借方余额，反映企业融资租出资产的未担保余值。本科目可按承租人、租赁资产类别和项目进行明细核算。

4.“未实现融资收益”科目

该科目属于负债类科目，核算企业分期计入租赁收入的未实现融资收益。出租人在租赁开始日，应按租赁开始日最低租赁收款额与初始直接费用之和，借记“长期应收款”科目，按未担保余值，借记“未担保余值”科目，按融资租赁资产的公允价值（最低租赁收款额的现值和未担保余值的现值之和），贷记“融资租赁资产的公允价值”科目，按融资租赁资产的公允价值与账面价值的差额，借记“营业外支出”科目或贷记“营业外收入”科目，按发生的直接费用，贷记“银行存款”等科目，按其差额，贷记本科目。

按实际利率计算确定的融资收入，借记本科目，贷记“租赁收入”科目。本科目期末贷方余额，反映企业尚未转入当期收益的为实现融资收益。本科目可按为实现融资收益项目进行明细核算。

5. “租赁收入”科目

该科目属于损益类科目，核算企业（租赁）确认的租赁收入。企业确认的租赁收入，借记“未实现融资收益”“应收账款”等科目，贷记本科目；取得或有租金，借记“银行存款”科目，贷记本科目。期末，应将本科目余额转入“本年利润”科目，结转后本科目无余额。本科目可按租赁资产类别进行明细核算。

（三）出租人的会计核算

出租人的租赁业务过程，主要包括购入资产、资产租赁、资产到期收回、按期收回租金等环节，主要环节的会计核算如下。

（1）租赁开始日，出租人将租赁资产承租给承租人，其会计分录为：

借：长期应收款

（租赁开始日最低租赁收款额于初始直接费用之和）

未担保余值

贷：融资租赁资产

（最低租赁收款额的现值和未担保余值的现值之和）

银行存款等　　（初始直接费用）

营业外收入　　（或借：营业外收入）

未实现融资收益

（2）每期收到租金时，其会计分录为：

借：银行存款

贷：应收融资租赁款

（3）按实际利率法计算确定的融资收入，其会计分录为：

借：未实现融资收益

贷：租赁收入

【例13-3】 2012年初，甲公司购入设备一台，公允价值为700 000万元，现以融资租赁方式出租给A公司，租期为6年，承租人担保余值为100万元，无未担保余值。每年年末等额支付租金150 000万元，内含利率为7.7%。

1. 分析确定该租赁为融资租赁

最低租赁收款额＝150 000×6＋100＝900 100（万元）

未实现融资收益＝900 100－700 000＝200 100（万元）

出租人每期收到的租金中包含利息收入和租金本金两部分。据此编制应收租赁款的摊销及利息收入计算表，如表13-1所示。

表 13-1 融资租赁计算

日期 a	租金 b	确认的融资收入 c=上期 e×7.7%	租赁投资净额 减少额 d=b−f	租赁投资净额 余额 e=上期−d
2012.1.1				700 000.00
2012.12.31	150 000	53 900.00	96 100.00	603 900.00
2013.12.31	150 000	46 500.30	103 499.70	500 400.30
2014.12.31	150 000	38 530.82	111 469.18	388 931.12
2015.12.31	150 000	29 947.70	120 052.30	268 878.82
2016.12.31	150 000	20 703.67	129 296.33	139 582.49
2017.12.31	150 000	10 517.51	139 482.49	100.00
合　　计	900 000	200 100.00		

2. 出租房的会计处理(单位：万元)

(1) 2012 年 1 月 1 日，确认租赁资产的价值及应收融资租赁款，其会计分录为：

借：长期应收款　　900 100
　贷：融资租赁资产　　700 000
　　　未实现融资收益　　200 100

第一年年末，2012 年 12 月 31 日收到租金时，其会计分录为：

借：银行存款　　150 000
　贷：长期应收款　　150 000

确认利息收入时，其会计分录：

借：未实现融资收益　　53 900
　贷：租赁收入　　53 900

其中，利息=700 000×7.7%=53 900(元)。

(2) 2013 年 12 月 31 日收到租金时，其会计分录为：

借：银行存款　　150 000
　贷：应收融资租赁款　　150 000

确认利息收入时，其会计分录：

借：未实现融资收益　　46 500
　贷：租赁收入　　46 500

其中，利息=603 900×7.7%=46 500(元)。

第三年、第四年的会计分录参照上述处理。

租赁期满后，甲公司行使优惠购买权，A 公司收取价款 100 万元时，其会计分录：

借：银行存款　　100
　贷：应收融资租赁款　　100

三、融资租赁承租人的核算

（一）承租人核算内容及要求

1. 租赁期开始日租入资产的入账价值

在租赁期开始日，承租人应当将租赁开始日租赁资产公允价值与最低租赁付款额现值两者中较低者作为租入资产的入账价值，将最低租赁付款额作为长期应付款的入账价值，其差额作为未确认融资费用。

承租人在租赁谈判和签订租赁合同过程中发生的，可归属于租赁项目的手续费、律师费、差旅费、印花税等初始直接成本，应计入租入资产价值。

2. 最低租赁付款额的计算

承租人在计算最低租赁付款额的现值时，能够取得出租人租赁内含利率的，应当采用租赁内含利率作为折现率；否则，应当采用租赁合同规定的利率作为折现率。承租人无法取得出租人租赁内含利率且租赁合同没有规定利率的，应当采用同期银行贷款利率作为折现率。

3. 关于融资费用

未确认融资费用应当在租赁期内各个期间进行分摊。承租人应当采用实际利率计算确认当期的融资费用。承租人采用实际利率分摊未确认融资费用时，应当根据租赁期开始日租入资产入账价值的不同情况，对未确认融资费用采用不同的分摊率。

（1）以出租人的租赁内含利率作为折现率将最低租赁付款额折现，且以该现值作为租入资产入账价值的，应当将租赁内含率作为未确认融资费用的分摊率。

（2）以合同规定利率作为折现率将最低租赁付款额折现，且以该现值作为租赁资产入账价值的，应当将合同规定的利率作为未确认融资费用的分摊率。

（3）以银行同期贷款利率作为折现率将最低租赁付款额折现，且以该现值作为租赁资产入账价值的，应当将银行同期贷款利率作为未确认融资费用的分摊率。

（4）以租赁资产公允价值作为入账价值的，应当重新计算分摊率。该分摊率是使最低租赁付款额的现值与租赁资产公允价值相等的折现率。

4. 关于租赁资产的折旧

承租人应当采用与自有固定资产相一致的折旧政策计提租赁资产折旧。能够合理确定租赁期届满时取得租赁资产所有权的，应当在租赁资产使用寿命内计提折旧；无法合理确定租赁期届满时能够取得租赁资产所有权的，应当在租赁期与租赁资产使用寿命两者中较短的期限内计提折旧。

5. 关于或有租金

或有租金应当在实际发生时计入当期损益。

6. 关于融资租赁的列报

承租人应当在资产负债表中，将与融资租赁有关的长期应付款减去未确认融资费用的差额，分别长期负债和一年内到期的长期负债列式。

承租人应当在附注中披露与融资租赁有关的下列信息：① 各类租入固定资产的初

始和期末原价、累计折旧额；② 资产负债表日后连续三个会计年度将支付的最低租赁付款额，以及以后年度将支付的最低租赁付款额总额；③ 未确认融资费用的余额，以及分摊未确认融资费用所采用的方法。

（二）承租人会计科目设置

1．“长期应付款——应付融租租赁款”科目

该科目属于负债类科目，用于核算企业除长期借款和应付债券以外的其他各种长期应付款项，包括应付融资租入固定资产的租赁费、以分期付款方式购入固定资产等发生的应付款项等。企业融资租入的固定资产，在租赁期开始日，按最低租赁付款项，贷记本科目；按期支付租金，借记本科目，贷记“银行存款”等科目。

本科目期末贷方余额，反映企业应付未付的长期应付款。本科目可按长期应付款的种类和债权人进行明细核算。

2．“固定资产——融资租入固定资产”科目

该科目属于资产类科目，用于核算以融资性租赁方式租入的固定资产，对于融资租入固定资产的原始价值的确定、安装费用和维修费用，都比照自有资产处理。在租赁开始日，承租人按计入固定资产成本的金额（租赁开始租赁资产公允价值与最低租赁付款额现值两者中较低者，加上初始直接费用），借记“在建工程”或本科目。租赁期届满，企业取得该项固定资产的所有权，应将该项固定资产从“融资租入固定资产”明细科目转入有关明细科目。

3．“累计折旧——融资租入固定资产折旧”科目

该科目属于资产类科目，核算企业对融资租入的固定资产所提的折旧。计提时，借记有关成本费用科目，如制造费用、业务及管理费等，贷记“累计折旧——融资租入固定资产”科目，若期满时承租人支付买价，则结转租入资产折旧，借记本科目，贷记“累计折旧”科目。

4．“未确认融资费用”科目

该科目属于资产类科目，用于核算企业应当分期计入利息费用的未确认融资费用。企业融资租入的固定资产，在租赁开始日，按应计入固定资产成本的金额，借记“在建工程”或“固定资产——融资租入固定资产”科目，按最低租赁付款额，贷记“长期应付款”科目，按发生的初始直接费用，贷记“银行贷款”等科目，按其差额，借记本科目。

采取实际利率法分期摊销未确认融资费用，借记“财务费用”“在建工程”等科目，贷记本科目。本科目期末借方余额，反映企业未确认融资费用的摊余价值。本科目可按摊余价值和长期应付款项进行明细核算。

（三）承租人的会计核算

（1）租入设备时，其会计分录为：

借：固定资产——融资租入固定资产（或在建工程）

（租赁开始日租赁资产公允价值与最低租赁付款额现值两者中较低者，加上初始直接费用）

未确认融资费用

贷：长期应付款——应付融资租赁款

银行存款（初始直接费用）

(2) 每期支付租金时，其会计分录为：

借：长期应付款——应付融资租赁款

　贷：银行存款

(3) 确认利息费用时，其会计分录为：

借：财务费用

　贷：未确认融资费用

(4) 计提折旧时，其会计分录为：

借：业务及管理费(或其他费用类科目)

　贷：累计折旧——融资租入固定资产折旧

(5) 租期满取得资产所有权时，其会计分录为：

借：固定资产

　贷：固定资产——融资租入固定资产

【例13-4】　2010年1月1日，B公司从乙租赁公司融资租入机器设备一台，账面价值为700 000万元，租期6年，预计剩余使用年限为8年。租金每年年末支付，每次150 000万元，期末无残值。B公司有优惠购买选择权为100万元，承租人采用直线法折旧，出租人的内含利率为7.7%。

(1) 大型公司具有优惠购买权，因此该租赁为融资租赁。

最低租赁付款额=150 000×6+100=900 100(万元)

未确认融资费用=900 100−700 000=200 100(万元)

承租人确定到期日将取得资产的所有权，故以8年计提折旧。

每期折旧额=700 000/8=87 500(万元)

承租人每起支付的租金中包含利息费用和租赁负债本金的偿还两部分。据此，编制长期应付款的摊销及利息费用的计算表，如表13-2所示。

表13-2　融资租赁计算

日期 a	租金 b	确认的融资费用 c=上期 e×7.7%	应付本金减少额 d=b−f	应付本金余额 e=上期−d
2010.1.1				700 000.00
2010.12.31	150 000	53 900.00	96 100.00	603 900.00
2011.12.31	150 000	46 500.30	103 499.70	500 400.00
2012.12.31	150 000	38 530.82	111 469.18	388 931.12
2013.12.31	150 000	29 947.70	120 052.30	268 878.82
2014.12.31	150 000	20 703.67	129 296.33	139 582.49
2015.12.31	150 000	10 517.51	139 482.49	100.00
2016.1.1	100			
合　计	900 000	200 100.00	700 000	

(2) 2010 年 1 月 1 日租入设备时,其会计分录为:

借:固定资产——融资租入固定资产　　700 000
　　未确认融资费用　　200 100
　贷:长期应付款——应付融资租赁款　　900 100

(3) 2010 年 12 月 31 日支付租金时,其会计分录为:

借:长期应付款——应付融资租赁款　　150 000
　贷:银行存款　　150 000

年末确认利息费用时,其会计分录为:

借:财务费用　　53 900
　贷:未确认融资费用　　53 900

(4) 2010 年为计提折旧时,其会计分录为:

借:业务及管理费　　87 500
　贷:累计折旧——融资租入固定资产折旧　　87 500

(5) 以后各年度会计分录比照上述处理。

(6) 2016 年 1 月支付 100 万元时,其会计分录为:

借:固定资产　　1 000 000
　贷:固定资产——融资租入固定资产　　1 000 000

2010 年 12 月 31 日,A 公司应当对融资租赁作如下披露:① 本公司租入该类设备的账面原值为 700 000 万元,已计提折旧 887 500 万元,账面净值为 612 500 万元。② 本公司将在 2011 年至 2017 年支付最低租赁付款额均为 150 000 万元,2016 年最低租赁付款额为 1 002 万元。以后年度将支付的最低租赁付款总额为 750 100 万元。③ 未确认融资费用余额为 146 200 万元。④ 未确认融资费用采用实际利率法进行分配,内含利率为 7.7%。

关键术语

经营租赁　融资租赁　出租人　承租人　所有权　使用权　或有租金　融资收入

思考题

1. 租赁有哪些类型?
2. 融资租赁和经营租赁的区别是什么?
3. 在融资租赁中,承租人和出租人在会计科目的设置上有什么不同?
4. 简述融资租赁业务的一般程序。
5. 如何判断一种租赁是否为融资租赁?

第四篇　损益及财务报告

■ 第十四章　所有者权益的核算
■ 第十五章　收入、费用及利润的核算
■ 第十六章　财务报告及其编制

第十四章 所有者权益的核算

学习内容与目标

本章介绍金融企业所有者权益概述、实收资本、资本公积与留存收益的核算、库存股与股份支付的核算，通过本章的学习应熟悉所有者权益的构成，掌握风险准备与未分配利润的核算；熟练掌握所有者权益概述、实收资本、资本公积、盈余公积的核算及本年利润的核算。

第一节 所有者权益核算概述

一、所有者权益概念

所有者权益是指资产扣除负债后由金融企业所有者享有的剩余权益，是金融企业所有者对金融企业净资产的所有权，也是金融企业筹集资金的主要来源。所有者权益的特征：除非发生减资、清算或者分派现金股利，企业不需要偿还所有者权益；企业清算时，只有在清偿所有的负债后，所有者权益才返还给所有者；所有者凭借所有者权益能够参与企业利润的分配。所有者权益的确认、计量不能单独进行，主要取决于资产、负债、收入、费用等其他会计要素的确认和计量。所有者权益在数量上等于企业资产总额扣除债权人权益后的净额，即为企业的净资产，反映所有者（股东）在企业资产中享有的经济利益。

二、所有者权益来源及构成

所有者权益的来源包括所有者投入的资本、直接计入所有者权益的利得和损失、留存收益等。

所有者投入的资本是指所有者投入企业的资本部分，它既包括构成企业注册资本或者股本部分的金额，也包括投入资本超过注册资本或者股本部分的金额，即资本溢价或者股本溢价，这部分投入资本在我国企业会计准则体系中被计入了资本公积，并在资产负债表中的资本公积项目下反映。

直接计入所有者权益的利得和损失，是指不应计入当期损益、会导致所有者权益发

生增减变动的、与所有者投入资本或者向所有者分配利润无关的利得或者损失。其中，利得是指由企业非日常活动所形成的、会导致所有者权益增加的、与所有者投入资本无关的经济利益的流入，利得包括直接计入所有者权益的利得和直接计入当期利润的利得。损失是指由企业非日常活动所发生的、会导致所有者权益减少的、与向所有者分配利润无关的经济利益的流出，损失包括直接计入所有者权益的损失和直接计入当期利润的损失。直接计入所有者权益的利得和损失主要包括可供出售金融资产的公允价值变动额、现金流量套期中套期工具公允价值变动额(有效套期部分)等。

留存收益是企业历年实现的净利润留存于企业的部分，主要包括累计计提的盈余公积和未分配利润，从事存贷款业务的金融企业计提的一般准备、从事保险业务的金融企业计提的总准备金、从事证券业务的金融企业计提的一般风险准备，以及从事信托业务的金融企业计提的信托赔偿准备也是所有者权益的组成部分。

金融企业所有者权益通常由实收资本(或股本)、资本公积(含资本溢价或股本溢价、其他资本公积)、准备金(有一般准备、总准备金、一般风险准备金和信托赔偿准备金等)、盈余公积和未分配利润构成。

三、会计科目设置

(一)"实收资本"科目

该科目属于所有者权益类科目，用来核算企业的投资者投入资本的增减变动及结果的科目。该科目可按投资者进行明细核算。期末余额在贷方，反映商业银行实收资本或股本总额。

(二)"资本公积"科目

该科目属于所有者权益类科目，核算商业银行收到投资者出资额超过其在注册资本或股本中所占份额的部分，以及直接计入所有者权益的利得和损失。该科目分别"资本溢价(股本溢价)""其他资本公积"进行明细核算。期末余额在贷方，反映商业银行的资本公积总额。

(三)"盈余公积"科目

该科目属于所有者权益类科目，核算企业从净利润中提取的盈余公积。分别"法定盈余公积""任意盈余公积"进行明细核算。期末贷方余额，反映企业的盈余公积。

(四)"一般风险准备"科目

该科目属于所有者权益类科目，核算企业(金融)按规定从净利润中提取的一般风险准备。企业提取的一般风险准备，借记"利润分配——提取一般风险准备"科目，贷记本科目。用一般风险准备弥补亏损，借记本科目，贷记"利润分配——一般风险准备补亏"科目。期末为贷方余额，反映企业的一般风险准备。

(五)"本年利润"科目

该科目属于所有者权益类科目，核算企业当期实现的净利润(或发生的净亏损)。企业期(月)末结转利润时，应将各损益类科目的金额转入本科目，结平各损益类科目。结转后本科目的贷方余额为当期实现的净利润；借方余额为当期发生的净亏损。年度终了，应将本年收入和支出相抵后结出的本年实现的净利润，转入“利润分配”科目，借记本科目，贷记“利润分配——未分配利润”科目；如为净亏损做相反的会计分录。结转后本科目应无余额。

（六）“利润分配”科目

该科目属于所有者权益类科目，核算企业利润的分配（或亏损的弥补）和历年分配（或弥补）后的余额。本科目应当分别“提取法定盈余公积”“提取任意盈余公积”“应付现金股利或利润”“转作股本的股利”“盈余公积补亏”和“未分配利润”等进行明细核算。年末余额反映企业的未分配利润（或未弥补亏损）。

（七）“库存股”科目

该科目属于所有者权益类科目，核算企业收购、转让或注销的本公司股份金额。期末借方余额，反映企业持有尚未转让或注销的本公司股份金额。

第二节 实收资本的核算

一、实收资本概述

实收资本是指投资者按照合同约定实际投入商业银行，按其所占份额形成法定资本的部分。投资者可以以现金投入、以非现金有形资产投入和以无形资产投入（需符合规定比例）。

金融企业的实收资本（或股本）是指投资者按照企业章程，或合同、协议的约定，实际投入金融企业的资本。

（一）非股份制金融企业的实收资本

非股份制金融企业的实收资本应按以下规定核算。

(1) 投资者以现金投入的资本，应当以实际收到或者存入企业开户银行的金额作为实收资本入账。实际收到或者存入企业开户银行的金额超过其在该金融企业注册资本中所占份额的部分，计入资本公积。

(2) 投资者以非现金资产投入的资本，应按投资各方确认的价值作为实收资本入账。首次发行股票而接受投资者投入的无形资产，应按该项无形资产在投资方的账面价值入账。

(3) 投资者投入的外币，合同没有约定汇率的，按收到出资额当日的汇率折合；合同约定汇率的，按合同约定的汇率折合，因汇率不同产生的折合差额，作为资本公积处理。

（二）股份制金融企业的股本

股份制金融企业的股本应按以下规定核算。

(1) 股份制金融企业的股本应当在核定的股本总额及核定的股份总额的范围内发行股票或股东出资取得。公司发行的股票，应按其面值作为股本，超过面值发行取得的收入，其超过面值的部分，作为股本溢价，计入资本公积。

(2) 境外上市公司以及在境内发行外资股的上市公司，按确定的人民币股票面值和核定的股份总额的乘积计算的金额，作为股本入账，按收到股款当日的汇率折合的人民币金额与按人民币计算的股票面值总额的差额，作为资本公积处理。

二、实收资本的账务处理

(一) 非股份制企业实收资本的核算

1. 投资者以现金投资的核算

银行收到投资者人民币现金或银行存款投资时，以投资者在注册资本中所占份额确认实收资本；超过部分，确认为资本公积，其会计分录为：

借：库存现金或银行存款、存放中央银行款项等
　贷：实收资本——××投资者
　　资本公积——资本溢价

2. 投资者以非现金资产投资的核算

银行收到投资者非现金资产投资时，按照合同约定的价值确认非现金资产的价值(合同约定价值不公允的除外)，按投资者在注册资本中所占份额确认实收资本，将差额确认为资本公积，其会计分录为：

借：固定资产、无形资产等
　贷：实收资本——××投资者
　　资本公积——资本溢价

3. 投资者以外币资产投资的核算

银行收到投资者外币资产投资时，合同没有约定汇率的，按收到出资额当日的汇率折合；合同约定汇率的，按合同约定的汇率折合，因汇率不同产生的折合差额，作为资本公积处理，其会计分录为：

借：库存现金或银行存款、存放中央银行款项等
　贷：实收资本——××投资者
　　资本公积——资本溢价

【例 14-1】 丙金融企业于设立时收到A公司作为资本投入的非专利技术一项。该非专利技术投资合同约定价值为60 000元，同时收到B公司作为资本投入的土地使用权一项，投资合同约定价值为80 000元。假设丙金融公司接受该非专利技术和土地使用权符合国家注册资本管理的有关规定，可按合同约定作实收资本入账，合同约定的价值与公允价值相符，不考虑其他因素。丙金融公司在进行会计处理时，应编制会计分录为：

借：无形资产——非专利技术	60 000	
——土地使用权	80 000	
贷：实收资本——A公司		60 000
——B公司		80 000

（二）股份制企业实收资本的核算

1. 有关规定

股份制商业银行将其资本划分为等额股份，并通过发行股票的方式来筹集资本。商业银行可以按面值或溢价发行股票，但不得折价发行股票。商业银行发行股票时，应将相当于股票面值的部分确认为股本，发生的与发行股票直接相关的新增外部费用，如承销费、保荐费、上网发行费、招股说明书印刷费、申报会计师费、律师费、评估费等，在溢价发行时自溢价收入中扣除（溢价收入扣减上述发行费用后还有余额的确认为资本公积），在溢价不足扣减或按面值发行时，应冲减盈余公积和未分配利润；发生的广告费、路演及财经公关费、上市酒会费等其他费用应在发生时计入当期损益（管理费用）。

2. 会计处理

商业银行溢价发行股票，且与发行股票直接相关的发行费用可从溢价金额中足额扣减的，银行于收到现金等资产时，其会计分录为：

借：存放中央银行款项　　（实际收到的金额）
　　管理费用　　（计入当期损益的其他费用）
　贷：股本——××股东　　（股票面值×核定的股份总数）
　　　资本公积——股本溢价　　（借贷方差额）

商业银行按面值发行股票或溢价金额不足扣减与发行股票直接相关的发行费用的，银行于收到现金等资产时，其会计分录为：

借：存放中央银行款项　　（实际收到的金额）
　　管理费用　　（计入当期损益的其他费用）
　　盈余公积（借贷方差额，先冲减盈余公积，不足部分再冲减未分配利润）
　　利润分配——未分配利润　　（盈余公积不足冲减部分）
　贷：股本——××股东　　（股票面值×核定的股份总数）

【例 14-2】 假定 A 银行发行普通股 10 000 000 股，每股面值 1 元，每股发行价格 5 元。假定股票发行成功，股款 50 000 000 元已全部收到，不考虑发行过程中的税费等因素。作相应的会计分录。

根据上述资料，A 银行应进行账务处理如下：

应记入“资本公积”科目的金额＝50 000 000－10 000 000＝40 000 000（元）

其会计分录为：

借：银行存款　　50 000 000
　贷：股本　　10 000 000
　　　资本公积——股本溢价　　40 000 000

（三）实收资本（股本）增加的核算

增加资本的途径包括：新增所有者投入资本和原所有者追加投入资本；资本公积和盈余公积转增资本；发放股票股利及可转换债券转为股本。

（1）资本公积转增资本时，应按原所有者持股比例增加各所有者的股权，其会计分录为：

借：资本公积——资本溢价或股本溢价

　　贷：实收资本(股本)——××投资者(股东)

(2) 盈余公积转增资本时，应按原所有者持股比例增加各所有者的股权，其会计分录为：

借：盈余公积

　　贷：实收资本(股本)——××投资者(股东)

(3) 股票股利在办理增资手续后，应按原所有者持股比例分配。如分配的股利不足一股，可采用现金方式或由股东相互转让凑为整股，其会计分录为：

借：利润分配——转作股本的股利

　　贷：股本——××股东

(4) 可转换公司债券持有人将其持有的债券转换为股票的，在办理增资手续后，其会计分录：

借：应付债券——可转换债券(面值、利息调整)

(可转换债券账面余额)

　　资本公积——其他资本公积　　(可转换债券权益成分金额)

　　贷：股本——××股东　　(股票面值×转换的股数)

　　　　资本公积——股本溢价　　(借贷方差额)

如用现金支付不可转换股票，还应贷记“库存现金”等科目。

【例 14-3】 A金融企业由甲、乙、丙三人共同投资设立，原注册资本为 4 000 000 元，甲、乙、丙分别出资 500 000 元、2 000 000 元和 1 500 000 元。为扩大经营规模，经批准，A金融公司注册资本扩大为 5 000 000 元，甲、乙、丙按照原出资比例分别追加投资 125 000 元、500 000 元和 375 000 元。A金融公司如期收到甲、乙、丙追加的现金投资。

A金融企业编制会计分录为：

借：银行存款	1 000 000	
贷：实收资本——甲		125 000
——乙		500 000
——丙		375 000

A金融企业因扩大经营规模需要，经批准，按原出资比例将资本公积 1 000 000 元转增资本。

A金融企业编制会计分录为：

借：资本公积	1 000 000	
贷：实收资本——甲		125 000
——乙		500 000
——丙		375 000

(四) 实收资本(股本)减少的核算

商业银行经批准减少注册资本，在办理相关手续后，其会计分录为：

借：实收资本(股本)——××投资者(股东)

　　贷：库存现金或存放中央银行款项等

股份制商业银行采用收购本银行股票方式减资的，可以参考库存股的核算。

【例 14-4】 2017 年 12 月 31 日 B 银行股份有限公司的股本为 100 000 000 股，面值为 1 元，资本公积（股本溢价）30 000 000 元，盈余公积 40 000 000 元。经股东大会批准，该银行以现金回购本公司股票 20 000 000 股并注销。假定该银行按每股 2 元回购股票，不考虑其他因素，该银行应编制会计分录如下。

（1）回购本公司股票时，其会计分录为：

库存股成本＝20 000 000×2＝40 000 000（元）

借：库存股　　40 000 000
　贷：银行存款　　40 000 000

（2）注销本公司股票时，其会计分录：

应冲减的资本公积＝20 000 000×2－20 000 000×1＝20 000 000（元）

借：股本　　20 000 000
　　资本公积——股本溢价　　20 000 000
　贷：库存股　　40 000 000

第三节　资本公积与留存收益的核算

一、资本公积的核算

（一）资本公积核算概述

资本公积是指商业银行收到的投资者出资额超过其在注册资本（实收资本或股本）中所占份额的部分，以及直接计入所有者权益的利得和损失等。

资本公积可转增资本，但不得弥补亏损。转增资本时，所留存的资本公积不得低于转增前注册资本的 25%。

（二）资本公积会计处理

1. 资本溢价（股本溢价）的核算

资本溢价是指非股份制商业银行收到的投资者出资额超过其在注册资本（实收资本）中所占份额的部分。股本溢价是指股份制商业银行发行股票收到的款项中超过所发行股票面值总额（股本）的部分。

资本溢价、股本溢价所形成的资本公积主要用于转增资本。

【例 14-5】 A 金融企业由甲、乙两位投资者投资 20 000 000 元设立，每位投资者各出资 10 000 000 元。一年后，为扩大经营规模，经批准，A 金融企业注册资本增加到 30 000 000 元，并引入第三位投资者丙加入。按照投资协议，新投资者需缴入现金 11 000 000 元，同时享有该公司 1/3 的股份。A 金融公司已收到该现金投资。假定不考虑其他因素，A 金融企业应编制会计分录为：

借：银行存款　　11 000 000
　贷：实收资本——丙　　10 000 000
　　资本公积——资本溢价　　1 000 000

【例 14-6】 B银行股份有限公司首次公开发行了普通股 50 000 000 股，每股面值 1 元，每股发行价格为 4 元。B银行以银行存款支付发行手续费、咨询费等费用共计 6 000 000 元。假定发行收入已全部收到，发行费用已全部支付，不考虑其他因素，做B银行相应的会计分录。

应增加的资本公积＝50 000 000×(4－1)＝150 000 000(元)

收到发行收入时，其会计分录为：

借：银行存款　　200 000 000
　贷：股本　　50 000 000
　　资本公积——股本溢价　　150 000 000

2. 其他资本公积

其他资本公积是指除资本溢价（或股本溢价）项目以外的资本公积，其中主要是指计入所有者权益的利得和损失。由以下交易或事项引起。

（1）采用权益法核算的长期股权投资。

（2）以权益结算的股份支付。

（3）可转换公司债券持有人行使转换权利。

（4）可供出售金融资产公允价值的变动。

（5）金融资产的重分类等。

其他资本公积一般由特定资产的计价变动形成，当特定资产处置时，其他资本公积也应一并处置。因此，其他资本公积不得用于转增资本。

【例 14-7】 C金融企业于 2018 年 1 月 1 日向F公司投资 8 000 000 元，拥有该公司 20%的股份，并对该公司有重大影响，因而对F公司长期股权投资采用权益法合算。2018 年 12 月 31 日，F公司净损益之外的所有者权益增加了 1 000 000 元。假定除此以外，F公司的所有者权益没有变化，C金融公司的持股比例没有变化，F公司资产的账面价值与公允价值一致，不考虑其他因素。C金融公司应编制会计分录如下。

C金融企业增加的资本公积＝1 000 000×20%＝200 000(元)

借：长期股权投资——F公司　　200 000
　贷：资本公积——其他资本公积　　200 000

本例中，C金融企业对F公司的长期股权投资采用权益法核算，持股比例未发生变化，F公司发生了除净损益之外的所有者权益的其他变动，C金融企业应按其持股比例计算应享有的F公司权益的数额 200 000 元，作为增加其他资本公积处理。

二、留存收益的核算

留存收益包括盈余公积、一般风险准备、未分配利润。

（一）盈余公积的核算

盈余公积指商业银行按规定从税后净利润中提取的，可用于弥补亏损和转增资本的累积盈余，用于弥补亏损、转增资本或派送新股，但转增资本后留存的金额不得少于注册资本的25%。

盈余公积包括法定盈余公积，即商业银行实现的年度净利润在弥补以前年度亏损后，按其金额的一定比例(10%)计提的盈余公积，其累计余额超过注册资本的50%时，可不再计提；任意盈余公积，即商业银行计提法定盈余公积后，经股东大会或类似机构批准，可以从税后净利润中提取任意盈余公积，其提取比例由银行自行确定。

(1) 商业银行按规定从税后净利润中提取盈余公积时，其会计分录为：

借：利润分配——提取法定盈余公积
　　　　　　——提取任意盈余公积
　贷：盈余公积——法定盈余公积
　　　　　　　——任意盈余公积

(2) 商业银行经股东大会或类似机构决议，用盈余公积弥补亏损时，其会计分录为：

借：盈余公积——任意盈余公积
　　　　　　——法定盈余公积
　贷：利润分配——盈余公积补亏

(3) 商业银行经股东大会或类似机构决议，用盈余公积转增资本时，其会计分录为：

借：盈余公积
　贷：实收资本或股本

(4) 股份制商业银行经股东大会决议，用盈余公积派送新股时，其会计分录为：

借：盈余公积	(按派送新股计算的金额)
贷：股本	(股票面值×派送新股总数)
资本公积——股本溢价	(借贷方差额)

【例14-8】 E银行股份有限公司本年实现净利润为5 000 000元，年初未分配利润为0。经股东大会批准，E银行按当年净利润的10%和5%分别提取法定盈余公积与任意盈余公积。假定不考虑其他因素，E银行应编制会计分录如下。

本年提取法定盈余公积金额＝5 000 000×10%＝500 000(元)
本年提取任意盈余公积金额＝5 000 000×5%＝250 000(元)

借：利润分配——提取法定盈余公积	500 000	
——提取任意盈余公积	250 000	
贷：盈余公积——法定盈余公积		500 000
——提取任意盈余公积		250 000

【例14-9】 经股东大会批准，F银行股份有限公司用以前年度提取的盈余公积弥补当年亏损，当年弥补亏损的数额为600 000元。假定不考虑其他因素，F银行应编制

会计分录如下。

借：盈余公积　　600 000

　贷：利润分配——盈余公积补亏　　600 000

借：利润分配——盈余公积补亏　　600 000

　贷：利润分配——未分配利润　　600 000

（二）一般风险准备的核算

一般风险准备是指商业银行实现的年度净利润在弥补亏损和计提盈余公积之后，根据承担风险和损失的资产余额的一定比例计提的，用于弥补非预期风险损失的准备金，主要用于弥补亏损，但不得用于分红和转增资本。由商业银行法人自行确定计提比例（一般风险准备余额不得低于商业银行风险资产期末余额的1%），统一计提。

（1）商业银行从税后净利润中提取一般风险准备时，其会计分录为：

借：利润分配——提取一般风险准备

　贷：一般风险准备

（2）商业银行用一般风险准备弥补亏损时，其会计分录为：

借：一般风险准备

　贷：利润分配——一般风险准备补亏

【例 14-10】 某银行2018年第一季度初一般准备账户贷方余额200 000 000元。当季末该行贷款余额23 000 000 000元，第二季度末贷款余额18 000 000 000元，计提比例1%。要求计提第一、第二季度的一般准备。

第一季度应提一般准备金＝230亿×1%＝230 000 000（元），当期计提＝2.3亿－2亿＝30 000 000（元），其会计分录为：

借：利润分配——计提一般风险准备　　30 000 000

　贷：一般风险准备　　30 000 000

第二季度应提一般准备金＝180×1%＝1.8（亿元），当期计提＝1.8－2.3＝－0.5（亿元），其会计分录为：

借：一般风险准备　　50 000 000

　贷：利润分配——提取一般风险准备　　50 000 000

（三）未分配利润的核算

未分配利润是指商业银行留待以后年度分配且尚未指定用途的利润。

$$未分配利润=\begin{matrix}期初未\\分配利润\end{matrix}+\begin{matrix}本期实现\\净利润\end{matrix}-\begin{matrix}提取的\\盈余公积\end{matrix}-\begin{matrix}提取的一般\\风险准备\end{matrix}-分出利润$$

年度终了，将全年实现的净利润，自“本年利润”科目转入“利润分配——未分配利润”科目，其会计分录为：

借：本年利润

　贷：利润分配——未分配利润

如为亏损，做相反的会计分录。

同时，将“利润分配”科目下的其他明细科目的余额转入“利润分配——未分配利润”科目，其会计分录为：

借：利润分配——未分配利润

　贷：利润分配——其他明细科目

结转后，除“未分配利润”明细科目外，其他明细科目无余额。“未分配利润”明细科目若为期末贷方余额，则反映历年积累的未分配利润；若为期末借方余额，则反映历年未弥补的亏损。

第四节　库存股与股份支付的核算

一、库存股的核算

库存股是指商业银行依法定程序收购或获得而尚未转让或注销的本行已发行股份。但尚未发行的股票不属于库存股，库存股不得参与银行的利润分配。

(1) 商业银行为减少注册资本而收购本行股份，应自收购之日起 10 日内注销。商业银行收购本行股份，应按实际支付的金额，增加库存股，其会计分录为：

借：库存股

　贷：存放中央银行款项或有关科目

商业银行注销收购的本行股份，其会计分录为：

借：股本　　　　　　　　　　　　(股票面值×注销股数)

　资本公积——股本溢价　　　　　　　　(借贷方差额)

　贷：库存股　　　　　　　　　　(注销库存股的账面余额)

收购股票的实际成本大于股票面值的差额，先冲减该股票发行时形成的股本溢价(以股本溢价与股本总额的比例为限)；若股本溢价不足冲减或该股票原按面值发行的，则依次冲减盈余公积和未分配利润。若收购股票的实际成本小于股票面值，则其差额计入资本公积，增加股本溢价。

(2) 商业银行为奖励本行职工而收购本行股份，所购股份不得超过本行已发行股份总额的 5%，并且应将所购股份 1 年内转让给职工。商业银行收购本行股份，应按实际支付的金额，增加库存股，其会计分录为：

借：库存股

　贷：存放中央银行款项或有关科目

银行将所购股份奖励给职工，属于以权益结算的股份支付的，其会计分录为：

借：存放中央银行款项或有关科目　　(实际收到的金额，如有)

　资本公积——其他资本公积

　　　　　　(依职工获取奖励股份实际情况确定的金额)

　贷：库存股　　　　　　　　　　(奖励库存股的账面余额)

　贷或借：资本公积——股本溢价　　　　　　(借贷方差额)

(3) 股东因对股东大会作出的银行合并、分立决议持有异议而要求银行收购本行股份的，商业银行应按实际支付的金额，增加库存股，其会计分录为：

借：库存股

贷：存放中央银行款项或有关科目

银行对上述所购股份，以及与持有本行股份的其他公司合并而获得的本行股份，应在 6 个月内转让或注销。注销股份的核算同前述。

银行转让库存股时，其会计分录为：

借：存放中央银行款项或有关科目	（实际收到的金额）
贷：库存股	（转让库存股的账面余额）
资本公积——股本溢价	（借贷方差额）

转让库存股实际收到的金额大于收购股票的实际成本的差额，计入资本公积。若转让库存股实际收到的金额小于收购股票的实际成本，则其差额先冲减该股票发行时形成的股本溢价(以股本溢价与股本总额的比例为限)；若股本溢价不足冲减或该股票原按面值发行的，则依次冲减盈余公积和未分配利润。

【例 14-11】 H 银行股份有限公司，2017 年 12 月 31 日的股本为 100 000 000 股，面值为 1 元，资本公积(股本溢价)30 000 000 元，盈余公积 40 000 000 元。经股东大会批准，该银行以现金回购本公司股票 20 000 000 股并注销。假定该银行按每股 3 元回购股票，不考虑其他因素，该银行应编制会计分录如下。

(1) 回购本公司股票时，其会计分录为：

$$库存股成本=20\,000\,000\times3=60\,000\,000(元)$$

借：库存股	60 000 000	
贷：银行存款		60 000 000

(2) 注销本公司股票时，其会计分录为：

$$应冲减的资本公积=20\,000\,000\times3-20\,000\,000\times1=40\,000\,000(元)$$

借：股本	20 000 000	
资本公积——股本溢价	30 000 000	
盈余公积	10 000 000	
贷：库存股		60 000 000

由于应冲减的资本公积大于公司现有的资本公积，所以只能冲减资本公积 30 000 000 元，剩余的 10 000 000 元应冲减盈余公积。

二、股份支付的核算

股份支付是指商业银行为获取职工提供服务而授予权益工具，或者承担以权益工具为基础确定的负债的交易。包括以权益结算的股份支付，即商业银行为获取服务以股份或其他权益工具作为对价进行结算的交易和以现金结算的股份支付，即商业银行为获取服务承担以股份或其他权益工具为基础计算确定的交付现金或其他资产义务的交易。

（一）授予日的处理

股份支付协议获得股东大会批准的日期即是授予日。授予后，对于可立即行权的以权益结算的股份支付，应在授予日按照权益工具的公允价值计入相关的成本费用，相应地增加资本公积，其会计分录为：

借：业务及管理费

　贷：资本公积——其他资本公积

授予后，对于要求职工履行一定服务期限或在银行经营达到协议规定业绩条件才可行权的以权益结算的股份支付，在授予日不作会计处理。

（二）等待期的处理

授予日至可行权日之间的期间即是等待期。可行权日：指协议规定的可行权条件得到满足、职工具有从银行取得权益工具权利的日期等待期内的每个资产负债表日，对不可立即行权的以权益结算的股份支付，银行应以对可行权权益工具数量的最佳估计为基础，按照权益工具授予日的公允价值确认相关成本费用，并相应增加资本公积，其会计分录为：

借：业务及管理费

　贷：资本公积——其他资本公积

等待期内的资产负债表日，若后续信息表明可行权权益工具的数量与以前估计不同的，应调整，并在可行权日调整至实际可行权的权益工具数量。

可行权日之后至实际行权日之间的期间，不作会计处理。

（三）行权日的处理

职工实际行使权利获得权益工具的日期即是行权日，银行根据实际行权的权益工具数量，计算确定应转入股本的金额，差额确认为股本溢价，其会计分录为：

借：存放中央银行款项或有关科目　　（实际收到的金额）

　　资本公积——其他资本公积　　（已行权的权益工具账面余额）

　贷：股本　　（已行权的权益工具面值总额）

　　　资本公积——股本溢价　　（借贷方差额）

若以收购的本行股份（即库存股）支付的，应结转相应的库存股和资本公积，差额计入股本溢价，其会计分录为：

借：存放中央银行款项或有关科目　　（实际收到的金额）

　　资本公积——其他资本公积　　（已行权的权益工具账面余额）

　贷：库存股　　（支付库存股的账面余额）

　贷或借：资本公积——股本溢价　　（借贷方差额）

【例 14-12】 2015 年 1 月 1 日，经股东大会批准，甲企业与其 50 名高级管理人员签署股份支付协议。协议规定：① 甲企业向 50 名高级管理人员每人授予 100 万份股票期权，行权条件为：第一年年末的企业净利润增长率达到 20%；第二年年末的企业净利润两年平均增长 15%；第三年年末的企业净利润三年平均增长 10%；② 符合行权条件后，每持有 1 股股票期权可以自 2018 年 1 月 1 日起 1 年内，可以以每股 5 元的价格购买甲公司1股普通股股票，在行权期间内未行权的股票期权将失效。甲公司估计授予日每股股票期权的公允价值为15元。2015年至2018年，甲企业与股票期权有关的资料如下。

(1) 2015年5月，甲企业自市场回购本公司股票5 000万股，共支付款项50 000万元，作为库存股待行权时使用。

(2) 2015年，甲企业有1名高级管理人员离开公司，本年净利润增长率为18%。该年年末，甲公司预计未来两年将有1名高级管理人员离开公司，预计2016年净利润将以同样的速度增长，每股股票期权的公允价值为16元。

(3) 2016年，甲企业没有高级管理人员离开公司，本年净利润增长率为11%。该年年末，甲公司预计未来1年将有2名高级管理人员离开公司，预计3年平均净利润增长率将达到12.5%；每股股票期权的公允价值为18元。

(4) 2017年，甲企业有1名高级管理人员离开公司，本年净利润增长率为15%。该年年末，每股股票期权的公允价值为20元。

(5) 2018年3月，48名高级管理人员全部行权，甲企业共收到款项24 000万元，相关股票的变更登记手续已办理完成。

要求：(1) 编制甲企业回购本公司股票时的相关会计分录。

(2) 计算甲企业2015年、2016年、2017年因股份支付应确认的费用，并编制相关会计分录。

(3) 编制甲企业高级管理人员行权时的相关会计分录。

甲企业编制的会计分录如下。

(1) 2015年5月回购股票时，其会计分录为：

借：库存股　　50 000

　贷：银行存款　　50 000

(2) 股份支付应确认的费用及会计分录。

① 2015年应确认的费用＝(50－1－1)×100×15×1/2＝36 000(万元)。

借：管理费用　　36 000

　贷：资本公积——其他资本公积　　36 000

② 2016年应确认的费用＝(50－1－2)×100×15×2/3－36 000＝11 000(万元)。

借：管理费用　　11 000

　贷：资本公积——其他资本公积　　11 000

③ 2017年应确认的费用＝(50－1－1)×100×15－36 000－11 000＝25 000(万元)。

借：管理费用　　25 000

　贷：资本公积——其他资本公积　　25 000

(3) 甲企业高级管理人员行权时的会计分录：

借：银行存款　　24 000[(50－1－1)×100×5]

　资本公积——其他资本公积　　72 000

　贷：库存股　　48 000[50 000÷5 000×(48×100)]

　　资本公积——股本溢价　　48 000

关键术语

所有者权益　实收资本　盈余公积　资本公积　库存股　一般风险准备　股份支付　留存收益

思考题

1. 简述所有者权益的来源及构成。讨论所有者权益与负债两种资金来源的区别。
2. 什么是股份支付？股份支付如何核算？
3. 商业银行与其他一般企业所有者权益的核算有哪些相同点和不同点？
4. 什么是盈余公积？什么是一般风险准备？分别如何提取？

第十五章　收入、费用及利润的核算

学习内容与目标

本章介绍金融企业收入与成本费用及利润核算的基本要求、收入的核算、成本费用的核算、利润及利润分配的核算。通过本章的学习应熟悉金融企业收入与成本费用及利润核算的基本要求与的核算；熟练掌握收入的核算、成本费用的核算、利润及其分配的核算。

第一节　收入、费用及利润核算概述

一、收入、费用及利润核算的意义

收入、费用及利润的核算是金融企业正常经营的重要一环。首先，能及时掌握货币资金的运动情况。财务收支活动频繁，表明资金周转速度快，而全面、及时地核算财务收支，能够为管理者提供企业资金周转速度、资金运用效率等方面的消息。其次，能保证金融企业资金、财产的安全。金融企业应按照国家财经纪律和会计制度的规定，如实反映财务收支，并监督收入的合法性和费用的合理性，保证国家资金、财产的安全和完整。再次，能够客观评价经营效益。金融企业的利润是收入减去成本费用的净额，只有积极稳健的经营才能增加收入、提高盈利水平，同时也要求金融企业合理配置人力、物力、财力，从内部管理中挖掘潜力，勤俭节约，努力减少成本费用。管理好收支，才能获得更大的经济效益。最后，有利于正确处理经济利益关系。收入费用及利润的核算，是准确计算税金的依据，是合理分配利润、调动分支机构和员工积极性的基础。

二、收入、费用及利润核算的基本要求

为提供真实可靠的财务信息，对收入、费用和利润核算有以下三个基本要求。

（一）按不同的收入来源分别核算

由于金融企业各项财务收入在内容上和纳税上存在着差异，因此，为避免人为地虚增收入或转移收入和逃税，金融企业必须严格区分各项财务收入的范围，分别对利息收

入、手续费收入、保费收入、分保费收入、租赁收入、公允价值变动收益、汇兑收益、其他业务收益、投资收益和营业外收入等进行核算，正确反映各项收入的不同来源，确保各项收入和应纳税额计算的真实完整。

（二）严格执行规定的费用开支范围

金融企业业务经营过程中所发生的支出多种多样，有的计入成本，有的列作营业外支出，也有的在税后利润中列支。因此，财务人员要按制度规定，正确区分各种性质和不同用途的费用开支，凡不属于成本费用开支范围的支出，均不得计入成本；要防止利用营业外支出科目转移成本费用支出等违反财经纪律的行为。

（三）及时计提税金

根据现行税法的有关规定，金融企业应缴纳的税金基本上可划分为五类，即：在利润分配科目中列支的所得税；在营业税金及附加科目中列支的营业税、城市维护建设税和教育费附加；在管理费用中列支的房产税、车船使用税、土地使用税、印花税和奖金税；在固定资产科目中列支的车辆购置附加。金融企业应分别各类税金的列支渠道，及时计提税金，保证各类税金的及时足额上缴。

第二节　收入的核算

一、收入的概念及其内容

（一）收入的概念

收入是会计六要素之一，金融企业收入是指金融企业在日常活动中形成的、会导致所有者权益增加的、与所有者投入资本无关的经济利益的总流入。其中日常活动是指企业为完成其经营目标所从事的经常性活动，以及与之相关的其他活动。因此，金融企业日常经营活动的最大目标是利润的最大化，而收入是利润最基本的来源。

金融企业一项经济利益的流入要被确认为收入，要具备以下特性。

(1) 收入是从企业的日常活动中产生的，而不是从偶发的交易或事项中产生的，如工商企业销售商品、提供劳务的收入等。

(2) 收入可能表现为企业资产的增加，如增加银行存款、应收账款等；也可能表现为企业负债的减少，如以商品或劳务抵偿债务；或者两者兼而有之。

(3) 收入能导致企业所有者权益的增加。

(4) 收入只包括本企业经济利益的流入，不包括为第三方或客户代收的款项，如增值税、代收利息等。代收的款项在增加企业的资产同时增加了企业的负债，但不增加企业的所有者权益，也不属于本企业的经济利益，因此不能作为本企业的收入。

（二）收入的内容

金融企业的收入是金融企业对外提供服务或对外提供金融商品而取得的收入，按照新《企业会计准则》规定，包括以下内容。

1. 利息收入

利息收入是金融企业根据收入准则确认的利息收入,包括发放的各类贷款、与其他金融机构之间发生资金往来业务、买入返售金融资产等所取得的利息收入等。属于营业收入。

2. 手续费及佣金收入

手续费及佣金收入是根据收入准则确认的手续费收入,包括办理结算业务、咨询业务、担保业务、代保管等代理业务及办理受托贷款及投资业务等取得的手续费收入。属于营业收入。

3. 投资收益

投资收益是指金融企业根据长期股权投资准则而确认的投资收益或投资损失。属于营业收入。

4. 公允价值变动损益

公允价值变动损益是指金融企业在初始确认时划分为以公允价值计量且其变动计入当期损益的金融资产或金融负债(包括交易性金融资产或负债和指定以公允价值计量且其变动计入当期损益的金融资产或负债),以及采用公允价值模式计量的衍生工具、套期业务中公允价值变动形成的应计入当期损益的利得或损失。属于营业收入。

5. 汇兑收益

汇兑收益是指金融企业的外币货币性项目因汇率波动而形成的利得或损失。属于营业收入。

6. 其他业务收入

其他业务收入是指企业主营业务收入以外的所有通过销售商品、提供劳务收入及让渡资产使用权等日常活动中所形成的经济利益的流入。包括无形资产转让、固定资产出租、包装物出租、运输、废旧物资出售收入等。

7. 营业外收入

营业外收入是指与企业生产经营活动没有直接关系的各种收入。营业外收入并不是由企业经营资金耗费所产生的,不需要企业付出代价,实际上是一种纯收入,不可能也不需要与有关费用进行配比。

二、收入的确认与核算

金融企业提供金融产品服务取得的收入,应当在以下条件均能满足时予以确认:一是与交易相关的经济利益能够流入企业;二是收入的金额能够可靠地计量。金融企业收入主要包括利息收入、手续费及佣金收入、投资收益、公允价值变动损益、汇兑收益、其他营业收入等。

(一) 利息收入的核算

利息收入是银行发放的各类贷款(银团贷款、贸易融资、贴现和转贴现融出资金、协议透支、信用卡透支、转贷款、垫款等)、与其他金融机构(中央银行、同业等)之间发生资金往来业务、买入返售金融资产等实现的利息收入等办理各种贷款，以及票据贴现而取得的利息，它在银行营业收入中占有较大的比重，在银行财务成果中也占有重要的地位，在核算时，设置“利息收入”科目进行核算。资产负债表日，企业应按合同利率计算确定的应收未收利息，借记“应收利息”等科目，按摊余成本和实际利率计算确定的利息收入，贷记“应收利息”科目，按其差额，借记或贷记“贷款——利息调整”等科目。实际利率与合同利率差异较小的，也可以采用合同利率计算确定利息收入。

（1）当期收到利息时，直接作为收入入账，其会计分录为：

借：吸收存款或其他科目

　贷：利息收入

（2）计提应收利息的核算，金融企业根据权责发生制原则按资金占用时期计提利息确定为收入。发生的其他应收利息，按合同约定的名义利率计算确定的应收取利息，借记应收利息，贷记“利息收入”科目。当合同约定的名义利率与实际利率差异较大的，应采用实际利率计算确定利息收入，其会计分录为：

借：应收利息

　贷：利息收入

实际收到利息时，借记“银行存款”“存放中央银行款项”等科目，贷记本科目，其会计分录为：

借：吸收存款

　贷：应收利息

（二）手续费及佣金收入的核算

手续费及佣金收入是指银行在办理结算、咨询、担保、代保管等提供金融服务时向客户收取的费用所取得的收入，是金融企业财务收入的主要来源之一，手续费及佣金收入可采用现金结算也可采用转账结算，应当在向客户提供相关服务时确认收入。

对于其核算，银行应设置“手续费及佣金收入”账户，其属于损益类科目，核算企业（金融）确认的手续费及佣金收入，包括办理结算业务、咨询业务、担保业务、代保管等代理业务以及办理受托贷款及投资业务等取得的手续费及佣金，如结算手续费收入、佣金收入、业务代办手续费收入、基金托管收入、咨询服务收入、担保收入、受托贷款手续费收入、代保管收入，代理买卖证券、代理承销证券、代理兑付证券、代理保管证券、代理保险业务等代理业务以及其他相关服务实现的手续费及佣金收入等。

【例 15-1】 某客户向其开户银行申请办理银行承兑汇票，按规定收取 500 元承兑手续费，其会计分录为：

借：吸收存款——承兑申请人户　　500

　贷：手续费及佣金收入——银行承兑收入　　500

【例 15-2】 某工商银行收到人民银行收账通知系人民银行支付给本行代办业务的手续费 80 000 元，其会计分录为：

借：存放中央银行款项　　8 000

　贷：手续费收入——代办手续费收入　　8 000

（三）汇兑收益的核算

汇兑收益是指金融企业的外币货币性项目因汇率波动而形成的利得或损失，来源于两个方面：一是银行进行外汇买卖和外币兑换等业务而产生的损益；二是外汇分账制在年终决算时产生的汇兑收益。

1. 外汇买卖产生的汇兑收益

银行的外汇买卖及兑换通过“汇兑收益”科目进行核算，同时按外汇买卖外币种分设明细账。其买卖及兑换业务发生时，兑入的货币，借记有关科目，贷记“汇兑收益”科目；同时兑出的货币借记“汇兑收益”科目，贷记有关科目。

（1）确认汇兑收益时，其会计分录为：

借：货币兑换

　贷：汇兑收益——××币种

（2）确认汇兑损失时，其会计分录为：

借：汇兑收益——××币种

　贷：货币兑换

2. 外汇分账制产生的汇兑收益

各分支行年终决算时，将“货币兑换”科目各种货币账户的外币余额，按决算牌价折合成人民币，与同币种同账户的外汇买卖人民币余额核对，产生的差额，即是本年度该账户外汇买卖的人民币损益，该差额通过会计分录转入人民币其他营业收入或支出中的外汇买卖收入或损失账户。

外币的货币兑换分户账余额在贷方，折合成人民币的金额大于该外币的货币兑换同账户的人民币的借方余额，或外币的货币兑换分户账余额在借方，折合成人民币的金额小于该外币的货币兑换同账户上的人民币贷方余额，其差额即为收益。通过会计分录从人民币货币兑换该分户账中转出，其会计分录为：

借：货币兑换——××币种户　　　　人民币

　贷：汇兑收益——外汇买卖收入户　　　　人民币

外币的货币兑换分户账余额在贷方，折合成人民币的金额小于该外币的货币兑换同账户的人民币的借方余额，或外币的货币兑换分户账余额在借方，折合成人民币的金额大于该外币的货币兑换同账户上的人民币贷方余额，其差额即为亏损。通过会计分录从人民币货币兑换该分户账中转出，其会计分录为：

借：汇兑收益——外汇买卖收入户　　　　人民币

　贷：货币兑换——××币种户　　　　人民币

【例15-3】 银行兑入美钞2万元，美元钞买价1∶7.5，而年终决算时决算汇率1∶7。

（1）业务发生时的会计分录为：

借：库存现金　　　　USD 20 000

　贷：货币兑换——钞买价　　　　USD 20 000

借：货币兑换——钞买价　　　　RMB 150 000

　贷：库存现金　　　　RMB 150 000

(2) 年终决算时的会计分录：

借：汇兑收益——外汇买卖收入户 10 000

贷：货币兑换——××币种户 10 000

(四) 公允价值变动损益

公允价值变动损益是指企业交易性金融资产、交易性金融负债，以及采用公允价值模式计量的投资性房地产、衍生工具、套期保值业务等公允价值变动形成的应计入当期损益的利得或损失以及指定为以公允价值计量且其变动计入当期损益的金融资产或金融负债公允价值变动形成的应计入当期损益的利得或损失。

公允价值变动损益的主要账务处理如下。

(1) 资产负债表日，企业应按交易性金融资产的公允价值高于其账面余额的差额，其会计分录：

借：交易性金融资产——公允价值变动

贷：公允价值变动损益

公允价值低于其账面余额的差额做相反的会计分录。

(2) 资产负债表日，交易性金融负债的公允价值高于其账面余额的差额，其会计分录：

借：公允价值变动损益

贷：交易性金融负债

公允价值低于其账面余额的差额做相反的会计分录。

【例 15-4】 甲公司 2016 年 3 月 10 日从证券交易所购入丙公司发行的股票 10 万股准备短期持有，共以银行存款支付投资款 458 000 元，其中含有 3 000 元相关交易费用。2016 年 12 月 31 日该股票的市价为 5 元/股，假定甲公司无其他投资事项，编制甲公司相应的会计分录。

(1) 2016 年 3 月 10 日取得时，其会计分录为：

借：交易性金融资产——成本 455 000

投资收益 3 000

贷：银行存款 458 000

(2) 2016 年资产负债表日按公允价值(500 000)调整账面余额(455 000)。

借：交易性金融资产——公允价值变动 45 000

贷：公允价值变动损益 45 000

(五) 投资收益的核算

投资收益包括银行按照现行法规进行长期投资获得的收益，银行依据合同、协议的规定到期收回或因被投资企业清算而收回的投资额与账面价值的差额，如为净收益，计入投资收益；如为净损失，冲减投资风险准备金，不足冲减的部分，计入当期损益。

投资收益应按对外投资所取得的收益，减去发生的投资损失和计提的投资减值准备后的净额列报。发生投资收益时，其会计分录为：

借：长期投资或有关科目

贷：投资收益

【例 15-5(接例 15-4)】 2017 年 2 月 18 日,甲公司将所持的丙公司的股票的一半出售,共收取款项 260 000 元。假定甲公司无其他投资事项。计算甲公司 2017 年出售的丙公司股票应确认的投资收益,并编制出丙公司股票的会计分录。

甲公司 2017 年出售的丙公司股票应确认的投资收益=260 000-(455 000/2)=32 500。

(1) 按售价与账面余额之差确认投资收益,其会计分录为:

借: 银行存款　　260 000

　贷: 交易性金融资产——成本　　227 500

　　　　　　　　——公允价值变动　　22 500

　　投资收益　　10 000

(2) 按初始成本与账面余额之差确认投资收益/损失,其会计分录为:

借: 公允价值变动损益　　22 500(45 000/2)

　贷: 投资收益　　22 500

(六) 其他营业收入的核算

其他营业收入是指银行除经营存款、贷款、中间业务、投资、外汇买卖、结售、代理业务以及金融企业往来以外的其他营业性收入,主要包括: 咨询服务收入、无形资产转让收入等。银行应设置“其他营业收入”科目进行核算,并按其种类设置明细账。

发生其他营业收入时,其会计分录为:

借: 库存现金/吸收存款

　贷: 其他营业收入

(七) 营业外收入的核算

营业外收入是指银行发生的与其经营业务活动无直接关系的各项收入和各项支出。这些收入的形成,并不是银行经营某项业务而产生的,和银行业务没有直接联系,因此归为营业外收入。营业外收入包括: 罚款收入、出纳长款收入、固定资产盘盈、处置固定资产净收益、处置无形资产净收益、处置抵债资产净收益、教育费附加返还款。其会计分录为:

借: 相关科目

　贷: 营业外收入

第三节　成本费用的核算

一、成本费用的概念

费用是指企业在日常活动中形成的、会导致所有者权益减少的、与向所有者分配利润无关的经济利益的总流出。其特点是: 费用最终会减少企业的资源;费用会减少企业的所有者权益。

（一）费用确认的标准

1. 划分收益性支出和资本性支出

一年以内的费用支出，通常可以在本年列支为费用，即收益性支出。一年以上长期的某项费用支出，不能在本年内列支，需要分期摊销，为资本性支出。

2. 权责发生制原则

在会计主体的经济活动中，经济业务的发生和货币的收支不是完全一致的，即存在着现金流动与经济活动的分离。由此而产生两个确诊和记录会计要素的标准，一个标准是根据货币收支是否来作为收入和费用确认和记录的依据，称为收付实现制；另一个标准是以取得收款权利付款责任作为记录收入或费用的依据，称为权责发生制。

3. 配比原则

某个会计期间或某个会计对象所取得的收入应与为取得该收入所发生的费用、成本相匹配，以正确计算在该会计期间、该会计所获得的净损益。收入与费用之间的配比方式主要有两种：一是根据收入与费用之间因果关系进行直接配比；二是根据收入与费用项目之间存在的时间上的一致关系进行期间配比。

（二）费用的分类

1. 直接费用

直接费用是指直接为取得营业收入而发生的费用，有利息支出、手续费支出等。

2. 间接费用

间接费用是指仅有助于当期收入的实现，或者数额不大、不便于或不值得在各期分配的费用。

二、成本费用的会计核算

1. 利息支出的核算

利息支出，包括吸收的各种存款（单位存款、个人存款、信用卡存款、特种存款、转贷款资金等）、与其他金融机构（中央银行、同业等）之间发生资金往来业务、卖出回购金融资产等产生的利息支出。

（1）预提应付利息时，其会计分录为：

借：利息支出

　贷：应付利息

（2）实际支付利息时，其会计分录为：

借：利息支出

　贷：库存现金（或其他有关科目）

【例 15-6】 某工商银行支付人民银行借款利息 7 800 元，其会计分录为：

借：利息支出——金融机构往来支出　　7 800

　贷：存放中央银行款项　　7 800

2. 手续费及佣金支出的核算

手续费支出，是银行支付给其他受托单位代办业务的费用，如代办储蓄手续费。其他银行代办业务手续费等。

企业发生的与其经营活动相关的手续费、佣金等支出，借记本科目，贷记“银行存款”“存放中央银行款项”“存放同业”“库存现金”“应付手续费及佣金”等科目，其会计分录为：

借：手续费及佣金支出

　贷：有关科目

3. 营业税金及附加的核算

按照国家税法规定，银行应向国家税务机关缴纳营业税及其他税金。营业税金及附加是银行由经费收入负担的各种税金，包括营业税、城市维护建设税和教育费附加等。

核算企业经营活动发生的营业税、消费税、城市维护建设税、资源税和教育费附加等相关税费。房产税、车船使用税、土地使用税、印花税在“管理费用”科目核算，但与投资性房地产相关的房产税、土地使用税在本科目核算。

企业按规定计算确定的与经营活动相关的税费，借记营业税金及附加，贷记“应交税费”科目。

4. 业务及管理费的核算

业务及管理费是银行在业务经营及管理工作中发生的各种费用，包括业务招待费、业务宣传费、业务管理费等，其会计分录为：

借：业务及管理费——业务宣传费

　贷：库存现金(或其他有关科目)

【例 15-7】 某工商银行总务部门购买办公用品发生的费用支出 880 元，写出会计分录。

借：业务及管理费——公杂费户　　　　880.00

　贷：银行存款　　　　880.0

5. 资产减值损失的核算

(1) 金融资产减值损失的确认。企业应当在资产负债表日对以公允价值计量且其变动计入当期损益的金融资产以外的金融资产的账面价值进行检查，有客观证据表明该金融资产发生减值的，应当确认减值损失，计提减值准备。表明金融资产发生减值的客观证据，是指金融资产初始确认后实际发生的、对该金融资产的预计未来现金流量有影响，且企业能够对该影响进行可靠计量的事项。

(2) 资产减值损失的核算。发生减值的，按应减记的金额，作相应的会计分录为：

借：资产减值损失

　贷：贷款损失准备金等科目

如果相关资产的价值得以恢复的，应在原已计提的减值准备金额内，按恢复增加的金额，做相应的会计分录：

借：贷款损失准备金等科目

　贷：资产减值损失

【例 15-8】 假定甲银行对该公司债券投资被认定为持有至到期投资，2017 年 12 月 31 日，有客观证据表明 C 公司发生了严重财务困难，该项投资确定的减值损失为

766 000 元：2018 年 12 月 31 日，有客观证据表明 C 公司债券价值已恢复，且客观上与确认该损失后发生的事项有关的，假定甲公司确定的应恢复的金额为 700 000 元。

甲银行应编制如下会计分录。

(1) 2017 年 12 月 31 日，确认 C 公司债券投资的减值损失时，其会计分录为：

借：资产减值损失——计提的持有至到期投资减值准备——C 公司债券　766 000

　贷：持有至到期投资减值准备——C 公司债券　766 000

(2) 2018 年 12 月 31 日，确认 C 公司债券投资减值损失的转回时，其会计分录为：

借：持有至到期投资减值准备——C 公司债券　700 000

　贷：资产减值损失——计提的持有至到期投资减值准备——C 公司债券　700 000

6. 其他业务成本的核算

金融企业确认的除主营业务活动以外的其他经营活动所发生的支出，包括销售材料的成本、出租固定资产的折旧额、出租无形资产的摊销额、出租包装物的成本或摊销额等。

除主营业务活动以外的其他经营活动发生的相关税费，在"营业税金及附加"科目核算。企业发生的其他业务成本，借记"其他业务成本"科目，贷记"累计折旧""累计摊销""应付职工薪酬""银行存款"等科目，相应的会计分录为：

借：其他业务成本

　贷：累计折旧或累计摊销等相关科目

7. 营业外支出的核算

营业外支出是指企业发生的与其经营活动无直接关系的各项净支出，包括处置非流动资产损失、非货币性资产交换损失、债务重组损失、融资租赁时最低租赁收款额与未担保余值的现值之和小于该项融资租赁资产账面余额的差额、罚款支出、公益性捐赠支出、非常损失、盘亏损失等。

企业确认处置非流动资产损失、非货币性资产交换损失、债务重组损失，比照"固定资产清理""无形资产""原材料""库存商品""应付账款"等科目的相关规定进行处理。

盘亏、毁损的资产发生的净损失，按管理权限报经批准后，借记"营业外支出"科目，贷记"待处理财产损溢"等相关科目，其会计分录为：

借：营业外支出

　贷：待处理财产损溢等相关科目，

第四节　利润及利润分配的核算

一、利润的构成及计算

利润是指企业在一定会计期间的经营成果，包括收入减去费用后的净额、直接计入当期利润的利得和损失等。是企业经营成果的综合反映，是衡量金融企业经营管理的重要综合指标，它反映了企业在一定会计期间内经营的业绩和获利能力，有助于金融企业的投资者和债权人据此进行盈利预测，评价企业的经营绩效，作出正确的决策。

利润一般包括营业利润、利润总额和净利润。营业利润是营业收入减去营业成本和营业费用，再加上投资净收益后的利润，利润总额是营业利润加上营业外收入并扣除营业外支出后的利润；而净利润是税前利润减去所得税费用后的净额。

二、利润形成的核算

金融企业设置“本年利润”科目，用来核算企业利润（或亏损）总额。该科目借方登记由“经营成本”“销售费用”“经营税金及附加”“其他业务支出”“管理费用”“财务费用”“营业外支出”和“投资收益”（借方余额）等损益类科目转来的数额，贷方登记从“经营收入”“其他业务收入”和“投资收益”（贷方余额）等损益类科目转入的数额。

在期末金融企业要结转各类损益类账户到本年利润科目。

（1）结转各项收入，其会计分录为：

借：利息收入
　　公允价值变动损益（净收益）
　　手续费及佣金收入
　　其他营业收入
　　汇兑收益（净收益）
　　投资收益（净收益）
　　营业外收入
　贷：本年利润

（2）结转各项支出，其会计分录为：

借：本年利润
　贷：利息支出
　　　手续费及佣金支出
　　　业务及管理费
　　　营业税金及附加
　　　资产减值损失
　　　其他营业成本
　　　营业外支出
　　　所得税费用

（3）将本年实现的净利润转入未分配利润，其会计分录为：

借：本年利润
　贷：利润分配——未分配利润

【例 15-9】 某商业银行 2015 年年终时，各损益账户的具体情况如下：利息收入贷方余额 2 400 万元，汇兑收益 600 万元，利息支出借方余额 2 000 万元，业务及管理费借方余额350万元，业务外支出借方余额80万元。

年终利润结转会计分录为：

借：利息收入　　2 400
　　汇兑收益　　600
　贷：本年利润　　3 000
借：本年利润　　2 430
　贷：利息支出　　2 000
　　　业务及管理费　　350
　　　营业外支出　　80
借：本年利润　　570
　贷：利润分配——未分配利润　　570

三、利润分配的核算

(一) 可供分配的利润及其分配

利润分配是对企业一定时期的净利润(所得税后的利润)进行的分配。企业当年的净利润加上以前年度未分配的利润是企业当年可供分配的利润。可供分配的利润按照以下顺序进行分配。

1. 提取法定盈余公积金

法定盈余公积金按净利润的10%提取，盈余公积金达到注册资金的50%时可不再提取。

2. 提取公益金

提取比例可由企业自行制定。

3. 向投资者分配利润

在提取公积金、公益金之前，企业不能向投资者分配利润。

股份有限公司按下列顺序分配。

(1) 应付优先股股利，是指银行按照利润分配方案分配给优先股股东的现金股利。

(2) 应付普通股股利，是指银行按照利润分配方案分配给普通股股东的现金股利。银行分配给投资者的利润，也在本项目核算。

(3) 转作资本(或股本)的普通股股利，是指银行按照利润分配方案以分派股票股利的形式转作的资本(或股本)。银行以利润转增的资本，也在本项目核算。

企业当年无利润时，不得向投资者分配利润，但股份有限公司在用盈余公积金弥补亏损后，经股东大会特别决议，可按照不超过股票面值6%的比例用盈余公积金分配股利，但分配后，企业法定盈余公积金不得低于注册资金的25%。

企业按上列顺序分配以后，剩余部分为未分配利润，未分配利润可以留待以后年度进行分配，也可以留待亏损年度弥补亏损。

(二) 利润分配的会计核算

1. 会计科目设置

为了加强利润分配的核算，银行应设置“利润分配”科目。该科目属于权益类账户，借方登记各种利润分配事项，贷方登记抵减利润分配的事项，年末借方余额表示未弥补的亏损总额，贷方余额表示累计未分配总额。本科目设置"提取法定盈余公积""盈余公积补亏""应付股利""未分配利润"等明细科目。

2. 账务处理

(1) 本年利润结转，将实现的净利润转入利润分配科目，其会计分录为：

借：本年利润
　贷：利润分配——未分配利润

(2) 提取法定盈余公积和公益金，其会计分录为：

借：利润分配——提取法定盈余公积
　　　　　——提取任意盈余公积
　　　　　——公益金
　贷：盈余公积——法定盈余公积
　　　　　——任意盈余公积
　　　　　——公益金

(3) 向投资者分配利润，其会计分录为：

借：利润分配——应付股利
　贷：应付股利

(4) 用盈余公积补亏，其会计分录为：

借：盈余公积
　贷：利润分配——盈余公积补亏

(5) 年终结转，将"利润分配"账户所有明细账户的金额转入"利润分配——未分配利润"账户，其会计分录为：

借：利润分配——未分配利润
　贷：利润分配——提取法定盈余公积
　　　　　——提取任意盈余公积
　　　　　——应付股利
借：利润分配——盈余公积补亏
　贷：利润分配——未分配利润

"未分配利润"账户贷方余额为未分配利润，借方余额为未弥补的亏损。

【例 15-10】 某商业银行 2018 年发生下列业务。

(1) 年初未分配利润为 600 万元，本年度实现利润总额 2 000 万元，该企业适用的所得税率为 33%，假设不存在其他纳税调整项目。

(2) 按税后利润的 10% 提取法定盈余公积。

(3) 提取任意盈余公积 200 万元。

(4) 向投资者宣告分配现金股利 1 000 万元。

要求：(1) 计算企业年度应交所得税，并作会计分录。

(2) 编制企业有关利润分配的会计分录。

① 计算所得税＝本年实现利润总额×33%＝2 000×33%＝660(万元)。

其会计分录为：

借：所得税费用	660	
贷：应交税费		660
借：本年利润	660	
贷：所得税费用		660

② 利润分配的会计分录为：

借：本年利润	1 340	
贷：利润分配——未分配利润		1 340
借：利润分配——提取法定盈余公积	134	
——提取任意盈余公积	200	
——应付股利	1 000	
贷：盈余公积——法定盈余公积		134
——任意盈余公积		200
应付股利		1 000
借：利润分配——未分配利润	1 330	
贷：利润分配——提取法定盈余公积		134
——提取任意盈余公积		200
——应付股利		1 000

关键术语

营业收入　利息收入　手续费及佣金收入　投资收益　汇兑损益　其他业务收入　利息支出　营业外支出　利润　营业利润　净利润　利润分配

思考题

1. 如何理解和计算营业利润、利润总额和净利润？
2. 商业银行利润分配如何核算？
3. 商业银行汇兑损益如何产生的？应该如何去核算？

第十六章　财务报告及其编制

学习内容与目标

本章介绍金融企业财务报告概述、金融企业会计报表的编制以及财务会计报告主要内容等。通过本章的学习应明确金融企业财务报告概述，熟悉主要报表的编制方法；掌握金融企业财务报告概述及其主要报表的内容；熟练掌握资产负债表、利润表、现金流量表、所有者权益变动表的编制。

第一节　财务报告概述

一、财务报告的意义

财务报告是金融企业项有关各方面及国家有关部门提供财务状况、经营成果、和现金流量等会计信息的书面文件，是会计核算工作的结果，是金融企业经营活动的总结。财务报告是财务会计报告的核心。财务报告能够反映企业管理者的受托经营管理责任，有助于所有者和债权人合理地进行投资决策；有助于评价和预测未来的现金流量；有助于国家经济管理部门进行宏观调控和管理。金融企业应按照新《企业会计准则》《金融企业会计制度》的规定，编制并对外提供真实、完整的财务报告。

二、财务报告的概念及内容

财务报告是指金融企业对外提供的反映金融企业某一特定日期财务状况和某一会计期间的经营成果、现金流量等会计信息的文件，包括财务报表和其他应当在财务报告中披露的相关信息和资料。财务报表是对企业财务状况、经营成果和现金流量的结构性表述，是提供财务信息的一种重要手段。金融企业的财务报告是根据日常会计核算资料，定期编制的总括反映金融企业财务状况、经营成果和现金流量情况的书面文件。

金融企业的财务报告由会计报表、会计报表附注、财务情况说明书等组成。

（一）会计报表

会计报表是综合反映商业银行某一特定日期的资产、负债、所有者权益状况，以及某一特定时期经营成果和现金流动情况的书面文件。它是银行根据日常的会计核算资料归集、加工和汇总后形成的，是银行会计核算的最终成果，是财务报告的主体。包括资产负债表，利润表，现金流量表及所有者权益变动表。

（二）会计报表附注

会计报表附注是会计报表的重要组成部分，是对会计报表本身无法或难以充分表达的内容和项目所做的补充说明和详细解释。是为了便于会计报表使用者理解会计报表的内容而对会计报表的编制基础、编制依据、编制原则和方法及主要项目等所做的解释。

（三）财务情况说明书

财务情况说明书是对银行一定期间业务经营、资金周转和利润实现及分配等情况的综合说明。它简要地提供银行业务经营、财务活动情况，分析总结经营业绩和存在的不足，是财务报告使用者了解和考核银行业务经营和业务活动开展情况的重要资料来源，是对会计报表的补充说明，是年度财务报告的重要组成部分。

三、会计报表的分类

（一）按照资金运动形态不同

按所反映资金运动形态不同可以分为静态会计报表和动态会计报表。静态会计报表是指反映金融企业某一特定日期的资产、负债、所有者权益状况的会计报表，一般应根据各个账户的“期末余额”填列的资产负债表。动态会计报表是指反映金融企业一时期的经营成果和现金流量的会计报表，一般应根据有关账户的“发生额”填列。比如利润表、现金流量表。

（二）按编报时间不同

按编报时间不同可以分为中期报告和年度报告。中期报告是以短于一个完整会计年的报告期间为基础编制的财务报告，包括：月度、季度、半年度财务会计报告等。其中股份有限公司应编制半年报即中期财务报告，半年报比年报提供的资料略为简单。年度财务报告是指年度终了对外提供的财务会计报告。年报要求揭示完整、反映全面。

中期报告和年度报告中应包括资产负债表、利润表、现金流量表、所有者权益变动表等、会计报表附注；而季度和月度的财务会计报表不包括会计报表附注，也不包括会计报表中的现金流量表，仅包括资产负债表和利润表（国家另有规定的除外）。

（三）按其报送的对象不同

按其报送的对象不同可以分为对外财务报告和对内财务会计报告：对外财务报告是企业定期向外部报表使用者（如政府部门、投资者、债权人）报送的会计报表，这类报表是按企业会计准则和有关的会计制度编制的，有统一的格式和指标体系，经过独立审计后对外报送。对内财务会计报告一般是因金融企业内部管理需要而编制的，其内容、种类、格式等由金融企业自行规定。

（四）按编报范围不同

按编报范围不同可以分为个别财务会计报告和合并财务会计报告。个别财务会计报告是以独立金融企业为编报主体，反映该金融企业其本身的财务状况、经营成果和现

金流量的报告文件。合并的财务会计报告是将金融企业集团作为一个企业看待，将企业集团内部母子公司之间的投资、销售等形成的债权债务和收入费用抵用后，编制合并会计报表。报表由母公司编制的，综合了所有控股子公司会计报表的有关内容，反映整个企业经营成果和财务状况的会计报表。

四、财务报告编制要求

为了真实、正确地反映银行的财务状况和经营活动成果，保证财务报告所提供信息能够满足使用者的需求，企业编制财务报告时应符合真实可靠、全面完整、遵循重要性原则和可比性原则、编报及时等基本要求。

(一) 真实可靠

为了保证财务报告所提供的信息真实可靠，数据正确，在编制财务报告前，应对各种会计账簿、表册、财产等进行认真审核和清查，以保证账证相符、账账相符、账实相符。在此基础上，据以编制会计报表，才能做到账表相符、内外账务相符，保证财务报告所提供的信息真实、正确。

(二) 全面完整

全面完整的财务报告，一方面要求按规定的项目和内容进行编报，另一方面要求能充分反映银行经营活动的全面情况。因此，各银行编制和报送的财务报告，应当按照规定的格式和内容进行编报。凡是国家要求提供的信息，银行应当按规定的要求编报，不得漏报。在编报的报表中，凡要求填报的指标和项目，不得漏填漏列，任意取舍。

(三) 重要性原则

企业财务报表某项目的省略或错报会影响使用者据此作出经济决策的，该项目具有重要性。重要性应当根据企业所处环境，从项目的性质和金额大小两方面予以判断。性质或功能不同的项目，应当在财务报表中单独列报，但不具有重要性的项目除外。性质或功能类似的项目，其所属类别具有重要性的，应当按其类别在财务报表中单独列报。

(四) 信息列报的可比性原则

企业当期财务报表的列报，至少应当提供所有列报项目上一可比会计期间的比较数据，以及与理解当期财务报表相关的说明，但其他会计准则另有规定的除外。财务报表项目的列报发生变更的，应当对上期比较数据按照当期的列报要求进行调整，并在附注中披露调整的原因和性质，以及调整的各项目金额。对上期比较数据进行调整不切实可行的(是指企业在作出所有合理努力后仍然无法采用某项规定)，应当在附注中披露不能调整的原因。

(五) 编报及时

财务报告必须及时编报，按照规定月度财务会计报告应当于月度终了后 6 天内(节假日顺延，下同)对外提供；季度财务会计报告应当于季度终了后 15 天内对外提供；半年度财务会计报告应当于年度中期结束后 60 天内(相当于两个连续的月度)对外提供；年度财务会计报告应当于年度终了后 4 个月内对外提供。

会计报表的填列，以人民币“元”为金额单位，“元”以下填至“分”。银行的年度财务报告，应经本系统直属领导机构、审计机关、会计师事务所审核后，按规定时间向有关方面报出。

第二节 资产负债表

一、资产负债表概述

资产负债表，国外习惯称为“平衡表”或“财务状况表”，是反映企业某一特定日期财务状况的财务报表。它反映金融企业在某一特定时期拥有或控制的经济资源及其分布情况、反映企业的变现能力和财务实力、能反映企业的权益结构（负债与所有者权益）。资产负债表是静态报表，是反映企业某一时点的财务状况。金融企业的资产负债表采用账户式结构，左右双方平衡，即资产等于负债及所有者权益总计。

二、资产负债表的结构

（一）资产负债表的格式

资产负债表是反映金融企业在某一特定时期财务状况的报表。它反映金融企业在某一特定日期所拥有或控制的经济资源、所承担的现时义务和所有者对净资产的要求权。在我国，商业银行的资产负债表采用账户式结构，即报表的基本结构分为左右两方，左方列示资产各个项目，反映全部资产的分布及存在形态；右方列示负债和所有者权益各个项目，反映全部负债和所有者权益的内容及构成情况（见表 16-1）。资产按照流动资产和非流动资产两大类别在资产负债表中反映，流动资产和非流动资产可进一步按性质分项列示，如现金、存放中央银行的款项、贵金属等顺序排列。负债的项目按清偿时间的先后顺序填列，如向中央银行借款、拆入资金、交易性金融负债等。资产负债表左右平衡，即资产总计等于负债及所有者权益总计。

表 16-1 资 产 负 债 表

编制单位： 年 月 日 单位：元

资　　产	行次	年初数	期末数	负债及所有者权益	行次	年初数	期末数
流动资产：				流动负债：			
现金及银行存款	1			短期存款	40		
存放中央银行款项	2			短期储蓄存款	41		
贵金属	3			财政性存款	42		

续 表

资　产	行次	年初数	期末数	负债及所有者权益	行次	年初数	期末数
存放同业款项	4			向中央银行借款	43		
存放联行款项	5			同业存放款项	44		
拆放同业	6			联行存放款项	45		
拆放金融性公司	7			同业拆入	46		
短期贷款	8			金融性公司拆入	47		
其中：抵押、质押贷款	9			存入短期保证金	48		
应收进出口押汇	10			应解汇款	49		
应收利息	11			汇出汇款	50		
减：坏收准备	12			应付利息	51		
其他应收款	13			其他应付款	52		
贴现	14			应付工资	53		
短期投资	15			应付福利费	54		
其中：国库券	16			应交税金	55		
其他流动资产	17			应付利润	56		
流动资产合计	18			预提费用	57		
长期资产：				发行短期债券	58		
中长期贷款	19			一年内到期的长期负债	59		
其中：抵押质押贷款	20			其他流动负债	60		
逾期贷款	21			流动负债合计	61		
减：贷款呆账准备	22			长期负债：			
长期投资	23			长期存款	62		
其中：国库券	24			长期储蓄存款	63		
减：投资风险准备	25			存入长期保证金	64		
固定资产原值	26			发行长期债券	65		
减：累计折旧	27			长期借款	66		
固定资产净值	28			长期应付款	67		
固定资产清理	29			其他长期负债	68		
在建工程	30			其中：住房周转金	69		
待处理固定资产净损失	31			长期负债合计	70		

续　表

资　　产	行次	年初数	期末数	负债及所有者权益	行次	年初数	期末数
其他长期资产	32			负债合计	71		
长期资产合计	33			所有者权益：			
无形、递延及其他资产：				实收资本	72		
无形资产	34			资本公积	73		
其中：土地使用权	35			盈余公积	74		
递延资产	36			其中：公益金	75		
其他资产	37			未分配利润	76		
其他资产合计	38			所有者权益合计	77		
资产总计	39			负债及所有者权益总计	78		

（二）资产负债表的数据来源

资产负债表的编制是以日常会计核算记录的数据为基础进行归类、整理和汇总并加工而成的报表。

1. 直接根据总账科目的余额填列

比如资产方的交易性金融资产、应收股利、应收利息、固定资产清理等；负债方的短期借款、交易性金融负债、应付票据、应付职工薪酬、应交税费、应付股利、应付利息、其他应付款、专项应付款、递延所得税负债等；所有者权益中的实收资本、资本公积、盈余公积等。

2. 根据几个总账科目的余额计算填列

比如货币资金是库存现金、银行存款、其他货币资金等账户金额的加总。

3. 根据有关明细科目的余额计算填列

比如“应收账款”项目，应当根据“应收账款”“预收账款”等科目所属明细科目期末借方余额合计填列，减去“坏账准备”科目中有关应收账款计提的坏账准备期末余额后的金额填列；而“预收款项”项目，应当根据“应收账款”“预收账款”等科目所属明细科目期末贷方余额合计填列。

4. 根据总账科目和明细科目的余额分析计算填列

比如“长期借款”需要根据“长期借款”总账科目余额扣除“长期借款”科目所属的明细科目中将在一年内到期、且企业不能自主地将清偿义务展期的长期借款后的金额计算填列。

5. 根据有关资产科目与其备抵科目抵销后的净额填列

比如凡是涉及资产减值的项目都应按照此办法填列，应收账款、应收票据、应收利息、其他应收款、可供出售金融资产、持有至到期投资、在资产负债表上，均为抵销对应减值准备后的净额列示。

（三）资产负债表的金额填列

资产负债表主体部分的各项目都列有“年初数”和“期末数”两个栏目，是一种比较资产负债表。表中“年初数”栏内各项目数字，应根据上年末资产负债表“期末余额”栏内所列数字填列。而“期末数”是指月末、季末、半年末、年末的数据。如果本年度资产负债表规定的各个项目的名称和内容同上年度不一致，应对上年年末资产负债表各项目的名称和数字按照本年度的规定进行调整，按调整后的数字填入本表“年初余额”栏内。通过提供比较数据，目的在于提供企业财务状况变动情况及发展趋势的相关信息。

三、资产负债表的编制方法

资产负债表各项目的内容和填列方法如下。

1. 现金及存放中央银行款项

本项目根据“库存现金”和“银行存款”“存放中央银行款项”科目三个总账科目的期末余额合计数填列。

2. 存放同业款项

本项目反映商业银行与同业进行资金往来而发生的存放于同业的款项。本项目应根据“存放同业款项”科目的期末余额填列。

3. 贵金属

本项目反映商业银行在国家允许范围内买入的黄金等贵重金属数量本项目应根据“贵金属”科目的期末余额填列。

4. 拆出资金

本项目反映商业银行与其他金融企业之间的资金拆借业务。本项目根据“拆出资金”科目的期末余额填列。

5. 交易性金融资产

本项目反映商业银行为交易目的而持有债券投资、股票投资、基金投资、权证投资等交易性金融资产的公允价值。本项目根据“交易性金融资产”科目的期末余额填列。

6. 衍生金融资产

本项目根据“衍生工具”的科目期末借方余额、“套期工具”期末借方余额、“被套期项目”期末借方余额的合计数填列。

7. 买入返售金融资产

本项目反映商业银行按返售协议约定先买入再按固定价格返售给卖出方的票据、证券、贷款等金融资产所融出的资金。本项目根据“买入返售金融资产”科目期末余额填列。

8. 应收利息

本项目反映商业银行发放贷款、持有至到期投资、可供出售金融资产、存放中央银行款项、拆出资金、买入返售金融资产等应收取的利息。本项目应根据“应收利息”科目的期末余额填列。

9. 发放贷款和垫款

本项目反映商业银行按规定发放的各种客户贷款，包括质押贷款、抵押贷款、保证贷款、信用贷款等。还包括按规定发放的银团贷款、贸易融资、协议透支、信用卡透支、转贷款以及垫款等。本项目根据“发放贷款和垫款”所属明细科目的期末余额分析填列。

10. 可供出售金融资产

本项目反映商业银行持有的可供出售金融资产的价值，包括划分为可供出售的股票投资、债券投资等金融资产。本项目应根据“可供出售金融变产”科目的期末余额填列。

11. 持有至到期投资

本项目反映商业银行持有至到期投资的摊余价值。本项目应根据“持有至到期投资”所属明细科目的期末余额抵减“持有至到期投资减值准备”科目余额后分析填列。

12. 长期股权投资

本项目反映商业银行持有的采用成本法和权益法核算的长期股权投资。本项目应根据“长期股权投资”科目的期末余额抵减“长期股权投资减值准备”科目余额后的净值填列。

13. 投资性房地产

本项目反映商业银行投资性房地产的价值，包括采用成本模式计量的投资性房地产和采用公允价值模式计量的投资性房地产。本项目应根据“投资性房地产”科目的期末余额抵减“投资性房地产减值准备”科目余额后的净值填列。

14. 固定资产

本项目反映商业银行持有固定资产的原价企业。本项目应根据“固定资产”科目的期末余额减去“累计折旧”“固定资产减值准备”备抵科目余额后的净值填列。

15. 无形资产

本项目反映商业银行持有的无形资产，包括专利权、非专利技术、商标权、著作权、土地使用权等。本项目应根据“无形资产”科目的期末余额减去“累计摊销”“无形资产减值准备”备抵科目余额后的净值填列。

16. 递延所得税资产

本项目反映商业银行根据所得税准则确认的可抵扣暂时性差异产生的所得税资产。本项目应根据“递延所得税资产”科目的期末余额填列。

17. 其他资产

本项目反映商业银行除上述以外的各项资产，如：长期待摊费用、存出保证金、应收股利、抵债资产等。本项目应根据所发生的其他资产科目期末余额合计数分析填列。

18. 向中央银行借款

本项目反映商业银行从中央银行借入的款项。本科目根据“向中央银行借款”科目的期末余额填列。

19. 同业及其他金融机构存放款项

本项目反映商业银行与同业进行资金往来而发生的同业存放于本银行的款项以及吸收的境内、境外金融机构的存款。本项目应根据“同业存放”科目所属明细科目的期末余额填列。

20. 拆入资金

本项目反映商业银行从境内、境外金融机构拆入的款项。本项目应根据“拆入资金”科目的期末余额填列。

21. 交易性金融负债

本项目反映商业银行承担的交易性金融负债的公允价值吸收存款。本项目应根据“交易性金融负债”科目的期末余额填列。

22. 衍生金融负债

本项目根据“衍生工具”科目期末贷方余额、“套期工具”期末贷方余额、“被套期项目”期末贷方余额等科目合计数填列。

23. 吸收存款

本项目反映商业银行吸收的除同业存放款项以外的其他各种存款，包括单位存款(包括企业、事业单位、机关、社会团体等)、个人存款、信用卡存款、特种存款、转贷款资金和财政性存款等。本项目应根据“吸收存款”科目所属的“本金”“利息调整”等明细科目期末余额计算填列。

24. 卖出回购金融资产款

本项目反映商业银行按回购协议卖出票据、证券、贷款等金融资产所融入的资金。本项目应根据“卖出回购金融资产款”科目的期末余额填列。

25. 应付职工薪酬

本项目反映商业银行根据有关规定应付给职工的各种薪酬。本项目应根据“应付职工薪酬”科目期末余额填列。

26. 应交税费

本项目反映商业银行按照税法规定计算应交纳的各种税费。本项目应根据“应交税费”科目的期末余额填列。

27. 应付利息

本项目反映商业银行按照合同约定应支付的利息，包括吸收存款、分期付息到期还本的长期借款、企业债券等应支付的利息。本项目应根据“应付利息”科目的期末余额填列。

28. 预计负债

本项目反映商业银行根据或有事项等相关准则确认的各项预计负债，包括对外提供担保、未决诉讼、产品质量保证、重组义务、亏损性合同以及固定资产和矿区权益弃置义务等产生的预计负债。本项目应根据“预计负债”科目的期末余额填列。

29. 应付债券

本项目反映商业银行为筹集(长期)资金而发行的债券本金和利息。本项目应根据“应付债券”科目的明细科目期末余额分析填列。

30. 递延所得税负债

本项目反映商业银行根据所得税准则确认的应纳税暂时性差异产生的所得税负债。本项目应根据“递延所得税负债”科目的期末余额填列。

31. 其他负债

本项目反映商业银行除上述以外的各项负债。如“长期应付款”“存入保证金”“应

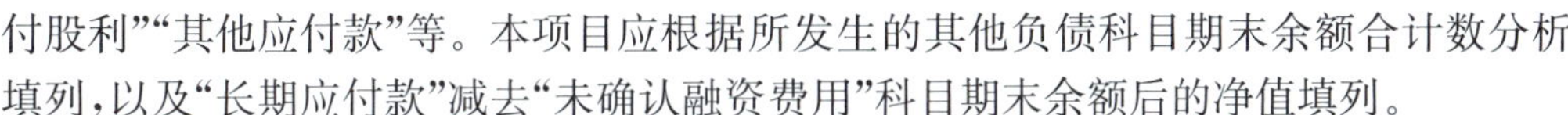

付股利”“其他应付款”等。本项目应根据所发生的其他负债科目期末余额合计数分析填列，以及“长期应付款”减去“未确认融资费用”科目期末余额后的净值填列。

32. 实收资本或股本

本项目反映商业银行实际收到的资本总额。本项目根据“实收资本”科目期末余额填列。

33. 资本公积

本项目反映商业银行收到投资者出资超出其在注册资本或股本中所占的份额以及直接计入所有者权益的利得和损失等。本项目根据“资本公积”科目期末余额减去“库存股”期末借方余额后的净值填列。

34. 盈余公积

本项目反映商业银行的资本公积和盈余公积的期末余额。本项目根据“盈余公积”科目的期末余额填列。

35. 一般风险准备

本项目反映商业银行按规定从净利润中提取的一般风险准备。本项目应根据“一般风险准备”科目的期末余额填列。

36. 未分配利润

本项目反映商业银行盈利中尚未分配的部分。本项目根据“本年利润”和“利润分配”科目的余额计算填列。未弥补的亏损应在本项目内用“—”号表示。

第三节 利润表

一、利润表概述

利润表又称为“损益表”，它反映企业在一定期间经营成果的报表，是动态报表。通过编制利润表可以如实地反映金融企业实现的收入、发生的费用，以及应当计入当期利润的利得和损失金额及其构成等情况。利润表是企业经营成果分配的重要依据，是考核企业管理人员的基础，是投资者评价企业营利能力的重要参考。利润表的编制以传统利润观(收入费用观)和全面收益观(资产负债观)为基础。

二、利润表的格式

利润表的格式主要有单步式利润表和多步式利润表两种。

单步式利润表是将所有收入和所有费用、损失分别加总，然后两者相抵，计算出当期净利润。在这种格式下，利润表分为三个部分：① 营业收入和收益，包括主营业务收入、其他业务收入、营业外收入等；② 营业费用和损失，包括主营业务成本、营业费用、主营业务税金及附加、其他业务支出、营业外支出等；③ 根据前面两部分内容，计算出本期净利润。这种编制方法便于投资者理解。

多步式利润表是将收支的内容作多项分类，通过多步计算，得出本期净利润。这种利润表的净利润计算过程，通常分为四个步骤：先从主营业务收入出发，减去营业成本，计算出营业毛利；然后从营业毛利中减去营业费用，计算出营业利润；进而在营业利润的基础上，加减营业外收支和其他特别收支，计算出本期利润总额，即税前利润；最后从利润总额中减去所得税，计算出企业的净利润。

多步式利润表便于投资者对企业的生产经营情况进行分析，并且可以与其他企业进行比较，还有利于预测企业今后的盈利趋势。主要包括四部分内容：① 主营业务利润，反映企业日常主要经营业务所获得的收入和成本、费用、税金以及利润；② 营业利润，即主营业务利润再加上企业其他经营业务活动所取得的利润；③ 利润总额，即营业利润再加减企业取得的投资收益、发生的营业外收支等之后的利润；④ 净利润，即企业实现的利润总额扣除所得税之后的利润。

金融企业利润表一般采用多步式结构。

三、利润表的结构

利润表一般有表首、正表两部分(见表 16-2)。其中，表首说明报表名称编制单位、编制日期、报表编号、货币名称、计量单位等；正表是利润表的主体，反映形成经营成果的各个项目和计算过程，所以，利润表曾被称为损益表。

表 16-2 利 润 表

编制单位： 年 月 单位：元

项 目	行次	本期金额	上期金额
一、营业收入	1		
利息净收入	2		
利息收入	3		
减：利息支出	4		
手续费及佣金净收入	5		
手续费及佣金收入	6		
减：手续费及佣金支出	7		
投资收益(损失以“—”号填列)	8		
其中：对联营和合营企业的投资收益	9		
公允价值变动收益(损失以“—”号填列)	10		
汇兑损益	11		
其他业务收入	12		

续　表

项　　目	行次	本期金额	上期金额
二、营业支出	13		
营业税金及附加	14		
业务及管理费	15		
资产减值损失	16		
其他营业成本	17		
三、营业利润(亏损以“－”号填列)	18		
加：营业外收入	19		
减：营业外支出	20		
四、利润总额(亏损以“－”号填列)	21		
减：所得税	22		
五、净利润(亏损以“－”号填列)	23		
归属于母公司所有者的净利润	24		
少数股东损益	25		
六、每股收益	26		
(一) 基本每股收益	27		
(二) 稀释每股收益	28		

四、利润表的编制方法

利润表中的金额栏，包括“本期金额”和“上期金额”两栏，每一个具体项目都需要填列这两项金额。利润表的编制方法，将介绍利润表中“本期金额”“上期金额”的一般填列方法和利润表中每一个具体项目的填列方法。

利润表各项目的金额栏分为“本期金额”和“上期金额”两栏。其中，“上期金额”栏各项目应根据上期利润表的“本期金额”栏的金额填列，如果利润表中的项目名称、内容有变化，则应根据规定对上期利润表相关项目的内容、金额进行调整，按照调整后的金额填入本期利润表的“上期金额”栏。“本期金额”栏的填列方法可分为以下四种。

(1) 直接根据损益账户期末转入本年利润账户的余额填列。例如，业务及管理费项目，即可直接根据相应账户期末转入本年利润账户的余额填列。

(2) 根据有关损益账户期末结转本年利润账户的余额计算填列。例如，营业收入项目需要根据“主营业务收入”与“其他业务收入”账户期末结转本年利润账户的合计金额填列。

(3) 根据表内项目计算填列。例如，营业利润、利润总额等项目，就需要根据表内项目计算填列。

(4) 根据有关资料计算填列。例如，基本每股收益、稀释每股收益等，就需要根据当期净利润和发行在外的普通股加权平均数等计算填列。

五、利润表表内项目内容

1. 营业收入

本项目反映“利息净收入”“手续费及佣金净收入”“投资收益”“公允价值变动收益”“汇兑收益”“其他业务收入”等项目的合计金额。

2. 利息净收入

本项目反映“利息收入”项目金额，减去“利息支出”项目金额后的余额。

3. 利息收入

本项目反映企业经营存贷款业务等确认的利息收入，应根据“利息收入”的发生额分析填列。企业债券投资的利息收入，也可以在该项目反映。

4. 利息支出

本项目反映企业经营存贷款业务等发生的利息支出，应根据“利息支出”等科目的发生额分析填列。企业发行债券的利息支出，也可以在该项目反映。

5. 手续费及佣金净收入

本项目反映“手续费及佣金收入”项目余额减去“手续费及佣金支出”项目后的余额。

6. 手续费及佣金收入

本项目反映企业确认的包括办理结算业务等在内的手续费、佣金收入，应根据“手续费及佣金收入”等科目的发生额分析填列。

7. 手续费及佣金支出

本项目反映企业确认的包括办理结算业务等在内发生的手续费、佣金支出，应根据“手续费及佣金支出”等科目的发生额分析填列。

8. 投资收益

本项目反映企业以各种方式对外投资取得的收益。本项目应根据“投资收益”科目的发生额分析填列。如为投资损失，本项目以“－”号填列。其中，对联营企业和合营企业的投资收益应单独列示。

9. 其他收入

本项目反映“汇兑收益”和“其他业务收入”的金额合计。

10. 公允价值变动收益

本项目反映企业应当计入当期损益的资产或负债公允价值的变动收益。本项目应根据“公允价值变动收益”科目的发生额分析填列，如为净损失，本项目以“－”号填列。

11. 汇兑收益

本项目反映企业外币货币性项目因汇率变动形成的净收益，应根据“汇兑损益”科目的发生额分析填列。如为净损失，以“－”号填列。

12. 其他业务收入

本项目反映企业确认的除主营业务活动以外的其他经营活动实现的收入，包括出租固定资产、出租无形资产、出租包装物和商品、销售材料、用材料进行非货币性交换（非货币性资产交换具有商业实质且公允价值能够可靠计量）或债务重组等实现的收入。

13. 营业支出

本项目反映“营业税金及附加”“业务及管理费”“资产减值损失”“其他业务成本”等项目的金额合计。

14. 营业税金及附加

本项目反映企业经营业务应负担的消费税、营业税、城市建设维护税、资源税和教育费附加等。

15. 业务及管理费

本项目反映企业在业务经营和管理过程中所发生的电子设备运转费、安全防范费、物业管理费等费用等，应根据“业务及管理费”科目的发生额分析填列。

16. 资产减值损失或呆账损失

本项目反映企业计提（或恢复后转回）各项资产减值准备所形成的损失，或按规定提取（或恢复后转回）的呆账准备金额，本项目如为恢复后转回的金额，以“－”号填列。

17. 其他业务成本

本项目反映除“营业税金及附加”“业务及管理费”和“资产减值损失或呆账损失”之外的其他业务成本。

18. 营业外收入

本项目反映企业发生的与经营业务无直接关系的各项收入，包括非流动资产处置利得、非货币性资产交换利得、债务重组利得、政府补助、盘盈利得、捐赠利得等。

19. 营业外支出

本项目反映企业发生的与经营业务无直接关系的各项支出，包括非流动资产处置损失、非货币性资产交换损失、债务重组损失、公益性捐赠支出、非常损失、盘亏损失等。

20. 所得税费用

本项目反映企业确认的应从当期利润总额中扣除的所得税费用。

21. 净利润

本项目反映企业实现的净利润。

22. 归属于母公司所有者的净利润

本项目反映企业编制合并报表时净利润中归属于母公司所有者的部分。

23. 少数股东损益

本项目反映企业编制合并会计报表时子公司净利润中属于母公司以外的其他投资者部分。

24. 基本每股收益、稀释每股收益

本项目反映企业按照每股收益准则的规定计算的金额，本项目仅由普通股或潜在普通股已公开交易的企业，以及正处于公开发行普通股或潜在普通股过程中的企业填报。

第四节　现金流量表

一、现金流量表概述

现金流量表是指反映企业在一定会计期间现金和现金等价物流入和流出的报表，是动态报表。现金流量表对于企业经营具有重要作用：是评估企业创造现金流量、评价企业利润质量、评价企业利润质量、分析企业偿债能力和支付报酬能力的重要依据；是分析企业现金来源和现金去向的直接依据。

二、现金流量表的编制基础

现金等价物是指企业持有的期限短、流动性强、易于转换为已知金额现金、价值变动风险很小的投资。现金流量表是以现金及现金等价物为基础编制的反映企业财务状况变动的报表。

现金及现金等价物包括库存现金、可以随时动用的银行存款和其他货币资金。现金流量表的编制基础一经确定，不得随意变更。

三、现金流量的分类

按照产生现金流量的性质，将企业的现金流量划分为三类。

（一）经营活动现金流量

经营活动现金流量是指企业投资活动和筹资活动以外的所有交易和事项产生的现金流量。

（二）投资活动现金流量

投资活动现金流量是指企业长期资产的购建和不包括在现金等价物范围的投资及其处置活动产生的现金流量。

（三）筹资活动现金流量

筹资活动现金流量是指导致企业资本及债务规模和构成发生变化的活动产生的现金流量。

对于日常活动之外，不经常发生的特殊项目产生的现金流量在上述项目中单独列示。

四、现金流量表的计算方法

（一）直接法

直接法是银行根据当期有关现金流量的会计事项，对经营活动的现金流入与流出，逐项进行确认，以反映经营活动产生的现金流量，包括经营活动现金流量、投资活动现金流量和筹资活动现金流量。

在采用直接法编制现金流量表时，应将当期损益表中每一个对现金流量有影响的收入和支出项目进行反映，而不考虑其他非现金性收入和非现金支出。例如，对利息收入中的现金收入部分予以反映，而对应收利息不作考虑；再如，对进行股权投资的权益收入、固定资产的折旧费用等也都不予反映。

直接法的主要特点是对银行经营活动中的具体项目的现金流入量进行详细的列报，所以这种列报方式的优点就是直观，经营活动中各种途径取得的现金和各种用途流出的现金在按照直接法编制的现金流量表上一目了然，便于报表使用者了解企业在经营活动过程中的现金进出情况，有助于对企业未来的现金流量作出估计。因此，直接法是现金流量表编制的主要方法。

（二）间接法

间接法是银行以损益表上的本期净利润为起算点，调整不涉及现金的收入、费用、营业外收支以及应收应付等有关项目的增减变动，将权责发生制下的收益转换为现金收付实现制下的收益。

间接法是用于编制“经营活动所产生的现金流量”的方法。在我国的现金流量表（包括银行现金流量表）中，以间接法编制的“经营活动产生的现金流量”被列为副表和补充资料。

间接法的基本原理是：银行由于经营活动而产生的与经营损益有关的现金流量与净利润有着非常密切的联系，其现金流入主要是营业收入现金，而现金流出主要是营业支出（包括各种营业费用）、营业税金、所得税等，这与银行净利润的形成非常类似。但是，经营活动产生的与经营损益有关的现金流量并不等于净利润，这是因为两者的计算基础不同，净利润的计算是以权责发生制为基础的，只要发生了收款的权利或付款的义务，就作为收入或费用，并以此计算利润；而经营活动与经营损益有关的现金流量的计算，则是以收付实现制为基础，无论收入或费用，均要以收到或者付出现金为准。这样，两者必然出现差额，而间接就是要根据差额形成的不同原因对其分别进行调整，将净利润调节为经营活动与经营损益有关的现金流量。

在银行的经营活动现金流量中，除上述与经营损益有关现金流量，还有一部分是在其业务活动中发生的与损益无关的现金流量，只有将这一部分现金流量加减上去后，间接法才能完成将净利润调节为经营活动中产生的现金流量。这样的调整，便于报表的使用者分析理解银行账面利润与现金支付能力之间的差别。当然，间接法的编制结果应与按直接法编制的“经营活动产生的现金流量净额”的数字相等。

间接法对于净利润的调整项目按其性质可划分为四大类。

1. 不影响现金的收入和费用

所谓不影响现金的收入和费用，即为实现没有支付现金的费用和实际没有收到的现金收益。这一类项目的共同特点是：它们都是增减利益的因素，但它们的发生并未涉及现金的增减。其调整的方法是：凡不影响现金的收益，将其从净利润中扣减；凡不影响现金的费用、损失，则将其加回净利润中去。

这类项目有：计提的呆(坏)账准备或转销的呆(坏)账，固定资产折旧，长期待摊费用，无形资产摊销，待摊费用的增减，预提费用的增减，处置固定资产、无形资产和其他长期资产的损益，固定资产报废损失，递延税款的借、贷等。

2. 从净利润中剔除非经营活动损益

所谓非经营活动损益，实际就是属于投资活动、筹资活动范畴的损失(费用)和收益。这些项目(筹资利息和投资损益等)都是构成当期净利润的因素，但由于间接法最后的调整结果是经营活动产生的现金流量净额，因此，需要将上述非经营活动的损益予以剔除。其剔除的方法是：凡不属于经营活动范畴的收益，要从净利润中扣除；凡不属于经营活动范畴的费用、损失，则加回净利润中去。

3. 经营业务中发生的与损益无关的现金流量

银行的经营对象就是货币，因此，在其业务经营过程中会发生许多现金的流入或流出，而它们对利润的构成和增减是没有什么关系的。所谓经营业务中发生的与损益无关的现金流量就是指这些。由于它们产生的现金流量属于经营活动范畴，而这些现金流量又与利润无关，因此，这部分现金流量要加列上去。具体加列的方法非常简单：产生的现金流入加入净利润中；产生的现金流出则在净利润的基础上再予以扣减。

这类项目有：贷款的增减，存款的增减，存款准备金的增减，贴现的增减，进出口押汇的增减，拆借款项的增减等。

4. 对于非现金流动资产及经营性流动负债的调整

除了上述需调整的项目外，还有一些项目需要调整，这就是其他非现金及现金等价物流动资产和经营性流动负债。非现金流动资产和经营性流动负债的变化对利润并无影响，但这些变化大多要涉及现金，因此，在将净利润调节为经营活动现金流量净额时，必须要考虑到非现金流动资产和经营性流动负债的变化情况，并根据其变化后对于现金产生的影响分别进行调整。这类项目有：经营性应收项目的增减、经营性应付项目的增减及其他等。

五、现金流量表的构成

现金流量表分为正表和补充资料两部分，反映某一段时间内企业现金和现金等价物的流入和流出数量，可以分为三类，即经营活动产生的现金流量、投资活动产生的现金流量和筹资活动产生的现金流量(见表16-3和表16-4)。

表16-3 现 金 流 量 表

编制单位： 年 月 日 单位：元

项 目	本期金额	上期金额
一、经营活动产生的现金流量：		
客户存款和同业存放款项净增加额		
向中央银行借款净增加额		

续　表

项　　目	本期金额	上期金额
向其他金融机构拆入资金净增加额		
收取利息、手续费及佣金的现金		
收到其他与经营活动有关的现金		
经营活动现金流入小计		
客户贷款及垫款净增加额		
存放中央银行和同业款项净增加额		
支付手续费及佣金的现金		
支付给职工以及为职工支付的现金		
支付的各项税费		
支付其他与经营活动有关的现金		
经营活动现金流出小计		
经营活动产生的现金流量净额		
二、投资活动产生的现金流量：		
收回投资收到的现金		
取得投资收益收到的现金		
收到其他与投资活动有关的现金		
投资活动现金流入小计		
投资支付的现金		
购建固定资产、无形资产和其他长期资产支付的现金		
支付其他与投资活动有关的现金		
投资活动现金流出小计		
投资活动产生的现金流量净额		
三、筹资活动产生的现金流量：		
吸收投资收到的现金		
发行债券收到的现金		
收到其他与筹资活动有关的现金		
筹资活动现金流入小计		
偿还债务支付的现金		
分配股利、利润或偿付利息支付的现金		

续　表

项　　目	本期金额	上期金额
支付其他与筹资活动有关的现金		
筹资活动现金流出小计		
筹资活动产生的现金流量净额		
四、汇率变动对现金的影响		
五、现金及现金等价物净增加额		
加：期初现金及现金等价物余额		
六、期末现金及现金等价物余额		

表 16-4　现金流量表附注

补　充　资　料	本期金额	上期金额
1. 将净利润调节为经营活动现金流量：		
净利润		
加：资产减值准备		
固定资产折旧、油气资产折耗、生产性生物资产折旧		
无形资产摊销		
长期待摊费用摊销		
处置固定资产、无形资产和其他长期资产的损失(收益以“—”号填列)		
固定资产报废损失(收益以“—”号填列)		
公允价值变动损失(收益以“—”号填列)		
财务费用(收益以“—”号填列)		
投资损失(收益以“—”号填列)		
递延所得税资产减少(增加以“—”号填列)		
递延所得税负债增加(减少以“—”号填列)		
存货的减少(增加以“—”号填列)		
经营性应收项目的减少(增加以“—”号填列)		
经营性应付项目的增加(减少以“—”号填列)		
其他		
经营活动产生的现金流量净额		
2. 不涉及现金收支的重大投资和筹资活动：		
债务转为资本		

续　表

补　充　资　料	本期金额	上期金额
一年内到期的可转换公司债券		
融资租入固定资产		
3. 现金及现金等价物净变动情况：		
现金的期末余额		
减：现金的期初余额		
加：现金等价物的期末余额		
减：现金等价物的期初余额		
现金及现金等价物净增加额		

六、现金流量表填列内容

（一）编制经营活动产生的现金流量

1. 客户存款和同业存放款项净增加额

本项目反映商业银行本期吸收的各项存款和同业存放款项的净增加额。本项目根据资产负债表的“短期存款”“短期储蓄存款”“同业存放款项”“一年内到期的长期负债”“长期存款”“长期储蓄存款”填列。

2. 向中央银行借款净增加额

本项目反映商业银行本期向中央银行借入款项的净增加额。本项目根据资产负债表的“向中央银行借款”填列。

3. 向其他金融机构拆入资金净增加额

本项目反映商业银行本期从金融机构拆入款项所取得的现金。本项目根据资产负债表的“同业拆入”填列。

4. 收取利息、手续费及佣金的现金

本项目反映商业银行本期从客户收取的利息、手续费及佣金收入现金数。本项目根据利润表的“利息净收入”“中间业务净收入(大于零时)”和资产负债表的“应付利息”填列。“中间业务净收入”小于零时在“支付手续费及佣金的现金”项目中反映。

本项目＝利润表的“利息净收入”＋“中间业务净收入(大于零时)”＋资产负债表的“应付利息”期末期初轧差数。

5. 收到其他与经营活动有关的现金

本项目反映商业银行除上述项目外，与经营活动有关的其他现金流入。其他现金流入如金额较大，应单列项目反映。

6. 客户贷款及垫款净增加额

本项目反映商业银行本期发放的各种客户贷款，以及办理商业票据贴现、转贴现融

出及融入资金等业务款项的净增加额。本项目根据资产负债表的“贴现”“短期贷款”“贸易融资”“中长期贷款”“逾期贷款”填列。

7. 存放中央银行和同业款项净增加额

本项目反映商业银行本期存放于中央银行以及其他金融机构的款项的净增加额。本项目根据资产负债表的“存放中央银行款项”“存放联行款项”“存放同业款项”填列。

8. 支付手续费及佣金的现金

本项目反映商业银行委托其他企业代办业务实际支付的手续费及佣金。本项目根据利润表的“中间业务净收入”小于零时填列。

9. 支付给职工以及为职工支付的现金

本项目反映企业本期实际支付给职工的工资、奖金、各种津贴和补贴等职工薪酬(包括代扣代缴的职工个人所得税)。但是应由在建工程、无形资产负担的职工薪酬除外。支付的在建工程、无形资产人员的职工薪酬,在“购建固定资产、无形资产和其他长期资产所支付的现金”项目反映。本项目根据营业费用的人员费用项目合计填列。

10. 支付的各项税费

本项目反映企业当期实际上缴税务部门的各种税费,包括企业本期发生并支付的、本期支付以前各期发生的以及预交的营业税、教育费附加、印花税、房产税、车船使用税等费用。不包括计入固定资产价值、实际支付的耕地占用税、所得税。本项目根据利润表的“营业税金及附加”“所得税”和资产负债表的“应付税金”填列。

本项目=利润表的“营业税金及附加”+利润表的“所得税”-资产负债表的“应付税金”期末期初轧差数。

11. 支付其他与经营活动有关的现金

本项目反映支付的除上述各项目外,与经营活动有关的其他现金流出,如支付的差旅费、业务招待费、支付的保险费、罚款支出、企业支付给离退休人员的各项费用等。其他现金流出如价值较大的,应单列项目反映。

本项目根据“营业费用-人员费用-固定资产折旧-无形资产摊销-递延资产摊销”的余额填列。本项目=利润表的“营业费用”-人员费用-固定资产折旧-无形资产摊销-递延资产摊销。

(二) 确定投资活动产生的现金流量

1. 收回投资收到的现金

本项目反映出售、转让或到期收回除现金等价物以外的交易性金额资产、长期股权投资而收到的现金,以及收回长期债权投资本金而收到的现金。不包括长期债权投资收回的利息,以及收回的非现金资产。本项目根据“短期投资”“长期投资”等科目账户的记录分析填列。

2. 取得投资收益收到的现金

本项目企业因股权性投资而分得的现金股利,从子公司、联营企业或合营企业分回利润而收到的现金,以及因债券性投资而取得的现金利息收入,不包括股票股利。本项目根据“投资收益”科目账户的记录分析填列。

3. 收到其他与投资活动有关的现金

本项目反映除上述各项目以外，与投资活动有关的其他现金流入；其他现金流入如金额较大，应单列项目反映。

4. 投资支付的现金

本项目反映取得的除现金等价物以外的权益性投资和债券性投资所支付的现金以及支付的佣金、手续费等附加费用。本项目根据“短期投资”“长期投资”等科目账户的记录分析填列。

5. 购建固定资产、无形资产和其他长期资产支付的现金

本项目反映购买、建造固定资产、取得无形资产和其他长期资产所支付的现金及增值税款、支付的应由在建工程和无形资产负担的职工薪酬现金支出，以及融资租入固定资产支付的租赁费。不包括为购建固定资产而发生的借款利息资本化的部分，资本化的借款利息和融资租入固定资产支付的租赁费，在筹资活动产生的现金流量中单独反映。本项目根据“固定资产”“无形资产”“长期待摊费用”“抵债资产”“其他长期资产”等科目账户的记录分析填列。

6. 支付其他与投资活动有关的现金

本项目反映除了上述各项以外，与投资活动有关的其他现金流出；其他现金流出如金额较大的，应单列项目反映。

（三）确定筹资活动产生的现金流量

1. 吸收投资收到的现金

本项目反映以发行股票、募集股本筹集资金实际收到的款项，减去直接支付的佣金、手续费、宣传费、咨询费、印刷费等发行费用后的净额。发行股票直接支付的费用，在“支付的其他与筹资活动有关的现金”项目反映。本项目根据“实收资本”科目账户的记录分析填列。

2. 发行债券收到的现金

本项目反映发行债券筹集资金收到的现金。该项目以发行债券实际收到的现金列示。本项目根据“发行短期债券”“发行长期债券”等科目账户的记录分析填列。

3. 收到其他与筹资活动有关的现金

本项目反映除上述项目外与筹资活动有关的现金流入，如溢价发行股本收到的现金。其他现金流入如金额较大，应单列项目反映。本项目根据“资本公积——股本溢价”账户的记录分析填列。

4. 偿还债务支付的现金

本项目反映以现金偿还债务的本金，主要是指偿还从其他金融机构拆借资金的本金。偿还的拆借资金利息，不包括在本项目内，应在“分配股利、利润或偿付利息所支付的现金”项目中反映。本项目根据“同业拆入”“长期借款”等科目账户的记录分析填列。

5. 分配股利、利润或偿付利息所支付的现金

本项目反映实际支付的现金股利、支付给其他投资单位的利润或用现金支付的拆入资金利息等。本项目根据“应付股利”“应付利润”“拆借资金利息支出”等科目账户的

记录分析填列。

6. 支付其他与筹资活动有关的现金

本项目反映除上述项目外与筹资活动有关的其他现金流出。其他现金流出如金额较大，应单列项目反映。

（四）汇率变动对现金及现金等价物的影响

汇率变动对现金及现金等价物的影响＝汇兑损益（损失以"－"号填列）

（五）将净利润调节为经营活动产生的现金流量

1. 净利润

本项目根据利润及利润分配表的"净利润"填列。

2. 资产减值准备

本项目反映本期计提的各项资产的减值准备，包括本期计提的贷款损失准备、长期股权投资减值准备、持有至到期投资减值准备、投资性房地产减值准备、固定资产减值准备、在建工程减值准备、无形资产减值准备、商誉减值准备等资产减值准备。计提各项准备时，影响损益因而使净利润减少但不影响现金流量的项目，应调增。本项目根据利润及利润分配表的"资产减值损失或呆账准备"填列。

3. 固定资产折旧

本项目反映本期计提的固定资产折旧。计提折旧时，使净利润减少但不影响现金流量的项目，应调增。本项目根据"营业费用——固定资产折旧"账户的本期借方发生额填列。

4. 无形资产摊销、长期待摊费用摊销

本项目分别反映本期计提的无形资产摊销、长期待摊费用摊销。无形资产摊销项目根据"营业费用——无形资产摊销"账户的本期借方发生额填列；长期待摊费用摊销项目根据"营业费用——待摊费用摊销"账户的本期借方发生额填列。

5. 处置固定资产、无形资产和其他长期资产的损失

本项目反映本期处置固定资产、无形资产和其他长期资产而发生的净损失。若为净收益，以"－"号填列。

6. 固定资产报废损失

本项目反映本期固定资产盘亏发生的净损失。

7. 公允价值变动损失

本项目反映持有的采用公允价值计量且其变动计入当期损益的金融资产、金融负债等的公允价值变动损益。由于公允价值计量与原账面价值的差额计入了当期损益，但不影响现金流量，故增加利润时调减，减少利润时调增。

8. 财务费用

本项目反映本期发生的应属于投资活动或筹资活动的财务费用，如借款利息、外币借款汇兑损益，不包括应收票据贴现利息等属于经营活动的项目。调整"财务费用"项目时，不应将"财务费用"账户的本期全部发生额进行填列，而是只将属于投资活动、筹资活动的部分进行调整并将其加回到净利润中去。本项目可以根据"财务费用"账户的本期借方发生额分析填列；如为收益，以"－"号填列。

9. 投资损失

本项目反映本期投资所发生的损失减去收益后的净额。投资损益影响净利润，属于投资活动，应调出。本项目根据利润表“投资收益”项目的金额填列。若为净收益，以“—”号填列。

10. 递延所得税资产减少和递延所得税负债增加

“递延所得税资产减少”项目反映资产负债表“递延所得税资产”项目的期初余额与期末余额的差额。若为递延所得税资产的增加，以“—”号填列。“递延所得税负债增加”项目反映资产负债表“递延所得税负债”项目的期末余额与期初余额的差额。若为递延所得税资产的减少，以“—”号填列。

11. 经营性应收项目的减少

本项目反映本期经营性应收项目的减少，具体包括与经营活动有关的流动资产部分和长期资产部分。经营性应收项目减少时，现金流量增加，不影响净利润，应调增；经营性应收项目增加时，确认收入，净利润增加，不影响现金流量，应调减。如果经营性应收项目减少，但收到的不是现金，应剔除，如收到的非货币性资产；如果经营性应收项目增加，但不确认收入，应剔除，如处置固定资产未收款。本项目应根据资产负债表上经营性应收项目的期初余额与期末余额的差额并结合经营性应收项目的明细账分析填列。若经营性应收项目的期末余额大于期初余额，以“—”号填列。

一般情况下，本项目应等于资产负债表的“流动资产合计减现金及银行存款”和“长期资产减贷款呆账准备”的合计。

12. 经营性应付项目的增加

本项目反映本期经营性应付项目的增加。经营性应付项目包括应付利息、应付职工薪酬、应交税费、应付股利、其他应付款中与经营活动有关的部分等。本项目根据资产负债表上经营性应付项目的期末余额与期初余额的差额并结合相关明细账分析填列，若经营性应付项目的期初余额大于期末余额，以“—”号填列。一般情况下，本项目应等于资产负债表的“负债合计”。

13. 其他

本项目反映影响损益但不包括在以上项目中的其他项目。例如，在编制会计差错更正处理当年的现金流量表时，除将会计差错更正对有关科目的影响分别反映于“净利润”有关调节项目外，还应将其对本年留存收益的影响作为“净利润”的调节因素反映于“其他”项目中。

第五节 所有者权益变动表

一、所有者权益变动表概述

所有者权益变动表是反映企业构成所有者权益的各个组成部分在一定期间内增减

变动情况的报表(只有年报提供)。它架起了资产负债表年初数与期末数的桥梁,有利于信息使用者详细了解所有者权益的变动情况,比利润分配表的信息更全面。所有者权益变动表是动态报表,其编制以综合损益观、资本保全为前提。

《企业会计准则 30—财务报表列报》准则及其应用指南中规定,所有者权益变动表要求至少应当单独列示反映以下信息:净利润;直接计入所有者权益的利得和损失项目及其总额;会计政策变更和差错更正的累积影响金额;所有者投入资本和向所有者分配利润;按照规定提取的盈余公积;实收资本(或股本),资本公积,盈余公积,未分配利润的期初和期末余额及其调节情况,涉及本年和上年数据,是一张比较会计报表。

二、所有者权益变动表的结构

所有者权益变动表中涉及的是所有者权益类的各个账户,反映企业所有者权益各项目的增减变化。各项目应根据“实收资本(股本)”“资本公积”“盈余公积”“库存股”“利润分配”各明细账户的本年年初余额,借方发生额,贷方发生额,年末余额分析填列,增加金额用正号填列,减少金额用负号填列。

所有者权益变动表采用的是“棋盘式”结构,横向是按照所有者权益项目构成划分为“实收资本(股本)”“资本公积”“盈余公积”“库存股”“利润分配”等项目,而纵向反映的是上年年末余额、本年年初余额、本年增减变动余额和本年年末余额(见表 16-5)。

表 16-5 所有者权益变动表

会商银:04 表

编制单位: 年度 单位:元

项 目	本年金额							上年金额						
	实收资本(或股本)	资本公积	减:库存股	盈余公积	一般风险准备	未分配利润	所有者权益合计	实收资本(或股本)	资本公积	减:库存股	盈余公积	一般风险准备	未分配利润	所有者权益合计
一、上年年末余额														
加:会计政策变更														
前期差错更正														
二、本年年初余额														
三、本年增减变动金额(减少以“-”号填列)														
(一)净利润														
(二)直接计入所有者权益的利得和损失														
1. 可供出售金融资产公允价值变动净额														
(1)计入所有者权益的金额														

续　表

项　目	本年金额							上年金额						
	实收资本(或股本)	资本公积	减：库存股	盈余公积	一般风险准备	未分配利润	所有者权益合计	实收资本(或股本)	资本公积	减：库存股	盈余公积	一般风险准备	未分配利润	所有者权益合计
(2) 转入当期损益的金额														
2. 现金流量套期工具公允价值变动净额														
(1) 计入所有者权益的金额														
(2) 转入当期损益的金额														
(3) 计入被套期项目初始确认金额中的金额														
3. 权益法下被投资单位其他所有者权益变动的影响														
4. 与计入所有者权益项目相关的所得税影响														
5. 其他														
上述(一)和(二)小计														
(三) 所有者投入和减少资本														
1. 所有者投入资本														
2. 股份支付计入所有者权益的金额														
3. 其他														
(四) 利润分配														
1. 提取盈余公积														
2. 提取一般风险准备														
3. 对所有者(或股东)的分配														
4. 其他														
(五) 所有者权益内部结转														
1. 资本公积转增资本(或股本)														

续 表

项目	本年金额							上年金额						
	实收资本(或股本)	资本公积	减：库存股	盈余公积	一般风险准备	未分配利润	所有者权益合计	实收资本(或股本)	资本公积	减：库存股	盈余公积	一般风险准备	未分配利润	所有者权益合计
2. 盈余公积转增资本(或股本)														
3. 盈余公积弥补亏损														
4. 一般风险准备弥补亏损														
5. 其他														
四、本年年末余额														

三、所有者权益变动表填列的内容

(一) 实收资本(股本)

“实收资本”账户主要反映企业接受投资者投入的实收资本。该账户的贷方反映实收资本的增加数，包括接受货币资金或实物资产投资，发放股票股利增加资本，资本公积或盈余公积转增资本，可转换公司债券转为资本，债务重组转为资本等；该账户的借方反映实收资本的减少数，包括减少注册资本，中外合作企业在合作期间归还投资者投资等。

(二) 资本公积

“资本公积”账户主要反映企业收到投资者出资额超过其在注册资本或股本所占份额的部分及直接计入所有者权益的利得或损失。“资本公积”账户分别“资本溢价(股本溢价)”“其他资本公积”进行明细核算。

(三) 库存股

“库存股”账户主要反映企业收购，转让或注销本公司股份的金额。企业减少注册资本而收购本公司股份的，借记“库存股”科目，贷记“银行存款”等科目；转让库存股的，按实际收到的金额，借记“银行存款”，按转让库存股的账面余额，贷记“库存股”，按其差额，借记或贷记“资本公积——股本溢价”等账户；注销库存股的，按股票面值和注销股数计算的股票面值总额，借记“股本”，按库存股的账面余额，贷记“库存股”，按其差额，借记“资本公积——股本溢价”，股本溢价不足冲减的，借记“盈余公积”“利润分配——未分配利润”科目。

(四) 盈余公积

“盈余公积”账户主要反映企业利润分配过程中所提取的盈余公积的金额，分别“法定盈余公积”和“任意盈余公积”进行明细核算。外商投资企业，设置“储备基金”“企业发展基金”进行明细核算，中外合作企业在合作期间归还投资者投资的，可设置“利润归还投资”明细科目进行核算。

（五）一般风险准备

“一般风险准备”账户主要反映企业利润分配过程中所提取的一般风险准备的金额，用“提取一般风险准备”进行明细核算。

（六）未分配利润

“利润分配”账户核算企业利润的分配（或亏损的弥补）和历年分配（或弥补）后的余额，利润分配的余额主要在“利润分配——未分配利润”明细账户反映。“利润分配”应当分别以“提取法定盈余公积”“提取任意盈余公积”“应付现金股利或利润”“转作股本的股利”“盈余公积补亏”“未分配利润”等进行明细核算。

四、所有者权益变动表的编制

（一）上年年末余额

“上年年末余额”项目反映上年资产负债表中实收资本（或股本）、资本公积、库存股、盈余公积、未分配利润的年末余额。

（二）会计政策变更

“会计政策变更”项目，主要反映由于会计政策变更采用追溯调整法的情况下，会计政策变更的累积影响数对企业期初留存收益的影响金额，影响的项目主要涉及“盈余公积”“未分配利润”项目。填列时，要根据“盈余公积”“利润分配”账户的发生额。

（三）前期差错更正

企业应当采用追溯重述法①更正重要的前期差错，但确定前期差错累积影响数不切实可行的除外。在追溯重述法下，需要调整财务报表最早期间的留存收益的期初余额，影响的项目主要涉及“盈余公积”“未分配利润”项目。填列时，要根据“盈余公积”“利润分配”账户的发生额进行分析填列。

（四）本年增减变动额

1. 净利润

本项目反映企业当期实现的净利润或发生的净亏损，若是净亏损，应以“－”号填列。

2. 直接计入所有者权益的利得和损失

本项目反映企业当年直接计入所有者权益的利得和损失金额。

(1)“可供出售金融资产公允价值变动净额”项目反映可供出售金融资产在资产负债表日公允价值与账面余额的差额对“资本公积——其他资本公积”的影响金额。

(2)“现金流量套期工具公允价值变动净额”项目反映应用于对现金流量变动风险进行套期的金融工具在资产负债表日公允价值与账面余额的差额对“资本公积——其他资本公积”的影响金额。

---

① 追溯重述法是指在发现前期差错时，视同该项前期差错从未发生过，从而对财务报表相关项目进行更正的方法。

(3)“权益法下被投资单位其他所有者权益变动的影响”项目反映投资方长期股权投资采用权益法核算的情况下，被投资方除净损益外其他所有者权益变动对投资方“资本公积——其他资本公积”的影响金额。

(4)“与计入所有者权益项目相关的所得税影响”项目反映与直接计入所有者权益的交易或事项相关的递延所得税资产和递延所得税负债，发生递延所得税资产，贷记“资本公积——其他资本公积”，发生递延所得税负债，借记“资本公积——其他资本公积”。

3. 所有者投入和减少资本

“所有者投入和减少资本”项目主要根据“实收资本”，“资本公积”账户的发生额分析填列。反映企业当年所有者投入的资本和减少的资本。

(1)“所有者投入资本”项目反映所有者投入的资本金额，投资者在所有者权益或股本中所占的份额部分计入“实收资本”，超过实收资本的金额，计入“资本公积——资本溢价或股本溢价”。

(2)“股份支付计入所有者权益的金额”项目反映以权益结算的股份支付换取职工或其他方提供服务的内容。首先按照确定的金额，借记“管理费用”等科目，贷记“资本公积——其他资本公积”；在行权日，按实际行权的权益工具数量计算确定的金额，借记“资本公积——其他资本公积”，按应计入实收资本或股本的金额，贷记“实收资本”或“股本”，按其差额，贷记“资本公积——资本溢价或股本溢价”。

4. 利润分配

本项目所涉及的内容主要反映企业当期的利润分配情况，根据“利润分配”账户的发生额分析填列。

“提取盈余公积”项目反映企业本期提取的法定盈余公积及任意盈余公积。提取的会计处理为：借记“利润分配——提取法定盈余公积，任意盈余公积”科目，贷记“盈余公积——法定盈余公积，任意盈余公积”。

“对所有者(或股东)的分配”项目反映经股东大会或类似机构决议，分配给投资者的现金股利，利润或股票股利。分配现金股利或利润，借记“利润分配——应付现金股利或利润”，贷记“应付股利”；分配股票股利，借记“利润分配——转作股本的股利”，贷记“股本”等科目。

5. 所有者权益内部结转

本项目反映实收资本(股本)，资本公积，盈余公积，库存股，利润分配等各项目内部结转的金额。

“资本公积转增资本(或股本)”项目反映经股东大会或类似机构决议，资本公积转增资本的金额，借记“资本公积——资本溢价或股本溢价”，贷记“实收资本”或“股本”。

“盈余公积转增资本(或股本)”项目反映经股东大会或类似机构决议，用盈余公积转增资本的金额，借记“盈余公积”，贷记“实收资本”或“股本”。

“盈余公积弥补亏损”项目反映经股东大会或类似机构决议，用盈余公积弥补亏损的金额，借记“盈余公积”，贷记“利润分配——盈余公积补亏”。

第六节　会计报表附注及财务情况说明书

一、会计报表附注的编制

（一）会计报表附注的概念和作用

会计报表附注是对在资产负债表、利润表、现金流量表和所有者权益变动表等报表中列示项目的文字描述或明细资料，以及对未能在这些报表中列示项目的说明等。附注是对财务报表内容的补充和解释；可以增加企业会计信息的披露量；可以帮助信息使用者更好地理解和利用企业的财务会计报表。

（二）会计报表附注的主要内容

商业银行应在会计报表附注中说明本行的重要会计政策和会计估计，说明重要会计政策和会计估计的变更；或有事项和资产负债表日后事项；重要资产转让及其出售。披露关联方交易的总量及重大关联方交易的情况；说明会计报表中重要项目的明细资料。

会计报表附注共包括九个方面的信息：① 企业基本情况。② 财务报表编制基础。③ 遵循企业会计准则的声明。④ 重要会计政策和会计估计。包括会计报表编制所依据的会计准则、会计年度、记账本位币、记账基础和计价原则；贷款的种类和范围；投资核算方法；计提各项资产减值准备的范围和方法；收入确认原则和方法；衍生金融工具的计价方法；外币业务和报表折算方法；合并会计报表的编制方法；固定资产计价和折旧方法；无形资产计价及摊销政策；长期待摊费用的摊销政策；所得税的会计处理方法等。⑤ 会计政策和会计估计变更及差错更正的说明。⑥ 报表重要项目的说明。包括按存放境内、境外同业披露存放同业款项；按拆放境内、境外同业披露拆放同业款项；按信用贷款、保证贷款、抵押贷款、质押贷款分别披露贷款的期初数、期末数；按贷款风险分类的结果披露不良贷款的期初数、期末数；贷款损失准备的期初数、本期计提数、本期转回数、本期核销数、期末数；一般准备、专项准备和特种准备应分别披露；应收利息余额及变动情况；按种类披露投资的期初数、期末数；按境内、境外同业披露同业拆入款项；应付利息计提方法、余额及变动情况；银行承兑汇票、对外担保、融资保函、非融资保函、贷款承诺、开出即期信用证、开出远期信用证、金融期货、金融期权等表外项目，包括上述项目的年末余额及其他具体情况以及其他重要项目，共计 42 项内容。⑦ 或有事项。⑧ 资产负债表日后事项。⑨ 关联方关系及其交易。

（三）会计报表附注的编制原则和方法

会计报表附注的编制原则是不得与正表的数据或事实相矛盾或抵触；不得作为对报表的修正或更改；与正表的数据来源应当一致；同样遵循会计信息质量的相关要求；不能做没有依据或依据不充分的分析、推断或评价。

会计报表附注的编制方法是可以文字描述或阐释；用数据或表格对报表进行进一

步的解释或补充;可以使用货币以外的计量单位。

二、财务情况说明书编制

财务情况说明书是对金融企业一定会计期间内经营、资金周转、利润实现和分配等情况的综合性分析报告,是年度财务会计报告的重要组成部分。其内容主要包括金融企业的经营状况、利润实现和分配情况、资金增减和周转情况、税金缴纳情况、各项财产物资变动情况;对本期或者下期财务状况发生重大影响的事项;资产负债表日后至报出财务报告前发生的对企业财务状况变动有重大影响的事项;以及需要说明的其他事项。

(一)编制财务情况说明书的基本要求

1. 明确编写口径

财务情况说明书的编写要与会计报表主表的编报范围一致,如果是单户企业报表,说明书反映的是单户企业的生产、经营以及财务活动情况。如果是合并口径的会计报表,则说明书需要反映合并口径的多户企业生产、经营以及财务活动情况。

2. 收集整理材料

在编写说明书之前,要按照编写需要收集有关的资料,尽可能掌握真实、完整的生产、财务信息,并对资料进行核对、检查和整理、加工。

3. 运用财务分析方法

在编写过程中应充分运用趋势分析法、比率分析法、因素分析法、比较分析法等方法进行横向、纵向的比较、剖析,采取文字、表格、图示等多种书面表示形式,来反映企业在经营过程中的利弊得失、财务状况及发展趋势。

(二)财务情况说明书的基本结构及主要内容

1. 序言

序言要高度概括企业生产经营中面临的外部经济环境的变化,包括国家、行业以及监管部门对金融企业发展的宏观政策要求、变化。并对企业的进行简明情况介绍。

2. 企业经营情况

该部分主要介绍经营基本情况、基本建设情况以及本年度经营管理的重大举措,主要包括企业改组改制、合并、分立、资产重组等重大举措的内容及其影响。

3. 资产经营考核完成情况

该部分主要包括下达的考核指标数、当期实际完成数、考核指标与实际完成数的差异分析说明。

4. 利润实现和分配情况

该部分主要有利润实现分析、影响利润实现的因素分析和利润分配说明。

5. 财务状况及其评价

该部分包括资产、权益结构及其变化以及资产负债表主要项目变化情况。

6. 资金增减和周转情况

该部分包括现金流量分析、偿债情况及债务风险管理情况和对外担保和获取外单位担保管理情况。

7. 所有者权益(或股东权益)增减变动情况

该部分包括会计处理追溯调整影响年初所有者权益(或股东权益)的变动情况,并应具体说明增减差额及原因。所有者权益(或股东权益)本年初与上年末因其他原因变动情况,并应具体说明增减差额及原因。

8. 财产清查及不良资产情况

该部分包括本年度进行的财产清查情况;本年度进行的财产报损及财务处理情况;不良资产情况说明。

9. 税收政策执行情况和税费缴纳情况

该部分包括企业执行国家有关税收政策情况(包括企业可以执行的各项优惠政策说明)和各种税项的收支上缴情况说明。

10. 本年度重大或专项情况的说明

该部分包括国家、行业或监管部门进行的财务会计政策改革的情况说明;包括影响企业财务效益、资产运营、偿债状况等方面的重大问题的专项说明。

11. 本年度财务管理主要工作

该部分包括加强会计基础工作、健全财务会计制度、强化财务管理、参与经济决策等方面的主要工作内容及带来的效果。

12. 经营管理活动存在的问题及改进建议和主要措施

该部分包括本年度经营管理活动的主要问题;改进建议和主要措施。

关键术语

财务报告　资产负债表　利润表　现金流量表　所有者权益变动表　会计报表附注

思考题

1. 找一份上市银行的财务报表,了解商业银行财务报表列报的具体内容,并对该银行的财务状况、经营成果、现金流量及所有者权益变动情况进行简要的评价。

2. 商业银行年度财务报表由哪些部分构成?

3. 简述商业银行资产负债表的作用。

4. 商业银行资产负债表项目排列的规律是什么?

5. 利润表有哪几种格式? 我国商业银行利润表采用何种格式? 如何计算出净利润?

6. 什么是商业银行的现金流量表? 商业银行的现金及现金等价物包括哪些内容?

7. 什么是直接法和间接法? 采用直接法和间接法编制现金流量表各有哪些优点?

8. 为什么说所有者权益变动表体现了商业银行综合收益的构成?

9. 什么是财务报表附注? 简述其作用,与一般企业相比,商业银行财务报表附注披露的内容有什么不同?

图书在版编目(CIP)数据

金融企业会计学/彭玉镏,陈春霞,吴艳艳编著.—上海：复旦大学出版社，2019.4
(2024.1重印)
信毅教材大系
ISBN 978-7-309-14219-8

Ⅰ.①金… Ⅱ.①彭…②陈…③吴… Ⅲ.①金融企业-会计学-高等学校-教材
Ⅳ.①F830.42

中国版本图书馆CIP数据核字(2019)第041466号

金融企业会计学
彭玉镏 陈春霞 吴艳艳 编著
责任编辑/王雅楠

复旦大学出版社有限公司出版发行
上海市国权路579号 邮编：200433
网址：fupnet@fudanpress.com http://www.fudanpress.com
门市零售：86-21-65102580 团体订购：86-21-65104505
出版部电话：86-21-65642845
上海新艺印刷有限公司

开本787毫米×1092毫米 1/16 印张26.5 字数566千字
2024年1月第1版第3次印刷

ISBN 978-7-309-14219-8/F·2553
定价：55.00元
